JN409853

세계화 시대의 한국 정치과정

Korean Political Process in the era of Globalization

세계화 시대의 한국 정치과정

Korean Political Process in the era of Globalization

펴낸날 개정판 1쇄 2016년 9월 1일
초 판 1쇄 2015년 9월 1일

지은이 이현출
펴낸이 민상기
펴낸곳 건국대학교출판부
주 소: 05029, 서울특별시 광진구 능동로 120
전 화: 도서주문 (02)450-3893
편 집 실 (02)450-3892
팩 스 (02)457-7202
홈페이지 http://press.konkuk.ac.kr
전자우편 press@konkuk.ac.kr
등 록 제4-3호(1971. 6. 21)

책임편집 임경희

찍은곳 네오프린텍(주)

정가 18,000원

ISBN 978-89-7107-605-7 93340

이현출 지음

세계화 시대의 한국 정치과정

Korean Political Process in the era of Globalization

건국대학교출판부

개정판 서문

이 책은 2015년 비매품으로 출간한 『민주주의: 포용과 통합을 향하여』(서울: 춘추)를 수정·보완하여 개정판으로 출판한 것이다. 당초 연구성과들을 한국의 정치과정이라는 관점에서 묶어 출간하였으나, 대학에서 강의를 맡게 되면서 교재용으로 수정하고 보완하였다.

출판한 지 1년여의 시간이 흘렀지만 우리 정치의 혼란은 여전하다. 총선 민심을 두고 분노의 정치라고 해석하는 견해들이 많다. 총선과정에 문제가 된 정당의 공천문제 등 의회, 정당, 선거의 정치과정이 아직도 제도화되지 못하고 있다. 국민의 불신과 분노에 대해 정치권은 '특권 내려놓기' 프레임으로 대응하고 있다.

2017년은 민주화 30주년이며 우리 국회개원 70주년을 맞는 해이다. 정치제도, 문화, 행위자 모두 새롭게 거듭나야 한다. 제헌의회가 구성된 후 지난 70년간 적폐를 깔끔히 청산하고 새로운 도약을 모색해야 한다. 정치가 국가발전을 견인하는 역할을 하여야 한다.

내년 대통령선거를 앞두고 많은 정치개혁안들이 대두될 것이다. 이 책이 격동의 한국정치를 정치과정의 관점에서 이해하는 데 조금이라도 도움이 되었으면 한다.

개정판 출판을 위해 출판권한을 넘겨준 도서출판 춘추의 이재영 대표와 새롭게 출판을 맡아준 건국대학교출판부에 감사를 드린다. 아울러 무더위에도 불구하고 꼼꼼히 편집에 신경써준 출판부 관계자들께 감사드린다.

2016년 여름

이현출 씀

초판 서문

광복 70주년, 성숙한 정치를 기대하며

이 책은 정치현장 경험과 그동안 고민해온 한국정치의 과제를 학문적으로 분석하고 정리한 것이다. 즉 정당과 국회의 현장에서 보아온 한국정치 과정에 관한 글이다.

우리는 광복 70주년의 해를 보내고 있다. 우리 한국인의 70년은 실로 세계사적인 의의를 지니는 기간이 아닐 수 없다. 어느 분야를 보더라도 대한민국은 세계 10위권의 번영을 누리고 있다. 세계에서 가장 가난한 나라에서 출발했던 우리나라는 이제 문화까지 수출하고, 수많은 저개발국가들에게 희망과 영감을 주는 나라가 되었다.

그러나 우리의 민주주의는 어떤가. 6 · 29 이후 본격적인 민주화가 진행되었지만 우려했던 것보다는 성숙해 있고 기대했던 것에는 못 미친다는 것이 합당한 평가일 것이다.

특히 민주화 이후 지역, 세대, 이념, 노사 갈등 등 다양한 갈등들이 표출되어 제도적인 수준에서 해소되고 조정되지 못하고 있다. 오히려 갈등 해소의 주체라 할 수 있는 정치권에 의해 더욱 조장되고 심화되고 있는 것이 더 큰 문제라 할 수 있다. 사회갈등이 제도적인 수준에서 적절하게 조정되고 해소되지 못할 경우 과도한 사회적 비용이 따를 수밖에 없게 되고, 민주주의의 공고화는 필연적으로 지체될 수밖에 없다.

국회와 정당은 민주정치의 엔진

국회와 정당은 민주정치의 엔진이라 할 수 있다. 그러나 현재 국회와 정당들은 시민사회의 핵심갈등을 집약하고 정부정책을 통제하는 기능을 제대로 수행하지 못하고 있다. 정당정치와 의회정치가 최소기준인 선거정치의 역할과 최대기준인 원활한 대표기능 사이의 중간지대에 머물러 있다. 특히 우리 정당들은 쉽사리 몰락하지도 않으면서 민주정치의 선진화를 위한 역할은 제대로 수행하지 못하고 있는 실정이다.

이러한 문제의식 아래 주요 정치과정에서의 국회와 정당의 역할과 문제점을 살펴보고자 하였다. 민주화 이후 국회정치와 정당정치의 주요 측면을 이러한 관점에서 조망한다는 점에서 이 책은 정치의 현장에서 포착한 과제들을 학문적·이론적으로 분석해 보고자 한 노력의 결실이라고 할 수 있다.

제1부, 한국인의 정치의식과 정치개혁 과제

제1장은 정당정치와 국회정치의 문화적 배경이라고 할 수 있는 조선조 공론정치 전통에 관한 내용이다. 민주화 이후에도 서구의 제도가 한국의 정치상황에서는 왜 다른 꽃을 피우는지에 대한 의문을 풀기 위해 조선조 사림(士林)정치기의 공론정치 전통을 살펴보았다.

제2장은 한국국민의 이념성향을 분석한다. 최근의 이념성향 조사결과를 토대로 한국인의 이념성향 변화를 알아보고, 정책이슈의 저변에 존재하는 이념체계의 복합적인 구조를 살펴본다.

제3장은 국민통합을 위한 정치개혁 과제를 제시한다. 사회갈등을 제도적 차원에서 조정하고 해소하기 위한 방안을 모색하였다. 정치제도가 좀 더 합의제적 모델로 가는 것이 필요하다는 입장에서 실현가능한 제도적 대안을 살펴보았다.

제2부, 정당제도와 국회운영의 실제

제4장은 국회선진화법 이후의 국회운영을 평가한 것이다. 우리 국회는 그동안 여야 간 협의와 다수결 원칙 사이에서 많은 갈등과 부정적 측면을 노정(露呈)했다. 이른바 직권상정으로 대표되는 다수당의 독주와 원내 폭력과 공전(空轉)으로 표현되는 야당의 극한 저지 속에서 국회는 국민의 불신의 대상이 되어 왔다. 국회선진화법은 운영원리를 바꿈으로써 국회의 모든 문제들을 극복하고자 했다. 선진화법 이후의 쟁점법안 처리과정 분석을 통해 선진화법의 문제점과 개선방향을 제시하여 보았다.

제5장은 원내교섭단체제도와 당론 문제를 다룬다. 17대 국회의원에 대한 의식조사 결과를 통하여 의원들의 표결에 가장 중요한 영향을 미치는 요인으로 정당요인을 분석하고, 그 이면에 작용하는 원내교섭단체제도를 살펴본다.

제6장은 19대 총선에서의 정당지도자 요인, 즉 정당지도자 요인이 투표행태에 미치는 영향력을 경험적으로 분석한다. TV 등 매스미디어의 발달로 정치과정에서 정치지도자의 영향력이 강화되고 정당의 영향력이 약화되는 경향 속에 19대 총선에서의 박근혜와 문재인 효과를 분석하였다.

제7장은 대의민주주의의 기능 회복을 위한 효과적인 의정활동 평가기준을 제시한다. 의정평가 항목으로 국회의원의 대표성, 반응성 그리고 생산성을 제시하고, 이에 대한 정성평가와 정량평가 항목을 살펴보았다.

제3부, 세계화와 의회정치의 방향

제8장은 민주화 이후 외교정책의 내용과 결정방식이 근본적으로 변화하면서 기존의 '대통령이 지배하던 비밀스런 정원(secret garden)'으로부터 '민주주의의 광장(democratic square)'으로 나오는 과정에서 국회와 정당의 외교정책과정에서의 역할을 살펴본다.

제9장은 녹색성장기본법 제정 과정을 통하여 국회의 갈등해결 과정을

분석한다. 기후변화는 산업계와 환경계 사이에서, 또 산업계 내에서도 업종별 다툼이 많고 정부 안에서도 부처 간 갈등이 많은 이슈이다. 첨예하게 대립되는 이해갈등이 국회에서 어떻게 결론에 이르게 되는지 특별위원회 활동사례를 통하여 알아본다.

제10장은 한국 정치가 당면한 인구구조 변화가 정치에 미치는 영향을 분석했다. 두려울 정도로 급격히 진행되고 있는 저출산 · 고령화 문제가 우리 정치현상에 미치는 다양한 영향, 사회지출과 리스크, 세대 갈등, 노동 생산성 유지, 지역 간 격차의 문제 등을 다룬다.

거부민주주의(vetocracy)를 넘어, 포용과 화합의 정치로

한국 민주주의의 공고화·선진화를 위해서는 사회갈등을 제도적·문화적으로 조정 해소하는 것이 중요하다. 극단주의, 대결주의, 분열주의 정치로부터 관용과 승복, 대화와 타협의 상생정치를 열기 위한 "너그러움의 정치"가 필요하다고 본다.

'유네스코 관용의 원칙에 관한 선언'에 따르면, 관용이란 우리 세계의 문화와 표현형태, 인간 존재의 방식 등 풍부한 다양성에 대한 존중이고 수용이며 이해이다. 관용은 차이 속의 조화를 말한다. 다원주의 사회에서는 갈등과 대립의 문제를 한 가지 방식으로 해결될 수 있다는 생각을 버려야 한다. 이렇게 될 때 비로소 관용은 갈등해소 또는 평화공존을 위한 전략적 가치로 작동하게 된다.

율곡 이이는 군자-소인이라는 배타적 이분법에 의한 독단적 진리주장이 정치적인 것을 사장시킨다고 보았다. 이이는 대립적 입장간의 상호 인정과 관용을 통하여 협력적 합의를 이끌어내는 '너그러움의 정치'를 제시함으로써 정치의 가능성을 열어보고자 하였다. 복잡다기한 정치현실에서 시(是)와 비(非)가 명료하게 이분법적으로 판명될 수 없다고 보고, 극단적인 시비다툼 대신에 너그러움(寬弘)을 그 대안으로 제시했던 것이다.

서구의 민주주의 모델—자유민주주의 모델—도 많은 나라들이 이를 정착시키려 노력하였지만 21세기에 들어서면서 잘 작동하지 않고 있다. 아니 정치적 선진국이라고 볼 수 있는 유럽이나 미국에서도 거부민주주의(vetocracy)라고 불리는 교착상태를 종종 보게 된다. 종전의 자유민주주의 모델이 여러 가지 어려움에 봉착하고 있는 것이다. 심각한 국민 내부분열과 포퓰리즘으로 인하여 합리적인 국가의사결정과 국민통합이 제대로 이루어지지 않고 있다.

이러한 상황에서 필자는 관용에 기초한 '너그러움의 정치'를 통하여 한국정치의 위기를 극복할 필요가 있다고 본다. 『민주주의, 포용과 통합을 향하여』는 이러한 필자의 바람을 제도적 문화적 측면에서 이론적으로 천착한 글들을 모은 것이다. 한국정치가 상극정치를 극복하고 상생의 정치로 나아가는 데에 작은 도움이 되었으면 하는 바람이다.

이 책이 세상에 나오기까지는 많은 분들의 도움이 있었다. 멀리서 가까이에서 항상 큰 가르침을 주신 은사님과 학회의 여러 교수님께 이 지면을 통해 감사의 인사를 드리고 싶다. 책에 실린 글들은 학회지를 통해 발표된 글들이며, 많은 선생님들의 코멘트가 논문을 발전시키는 데 큰 도움이 되었다.

정당과 국회의 현장에서도 많은 분들의 도움이 있었다. 정의화, 강창희, 박희태, 김형오, 임채정, 김원기, 박관용 7분의 의장님을 모시며 많은 지적 자극을 받았다. 특히 정의화 의장님과 이만섭 전의장님은 손수 추천사를 보내주셨다.

입법조사처의 김형성, 임종훈, 심지연, 고현욱, 임성호 처장님의 지도편달과 보살핌으로 현업을 대과없이 마칠 수 있었다. 동료 조사관들로부터는 창립부터 지금까지 애환을 함께하며 많은 도움을 받아왔다. 국회사무처, 국회도서관, 정당사무처의 선후배들에게도 큰 은혜를 입었다.

끝으로 그동안 고맙다는 말 제대로 못한 가족, 아내 이정숙과 아들 승준에게 사랑한다는 말을 전한다. 그리고 지금 이 자리에 있기까지 저와 인연을 맺은 모든 분들에게 머리숙여 감사의 말씀을 전한다.

2015년 9월

이현출 씀

차 례

제 3 부
세계화와 의회정치의 변화

제 1 부

한국사회의 갈등구조와 국민통합과제

01

사림정치기의 공론정치 전통과 현대적 함의

原著
"한국정치의 유전자 지형: 사림정치기의 공론정치전통과 현대적 함의"
『한국정치학회보』 제36집 제3호, 2002, pp.115-134.

I. 서 론

조선조 정치의 가장 역동적 특징의 하나가 공론이다. 공론은 왕권을 제약하는 신권의 상징성만을 갖는 것은 아니었고, 신권 내부의 역학관계의 변화에도 중요한 위치를 점하고 있었다. 이는 조선왕조가 경국대전을 완성하면서 통치구조를 왕권 · 재상권 · 언관권의 삼각구도로 정비함에 따라 언론의 독자적 역할을 부각한 제도적 장치가 마련됨에 따른 것이다.

하지만 붕당의 대결구도가 확립된 이후에는 공론이 정치세력의 존립명분과 직결되기 때문에 왕권의 제약보다 정치세력 상호간의 견제와 경쟁을 위한 기능에 더 큰 비중을 두게 된 것으로 볼 수 있다. 이러한 맥락에서 군주와 신료, 그리고 정치세력 간 세력관계의 우위여부는 명분의 공론성을 확인받았을 때 가능하다는 점을 고려하면 공론을 중심으로 한 조선조 정치의 동태는 조선조 역사의 의미있는 분석틀을 제시할 수 있을 것으로 본다. 또한 조선조 공론정치를 통해 현대 한국정치를 특징짓는 유전자적 지형을 이해하는 데도 도움을 줄 수 있을 것이다.

조선조 공론에 대한 기존 연구의 성과를 개관하면, 왕권과의 관계에 주목하면서 조선 태조 원년에서 성종 9년까지의 언관 · 언론에 관한 선구적 연구(최승희 1976), 성종조의 대간언론과 공론과의 문제를 다룬 연구(남지대 1985), 군신권력관계의 변화와 정치참여층의 확대 그리고 그 변화의 변인으로서의 공론에 관한 연구(김돈 1993), 사림의 진출과 공론형성, 그리고 공론정치의 전개과정을 정치구조의 변동과 연계하여 고찰한 연구(최이돈 1994). 정조조의 영남만인소 연구(이수건 1986), 16~18세기 유소(儒疏)를 중심으로 공론정치의 전개양상을 정치세력과 군주와의 삼각관계 속에서 고찰한 연구(설석규 1994), 또 하버마스(Habermas)의 공공영역(Public Sphere) 개념을 원용하여 유교적 공론정치를 통한 한국정치의 민주적 연원을 밝히려는 연구(김용직 1998) 등이 있다.

여기에 더하여 최근 공론연구에 대한 새로운 관심을 제기한 연구로 사림정치형성기의 공론연구(이현출 2001), 재야의 집단상소를 중심으로 한 탕평정치기의 공론연구(박현모 2001a), 붕당정치와 탕평정치를 비교한 17, 18세기 조선의 국가와 공론(박광용 2001) 등이 있다. 대체로 지금까지의 연구는 정치구조, 정치세력, 정치운영방식 등에 초점을 맞추며 실증적 연구를 축적해 나가고 있는 실정에 있다.

그러나 구체적으로 군신권력관계의 바로미터가 되었고, 사림세력 정계진출과 정치참여층 확대의 대의명분이 된 공론의 정치적 의미는 무엇인지, 사림이 추구한 정치운영방식, 그리고 이들의 정치적 이념은 무엇인지, 그리고 공론정치의 등장과 부침 및 그 동태를 어떻게 설명할 것인지에 관한 입체적 연구가 아직 부족한 실정이다. 결과적으로 각각의 연구에 산재한 공론을 종합적으로 재구성하지 못한 상황에 있다.

이러한 맥락에서 본 논문은 조선조 사림정치기를 분석대상으로 하여 그 핵심어로서 공론의 의미와 그 현대적 함의를 밝히는 데 있다. 구체적으로는 첫째, 공론이 지니는 의미, 둘째, 조선조의 공론정치의 전개와 그 제도화, 셋째, 조선조의 공론대결의 동태, 넷째, 공론의 현대적 의미를 고찰하고자 한다.

본 연구는 숙종조까지를 그 분석의 대상으로 한다. 조선 초기 선조 8년까지 공론정치의 발판을 마련해가는 사림정치 형성기, 동서붕당의 등장 이후 공론정치의 개화기를 맞는 사림정치기, 황극정치를 내세워 사림의 공론정치가 단절되는 영 · 정조대의 탕평정치기, 이후의 공론이 형해(形骸)화하는 세도정치기 등으로 나누어 볼 때, 본 논문은 초기의 사림정치 형성기와 사림정치기를 분석의 대상으로 하고 있다. 영 · 정조기, 즉 탕평정치기와 세도정치기의 공론정치는 후속연구에 맡기고자 한다.

II. 공론의 개념과 등장배경

1. 공론의 개념

공의, 공론은 현대적 의미로는 국내에 있어서 다수의 의지, 그 최대공약수적인 국민의 정치적 합의(consensus)를 일컫는다. 그러면 조선조에 있어서 공론과 공론정치는 어떻게 인식되었나? 공론정치는 정치인들이 추구하였던 이상정치에 대한 모형으로 간주된다. 실록을 보면 공론은 일국의 사람들이 당연하다고 생각하는 것으로 인심이 결집된 것으로 이해되었다(『성종실록』 23년 2월 王成條: 「一國之人 以爲當然者 謂之公論」). '사람의 마음이 모두 그렇게 여기는 것'을 공론이라 하였고, 공론이 있는 곳을 국시(國是)라 하고 국시는 한 나라의 사람들이 꾀하지 않고서도 함께 옳다고 여기는 것을 말한다(『栗谷全書』 卷7 頁7: 「人心之所同然者 謂之公論 公論之所在 謂之國是 國是者 一國之人 不謀而同是者也」).

또한 '인심은 천심'이 반영된 것이었으므로 무엇보다 우선하는 것이었고, (『단종실록』 원년 11월 內子條: 「大司憲權·等上書日 …… 公論所在則天心之所在 ……」) 왕도 공론 소재를 따르지 않을 수 없다는 데 원칙적으로 수긍하고 있었다(『성종실록』 23년 8월 甲子條). 그것은 공론이 단순히 '다수의 의견'이기 때문이 아니라 '공정한 의견'이기 때문이다.

따라서 공론은 국가의 원기(元氣)이며(성종실록 23년 8월 乙未條), 국체(國體)를 유지하는 것으로서 공론의 신 · 불신(伸 · 不伸)과 행·불행(行 · 不行)은 곧 국가치란에 관건이 되는 것으로 이해되었다. 즉 공론을 따르면 치평(治平)하고 공론을 폐하면 위난해지는데(『성종실록』 23년 12월 甲子條), 공론을 반영하는 길은 곧 언로였다. 공론과 언로와의 관계는 '공론폐즉언로색'(公論廢則言路塞)으로 요약된다. 따라서 조선조 유교정치의 핵심인 군신관계와 언로통개에 대한 이해는 곧 공론으로 통한다고 할 수 있다.

결국 공론개념은 '천' 관념의 최고 규범성이 대내적 국면으로 의미변용된 것이라고 생각해도 좋을 것이다. 특히 공론 개념은 '공공지천리 천연지도리'(公共之天理, 天然之道理) 등의 유사어를 갖는다는 점에서도 분명히 알 수 있듯이 국가의 최고의지로서의 의미를 갖는다.

그러나 공론은 인심이 결집된 것이므로 국가의 구성원 모두를 포함하는 기반을 가져야 할 것으로 이해되었으나, 민의 상언(上言)은 현실적으로 제한되어 있었다. 이념적으로는 모든 민은 공론의 형성층이었고 민심이 공론이었지만, 이들의 의사가 표출되고 그것이 정치로 수렴되는 것은 신분제 사회에서 현실적으로 분명한 제약이 있을 수밖에 없었다.

조선조 초기에 공론형성층은 현실적으로 왕, 대신과 언관에 국한되어 있었다. 그나마 대간언론의 청납여부와 활성화 여부는 왕권의 강약이나 정치세력간의 역학관계, 그리고 이와 관련된 왕의 언론을 대하는 자세에 좌우되기 쉬웠다(최승희 1976). 최승희에 따르면 왕권과 대간언론과의 관계에 관해서는 왕권강화와 부국강병에 주력하였던 태종, 세조대에는 언론활동이 저조하였고, 관용적 정치가 행하여졌던 세종, 문종, 단종, 성종대에는 언론활동이 비교적 활발하였던 것으로 나타났다.

2. 공론의 경학적 의미

여말 선초의 성리학은 새로운 신흥사대부들의 등장을 가능케 한 사상적 기반이었고, 그들이 그 시대가 안고 있던 문제들을 인식하고 해결하는 이론과 방법을 제시하여 줌으로써 개혁의 정당성과 새로운 왕조의 정통성을 이루는 사상적 근거로서의 역할을 하였다. 이러한 성리학의 중심개념은 그 명칭이 말하여 주듯 '리'(理)이다. 그러면 '리'라는 개념이 등장하게 된 정치적 의미는 무엇일까? 유가의 정치담론은 선정을 이상으로 하고 있었으나, 군주정치가 실시된 이래 현실은 왕도를 지향한 패도에 불과한 것이었다. 이로 인해 치자와 피치자 간의 조정자 역할을 위한 중요한 정치담론의 언어적 근거가 '리'였다.

그러면 정치권력은 무엇을 따라 행사되어야 하는가? 고대 유가에서는 '천명'(上宰의 명령)을 따를 것을 주장하였으나, 인식론적 문제가 제기되어 '민심이 곧 천심'이라는 민심론이 등장하였다. 그러나 후대에는 상재 대신에 자연세계를 규제하는 理(천리)가 정치의 최고기준으로 설정되었다. 군왕의 리의 인식을 위해 궁리(第理)·명리(明理), 찰리(察理)가 강조되었으나 세습군주를 통해 리의 완전한 인식가능성은 기대하지 않았다. 율곡은 "한 사람의 총명은 유한하고 천하의 도리는 무궁하다(一人之聰明有限 天下之道理無窮)"는 관점에서 "자기를 버리고 남을 따르라(虛己從人)"고 주문하였던 것이다(『栗谷全書』 卷6 頁23). 여기서 '남을 따르라'는 것을 구체적으로 공론을 따르라고 제시하고 있으며, 그 공론이 국시이며, 국시는 이익으로 유혹하지도 않고 위력으로 겁주지도 않았는데 삼척동자도 또한 옳고 그름을 아는 것이라고 하였다(『栗谷全書』 卷7 頁7). 율곡은 '민심'이나 '여론'을 따르라고 하지 않고 '공론'을 따르라고 말한다.

여론이라는 것은 다수의 의견이라고는 하나 항상 정당한 것은 아니다. 때때로 여론조작이나 여론정치 등의 용어가 쓰이고 있으나, '여론조작'이란 '이익으로 유혹하거나 위력으로 겁주면서 꾀하는 것'으로서, 그것은 정당성을 담보하지 못하는 것이다. 공론의 경학적 의미를 구체화해 보면, 자공(子貢)이 "한 공을 사람들이 다 좋아하면 그를 현인이라 할 수 있습니까?"라고 묻자, 공자는 "착한 사람들이 그를 좋아하고 착하지 못한 사람들이 그를 미워하는 사람을 현인이라고 하는 것이 좋을 것이다."(不如鄕人之善者好之 其不善者惡之)라고 대답한다(論語 子路篇). 이는 단순히 다수의 의사가 아니라, 정당한 의사로서의 공론의 원시적 의미에 합당할 것이다. 또 공자는 이상적 정치구조로서 '서인들이 정치를 논의하지 않는 것' 또는 '그 자리에 있지 않으면 그 정(政)을 논단하지 않는다'는 대목도 이와 맥을 같이하는 대목이라 할 것이다(論語 泰伯篇). 맹자에게 서도 공론이란 조작될 수 없는 것이요 인심지소동연자(人心之所同然者)에 근거한 것이다.

맹자는 '리'와 '의'를 '인심지소동연자'라 하였다. 즉 공론이란 '다수의 의견'이면서도, '리'와 '의'가 담겨 있는 것이다(이상익 2001, 27). 분명히 '리'가 개재된 견해, 즉 언론이 자연법적 정당성을 확보한 것이 공론일진데, '리'의 정치사회적 발현이 곧 공론이라 할 것이다.

율곡에 있어서 정치란 '리'를 탐구하고 '리'를 실천해 가는 과정인 것이다. "리가 진실로 밝혀지면, 촛불로 비추고 저울로 재는 것과 같이 시비와 호오(好惡)가 모두 그 바름을 얻게 된다"며 이는 '하늘이 준 당위의 법칙'(天則)으로서의 표준을 제시하며, 시비와 선악, 그리고 군자와 소인을 분별하는 기준을 제시하게 된다는 것이다. 이같은 '리'의 정치학적 표현이 곧 공론이 된다. 따라서 율곡은 이 공론을 정치의 기준으로 삼을 것을 촉구한 것이다.

율곡은 군왕이 독자적으로 천리를 인식하여 정치의 기준으로 삼는 것도 기대하지 않았고, 여론에 따르는 것도 바람직하다고 보지 않았으며, 여러 사람의 의견 속에서 천리로 검증된 '공론'을 따를 것을 주장한 것이다.

III. 공론의 발견과 그 제도화

1. 공론의 발견

조선시대에는 왕을 비롯하여 특정 개인이나 집단에 권력이 집중되는 것을 방지하고, '공론'에 입각한 공정한 정치의 추진을 위해 언로가 상당히 개방되어 있었다. 그러나 군주제 하에서의 조선조는 여전히 최종적으로 시비를 분별하고 공론을 결정하는 것은 군주의 역할이었다.

따라서 어떻게 하면 공론을 정확히 도출하고, 그것을 실행해 나갈 수 있을까 하는 것은 성리학의 주요 관심사였다. 이를 위해 우선은 어떻게 하면 군주를 보다 군주답게 할 수 있을까, 군주의 역할을 십분 발휘할 수 있도록 할 수 있을까에 관심이 집중되었다. 세습군주제 하에서는 '질서의 상징'으로서, 추앙하기에 어울리는 자세를 갖추는 것은 비교적 용이하지만, 정치과제를 정확히 파악하고, 신하들을 통제해 나가며, 안건을 하나하나 수습해 갈 능력은 누구에게나 주어진 것은 아니다.

율곡은 공론 즉, '사물의 이치를 파악하는 방법'(窮理)에는 독서를 통해 의리를 강구하는 것, 고금의 인물을 논하며 그 시비를 구별하는 것, 사물에 응접하며 그 당부를 처결하는 것 등을 제시하고 있다(『栗谷全書』 卷20 頁16: 或讀書講明義理 或論古今人物 而別其是非 或應接事物 而處其當否 皆窮理也).

특히 율곡은 선조에게 한 국가의 치란은 근본적으로 군왕 한 사람에게 달려 있으므로 군왕은 언로를 넓혀 간언을 듣고 공론의 정치를 행하라고 주문한다. "옛 성현은 반드시 국민들의 귀로 자기의 귀를 삼아서 듣지 못하는 것이 없을 정도로 귀가 밝았고, 국민들의 눈으로 자기의 눈을 삼아서 보지 못하는 것이 없을 정도로 눈이 밝았으며, 국민들의 마음으로 자기의 마음을 삼아 모르는 것이 없을 정도로 지혜로웠다"며 선조도 "마음을 비우고 기운을 평안하게 하여 직언을 받아들이고, 대간으로 하여금 거리낌없이 충성을 다하여 가로막힘의 근심이 없게 하고, 대신을 자주 접견하여 치도를 강구하며…… 그리하여 모든 방책이 다 모이도록 하여 그 가운데 쓸 만한 것을 채택하여 정치에 베푼다면 사람들과 더불어 선을 실천하는 것이요, 모든 정사도 날로 새로워질 것이다"고 간하고 있다(『율곡전서』 卷3 頁33, 〈玉堂陳時弊疏〉).

성리학에서는 군주와 신하가 한자리에 만나는 강학(講學, 학문적 토론)의 장을 만들어 끊임없는 상호비판과 토론, 즉 강습(講習)을 통해서 공론을 탐구해 가는 것을 중요하게 여기고 있다. 강습은 솔직한 상호비판과 절차탁마를 통해, 군주에게는 공론의 소재를 파악하게 하고, 조정에는 경직성을 완화하고, 신료의 통합과 결정능력의 향상을 동시에 달성할 수 있는 장치로서의 의미를 갖는다. 강습은 '천하의 공리(公理)'를 발견하기 위해 행하는 것이었지만, 그 장에 사전에 준비된 진리는 없다. 공론은 훌륭한 지도자 밑에서 커뮤니케이션을 교환하는 가운데 발견되고, 참가자의 마음속에 널리 퍼지는 것이다. 이러한 강습은 공론정치를 전국적으로 확대시키는 데 중요한 역할을 한 중앙조직으로서의 성균관, 지방조직으로서의 향교와 서원에서 공론 결정 시 주도자 발의에 의한 통문에 의해 시작되어 충분한 의논을 통해 공론을 결정한 데서도 예를 찾을 수 있다.

안확은 붕당정치를 일종의 토론정치라며, "당파가 상쟁상투함으로 인하여 정치는 무한한 파란을 일으켜 요란함이 많으나 정치의 운행은 폐(弊)

를 구하고 해(害)를 제(濟)하여 가부를 상토(相討)하는 중에서 중정(中正)의 도를 얻어 결국 초월적 진보를 행한다"(안확 1983: 195)고 한 것도 이같은 토론을 통한 공론의 발견과 같은 맥락으로 이해할 수 있다.

이러한 강학에 관한 강조는 주희에서 그 연원을 찾을 수 있다. 주희에 의하면 군주교육이란 것은 타자와의 대화 속에서 스스로를 교육해 간다고 하는 성격을 갖는다. 효종황제(孝宗皇帝)에 받들어 시정을 논한 장대한 상주문 속에서 주희는 황제의 제일요건으로서 강학에 종사하는 것을 들고 있다. 주희는 "천하의 일은 모두 폐하 일인"에 달려 있고, "군주의 마음이 바르면 천하의 일은 모두 바르게 된다"며, 그렇게 하기 위해서는 "군주는 결정을 내리기 전에 철저한 토론을 행하고, 여러 가지 문제나 사정이 그 속에 내재한 것이 선일까, 악일까라는 경향성을 확실히 하는 것"이 가장 중요한 방법이라는 것을 주희는 역설하고 있다〔文鎮 卷12 '乙西擬上封事' 2葉, Wm. T. ドハ゛リ一著, 山口久和譯, 朱子學과 自由의 傳統(東京; 平凡社, 1987, 120-126) 에서 재인용〕.

대화 또는 회화는 중국철학의 전통적인 방식이지만 신유학의 운동은 이런 류의 철학적 대화를 일층 발전시킨 것으로 의미를 부여할 수 있다. 신유학자는 경연(經筵, 천자가 경서의 강의를 듣는 장)에 있어서 정책에 관한 논의가 행해지는 것을 각별히 중요시했다. 이것은 조선초 중요한 공론수렴의 제도로서 작용하게 된 것이다.

2. 공론의 형성과 제도화

세습군주를 통해 공론을 발견하는 데에는 군주에 대한 교육과 제도적 장치를 통하여 군권의 전제를 막고 권력을 분산시키거나 위임하는 방법이다. 조선은 건국 이후 사대부 관료체제가 안정되는 세종 이후부터는 대체로 재상이 공론의 주체로 부각되었다. 공론을 담지하고 구현하는 제도적 장치로서 국왕을 보좌하는 재상 외에 대간이라는 언론기관이 부각된 것은 성종 이후부터이다. 이러한 언론기관은 공론을 구현할 수 있는 제도적 장치로 성종조 이후 '삼사'의 제도가 정비되면서 특히 부각되었다(성종조에 완비된 언론 삼사는 사헌부, 사간원, 홍문관을 말한다. 사헌부와 사간원은 통상 '대간(臺諫)', '대각(臺閣)' 등으로 합칭되고 '옥당(玉堂)'이라 통칭되는 홍문관과는 구별되기도 하였으나 16세기 사림의 중앙정계 진출과 때를 같이하여 이들이 연합하여 언론 기능을 수행하면서 통상 '삼사'라 칭하게 되었다).

언관인 대간은 조정에서의 위치가 언론과 감찰이라는 직능으로 인해 막강한 권한을 가졌다. 언관은 재상과 함께 국정전반에 걸쳐 군주와 시비·가부를 다툴 수 있었으며, 이러한 언관에 대한 역할 기대는 유교의 공론정치 이상에서 나온 것이다. 요컨대 대간은 인주(人主)의 이목이며 조정의 풍기로서 인주와 더불어 시비를 항론하는 직능을 띠었다. 이러한 대간언론의 논리는 한 걸음 더 나아가 '대간 인주지이목 공론소재(臺諫 人主之耳目 公論所在,『정종실록』 2년 정월 己丑條; 태종실록 4년 12월 乙亥條)라며 공론과 연결되어 있다.

그러나 정치운영 구조의 변화와 함께 정치참여층의 확대가 두드러짐에 따라 언론은 언관들에 국한되어서만 행사되었던 것은 아니었다. 곧 사림을 중심으로 한 정국운영 체제가 확립됨에 따라 유생들이 정치의 객체에서 주체의 범주로 흡수되었고, 재조언론(在朝言論)과는 별도로 관학(성균관 · 四學)과 향촌 유생이 주축이 된 재야언론(在野言論)이 형성되고 있었다.

이러한 배경에는 사림세력의 사회적 · 경제적 지위향상에 기인한 바 크지만, 공론을 중시하는 정치구조와도 밀접한 관련이 있다고 할 것이다. 조선조는 초기부터 공론에 대한 인식이 상당히 성장해 있었다. 즉 "공론은 국가의 원기이며 간쟁이 공론의 근저가 된다"(『태조실록』 원년 11월 丙戌; 條: 「公論者天下國家之元氣也 諫諍爲公論之根抵」)는 주장과 같이 이상적인 공론구조는 사림세력이 군주 및 소수의 훈척에 의해 주도되는 정치운영 형태에 대응하여 정치참여층의 확대를 가져온 것이다. 그리하여 유생들이 실질적인 공론형성층으로 성장함에 따라 '일국공론지론'(一國公論之論)은 사실상 '유자개유공론'(儒者皆有公論, 세조실록 12년 8월 茂辰條) '사림지공론'(士林之公論, 세종실록 31년 3월 丙申條)이나 '일향지인의유공론'(一鄕之人宜有公論, 세종 실록 11년 9월 丁卯條)이라는 생각이 일반화되어 갔다.

그러나 조선조는 공론의 담지와 구현을 위한 제도화에 많은 고민을 한 것으로 보인다. 그것은 초기 대간의 기능을 둘러싼 논쟁에서 비롯된다. 이러한 논쟁은 연산군대의 '권귀대간'(權歸臺諫) 논란에서 그 예를 볼 수 있다.

연산군은 '권귀대간'에 의한 '능상'(凌上)의 풍조를 우려하면서 대간·홍문관의 논계를 자신과 맞서 '욕자승'(欲自勝)하려는 것으로 인식하였다. 결과적으로 군권에 대한 상대적 위치에서 대응하는 언관권에 대한 탄압이 심하였던 것이다. 연산군의 입장은 '조정지권'(朝廷之權)이 '권귀대간'에 있다는 것이었고, 대간은 '권귀대간'이 아니라 대간의 고유한 간쟁권의 행사라고 주장하였던 것이다(燕山君日記 원년 5월 丙申條). 여기에 홍문관은 국가에 공론이 있는 것은 신체에 원기가 있는 것과 같다고 전제하면서 원기가 두루 통한 뒤에 신체에 질병이 없듯이 공론이 행한 뒤라야 국가가 평안하다고 하여 공론의 논리로 가세하였다(『燕山君日記』 원년 6월 康辰條: 「國家之有公論 猶身之有元氣 元氣周流而後 身無疾病 公論行而後 國家安矣).

유교 국가에서 공론실현의 핵심 관료기구로 간주되던 대간의 기능을 둘러싼 논쟁이 끊임없이 전개되는데 16세기 중반에 이르면 "공론이 공경에 없으면 대각에 있게 되고, 대각에 없으면 초야에 있게 된다. 공경에게 있으면 나라가 다스려지고 대각에게 있으면 나라가 어지러워지며, 환시에게 있으면 나라가 망하게 된다"(『중종실록』 12년 11월 壬辰條; 「公論不在公卿則在臺閣 不在臺閣則在草野 在公卿則治 在臺閣則亂 在宦寺則亡」)라는 일반적 인식이 나타나게 되고, 이에 조광조 등은 공론이 대각에 있으면 나라가 어지러워진다는 주장은 잘못되었다고 주장하게 된다. 논란은 있으나 적어도 이 시기에 상하 어디에서라도 공론이 존재하지 않는다면, 즉 환시나 여항에 공론이 있다면 나라가 망할 수 밖에 없다는 인식이 위정자들 사이에 널리 퍼지게 되었다는 것이다.

문제는 중종반정 이후 사림세력이 정계에 속속 진출하게 됨에 따라 기존의 재조공론을 넘어 이제는 '일국공공지론'(공론)은 사실상 자립공공지론'(士論)이란 표현에서 볼 수 있는 것처럼 재야공론이 공론의 하나의 기준이 되고 조정의 정책결정에 큰 영향력을 행사하게 되면서 여하히 공론형성의 제도화를 이루느냐에 귀착된다고 할 수 있다. 즉, 사회의 분화에 수반하여 공론 담지자의 다원화와 하향화, 바꾸어 말하면 여론의 수(數)와 양(量)의 확내화라고 하는 상황의 추이 속에서 복수의 정치적 의견으로부터 어떤 방법에 의해 공론을 추출할까, 그것을 어떻게 제도화 할까? 나아가 공론이 국가의 원기라고는 하지만 정치세력간의 공론대결이 본격화될 때 왕권이 약화되어 어느 것이 참된 공론인지를 판정할 수 없는 경우와, 국왕과 특정 정치세력이 직접적으로 대결할 때 어떻게 시비를 가릴 것이며 그 집행의 실효성을 보장할 수 있을 것인가 하는 문제가 대두되게 된 것이다.

이러한 측면에서 이이의 논의는 공론의 제도화에 관한 고민이었다고 볼 수 있다. 즉 유생의 정치참여에 대한 공론수렴의 제도적 장치에 대한 고뇌라고 볼 수 있다. 이이는 "공론이 조정에 있으면 나라가 다스려지고 공론이 여항에 있으면 나라가 어지러워지는 것"이라며 "금일의 조정에 공론이 펼쳐지지 못하기 때문에 여항에서 한가로이 시비를 논의하게 되었던 것"이라고 주장한다(율곡전서 권7, (「疏箚」 5 代白參贊疏)).

즉, 국가운영에 있어서 공론은 유생에게 개방되어야 하는 것이나, 그것은 조정으로 수렴되지 않으면 안 된다는 인식이 전제되어 있다고 할 수 있다. 이는 곧 정국운영의 주재자의 위치인 군주의 역할을 강조한 것이기도 하다. 군주는 공론을 부정할 수 없는 상황에서 정치세력간의 공론대결이 전개될 때마다 그 추이를 살펴 공론성 여부를 판단하여야 하는 것이다. 군주가 위약하여 정치세력간의 대결 속에서 공론이 조정으로 수렴되지 못하고, 나라가 어지러워지는 것이며, 상하에도 공론이 존재하지 않을 정도이면 나라는 망하게 된다는 것은 이와 같은 맥락에서 이해가 가능할 것이다.

특히 중종반정 이후 사림의 정계진출이 활발해지면서 사림정치의 구현 방식과 그에 의한 정국 운영을 놓고 의견차이나 이해관계의 대겁이 발생하게 되는 경우가 발생하게 된다. 이때, 이이는 구양수와 주회의 붕당론에 토대한 군자붕소인당 중심의 붕당긍정론을 제기하고 나온 것이다. 군자당이라는 단서를 달기는 하였지만 붕당이 성할수록 임금은 더욱 성군이 되고 나라는 더욱 편안하게 될 것(黨益盛 而君益聖 國益安, 율곡전서 권24, 聖學輯要 6)이라며 붕당이 갖는 정치적 기능을 긍정적으로 평가하고 있다.

붕당간의 대립은 본질적으로 신하들 사이의 문제였으며, 국왕을 정점으로 하는 당시의 전체적인 정치체제와 별다른 모순관계를 맺고 있지 않았다고 할 수 있다. 붕당은 상호 토론과 비판을 통해 공론을 추출하고, 그 공론을 두고 상호 경쟁과 대립을 해왔던 것이다. 이러한 의미에서 공론정치의 제도화 방안으로 등장한 조선조 붕당정치는 여야의 역할분담을 통하여 상호비판과 견제, 갈등과 타협을 조화시켜 현대의 양당정치체제와 유사한 이상적 정치형태를 추구한 것으로 보아도 무방할 것이다. 이런 측면에서 이이는 현명한 군주 앞에서 복수의 붕당이 상호비판과 토론을 통해 공론을 창출하는 모습을 이상적인 것으로 간주하고 있는 것이다.

안확은 붕당정치를 정파에 의한 정치로 보고 그것은 지방의 향회에서 수렴된 민주의 목소리가 당론의 형태로 표출되어 논쟁을 벌이게 되는 일종의 논의정치라 한다. 나아가 그는 붕당을 주의 · 주장을 지닌 일종의 정파로 간주하여 노론과 북인은 변통적 자유방임을 추구하는 자유당과 같은 것이고, 소론과 남인은 절의적 고집을 지킨 보수당과 같은 세력으로 인식하고 있다. 이것은 율곡이 동인은 진보주의자이며 서인은 보수주의자라는 의미로 해석하고 있는 것과 맥을 같이 한다. 이러한 맥락은 안확이 붕당정치를 군주독재정치에서 입헌공화제로 넘어가기 위한 계몽적 단계로 파악하고 있는 결과이다. 이것은 일본의 메이지유신 이후 근대의회정치의 이론적 근거로 19세기 중반의 요코이 쇼난(橫井小楠)의 공의여론사상에서 찾고 있고, 그 이론적 기원을 송대의 신유학에서 찾고 있다는 점(源了圓 1991, 3-25)을 감안한다면 조선조의 공론의 구현 형태로서 붕당정치는 그보다 2세기 앞선 일이다.

이러한 붕당정치는 인조대에 이르러 공도의 실현을 위해 노력하는 붕당정치 본연의 모습을 보이게 된다. 붕당은 선조 이후 초기의 운영상의 미숙으로 다기한 분열상을 드러내는 과도기적 양상을 보이다가 비로소 학파에 근거를 둔 정파로서 서인 · 남인 두 세력이 상호 비판 · 공존하는 체제로 자리를 잡게 되었다(이태진 1985). 이러한 17세기 붕당중심의 정치를 이학지상주의(理學至上主義)의 전성시대로 부르며, 붕당간의 경쟁이 오히려 사회의 활력을 불어넣고 개인의 능력을 발휘케 함으로써 16세기의 벌열귀족정치로 쇠퇴하던 조선왕조를 회춘케 했다는 평가를 받기도 하였다(石井壽夫 1940).

더욱이 임진 · 병자 양난 이후 국제질서 변화와 그에 따른 사회변화 등으로 공론수렴의 제도적 변화와 공론형성층의 수직·수평적 확대를 가져오게 된다. 기존의 정치체의 견지를 명백히 전제한 위에 정치체의 정치적 응집력의 고양과 통치능력의 확대를 의도해서 취해진 조치가 비변사의 강화로 볼 수 있다. 이는 고려 중기 이후 원나라와의 복잡한 정세 하에 개편된 도평의사사(都評議使司)와 같은 성격을 띠고 있다는 점(이재호 1995, 133)에 주목할 필요가 있다. 이것은 예외 상황인 외부적 위기에 의해 촉발되어, 주좌나 빈좌에서 대신들이 논의하여 입계하는 절차를 거쳐 체제의 통합성을 강화하고자 한 시도로 보인다〔반윤홍은 선조 25년부터 숙종 24년까지의 17세기 비변사를 군국기무총령기로 구분하고 이 시기에 조직이 정형화되고 기능 또한 활성화되어 그 조직 발전상으로는 정형 · 활성기로 구분하고 있다(반윤홍 1990)〕. 아울러 성균관과 향교, 서원을 통한 공론의 수렴과 이의 삼사에의 결집 등을 통해 공론의 제도화를 뒷받침하였다.

양난 이후 조정의 전국적 통합성의 해체는 공론관념을 정치적으로 활성화시킴과 함께, 정치저변 확대를 가져오게 되었다. 여기에 있어서 정치단위의 확대는 먼저 수평의 확대, 특히 사림세력 전반으로 확대되어 갔다. 이러한 정치단위의 수평적 확대에 이어 다음으로 정치단위 확대의 보다 중요한 국면으로서 이른바 수직적 확대의 계기가 있다.

원래 평민 이상이면 법적으로는 과거나 사환에 아무런 제약이 없을 뿐 아니라(한영우 1987) 양란을 거치면서 군대조직을 강화할 필요성이 있었으므로 조정에서는 비록 무과 출신일망정 과거 합격자를 대폭 늘리는 '만과(萬科)'를 시행하는 등의 방편을 써서 평민출신자들을 위무하는 한편 군대조직을 강화하려 하기도 했다. 이런 배경 속에서 이들 평민 출신 과거 합격자 역시 점차로 공론형성 과정에 참여해갔다고 판단해야 할 것이다(박광용 2001, 68). 아울러 일반 백성들의 여론은 향약실시에 따르는 상하합계(上下合契) 형태의 제반 향회(동회, 리회)에 의하여 반영되었다(김인걸 1983). 따라서 향약은 지역단위에서는 일향공론을 수렴 · 결정하는 역할을 하게 되고, 전국적으로는 사림주도로 민의가 중앙정계에 반영되는 통로의 역할을 한 것이다.

그러나 정치참여층의 수평적 · 수직적 확대와 다 붕당간의 대립은 공론수렴에 큰 문제점을 야기하게 된다. 조선조의 성리학적 공론이란 천리를 담지한 것으로 진리의 다른 말이고, 그러므로 하나일 수밖에 없는 것이다. 그것이 결국 군자 · 소인 논쟁을 낳고, 과도한 정쟁을 불러일으킨 것을 잘 알고 있다. 그런데 이는 서구에서 말하는 민주주의의 토대로서의 공론과는 다른 것이다. 이 경우의 공론은 '정치적' 공론이며, 즉 내 의견이 독존적으로 옳다하기보다 다수를 점하는 측이 상대적으로 옳은 것이며, 따라서 나와 다른 의견도 그 존재정당성을 인정하는 것이다. 이것이 야당의 존재의미와 민주정치를 가능케 하는 조건이 되는 것이다.

그러나 조선조 상황하에서 공론은 곧 천리이고 하나이므로 이이가 상정한 인군이 다 붕당의 의견과 토론을 거치면서 공론을 수렴할 것이라는 전제는 공론형성층의 확대와 함께 더욱 제도화에 난항을 겪게 되었다. 이해를 달리하는 복수 여론이 유일의 공론으로 수렴될 것인가 아닌가 뿐만 아니라 설사 유일의 공론이 창출되었다 하더라도 조정의 힘이 저하되고, 조정의 권위가 지속적으로 추락해 가는 상황 하에서 공론에 심리적 · 물리적 강제력을 어떻게 해서 부여할 수 있을까? 17세기 말에 공론의 상징이었던 붕당의 공론이 군주를 선택하고 상대당을 살육하는 단계까지 합리화시키자, 18세기 초에 이르러 황극탕평설(皇極蕩平說)이나 용사출척권(用捨黜陟權) 등의 논의가 등장하면서 새로운 제도화를 모색하게 되는 것도 이러한 맥락이라 할 것이다.

그러나 '리'의 발굴을 중핵으로 하는 공론 관념이 일의적으로 제도론으로 환원되는 것 자체가 하나의 사상사적 문제이지만, 어쨌든, 공론 관념은 결코 전면적으로 하나의 제도로 환원되는 것은 아니다. 공론와 여론과의 피드백 관계(공론과 여론과의 관계는 그 전신이라고 할 만한 고전적 유학에 있어서 天과 人心과의 관계로부터 유도된다. 특히 통치체제의 동요 속에서, 주자학적인 이른바 정태적이며 내정적인 天의 인식방법은 그 유효성을 잃고, 대신 인심, 세 등의 단어로 형용되는 상황으로의 인식이 중시되어 간다. 이 과정에서 원시유교에 있어서의 天과 人心과의 관계는 하나의 피드백 관계를 전제로 하며, 天의 이른바 동태적 인식방법이 나타나기에 이른 것이다. 이런 동태적 天관념의 인식방법에 서서 정책과 제도로의 수렴을 모색하게 되는 것이다.)를 보증하는 제도론에 이르는 것에 대해서, 공론 관념은 제도를 넘어 존재하기 때문이다.

공론과 여론과의 이른바 예정조화는 처음부터 희망한 바도 아니었다. 다시 말해, 행위자가 인식하는 국가의 의지로서의 공론은 반드시 여론의 다수가 아니며 또 상황의 다수파 의견이 항상 일의적으로 공론에 결집되는 것도 아니다. 여기에서 공론 관념에는 하나의 제도와는 별도로 공론과 여론과의 피드백을 작위적으로 조작하는 실천주체와, 그 실천주체에 있어서 공론 관념에 준거한 리더십의 문제가 포함되게 된다. 공론 관념에 준거한 리더십이라는 것은 여론을 대표해서 여론의 축적에 의해 공론을 창출한다고 하는 이른바 대표적 정치태도와 행위자가 확신하는 공론에 의해서 여론을 지도한다고 하는 이른바 결단적 정치태도와의 애매한 복합이다.

황극탕평설이나 용사출척권에 기초해 국왕 스스로 군주이자 스승임을 자처하며 당인들의 의리에 기초한 당론을 공론으로 인정하지 않고, 보다 확대된 범위의 민의 수렴을 통한 다음 단계의 공론정치, 이른바 탕평정치를 시도하게 된 것도 이러한 배경이다. 탕평론자들은 붕당이 공론을 왜곡한다는 논지로 붕당정치를 비판하였던 것이다.

정조는 "바른 말을 할 책임을 지닌 삼사(三司)"조차도 "당파의 버릇과 사적으로 아부하는 폐단이 날로 심해지고" 있어서 "자기편을 편들고 다른 편을 공격하는" 소굴로 변질되었음을 지적하고 있다(정조실록 15년 2월 戊午條). 그 결과 위임의 정치를 지양하고 명령체계를 일원화하는 방향으로 제도화가 이루어졌다(박현모 2001b).

이것은 결과론적으로 상호 비판과 견제, 토론과 강습을 통한 공론의 발굴이라는 공론정치의 견지에서 본다면 공론의 폐색에 다름 아니었다. 결국 절대적인 국왕의 갑작스런 사망은 공론의 수렴장치의 부재와 견제장치의 붕괴 속에 세도정치를 불러들이는 결과를 초래한 것이다.

Ⅳ. 공론대결의 동태

공론은 지당(至當), 지선(至善)의 공의를 추구하는 보편적 원리 때문에 현실의 정치세력에 의해 자기의 정치적 주장, 혹은 그것의 실현방법 또는 수단에 관해 그 정당성의 근거로 삼을 가능성을 다분히 가지게 된다.

개념의 다양성은 먼저 그것이 자기완결적 체계성을 갖는 관념은 아니며, 복수의 의미의 복합관념이라는 것으로부터 어떠한 문맥에서 사용되느냐에 의해 다의적으로 해석된다는 데 있다. 특히 정치적 혼란기에는 집단, 개인 등의 정치단위의 이해의 다원화상황 하에서 그 개념의 다양화도 진행되었다고 볼 수 있다. 무엇보다도 먼저, 공론관념이 구체적 의미내용을 결한 채 유통되었다는 점, 그리고 정치적 적대자에 대한 공격을 위해서 이른바 대항논리로서 활용되었다는 것도 지적될 수 있다.

특히 조선조 사림들은 그들이 표방하던 도학정치의 구현을 위해 무엇보다도 필요하였던 것은 이를 담당할 세력, 즉 사림의 정계진출과 궁극적인 권력의 장악이었다. 여기에는 기성 관료군의 권력에서의 배제가 전제됨은 당연한 것이다. 사림의 정계진출과 훈구공신세력에 대한 탄핵을 추진할 당시, 사림의 논리적 배경이 된 것이 군자소인변(君子小人辨)이었다(정만조 1992, 83-149). 군자소인변의 논리는 집단간의 대화와 타협을 통한 공존의 논리보다는 집단간 치열한 경쟁의 논리로 일관하게 되고, 이는 심의와 토론(deliberation)을 통한 공론의 도출보다는 붕당간의 엄격한 기율(discipline)로 인하여 감정의 대립이 격화되는 경향을 초래하기도 한다.

그러면 조선조의 공론대결의 사례를 통해 무엇을 두고 어떤 양상으로 공론을 추구하였으며, 그것이 주는 함의는 무엇인지를 살펴보자. 여기서는 고찰의 시기를 둘로 나누어 살피고자 한다. 먼저 공론정치 형성기로 조선초기부터 선조 8년 동서붕당으로 나뉘지기 전까지를 하나의 시기로, 다음은 동서분당 이후 숙종조까지 이른바 탕평정치기가 시작되기 전까지의 시기를 사림정치기로 구분하여 고찰하고자 한다.

1. 사림정치 형성기

사림정치 형성기의 공론대결은 공론주도 세력인 훈구세력과 견제세력으로서의 사림세력과의 치열한 주도권 다툼으로 요약될 수 있다. 네 차례의 사화는 재야 유생들을 주축으로 한 사림의 체제변동지향과 이에 대한 훈구세력의 보복을 나타내는 것이다. 사림은 이러한 과정을 통해 점차 정치권력을 잡으면서 도학정치의 이념을 실현해 나갔다. 따라서 이 시기는 도학정치의 이념을 구현하기 위한 공론메카니즘의 기반을 구축한 단계로 볼 수 있다.

그 첫 단계가 성리학적 이념의 공고화를 위한 벽이단(闢異端) 논쟁에서 비롯된다. 고려말기 성균관의 등장과 함께 주자성리학의 이론체계와 실천윤리의 보급이 이루어지게 되었다. 유자들은 구체제를 지탱하고 있었던 이단(佛敎)에 대한 효과적인 대응논리를 제공해 주었을 뿐 아니라, 그 운동의 선봉이 되었다. 그들의 이러한 역할은 새 왕조의 기틀이 다져지면서 더욱 두드러졌고, 그들의 자리매김 또한 분명해졌다. 이들은 스스로 철저한 오도(吾道)의 수호자임을 자임하게 되었고, 벽이단의 선도적 역할을 하였던 것이다. 특히 불교의 세속적 특권의 감소, 왕실을 중심으로 한 제반 불교 행사의 거행 등이 본격화되는 세종대에 '벽이단'을 둘러싼 관학 유생들의 움직임이 두드러졌다.

세종 · 성종대에 이루어진 유생들의 '벽이단' 상소를 둘러싼 논란과정을 통해 오도의 수행자로서 사림과 대신, 대간 등이 집단적 활동을 통하여 왕을 간쟁한 것을 볼 수 있다. 신료들이 벽이단에 관한 모든 견해는 '일국의 공론' 또는 '천하의 공론'이라는 입장을 피력하면서 유생들의 상소는 자연스럽게 대소신료와 동렬에 놓이는 정치상황이 조성되었다고 볼 수 있다. 이런 측면에서 본다면 조선왕조 초기의 공론 논쟁은 성리학적 통치이념 강화를 위한 벽이단 논쟁에서 비롯되었으며, 사림의 정치참여 욕구와 결부되어 확대 강화되었다는 것을 알 수 있다.

이 시기의 또 다른 공론 논쟁은 공론 담당자로서의 인물교체를 둘러싼 논쟁과 훈척세력에 대한 탄핵문제를 둘러싸고 이루어진다. 신진기예의 사림들이 중앙 주요 관서의 낭관직에서 자천제의 실현을 통해 대신세력의 영향으로부터 벗어나면서 상호결속을 강화해 대신 중심의 일방적 정사처리에 제동을 걸거나, 언관직에서 합계의 집단적 공론표시를 통해 훈척세력의 비리를 비판 또는 탄핵하는 단계로 나아가게 되었다. 이처럼 공론정치는 국가정책에 대한 재조(大夫) 및 재야(士)의 지식인들이 평가하도록 함으로써 국정이 독단으로 흐르는 것을 막고, 또 공인의 주요한 언행을 비평함으로써 부패한 인사의 공직진출을 차단하는 여과장치로서 기능하였다.

사림세력과 신료세력 간의 대립은 기묘사화를 통해 극단적인 모습을 보여준다. 반정으로 등극한 중종은 애초에 절대적 위치를 누릴 수는 없었고, 왕권과 재상권 그리고 언관권이 동일한 기반 위에서 견제와 균형을 모색하고 있는 상황에서 대각이 정치운영의 주도권을 행사하게 되었다.

이에 따라 기존 세력관계의 균형이 깨어지고 또 신진정치세력이 구체적인 정치쟁점을 통해 하나의 정치세력으로 결집되는 양상을 보인 것이

기묘사화를 초래하였고 조광조를 축출한 요인으로 볼 수 있다. 즉 공론담당자의 수평적 확대에 따른 정국운영의 주도권을 둘러싸고 기득권 세력과 신진세력 간의 대립이 치열하였음을 알 수 있다.

그러나 사림의 훈척세력에 대한 비판·탄핵의 노력은 계속되었다. 김안로 등은 외척의 배경을 토대로 중종 26년부터 대간의 언론을 활용하여 정권을 농단해 가고 있었다(최이돈 1994, 174-175). 이러한 김안로의 축출은 소수의 권신(權臣)·척신(戚臣)에게 권력이 집중된 기형적인 정치형태를 청산하는 것이었다. 이는 중종이 권 · 척신에게 권력이 집중됨으로써 빚어진 왕권의 약화와 정치적 부작용을 경험한 반성의 토대에서 전격적으로 추진된 조치였다. 이로 인해 기묘사화 이후 정계진출의 길이 막혀 있었던 사림들이 다시 등장하기 시작하였다. 김안국(金安國)의 중용, 이언적(李彦迪)의 정계복귀, 이황의 등장은 사림세력의 정치적 영향력 강화를 예고하는 것이었다.

기묘사화 이후 또 한 차례의 신료세력과 사림세력 간의 대립이 을사사화이며, 윤원형의 탄핵, 나아가 훈척정치의 청산을 둘러싼 공론대립이 극에 달한다. 명종조 초기 정국을 주도한 이는 을사사화의 주도자인 윤원형과 그와 함께 일익을 담당한 이기(李芑)였다. 이기가 죽은 뒤 실권은 윤원형에게 귀일되었고, 문정왕후가 죽을 때까지 전권을 행사하였으나 문정왕후의 죽음과 함께 바로 그 해에 대신 · 시종 · 대간 그리고 유생들로부터 격렬한 논박을 당하고 탄핵되었다. 명종은 윤원형 일파의 권신세력이 주도해 온 정사운영을 부정적으로 규정하였으며, 이를 타파하기 위해 새로운 척신인 이량 일파를 대대적으로 중용해 간 것이다.

그러나 명종의 신임을 토대로 이조판서에 오른 이량은 자파세력이 포진한 양사(兩司)를 동원하여 당시 중외에서 명망이 높던 사류를 탄핵하였다. 그러나 양사의 언론은 자파세력을 통해 동원될 수 있었으나 홍문관을 장악하지 못함으로써 형세가 역전되어 버렸다. 권력관계에서 볼 때 언관언론의 장악여부에 따라 정사운영의 주도권과 정치세력의 득세와 실각이 좌우되는 전권의 전형적인 양상이 나타났던 것이다(김돈 1997, 267-268).

또한 이 시기는 언관과 유생 간의 공론형성을 위한 공조현상도 나타나고 있다. '청주보우(請誅 普雨)' 문제를 둘러싸고 경향 각지의 유생들이 서울에 운집하여 상소를 제기하고 관학유생들이 공관(空館)까지 단행한 경우가 그것이다. 유생들의 조직적이고 집단적인 동향은 외형적으로는 '청주보우'를 주장하는 상소를 계속해서 제기하였으나 윤원형을 논박하는 삼사의 논계와 상호보완관계를 유지하면서 언관언론의 일환으로 뚜렷한 정치참여의 양상을 나타냈던 것이다. 이는 유생의 공론공세가 본격화되면서 대간과 홍문관이 영의정 윤원형을 단핵하고 나섰다는 사실에서 알 수 있다(명종실록 20년 8월 丁卯-戊寅). 곧 삼사의 언론과 유생공론이 훈척정치의 청산이라는 과제해결에 역할분담의 방식으로 자연스럽게 공조하고 있는 것이다.

그러나 윤원형의 탄핵에 대해 유생들은 참여하지 않고 있었다. 그들은 유교적 명분을 앞세워 보우를 탄핵해 언관의 언론을 간접적으로 지원함으로써 윤원형으로 상징되는 척신정권을 와해시키는 데 참여하고 있었다고 하겠다. 결과적으로 척신정권을 배경으로 한 훈구세력이 군소집단으로 전락하는 대신 사림세력이 정치적 우세를 확보하게 됨으로써 그들이 지향하는 공론정치의 명분과 기반을 확립할 수 있는 토대가 마련되고 있었다.

2. 사림정치기

선조대에 비로소 사림이 정국의 주도권을 잡고 공론을 주도하는 단계로 발전하게 되었다. 지금까지의 훈척세력과의 대결에서는 상대를 소인의 무리로 규정하고, 자신을 군자당으로 규정하였지만 사림이 정국을 주도하면서 관계설정에 문제가 제기되었다. 국정운영의 방향과 방법을 둘러싸고, 한편에서는 그것을 일붕의 상태로 규정하여 단합을 촉구하였지만, 다른 한편에서는 척신정치의 잔재를 철저히 청산하는 것만이 앞날이 보장될 수 있다는 내부 비판론을 제기한다. 이외에도 사림정치의 특징상 비변사와 삼사 중심의 집권세력 대다수가 참여한 공공연한 토론과 공개적인 검증과정을 거쳐 결론을 도출하는, 즉 공론의 소재를 발굴하는 속성상 그 토론 또는 강학의 과정에서 이념적 노선대립도 등장하게 된다.

선조조 김우홍의 표현을 빌면, "사람의 소견에는 느린 것도 있고 급한 것도 있어서 비록 동일하지는 않더라도 그 대분(大分)을 논한다면 공론을 유지하고자 함입니다"(선조실록 12년 6월 임오조)라며 동·서 붕당 간 공사와 시비를 가리는 것은 당연하다고 주장한다. 이러한 주장은 사회의 분화와 함께 이념대립이 존재함을 암시하고 있다. 이 과정에서 동 · 서 분당 등 다붕당의 출현을 가져왔고, 인조반정 이후에는 서인과 남인 양대붕당이 공존하는 체제를 갖추게 되고 이 시기에는 사림의 상대세력과의 공존을 토대로 공론정치를 표방하고 상호비판과 견제를 통해 권력이 특정 개인이나 집단에 집중되는 것을 막을 수 있었다. 그러나 사림정치 초기, 즉 광해군대 대북정권은 광해군과의 굳은 제휴를 통하여 중앙정계의 강력한 주도권을 쥐고 있었음에도 각 붕당, 즉 당시의 남 · 서인과 공존상태를 이루지 못하였다. 이들은 5현(김굉필, 정여창, 조광조, 이언적, 이황)에 대한 문묘종사를 통한 신원운동에 대해 정인홍을 중심으로 한 대북세력이 이언적과 이황을 배척하려한 회퇴변척(晦退辯斥)은 조정 내의 격렬한 논쟁을 불러 일으켰다. 대북은 여기에 그치지 않고, 인목대비를 폐하고 영창대군을 서인으로 강등시켜 강화도 유폐 후 살해되는 이른바 폐모살제(廢母殺弟)를 두고 격심한 공론대결이 벌어지기도 했다(김돈 1999). 문묘종사의 문제는 도통의 확립이라는 측면에서 본다면 그야말로 오도(吾道)의 수립과 관련된 유생층 나름의 비정치적 성격을 띤 것이고, 동시에 조정신료들이 공감을 불러 일으켜 공론을 형성해야 한다는 측면에서는 정치성을 띤 중요한 정치행위 그 자체였다. 이런 측면에서 정인홍의 회퇴변척은 학문적으로는 남명학파이면서, 당파적으로는 대북파의 입지를 확고히 굳히려는 노력이었다고 할 수 있다.

그러나 대북세력은 다른 붕당의 존재를 매우 부정적으로 보고 붕당간 공존과 토론을 통한 공론을 모색하기보다는 동원된 유생공론에 의지하려 하였다. 결과 정인홍은 국왕에게 군자당에 대한 변별을 강조하였는데, 거기에는 북인, 그 중에서도 대북만이 수용해야 할 군자당이라는 믿음이 깔려 있었던 것으로 판단된다(한명기 1988, 288-300). 이러한 이면에는 퇴계·남명 문인 간의 뿌리 깊은 대립과 갈등이 그 배경이 된다고 볼 수 있다. 결국 붕당간의 공존을 통한 공론확보에 실패한 대북정권은 그러한 약점을 보완하기 위하여 행한 무리한 정책이 다시 정권의 고립과 상승작용을 일으킴으로써 결과적으로 반정의 구실만을 주게 되는 셈이 되었다.

반정 이후에는 새로운 공존체제가 수립되었다. 당시 정치인들은 붕당에 대한 실제 상황을 이해하고 거기에 맞는 정치를 운영하려 하였다. 조익은 "지금의 당이란 한쪽이 모두 군자이고 다른 한쪽이 모두 소인인 것이 아니며, 각각에 선인(善人)과 부(不)선인이 있습니다. 만일 한쪽만을 쓰고 다른 한쪽을 모두 버린다면 크게 옳지 않습니다"(인조실록 7년 윤4월 甲子)라고 지적하였다. 이러한 견해는 유백증에게도 나타난다. 그도 붕당들 사이의 조화와 보합의 필요성을 인정하면서도, 그보다는 시비의 분별과 공론을 강조하고 당론을 배격하는 인조에게 공론에 입각한 반대당 공격을 공공연하게 합리화하였다(인조실록 8년 3월 丙午條). 그러나 붕당 사이의 비판은 합의하였으나, 붕당을 타파하려는 인위적인 노력에는 적극적으로 반대함으로써 기존 붕당의 존재를 정치운영의 한 실체로서 확실히 인정하였다.

그러나 임진 · 병자 양난 이후 17세기의 조선사회는 밖으로 명 · 청 교체로 인한 국제질서의 변화와 안으로 전란을 계기로 한 사회적 · 경제적인 급격한 동요 속에 국가재건과 민생회복, 그리고 새로운 사회질서를 이룩해야 한다는 명제를 안고 있었다. 무엇보다 양난 이후에 심각한 경제적 ·

신분적 와해현상과 이에 따른 구체적 가치관의 동요, 하층민의 사회적 · 정치적 상승현상에 따라 필요하였던 현실 대응의 탄력있는 개혁정책이 절실하였다. 이러한 사회변동에 따른 정치이념의 변화와 그에 수반되는 정책적 대립에서 연유한 붕당대립의 심화를 살펴야 할 것이다. 성리학으로 무장한 사림세력들은 체제의 위기를 두고 그 대응에 고민하지 않을 수 없었으며, 당시의 지적 한계는 성리학적 명분론을 위협하고 실학의 발전과 서학수용의 터전을 닦아주고 있는 것으로 생각할 수 있다.

시국인식과 새로운 정세에 대한 대처를 두고 나타난 이념대립의 대표적 유형이 정묘 · 병자호란을 두고 대립한 화이론과 척화론이 그것이다. 이 공방전은 정치적으로 공신세력과 비공신사류와의 갈등이 내재해 있지만, 나라의 체모와 명분이 송두리째 뒤집혔던 충격이 너무 컸기 때문이기도 하다. 변화된 대청(對淸)외교의 실리론적인 면에서 이미 숭명의리론은 그 논리의 현실성을 상실해가고 관념론적 입장으로 몰리고 있었으나, 주자학 종본(宗本)주의의 명분론자에게는 그대로 숭명의리론의 고수만이 집권세력의 유지와 확장에 필수적 논리로 생각되는 경직성을 띠고 있었다. 그러므로 북방정책에 있어서 실리론과 의리론은 노소분당의 한 원류가 되었다고 보여진다. 그러한 예가 삼전도 비문 평가를 둘러싼 노론의 숭명의리론과 소론의 대청실리론이라 할 수 있다. 이러한 현실론과 명분론은 국제정치의 변화에서 연유된 외교적 명분이었고 실리였으며, 이에 관계된 노선을 타개하기 위한 정치이론이 내재했던 것이다(이은순 1992).

이러한 대립은 대내외적 위기 수습과정의 국가정책추진 방향을 둘러싼 노선문제에서도 나타나게 된다. 그것은 대동법 시행을 반대한 김집, 송준길, 송시열 등의 산당과 그 시행을 주장한 김육, 신면 등의 한당간의 대립에서 볼 수 있다. 대동법 논쟁은 농민생활의 안정과 국가재정의 확충이라는 시대적 과제를 실현하기 위한 세력과 양반지주의 입장과 기득권을 보호하려는 세력간의 분쟁이라는 정치적 성격이 담겨 있다.

이 시기 유망농민을 두고 "이제 만약 그 일당을 모두 제거하고자 한다면 남아날 백성이 없을 것"(효종실록 2년 7월 乙亥條)이라는 보고에도 불구하고, 최명길, 김상헌 등 보수세력들은 국법을 자주 바꾸기보다는 호패법을 강화·시행하는 것이 상책이라고 주장할 정도였다. 따라서 지주들의 이익과 방납배의 이권만이 계속 옹호되어 간 것이다. 이이, 이원익, 김육으로 이어지는 대동법 실시의 주장은 결과적으로는 김육의 사후 그의 아들 김좌명에 전수되어 효종조에 전국으로 확대실시되기에 이른다. 결국 진보세력의 정책이 왕조 시대에 받아들여지는 하나의 계기가 되었다. 이것은 한편으로는 지금까지의 공론정치의 비탕이 있었으므로 오랜 전통을 가진 호세(戶鏡)인 '공납'(貢納)세제를 전세(田稅)인 '대동법'으로 전환하는 개혁이 실현가능했던 것으로 판단할 수 있다(박광용 2001, 69).

예송의 경우도 종통문제를 중심으로 권력투쟁에 초점을 맞추면 다시 당쟁론에 매몰될 위험이 있다. 그러나 예송을 권력투쟁의 수단으로서보다는 그 이념적 지향점을 읽어내면 그 속에, 그 시대적 배경 속에 흐르는 맥락을 이해하고 공론대결의 기저를 이해하는 데 도움을 줄 수 있다. 조선시대 정치는 경학에 대한 해석 작업을 통해 시행되었으며, '정치'의 인식도 근본적으로 '경학구속적'일 수밖에 없기 때문(정일균 1997, 24)에 그 논쟁 또한 엄격했다고 볼 수 있다. 이러한 경학에 대한 해석 위에 사상가와 위정자들의 이념적 지향, 즉 정치적 비전이나 현실인식이 내재해 있기 때문이다.

기해복제를 둘러싼 논쟁은 효종이 승하하자 자의대비의 복제를 둘러싸고 벌어진 것이다. 여러 가지 주장이 제기되었지만, 송시열의 자최기년설과 허목의 자최삼년설 그리고 윤휴의 참최삼년설로 대별되었다. 이중 송시열과 허목의 자최설은 모자복(母子服)으로서 친복론을 주장한 것인데 반하여 윤휴의 참최설은 군신복으로서 존복론을 주장하였다고 할 수 있다.

복제논쟁의 정치적 의미는 왕권에 대한 인식에서 잘 드러난다. 친친·천합에 근거하여 사적 관계의 일차성을 중시하는 친복론은 왕권을 제한하려는 경향이 있으며, 존존 · 인합에 근거하여 공적 관계의 우선성을 주장하는 존복론은 왕권을 절대화하려는 경향이 있다(이원택 2000). 즉, 송시열과 허목의 입장은 사림정치론과 통하고, 윤휴의 입장은 왕권강화론과 통한다고도 볼 수 있다.

전자는 왕권의 자의적 행사를 견제하고 성학을 통해 수신할 것을 요구하며, 사림이 주도적으로 국정을 이끌어 나가는 것을 말한다. 반면 왕권강화론은 국정의 효율적 집행을 위해 왕권을 강화하고, 이를 위해 붕당구조를 혁파하고, 간관제도를 혁파할 것 등을 주장하게 된다.

그러나 이러한 이념적 지향이 지나친 이념적 경직성과 집단적 정체성과 맞물림으로써 강한 기융을 발휘하게 되고 현실적 실천성을 잃게 된 점도 무시할 수 없다.

Ⅴ. 결론: 현대적 함의

조선조 사림정치기의 핵심어로서의 공론은 여러 사람이 함께하는 '공정한 다수의 의견'으로 이는 국가의 원기로 간주되었다. 공론은 곧 인심이 결집된 것으로 천심과 동일시하며, 군주도 원칙적으로 공론을 따르지 않을 수 없다고 이해되었다. 이러한 공론은 전제봉건주의 시대 군주의 독선과 독재를 막고 민의를 상달시켜 군주정치(monarchy)가 폭군정치(tyranny)로 전락하는 것을 막는 방파제로서의 역할을 했다는 데 큰 의미를 찾을 수 있다. 조선조는 민본 · 위민 사상에 입각하여 전횡하는 왕권을 견제하고 남용되는 신권을 통제하도록 제도화했던 것이다.

아울러 공론정치는 정치참여의 수직적 · 수평적 확대를 가져오는 결정적 계기가 되었다. 조선 초기의 공론 주도는 사간원 · 사헌부 · 홍문관 3사의 재조언론(在朝言論)에 의하여 이루어졌다. 이러한 구도 속에 초기 오도수행의 문제와 국가안위에 관한 중대사에 대해서만 의견을 개진하던 유생들도 점차 국가대사에 관하여 논계할 수 있는 기반을 조성해 갔다. 아울러 향약을 통하여 일향공론을 수렴하고 중앙정계에도 사림을 통해 일반 백성의 의견을 반영하는 계기가 되기도 하였다. 그러나 공론형성층이 확대되었으나 일반서민은 공론형성층에의 참가와는 유리되어 있어 당시의 한계를 인정하지 않을 수 없다. 이것은 공론이 필시 기존 체제의 체제유지적 성격을 가질 수밖에 없다는 발생조건상 혁신성에 일정의 한계를 갖는다는 것을 인정하지 않을 수 없다.

한편 공론은 정치적 심의(deliberation)의 기능을 강화하였다. 공론정치는 국가정책의 제반사항이 재조(大夫) 및 재야(士)의 지식인들에게 평가되도록 함으로써 소수의 독단에 의해 국정이 좌지우지되는 것을 막을 수 있었다. 기존에는 경연(經筵)을 통해서 대간과 대신이 왕을 사이에 두고 정치문제를 토론하였고, 여기에서 결정되지 않은 문제들을 대간이 다시 차(箚)나 소(疏)로 올리면 왕은 이를 대신의 수의(收議)에 부쳐 결정하는 것이 일반적인 공론의 운용 양상이었다. 여기에 공론형성의 저변과 운용의 폭이 사림으로 확산되면서 붕당간의 비판과 토론을 통하여 공론을 발견해 가는 체제로 변화를 가져오게 된다.

율곡은 조정으로 수렴된 다양한 견해들에 대해 군주와 신하가 함께 공개적이고 합리적인 토론의 과정을 거쳐 논의가 하나로 귀일토록 합의하는 과정을 강조한 것(율곡전서 권4「十六箚」)도 이러한 심의기능을 강조한 것으로 이해할 수 있다.

이와 함께 공론은 오늘날 인사청문회의 기능을 하였으며, 부정부패를 최소화하는 데도 큰 기여를 하였다. 공인들의 주요한 언행을 기록, 비평할 수 있게 함으로써 부패한 인사의 공직진출을 최대한 차단할 수 있게 하였고, 천거제의 경우에도 공론을 따르게 함으로써 인재 등용 시 충분한 검증이 가능하며 여론을 따랐다는 점에서 오늘날에도 그 의미가 크다고 하겠다.

또한 "삼공육경이 비록 벼슬은 고관대작이지만 조금이라도 만족스럽지 못한 일이 있으면 전랑은 삼사 제신(諸臣)으로 하여금 논하게 하는데 조정 풍속이 염치를 숭상하고, 명절을 중히 아는 고로 한번 탄박(彈駁)을 만나면 부득불 벼슬을 버리지 않을 수 없었다"(택리지 人心)고 하는 것은 이러한 공정적 기능을 역설적으로 나타내주고 있다.

아울러 공론은 국왕이나 선료들의 정치적 행위에 대한 정당화의 근거로써 기능하였다는 점을 주목할 필요가 있다. 군신관계나 정치세력 간의 우위여부는 명분의 공론성을 확인받을 때 가능하다는 논리가 되며, 이러한 맥락에서 각 정치주체는 치열한 공론대결을 벌이게 된다. 정치세력은 특히 유생공론에 의존하는 것이 불가피하였고, 유생들은 정치세력의 사회적 기반으로 기능하며 긴밀한 관계를 유지했다.

문제는 그것을 공론으로 결정하는 권한이 어디에 있느냐에 있다. 치평지세(治平之世)에는 공론을 결정하는 권한이 군주의 정치적 고려와 판단에 있고, 신권이 상대적으로 강화된 사림정치기에 있어서는 사림들이 공론의 담지자로 불렸으며, 붕당간 대결이 치열할 때에는 각 당이 서로 자기들만이 참된 공론을 대표하고 있다고 주장하기에 이른다. 특히 반정(反正)과 같은 극단적인 경우에는 최종적으로 권력을 장악한 세력이 공론의 이름을 빌어 자신들의 행위를 정당화하기도 했다. 따라서 정치세력간의 공론대결이 본격적으로 전개되어 공론여부를 판단하기 어려운 상태가 대두함에 따라 그것을 제어하기 위한 방안이 마련되지 않으면 안 된다.

공론의 제도화를 위한 노력은 건국초기부터 고민의 대상이었다. 왕권론, 신권론, 군신공치론 등의 논의에서부터 재상 및 대관에의 권한위임, 언관의 비판과 사관의 감시, 서연과 경연을 통한 정치교육, 관학과 향촌의 재야 사림 등의 상소나 상언 등의 제도적 장치를 마련하게 되었다. 정치참여층의 수직적 · 수평적 확대와 함께 붕당간의 견제와 토론을 통한 공론의 수렴을 모색하는 방향으로 전개되기에 이른다.

공론의 대결 또한 사림정치 형성기에는 도학정치 이념 구현을 위한 이념적 기반으로서의 벽이단 문제, 그리고 공론담당층 확대를 위한 공론기반 구축과 훈척세력에 대한 탄핵이 중심을 이루었다. 아울러 사림정치기에는 양난이후의 현실대응을 둘러싼 노선 대립, 복제논쟁을 둘러싼 이념논쟁 그리고 대동법 실시 등을 둘러싼 정책상의 보수-진보적 대립 구조 등이 보인다. 이러한 붕당정치를 통한 공론의 모색은 의회민주주의로의 발전을 위한 전 단계로서 우리 전통사회에 존재한 내재적 계기로 이해할 수 있을 것이다.

그러나 조선조 공론은 '천리'를 담지한 것으로 지당한 것 또는 절대 옳음을 내포하고 있다. 그것 때문에 붕당간의 대립이 격화되면서 각 붕당은 상대방의 당론을 공론으로 인정하지 않고 오로지 자신들의 당론만을 정당한 것으로 주장한다. 즉 자신만을 군자당이라 일컫고 상대당을 소인으로 지목하는 풍조가 심화되고 이 과정에서 붕당간의 기율의 강화, 즉 명분과 의리가 지나치게 엄한 것(당의통략 원론)은 심의와 토의 기능을 제한하는 역할을 하게 된다. 이 점이 서구민주주의 토대로서의 공론과의 차이라 할 수 있다. 즉 내 의견이 독존적으로 옳다기보다는 다수를 점하는 측이 상대적으로 옳은 것이며, 따라서 나와 다른 의견의 존재정당성을 인정하는 것이다.

조선조 성리학적 이론의 토대위에서 '리'의 추구로서 공론의 모색은 당연하며, 그 당위성에 이론이 없었다. 그러나 공론형성층, 즉 정치참여층의 수직적 · 수평적 확대와 함께 여론을 축적한 다수의 의견이 공론과 어떻게 피드백을 거치게 되고, 국사의 항상화 · 다기화와 함께 맞이하는 외부적 위기의 상황 속에 공론수렴을 위한 제도적 장치 마련을 위한 노력 등은 금후의 과제로 삼고자 한다.

참고문헌

- 강광식. 1990. "조선조 붕당정치문화의 구조와 기능." 『정신문화연구』 41호.
- 김 돈. 1993. "16세기 전반 정치권력의 변동과 유생층의 공론형성." 서울대학교 박사학위 논문.
- 김 돈. 1997. 『조선전기 군신권력관계 연구』. 서울: 서울대학교출판부.
- 김 돈. 1999. "조선중기 사림의 공론과 그 구현형태." 『국사관논총』 第86집.
- 김용직. 1998. "한국정치와 공론성(1) : 유교적 공론정치와 공공영역." 『국제정치논총』 제38집 3호.
- 김인걸. 1983. "조선후기 향안의 성격변화와 재지사족." 철준박사화갑기념사학논총』
- 남지대. 1985. "조선 성종대의 대간언론." 『한국사론』 12.
- 박광용. 2001. "17. 18세기 조선의 국가와 공론." 『역사학회발표논문집』.
- 박현모. 2001a. "탕평정치기의 공론연구: 재야의 집단상소를 중심으로." 교육인적자원부. 『남북한 사회문화 변동과 21세기 한국인상』.
- 박현모. 2001 b. 『정치가 정조』. 서울: 푸른역사.
- 반윤홍. 1990. "조선시대 비변사연구." 국민대 박사학위논문.
- 배병삼. 2001. "전통한국의 '정치'의 의미변화에 관한 연구." 『21세기 정치학회보』 11집 2호.
- 설석규. 1994. "16-18세기 儒疏와 공론정치." 경북대학교 박사학위논문.
- 안 확. 1983. 『조선문명사』. 서울: 중앙신서 109.
- 이상익. 2001. "율곡의 성왕론과 리더십." 미간행유인물.
- 이수건. 1986. "정조조의 영남만인소." 『교남사학』 창간호.
- 이원택. 2000. "기해복제 논쟁에 내포된 이념적 지향." 한국정치학회 추계학술회의 발표논문. 이은순. 1992. "조선후기 노소당론의 대립과 정론." 한국정신문화연구원. 『조선후기 당쟁의 종합적 검토』.
- 이재호. 1995. 『조선정치제도연구』. 서울: 일조각.
- 이태진. 1985. "조선시대 정치적 갈등과 그 해결." 『조선시대 정치사의 재조명』. 서울: 범조사.
- 이현출. 2001. "사림정치형성기의 공론연구." 교육인적자원부. 『남북한 사회문화 변동과 21세기 한국인상』.
- 정만조. 1992. "조선시대 붕당론의 전개와 그 성격." 한국정신문화연구원. 『조선후기 당쟁의 종합적 검토』.
- 정일균. 1997. "유교사회의 문화체 연구와 경학." 『사회와 역사』 제51집.
- 조남욱. 1988. "정암 조광조의 유가정치론 연구." 『조선조 유학사상의 탐구』. 서울: 여강출판사.
- 최승희. 1976. 『朝鮮初期 言官 · 言論研究』. 서울: 서울대학교출판부.
- 최이돈. 1994. 『朝鮮中期 士林政治構造研究』. 서울: 일조각.

- 한명기. 1988. “광해군대의 대북세력과 정국의 동향.” 『한국사론』 20. 서울대.
- 한영우. 1987. “조선전기의 사회계층과 사회변동에 관한 시론.” 『동양학』 8.

- 石井壽夫. 1940. “後期李朝黨爭史についての一考察.” 『社會經濟史學』. 이태진 편. 『조선시대 정치사의 재조명』에서 재인용.
- 源了圓. 1991. “橫井小楠における學問敎育政治: 講學と公議公論思想の形成の問題をめぐって.” 『季刊 日本思想史』 第37号.
- 『朝鮮王朝實錄』. 『栗谷全書』. 『陽村集』. 『擇里志』 · 『黨議通略』. 『論語』. 『孟子』.
- Wm. T.ドバリー著. 山口久和譯. 1987. 『朱子學と自由の傳統』. 東京: 平凡社.

02

한국 국민의 이념성향 : 특성과 변화

原著
"한국 국민의 이념성향 : 특성과 변화."
『한국정치학회보』 제39집 제2호, 2005, pp.321-343.

Ⅰ. 서론

한국정치의 대립축은 권위주의 시절에는 체제의 민주화를 둘러싼 민주화 세력과 권위주의 세력 간의 갈등이 주축을 이루어 왔다. 이 시기는 분단상황하에서 우파이념만 논의의 대상이 되었고, 따라서 그 대립도 사회적 · 경제적 변화를 수반하는 것이 아니라 절차적 민주주의의 확립에 있었다. 이러한 배경 속에서 민주화 이후에는 지역에 패권을 둔 정치지도자에 이끌려 지역주의가 정치균열의 중요한 축으로 등장하게 되었다. 결국 반공 이데올로기를 통치 수단으로 이용한 권위주의 시대는 말할 것도 없고 민주화 이후에도 지역주의적 투표행태로 인해 정치이념은 유권자의 정치적 선택의 중요한 기준으로 기능하지 못했다.

그러나 3김의 정치적 퇴장 이후 지역주의 균열을 대신할 새로운 균열축이 뚜렷하게 등장하지 않은 가운데 보수-진보의 이념적 스펙트럼이 넓어지고, 명확히 진보이념을 표방하는 정당이 등장하는 등 보수-진보의 이념적 대립이 한국정치의 새로운 대립축으로 자리 잡을 전망이다.

2002년 대통령선거와 2004년 총선을 계기로 한국사회에서는 진보진영과 보수진영 간의 이념대립이 그 무엇보다 날카롭게 진행되고 있다. 한국사회에서의 이념변화는 이념의 분포에서 과거의 획일적인 보수지배로부터 진보진영이 세력을 확장하는 방향으로 이동하고 있는 것으로 나타나고 있다(강원택 2003; 이내영·이하경 2003). 아울러 한국의 이념구조가 기존의 진보-보수 축의 지평확대와 함께 권위주의-자유(지상)주의의 이중구조로 전환되었다고 보는 입장도 있다(송호근 2003; 장훈 2004).

이러한 변화의 흐름은 16대 대선과 17대 총선이라는 역사적 결절점과 맞닿았기 때문에 가능했고, 그러한 변혁의 주체는 2030세대라는 분석이다.

진보이념의 급격한 등장과 확산은 한편으로는 '보수이념의 실패'를 다른 한편으로는 '대의민주주의의 지체와 위기'를 그 원인으로 꼽기도 한다(최장집 2002). 나아가 세계화, 민주화 그리고 경제수준의 향상 등에 기인한 가치관의 변화와 정보화의 눈부신 진전, 세대갈등 등이 상황적 배경을 이루고 있다. 그리고 최근에는 IMF 이후 한국사회 양극화의 심화로 기존의 정치적·안보적 영역을 중심으로 전개된 이념대립이 사회적 · 경제적 영역으로 확산될 조짐을 보이고 있다.

우리 사회의 이념대립은 한편으로 비좁았던 이념적 스펙트럼을 넓혀주는 순기능도 발휘하지만, 다른 한편으로 사회적 혼란을 초래할 위험도 내포하고 있다. 그리고 이러한 이념의 대립이 정치적으로 수렴되지 못할 때 정당본위 · 정책본위의 정치는 요원할 것이며, 정치적 혼란과 불신 그리고 정치의 왜소화는 면할 길이 없을 것이다. 따라서 향후 한국 정치의 장래를 전망하는 데 있어서 한국민의 이념적 지형의 특징과 그 변화를 읽는 것은 중요한 의미를 갖는다. 이러한 맥락에서 본 논문은 2002년과 2004년에 실시된 여론조사를 기초로 한국인의 이념성향의 특성과 변화를 경험적 분석을 통해 해명하는 데 목적이 있다. 먼저, 기존 연구의 연장선상에서 2004년 조사 분석을 통해 한국인의 이념성향이 어떻게 변화되거나 지속되고 있는지 알아본다. 다음으로 정책이슈를 횡단하는 기저에 이념체계의 변화가 일어나고 있는지를 밝혀보고자 한다.

여기에서 사용하는 자료는 2002년 1월 한국정당학회와 중앙일보가, 2004년 6월 한국정치학회와 중앙일보가 각각 국회의원 및 국민을 대상으로 실시한 이념성향에 대한 조사 결과이다(설문은 1차에서는 전국의 국민 1,063명을, 2차에서는 1,026명을 대상으로 하였다. 오차범위는 95% 신뢰수준에 ±3.1% 포인트이다).

이 조사는 동일한 설문 항목에 의해 질문한 것이라는 점에서 시간의 경과에 따른 변화의 흐름을 추적하는 데 적절하다고 판단되며, 또한 2002년 1월은 시기적으로 우리 사회에서 이념적 갈등이 본격적으로 분출하기 이전의 시점이라는 점에서 2002년 대선을 거치면서 변화된 우리 사회의 이념적 갈등의 모습을 관찰하는 데 도움을 줄 수 있을 것으로 기대된다. 시간상으로는 그리 긴 기간이라고 할 수 없지만 2002년 초 이후 미군 장갑차 사건, 촛불 시위, 대통령 선거 등 이념적인 갈등이 터져 나온 '격동기'였다는 점에서 2년 반의 시간이 결코 짧다고만 할 수는 없는 기간이었기 때문이다. 원래 조사 자료는 국회의원과 국민 모두를 포함하고 있었으나 이 논문에서는 국민을 대상으로 한 자료만을 분석대상으로 한다.

Ⅱ. 서구의 정치이념과 한국인의 정치이념: 선행연구의 검토

정치이념의 스펙트럼은 현존하는 정치현상의 '변화에 대한 태도'와 '가치'를 반영한다(Baradat 1994). 변화의 방향, 깊이, 속도, 방법에 따라 현상유지의 보수주의에서 극단적인 변화를 바라는 급진주의에 이르기까지 스펙트럼상의 다양한 위치에 자리매김될 수 있다. 아울러 변화에 대한 시각뿐만 아니라 재산권과 인권, 자유와 평등, 민족주의와 국제주의 등의 주요 가치에 대한 선호를 함께 고려해야 한다. 그리고 이러한 가치의 문제는 구체적인 정책으로 표출되고, 이러한 정책에 대한 태도를 통해 이념의 좌표를 구분하게 된다.

정치이념에 대한 논의를 전개함에 있어, 현실정치에서 일반적으로 사용되는 좌-우(left-right)라는 구분은 유럽에서 볼 수 있는 계급정치(class politics)의 의미를 강하게 내포하고 있으므로 선거에서 조직화된 노동세력이나 이를 대표하는 좌파정당이 의미 있는 대안으로 등장하고 있지 못한 한국정치의 현실을 고려할 때 적절하지 못하다고 할 수 있다. 따라서 이념적 차이가 적고 우파 이념만이 주로 제도권 정치에 대표되어온 한국 정치의 현실을 감안할 때 좌-우라는 구분 대신 보다 온건하고 이데올로기 스펙트럼상의 수용폭도 상대적으로 좁은 진보-보수(liberal- conservative)의 개념이 한국 정치를 설명하는 데 보다 적절하다고 판단되어 진보-보수 개념을 활용하여 분석하고자 한다(한국에서의 이념지형을 '진보-보수'라는 틀로 이해하는데 이의를 제기하여 '혁신-보수'의 틀을 주장하기도 하나(강정인 1993), 1989년 이후 구사회주의권 붕괴와 함께 우리 사회에도 혁명주의가 힘을 잃고 '체제 내에서의 변화'를 추구한다는 점을 고려하여 진보-보수라는 용어를 쓰기로 한다. 또한 진보의 개념도 다원적 가치가 공존하고 다정체성을 가진 오늘날 사회에서 다양한 의미를 가질 수 있음을 유의할 필요가 있다. 즉, 매매춘을 두고 '매매춘은 필요악이므로 공창제를 실시해야 한다'(보수)는 의견과 '여성의 성을 착취하고 상품화하므로 허용해선 안 된다'(진보)는 의견, 그리고 '매매춘에 종사하는 여성들의 노동권을 인정해야 하므로 합법화해야 한다'(급진)는 의견은 각기 상충된다. 그러나 결과를 두고 보면 보수와 급진의 입장이 외견상 같아지는 혼란이 발생하는 수가 있다는 점을 전제한다).

유럽의 경우에는 이러한 이념성향이 사회적 균열구조(cleavage structure)와 밀접히 연계되어 있다(Lipset and Rokkan 1967). 산업혁명을 거치면서 계급으로서의 노동자가 등장하고 이들이 선거권의 확대와 함께 강력한 정치세력으로 발전하면서 이념은 사회적 계급과 강하게 결합되어 표출되어 왔다. 따라서 미국의 경우와는 달리 유권자들의 정당선택 기준은 계급이었고, 이들의 지지에 의존하는 정당의 이념은 자신들의 지지세력을 대변하는 이념에 어느 정도 고착될 수밖에 없다.

그러나 오늘날 포괄정당(catch-all party)화 경향과 함께 사회경제적 집단이익의 배타적 반영이라는 이전의 경향이 약화되고 있으나 여전히 유럽의 정치를 설명할 수 있는 가장 중요한 단일의 결정요인(the single most important factor)은 계급이라는 지적이다(Crewe 1993). 그러나 미국의 경우에는 사회경제적 균열구조가 약하고 그것이 정당경쟁과 중첩되지 않기 때문에 선거에서의 이념의 영향이 유럽에서와 같이 두드러지게 나타나지는 않지만(Campbell et al 1960), 진보성향이 강한 유권자일수록 민주당에 대한 지지의 비율이 높으며 보수성이 강한 유권자일수록 민주당 후보에 대한 지지의 비율이 낮아지고 있음을 보여주는 등 이념의 영향이 적지 않음을 보여주고 있다(Wattenberg 1995).

그러나 지금까지의 연구결과를 보면 한국에서의 이념성향은 서구에서와 다른 모습을 보이고 있다. 첫째, 한국에서의 보수와 진보는 진정한 좌파와 우파의 본질을 추구하는 이념의 대립이 아니라 원초적 이론과 장기적 비전이 일천한 '경계고수'와 '경계 허물기'의 대립양상을 보여주고 있다는 점이다(송호근 2003). 먼저 한국의 보수이념은 자유민주주의를 지향하지만 그것을 바탕으로 성장한 것이 아니어서 권위주의, 성장주의, 국가주의를 한시적으로 수용할 수 있다는 세계관을 갖고 있다. 그것은 한국의 보수주의가 반공주의를 강화하기 위한 수단으로 등장했기 때문에 철학적·종교적 기반이 결여되어 있고, "집권세력과 수구세력, 기득권자, 보수적 중간층을 결집시키는 정치적 이데올로기로서만 기능해 왔기 때문"일 것이다(김용민 1999).

한편, 진보이념은 권위주의 체제 아래 보수주의에 대한 저항이념으로 성장했기 때문에 세계관의 현실적 효과와 단점을 한 번도 경험해보지 못한 채 이념적 대안으로서의 적실성에만 집착해 왔던 것이다. 보수건 진보건 이념의 역사적 배경과 논리체계는 빈약하며, 결국 한국사회에서 이념대립이 사안별·쟁점별로 뒤죽박죽된 모습을 나타내게 된 것이다. 보수와 진보세력은 있어도 보수이념과 진보이념은 없는 형국이 되었다(강정인 · 이지윤 2003). 사회주의와 공산주의를 허용하지 않는 한국적 토양에서 당연한 귀결이었는지도 모른다. 이러한 특성이 연쇄적으로 아래와 같은 구체적 모습으로 나타나게 된다.

둘째, 한국사회의 이념적 갈등의 경계는 경제적인 요인보다 정치적인 요인을 중심으로 나뉜다는 점이다(강원택 2003). 경제적 · 물질적 가치의 배분에 의해 이념적 경계가 생겨난 서구와는 달리 비경제적 요인, 특히 정치적인 요인이 큰 영향을 미치고 있다는 점은 한국사회가 겪어온 역사적 경험의 특수성과 무관하지 않다. 즉, 한국의 민주화가 정치적 경쟁절차의 변화에 그치고 과거에 대한 정치적 청산이 이뤄지지 못했다는 점에서 과거 시대 반공이데올로기로 대표되는 민주-반민주 세력 간의 갈등이 오늘날 대북한 관계와 관련된 이슈에 대한 이념적 차원의 갈등으로 전화되어 이어지고 있다는 설명이 그 하나이다(강원택 2003, 101-107). 그러나 이러한 문제는 한국사회에서 사회경제적 갈등이나 이슈가 없기 때문이 아니라 이슈화하지 않는 또는 못하게 하는, 다시 말해 정책결정의 사안으로 등장하지 못하게 하는 힘 또는 영향력의 산물이라는 점을 지적하기도 한다(최장집 2004). 즉 바크라크와 바라츠(Bachrach & Baratz 1970)의 '비결정'(non-decision)의 개념을 원용하여 정치가 현실생활에 기초를 둔 사회경제적 이슈를 중심적으로 대면하고 그 영역에서의 갈등을 해소해 나가는 것이 아니라 거꾸로 정치의 제도개혁과 같은 표면적 이슈에 몰두하게 됨으로써 이 문제를 '비결정'의 영역에 머물게 했다는 것이다.

가장 변하기 어려울 것 같았던 냉전반공주의의 구조조차 민주화 이후, 특히 햇볕정책 이후 크게 변화하고 있음에도 불구하고 경제영역에 관한 한 권위주의적 관치경제 시대부터 민주화 이후 신자유주의적 세계화 시대의 현재에 이르기까지 어떤 대안적 도전도 허용하지 않고 정책의 연속성을 유지할 수 있었다는 점이 이를 말해준다고 할 것이다.

셋째, 한국사회에서는 저소득층이 정치적으로 보다 보수적 성향을 나타내며, 오히려 화이트칼라 계층이나 경제적으로 중산층 이상이 진보적 성향을 보이는 것으로 나타났다(강원택 2003, 83-107; 김재한 1999). 이러한 점은 유럽에서 계급에 따른 이념성향이 뚜렷이 구분되는 것과는 큰 대조를 이룬다. 이러한 요인으로 저소득층에 대한 지배집단과 보수언론의 이데올로기 공세가 여과없이 전달되었고 생계의 어려움으로 인한 정보의 부족이 작용했을 것이라는 지적이 있기도 하였다(정영태 1993). 그러나 권위주의 시기의 체제 민주화를 둘러싼 대립하에서나, 민주화 이후 3김씨에 의한 정치권력을 둘러싼 경쟁의 그늘 아래에서 사회경제적 쟁점은 부각되지 못한 채, 고도성장기의 지역개발과 보조금 · 공공사업의 배분 등을 채널로 한 이익유도(pork-barrell)에 의한 저소득층의 지지 동원이 가능하였던 것으로 판단된다. 결국 소득수준과 같은 경제적 변수보다는 학력과 같은 사회적 변수가 이념성향의 형성에 보다 큰 영향을 미치게 되고, 저소득층의 보수성도 이러한 맥락에서 이해할 수 있다는 것이다.

넷째, 보수-진보의 이념구도 속에서 가장 진보적인 집단은 30대로 나타나고 있으며, 세대별 이념의 차이는 연령효과(ageing effect)와 세대효과(generation effect)를 중첩적으로 반영하여 뚜렷이 드러나고 있는 것으로 나타났다(김재한 1999; 강원택 2003). 그리고 이러한 세대효과는 2002년 대통령 선거에서 극적으로 표출되었다는 것이다. 이른바 386세대의 상대적 진보성은 이들이 전두환 정권에 저항하며 민주화 운동에 적극 참여했던 80년대에 청년기를 보냈다는 사실과 깊은 관계를 갖는 것으로 이해되고 있다. 이때 습득한 진보적인 이념성향은 이들이 이후에 사회 각 부문으로 진출한 이후에도 여전히 유지되고 있는 것으로 나타나고 있다. 한편 20대는 세대경험에 있어 30대 진보와는 지극히 대조적인 성격을 갖는다. 이들의 세대 경험은 80년대 후반부터 진행된 민주화와 세계화 그리고 정보화의 영향과 깊이 관련되어 있다.

이러한 경험은 그들에게 개인주의와 자유주의 그리고 탈권위주의를 가져다주었고, 이러한 정향은 자신들의 가치를 억압하는 것으로 비쳐지는 국가주의, 권위주의, 성장주의에 대해서 강한 저항과 비판의식을 갖게 된 것으로 분석된다.

다섯째, 2002년 대통령선거 국면을 지나면서 중도적 성향의 사람들이 학습기간을 거치면서 '대안적 위치'로 이동하며 진보세력이 크게 확대되는 것을 보여주고 있다(송호근 2003; 이내영 · 이하경 2003). 지금까지 진보이념이 한국사회에서 세를 확산해 나가는 과정은 보수진영의 대안부재 혹은 대안창출의 실패가 진보진영에 반사적 이익을 가져다 준 측면이 강하다. 특히

2002년 대통령선거 과정을 거치면서 기존질서에 대한 변화라는 측면보다는 대안적 요소에 매력을 갖고 그동안의 중도세력으로부터의 이탈이 나타난 것으로 평가할 수 있다.

이처럼 한국 국민의 이념성향의 특성은 서구의 그것과는 다른 특성을 갖고 있다. 그러나 2002년 대통령선거를 전후로 한국 사회에 이념적 갈등이 본격적으로 분출되었고, 이념과 관련되는 의제가 표면적으로 대두되기 시작하였다. 특히 오늘날의 이념지형은 IMF위기와 두 차례의 대통령선거를 거치면서 기존의 보수와 진보의 이분법만으로는 설명할 수 없는 복합구도를 나타내고 있는 것이 특징이다. 이러한 맥락에서 기존연구의 틀 속에서 2002년과 2004년 조사 사이에 나타난 변화를 고찰한다. 아울러 요인분석을 통하여 우리사회 이념의 기저에 나타나는 복합적 구조를 밝혀보고자 한다.

Ⅲ. 한국 국민의 이념인식의 특성과 변화

한국 국민의 이념적 성향을 파악하기 위하여 먼저 보수-진보 이념의 자기평가(self-placement)를 0(진보) - 10(보수)의 범위 내에서 선택하도록 하였다. 이와 함께 10개의 정책관련 질문에 대해 응답하도록 하였다(설문: 첨부 1 참조). 여기에 포함된 핵심적인 정책이슈를 정치 · 경제 · 사회 차원으로 범

정치차원

1. 대미관계: 대미관계를 둘러싼 한미동맹과 외교다변화의 문제
2. 국가보안법 개정 문제
3. 대북지원 문제

경제차원

4. 재벌개혁 문제
5. 집단소송제 도입
6. 복지정책: 복지예산의 축소 또는 확대의 문제

사회차원

7. 환경정책: 성장보다 우선하는 환경보호정책의 찬반여부
8. 교육정책: 고교평준화 유지 또는 철폐의 문제
9. 여성정책: 호주 및 호적제도 유지 및 폐지의 문제
10. 사형제 폐지 문제

주화하면 다음과 같다.

위의 10개 정책이슈는 가장 보수적인 입장(1)부터 가장 진보적인 입장(4)까지 서열척도를 제시하여 선택하도록 하였다(정책평가는 1 - 4의 범위 중 1이 가장 보수, 4가 가장 진보인 반면 자기평가 이념은 0 - 10의 범위 중 0이 가장 진보, 10이 가장 보수로 주어져 있는 점에 유의해야 한다. 이는 같은 자료(2002)를 활용한 선행연구와의 혼동을 피하기 위해 기존 연구의 틀을 따른 것이다).

1. 이념성향의 변화 패턴

먼저 국민들의 진보-보수 이념 인식의 변화를 살펴보자. 국민 이념의 평균은 2004년 조사에서 5.32로 나타나 중앙치보다는 약간 보수적인 것으로 나타났다. 이러한 수치는 2002년 조사결과 나타난 평균값 5.22보다는 다소

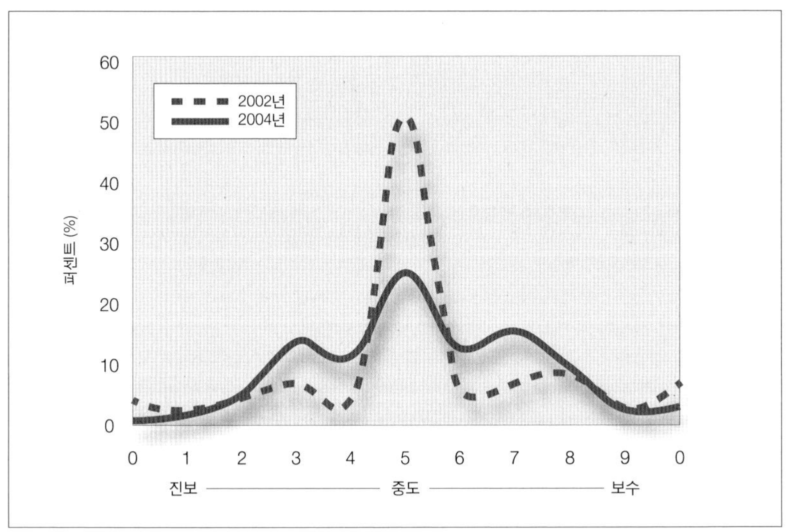

그림 1. 이념의 분포

보수적인 방향으로 옮겨간 것을 알 수 있다. 그러나 보수-진보 이념의 분포는 <그림 1>에서 보는 바와 같이 확연한 차이를 보여주고 있다. 이념의 자기평가 분포도를 백분율로 나타낸 위의 그림을 보면 2002년의 경우에는 50% 가까운 국민이 자신의 이념을 중도라고 평가하고 있고, 그러한 분포는 중앙에 집중된 단봉형 곡선을 그리고 있다. 그러나 2004년의 경우를 보면 중도성향이 급격히 줄어들고, 그 줄어든 부분이 진보와 보수로 나뉘어 새로운 봉우리를 형성하고 있음을 보여주고 있다.

이러한 결과는 2002년 조사 이후 전개된 대북정책을 둘러싼 남남갈등, 미군 장갑차 사건, 촛불시위, IMF위기 이후 지속된 제도적 변화의 경제적 효과 표출, 국책사업을 둘러싼 논란, 대통령 탄핵 등 이념적 갈등이 본격적으로 부각되어 왔음을 반영하고 있다. 즉, 2002년 12월에 실시된 대통령 선거와 2004년 4월에 실시된 총선을 계기로 나름대로 학습을 통하여 중도성향의 사람들이 새로운 대안을 찾아 진보와 보수 양방향으로 이동한 것으로 평가할 수 있다. 그러나 이러한 진보-보수로의 이동이 곧 기존질서에 대한 변화의 시각과 가치관이 변화되어 나타난 현상이라고는 단정하기 어렵다.

대통령선거와 총선 국면에서 선거의 쟁점들은 모두 진보-보수의 틀 속에서 해석되어지는 경향이 있었다. 예를 들면 촛불시위가 궁극적으로 반미주의를 제창한 것은 아니다. 국민이 죽임을 당해도 떳떳하게 요구하지 못하는 보수지배 이념에 대한 공격이었다. 따라서 반미의 기치를 내걸긴 했으나 이것이 아랍인들이 제창하는 반미와는 근본적으로 그 성격이 다른 것이다.

이러한 측면에서 한국에서의 이념대립은 넓게는 비슷한 이념적 영역 안에서의 영역확장 투쟁이어서 기존의 것에 대한 대안적 개념들을 모두 진보로 규정하는 측면이 존재한다는 점을 유념할 필요가 있다(송호근 2003). 이러한 이유로 짧은 기간에도 진보-보수의 세력분포가 빠르게 변화하고 있음을 추론

표 1. 정책이슈별 이념평균의 변화

구분	대미 관계	국가보안법	대북 지원	재벌 개혁	집단소송제
2004	2.69	2.36	2.33	2.69	2.88
2002	2.75	2.45	2.44	2.72	2.74

구분	복지 정책	환경 정책	교육 정책	호주 제도	사형제 폐지
2004	2.83	2.83	2.73	2.36	2.40
2002	2.96	2.45	2.92	2.27	2.40

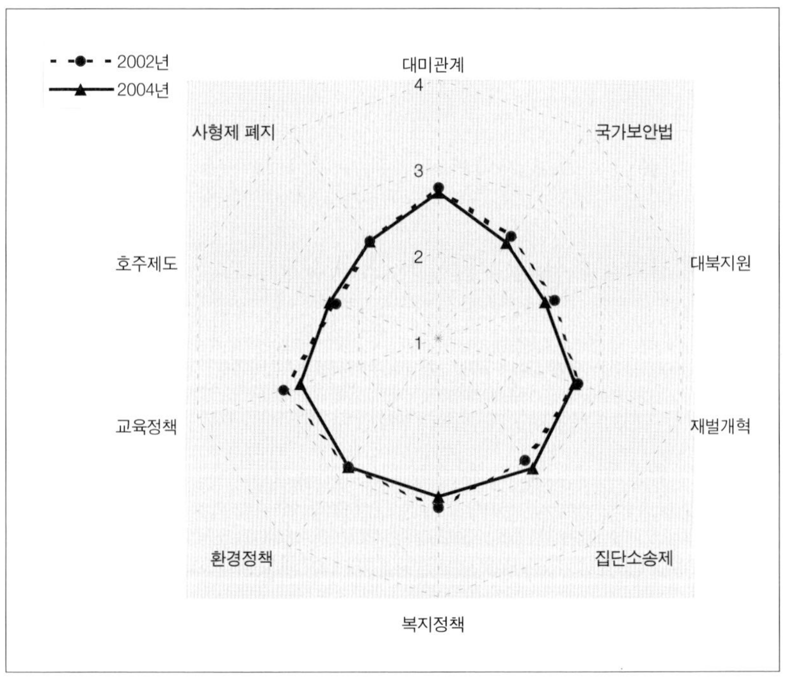

그림 2. 정책이슈별 이념양상

할 수 있다. 따라서 진보세력이 늘어난 것은 분명하나 아직도 사안에 따라서 진보-보수 간의 유동성은 여전히 존재한다는 점을 부인할 수 없을 것이다.

다음으로 주요 정책 이슈별 이념성향의 변화를 살펴보자. 일반적인 특징은 국민전체의 이념평균이 약간 보수로 옮겨감과 함께 정책이슈별로도 평균값은 보수화하는 경향을 발견할 수 있다(<표 1>, <그림 2> 참조). 그러나 집단소송제와 호주제도에 대해서는 진보적인 경향으로 변화가 나타나고 있음을 알 수 있다. 소액주주 권익보호를 위한 집단소송제의 찬반여부의 문제와 호주제의 유지 또는 폐지의 문제는 그동안 꾸준히 사회적 이슈로 부각되어 나름대로 사회적 합의가 확대되어온 영역이라는 점에서 그 원인을 찾을 수 있을 것이다.

아울러 주목되는 것은 주요 정책이슈 중에서 국가보안법 개정 문제, 대북지원 문제, 사형제 폐지, 호주제 폐지 등의 이슈는 다른 이슈에 비해 상대적으로 보수성이 강한 이슈임을 알 수 있다(<그림 2> 참조). 한편 집단소송제, 복지정책, 환경정책, 교육정책 등은 진보성이 강한 이슈임을 알 수 있다.

이에 반해 대미관계와 재벌개혁은 중간보다는 진보적인 쪽에 위치하고 있으나 앞의 두 가지 군의 정책이슈들보다는 중도적 입장을 유지하고 있다고 볼 수 있다. 이러한 성향의 차이는 한국인의 이념성향은 모든 정책에 일관된 인식과 비전을 갖는 것이 아니라 '사안별 · 정책별로 이슈를 횡단하는 기저의 이념축이 존재하는 것은 아닐까' 하는 의문을 제기하게 한다. 아울러 기존에 정치적 · 경제적 · 사회적 차원으로의 분류에도 다소 한계가 있음을 시사해 주는 측면이 있음을 알 수 있다. 따라서 이 논문에서는 정책이슈 간에 태도의 일관성이 존재하는지 여부를 검토하기 위해 뒤에서 쟁점간의 상관관계를 알아보고, 나아가 요인분석을 통해 쟁점을 횡단하는 기저에 나름의 구조가 존재하는지 여부를 밝혀 보고자 한다.

2. 사회경제적 변수와 정치적 · 경제적 · 사회적 차원의 이념

다음으로 국민들의 사회경제적 변수에 따른 이념의 특성을 고찰해 보자. 여기서는 연령, 학력, 직업 그리고 출신지역별 자기평가(self-placement) 이념과 정치적 · 경제적 · 사회적 차원의 정책별 이념의 평균을 비교해 본다.

먼저, 연령별 이념성향의 차이를 알아보자. 연령별 자기평가 이념위치를 살펴보면 30대가 4.68로 가장 진보적인 것으로 나타났으며, 다음으로 20대(5.07), 40대(5.43), 50대 이상(6.07)의 순으로 연령이 높아질수록 보수화하는 연령효과를 보여주고 있다(<표 2> 참조). 이러한 차이는 통계적으로 유의미함을 보여주고 있다(p<.001). 기존 연구에서도 연령에 따라서 이념성향의 차이가 나타남은 일관되게 확인된 바 있다(김재한 1999; 강원택 2003). 그리고 2002년도 조사결과에서는 20대가 가장 진보적이었으나 이번 조사결과에서는 30대가 가장 진보적인 것으로 나타나 기존의 경험분석결과와 맥을 같이하고 있다.

연령에 따른 이념의 차이는 자기평가 이념의 위치뿐만 아니라 정책 이슈의 정치 · 경제 · 사회 차원별로도 유의미한 차이를 보여주고 있다. 2004

표 2. 연령별 이념 성향

구분	이념위치		정치차원		경제차원		사회차원	
	2002	2004	2002	2004	2002	2004	2002	2004
20대	4.83	5.07	2.72	2.55	2.84	2.87	2.74	2.756
30대	5.09	4.68	2.65	2.64	2.81	2.90	2.76	2.750
40대	5.36	5.43	2.55	2.48	2.79	2.78	2.66	2.51
50대 이상	5.64	6.07	2.31	2.18	2.79	2.66	2.34	2.33
ANOVA	F=7.00 p<.01	F=24.77 p<.001	F=29.72 p<.01	F=33.78 p<.001	F=0.35 p=.79	F=10.54 p<.001	F=53.53 p<.01	F=46.48 p<.001

년 이념조사 결과가 2002년 조사와 차이를 보이는 것은 경제차원에서의 연령별 이념의 차이도 통계적으로 유의미한 차이를 보인다는 점이다(p<.001, <표 2>).

2004년 조사결과에서 경제차원의 정책에 대해서도 연령별 이념의 차이가 유의미하게 나타나는 것은 무엇 때문일까? 먼저 민주노동당의 등장과 함께 2002년 대통령 선거를 거치면서 이념에 대한 학습이 진행되었고, 2004년 총선을 앞두고 정당투표제 도입 등으로 인하여 경제정책사안에 대한 이념적 스펙트럼이 넓어지게 되었다는 점을 지적할 수 있다. 둘째, 청년실업자의 증가와 취업난 그리고 비정규직 근로자 및 신용불량자의 증가 등의 경제적 환경변화가 젊은 층에 더욱 반향을 불러 일으켰을 것으로 판단된다. 아울러 사회차원을 제외한 전 영역에서 30대가 20대보다 진보적인 것으로 나타난 것은 제Ⅱ장에서 살펴본 바와 같이 30대 특유의 세대효과를 반영한 것으로 볼 수 있다.

이번에는 학력별 이념성향의 차이를 알아보자. 여기에서는 경제적 차원을 제외한 나머지 세 변인, 즉 자기평가 이념위치, 정치차원, 사회차원에서 통계적으로 유의미한 차이를 보이고 있다(p<.001). 이러한 분석결과는 2002년도 조사에서도 동일한 결과를 보여주고 있다. 즉 세 변인에서는 일관되게 학력수준이 높을수록 진보적인 성향이 분명해지고, 반대로 학력수준이 낮을수록 상대적 보수성이 분명해지고 있다. 이러한 결과는 선행연구에서도 밝혀지고 있는 바이며(강원택 2003), 이것도 서구에서의 이념성향과 다른 속성임을 알 수 있다(<표 3> 참조).

이러한 배경에는 우선 학력이 높을수록 보수진영의 대안부재 혹은 대안창출의 실패를 보다 잘 인식할 수 있다는 점을 지적할 수 있을 것이다. 정치개혁의 지체, IMF 외환위기, 신자유주의 확대로 인해 등장한 각종 사회문제에 대해 보수진영은 아무 대안도 내놓을 수 없었고, 나름대로 고등교육을 받은 사람들은 여기에 대한 대안으로서 진보진영의 대안에 공감을

표 3. 학력별 이념성향

구분	이념위치		정치차원		경제차원		사회차원	
	2002	2004	2002	2004	2002	2004	2002	2004
중졸이하	5.89	6.05	2.37	2.17	2.78	2.79	2.40	2.34
고졸	5.17	5.24	2.52	2.45	2.83	2.82	2.63	2.60
대재이상	5.02	5.15	2.65	2.55	2.81	2.80	2.70	2.64
ANOVA	F=10.75 p<.01	F=12.00 p<.001	F=17.70 p<.01	F=24.27 p<.001	F=0.36 p=.70	F=.26 p=.770	F=26.76 p<.01	F=19.23 p<.001

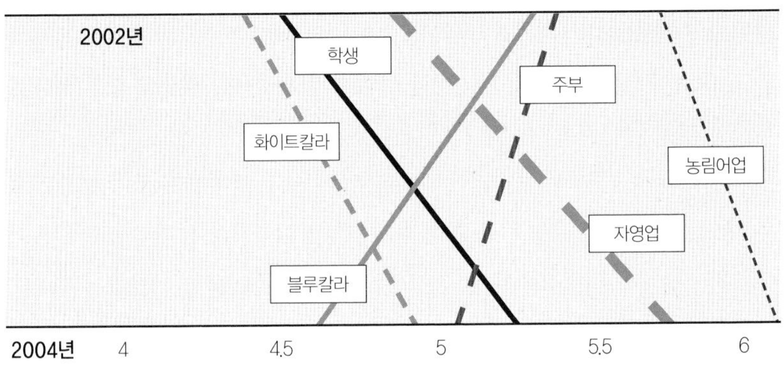

그림 3. 직업별 이념의 변화

표시하였을 것으로 보인다.

즉 가치관의 문제를 떠나 사회현상에 대한 변화의 깊이와 속도에 대해 저학력층보다 더 민감한 반응을 보였을 것으로 분석할 수 있다. 저학력층은 사회현상에 대한 인식에 있어서 민감한 경제적 차원이 정치적 의제로 등장하지 않는 한 정치적 차원에서나 사회적 차원에서는 자각하는 주체로서보다는 비자발적 동원에 의해 현상을 인식하는 경향이 강하다고 볼 수 있다. 실재 투표행태에 있어서도 교육수준이 낮을수록 비자발적 참여 또는 동원적 참여의 대상이 됨이 밝혀진 바 있다(이남영 1997).

다음으로 직업에 따른 이념성향의 차이를 알아보자. 2004년 조사결과 직업별 이념성향은 블루칼라(4.79), 화이트칼라(5.03), 주부(5.19), 학생(5.39), 자영업(5.73), 농림어업 종사자(6.08)의 순으로 보수화하고 있음을 알 수 있다. 이러한 결과는 2002년도 조사결과와는 대조를 이룬다. 2002년도 조사결과에 따르면 화이트칼라(4.64), 학생(4.75), 자영업(5.14), 블루칼라(5.40), 주부(5.46), 농림어업(5.79)의 순으로 나타나 화이트칼라 층이 가장 진보적인 것으로 나타났다(강원택 2003, 94-96). 그러나 2004년에는 블루칼라층이 가장 진보적인 것으로 나타나 큰 대조를 이루고 있으며, 그 배경이 주목된다(<그림 3> 참조).

그러한 배경에는 한국의 현실에서 경제생활의 질적 저하와 그것이 가져오는 사회적·인간적 피폐화와 관련이 있다고 볼 수 있다. 고실업, 고용불안정, 노동시장의 내부분화에 의한 대규모 비정규직 노동자의 누적, 소득분배구조의 악화, 가계파산에 의한 신용불량자의 양산, 빈곤층의 확대 등 IMF개혁 패키지를 통해 우리사회에 가져온 구조변화의 물결이 이념지형에도 변화를 초래한 것으로 보인다. 즉, 기존에 블루칼라층이 보수성이 강하고 화이트칼라층이 상대적으로 진보성이 강하게 나타났던 선행연구결과(강원택 2003)와는 대조를 보이고 있다.

2002년 조사결과와 대조를 보이는 것은 2002년 대통령선거를 거치고 2004년 총선을 맞이 위에 열기한 구조변화와 함께 중산층이 급격히 줄어들고 사회 저변층이 급속히 확산됨으로써, 그리고 양대 선거를 통해 이러한 사회경제적 문제가 조금이나마 정치적으로 인식되면서 블루칼라층과 하이트칼라층이 진보적 위치로 나오게 되고, 이어서 주부들이 진보적인 이념성향을 띠게 된 것으로 분석된다. 화이트칼라의 경우에는 앞에서 논의한 바와 같이 학력효과도 함께 반영된 것으로 보인다. 그러나 농림어업

표 4. 직업별 이념성향

구분	이념위치		정치차원		경제차원		사회차원	
	2002	2004	2002	2004	2002	2004	2002	2004
농림어업	5.79	6.08	2.48	2.29	2.92	2.84	2.37	2.33
자영업	5.14	5.73	2.49	2.44	2.78	2.80	2.49	2.44
블루칼라	5.40	4.79	2.57	2.60	2.85	2.87	2.60	2.62
화이트칼라	4.64	5.03	2.64	2.57	2.85	2.83	2.70	2.67
주부	5.46	5.19	2.54	2.42	2.83	2.80	2.75	2.64
학생	4.75	5.39	2.74	2.65	2.71	2.81	2.65	2.74
ANOVA	F=5.28 p<.001	F=5.26 p<.001	F=3.78 p<.01	F=4.98 p<.001	F=1.42 p=.214	F=.29 p=.917	F=11.38 p<.001	F=7.65 p<.001

표 5. 출신지역과 이념성향

구분	이념위치		정치차원		경제차원		사회차원	
	2002	2004	2002	2004	2002	2004	2002	2004
수도권	5.29	5.35	2.50	2.39	2.93	2.75	2.64	2.58
충청	5.19	5.37	2.57	2.47	2.77	2.84	2.62	2.57
호남	5.10	4.94	2.70	2.57	2.81	2.81	2.66	2.62
경북	5.67	5.39	2.44	2.40	2.79	2.79	2.60	2.59
경남	5.03	5.51	2.58	2.44	2.85	2.79	2.58	2.53
이북	5.34	5.70	2.42	2.32	2.80	2.80	2.63	2.55
강원제주	4.98	5.67	2.46	2.44	2.68	2.88	2.61	2.57
ANOVA	F=1.83 p=0.10	F=2.74 p=.012	F=5.40 p<.01	F=2.96 p=.007	F=1.61 p=0.14	F=.55 p=.768	F=0.68 p=0.66	F=.59 p=.734

종사자들은 여전히 보수성이 강화된 것을 볼 수 있는데, 이는 권위주의 정권 이래 정권의 보호아래 이익유도정치에 젖어 있어 그 보수성이 지속된 것으로 판단된다. 아울러 농림어업종사자의 고령화로 인한 연령효과도 반영된 것을 알 수 있다.

직업별 이념성향의 또 다른 특성은 <표 4>에서 보는 바와 같이 경제적 차원을 제외한 나머지 세 변인, 즉 자기평가 이념위치, 정치차원, 사회차원에서 통계적으로 유의미한 차이를 보이고 있다는 점이다(p<.001). 경제적 차원에서 통계적으로 유의미한 차이를 보이지 않는 것은 중대한 사회적 갈등이나 이익을 정치이슈화 하지 못한 결과라고 보여진다. 중대한 사회경제적 갈등의 영역이 대두되고 있으나 2002년 대선국면과 2004년 총선국면에서는 여전히 '비결정(non-decision)'의 영역으로 남아 있었다는 것을 말해준다고 볼 수 있다.

다음으로 출신지역별 이념성향의 차이를 알아보자. 출신지역별 이념성향의 차이는 자기평가 이념(p<.05)과 정치차원에서(p<.01) 통계적으로 유의미한 차이를 보일 뿐 경제차원과 사회차원에서는 통계적으로 유의미한 차이를 보이고 있지 않으며, 이는 2002년 조사결과와 맥을 같이 한다(강원택 2003, 99-101). 그러나 지역별 자기평가 이념의 차이는 2002년 조사와는 다른 결과를 보여주고 있다.

2002년 조사결과를 보면 일반 국민의 경우에는 강원 · 제주 출신이 가장 진보적인 성향을 보인 것으로 나타났으며, 국회의원의 경우에는 호남출신이 가장 진보적인 성향을 보인 반면 경북출신 국회의원들이 가장 보수적인 성향을 보인 것으로 나타났다. 이러한 차이는 통계적으로 유의미하지 않은 것으로 나타났다.

그러나 이번 조사에서는 일반국민 조사에서도 호남출신이 가장 진보적이고(4.94), 이북출신이 가장 보수적인(5.70) 것으로 나타났다. 이러한 결과는 16대 총선에서 호남 유권자들의 진보성향이 두드러지게 나타났고, 그 원인을 김대중 정부 정책의 진보적 성향과 지역적 지지가 중첩되어서 나타난 것이라는 가설과 여기에 더해서 호남에서 2002년 대통령선거에서 진보적인 노무현 후보를 압도적으로 지지하면서 진보적 이념성향이 다시 강화된 것으로 볼 수 있다. 즉, 전자는 김대중이라는 정치지도자 개인에 대한 호남지역 유권자의 지지가 김대중 정부에서 가장 역점적으로 추진한 햇볕정책, 즉 진보적인 대북정책에 대한 지지로 이어졌기 때문으로 이해할 수 있다.

정치차원의 이념성향에서도 호남이 가장 진보적이고(2.57), 충청(2.47), 강원 · 제주(2.44), 경남(2.44), 경북(2.40), 수도권(2.39), 이북(2.32) 등의 순으로 보수성이 강한 것으로 나타났다. 이처럼 호남출신의 자기평가 이념이 가장 진보적으로 나타나고 있으며, 정치적 차원에서도 가장 진보적인 것으로 나타나고 있는 것은 기저의 이념이 정치적 차원에서도 표출되고 있다고 추론할 수 있으며 이는 다시 이념성향이 지역간 균열에 연계되어 있음을 말한다고 볼 수 있다. 따라서 정치차원을 떠나 경제차원이나 사회차원에서의 지역간 이념의 차이를 찾기는 어렵다는 것을 알 수 있다.

Ⅳ. 한국 국민의 이념체계의 변화와 지속

사람들은 다양한 경우에 다양한 의견을 표출한다. 그 속에는 한때의 기분에 따라 제시되는 의견도 있을 수 있고, 몇 번이나 일관되게 표출되는 의견도 있다. 그 가운데 어느 이슈를 둘러싸고 제시되는 상호 관련 있는 의견군을 '의견'보다 높은 차원의 '태도'라고 부를 수 있을 것이다. 이러한 태도 간에도 보다 고차원적인 구성개념을 붙이는 것이 가능할 것이며 이를 '이념'이라고 할 수 있을 것이다. 즉 보수주의와 진보주의라는 이념을 구성하는 태도수준에는 민족주의와 세계주의, 가정의 가치, 성장과 분배, 물질주의와 탈물질주의 등의 태도 수준이 존재할 것이며, 그 아래에 개별 항목에 대한 의견수준이 존재할 것이다.

지금까지는 이러한 태도수준을 국민 의견의 집합에 의해 구분한 것이 아니고 분석의 편의를 위해 정치적 · 경제적 · 사회적 차원으로 나누어 고찰해 보았다. 그러나 앞 절에서 정치적 · 경제적 · 사회적 차원의 각기 다른 차원으로 분류한다고 하더라고 그 속에는 각기 다른 의견의 집합이 있을 수 있음을 알 수 있었다.

즉, 위에서 나눈 세 가지 차원과는 각각 다른 차원이지만 특정의 정책에 대한 의견에서는 나름대로 공통의 의견군을 보이는 것을 발견할 수 있었다. 따라서 이하에서는 요인분석(factor analysis)을 통해 정책이슈를 횡단하

표 6. 정책에 대한 태도간의 상관매트릭스 (correlation matrix) (2002)

구분	1	2	3	4	5	6	7	8	9	10
대북지원		.09**	.07*	−.002	.01	.12**	−.04	.01	.12**	.10**
보안법			.18**	.005	−.03	.07*	−.−.05	−.01	.17**	.16**
대미관계				.08**	−.03	.11**	.01	−.001	.11**	.11**
재벌개혁					−.01	.05	−.04	.05	.03	−.03
집단소송						−.05	.11**	−.007	.09**	.07*
복지정책							.05	−.007	.12**	.07*
환경정책								−.08*	.09**	.11**
교육정책									−.02	−.14**
호주제										.24**
사형제										
자기이념	−.08**	−.08**	−.01	.01	−.03	−.03	.006	−.005	−.13**	−.09**

표 7. 정책에 대한 태도간의 상관매트릭스 (correlation matrix) (2004)

구분	1	2	3	4	5	6	7	8	9	10
대북지원		.26**	.08**	.16**	.19**	.03	.11**	.07*	.17**	.07*
보안법			.23**	.04	.16**	.11**	.12**	.04	.28**	.22**
대미관계				.01	.13**	.08**	.06	.05	.12**	.13**
재벌개혁					.16**	.08**	.09**	.03	.11**	.07*
집단소송						.01	.09**	.00	.09**	.09**
복지정책							.08*	.06	.08*	.04
환경정책								.00	.15**	.10**
교육정책									.02	−.02
호주제										.24**
사형제										
자기이념	−.14**	−.23**	−.13**	−.07*	−.04	−.07*	−.06*	−.05	−.21**	−.14**

** 상관계수는 0.01 수준에서 유의　*상관계수는 0.05 수준에서 유의
자기이념을 제외한 상관계수는 1이 완전상관, 0이 무상관, −1이 완전역상관임(자기이념은 반대임)

는 다양한 기저의 요인이 존재하는지 여부, 즉 정책이슈의 태도공간을 횡단하는 몇 개의 차원을 추출해 보고자 한다.

먼저 위에서 살펴본 10개의 정책이슈에 대한 태도의 일관성이 존재하는지 여부를 검토해보자. 2002년과 2004년 정책이슈에 대한 상관관계를 나타낸 것이 <표 6>과 <표 7>이다. 위의 <표>를 보면 다음과 같은 분석이 가능하다. 먼저 전체적인 상관계수가 그렇게 높다고는 말할 수 없기 때문에 모든 쟁점이 단일 차원으로 강하게 통합되어 있다고는 할 수 없다. 그러나 일부 정책 이슈 간에는 상관계수가 비교적 높기 때문에 그러한 정책이슈들끼리 독자적인 차원을 구축하고 있는 것은 아닐까 추측하게 한다. 그리고 상관관계의 계수와 방향이 2002년과 2004년에 각기 달리 나타나는 경우가 있으므로 이는 정책차원에서 변화가 발생하는 것을 의미하는 것은 아닌지 주목된다.

아울러 자기평가 이념과 구체적인 개별 정책 항목간의 상관관계를 살펴보면 2002년에 비해 2004년 조사에서 유의미한 관계가 늘어나고 있음을 알 수 있다. 즉 구체적인 정책사안과 자기평가 이념이 서로 합치되고 있는 항목의 수가 많이 늘어났다. 이는 <그림 1>에서 본 바와 같이 중도적 입장이 줄고 이념적 정체성이 분명해진 추세와 관계있는 일일 것이다.

다음으로 요인분석을 통해 정책이슈의 태도 공간을 횡단하는 기저의 요인을 밝혀보고자 한다. 여기에서의 요인분석은 주성분분석(principal component analysis)을 통해 요인을 추출하고 베리멕스 회전분석(Varimax Rotation)을 통해서 몇 가지 요인을 추출하고자 한다(이 연구에서는 고유값(eigenvalue)이 1.0보다 큰 경우의 요인을 통계적으로 유의미하게 추출되었다고 판단한다. 또한 개별 요인적 재량(factor loadings)이 0.4보다 큰 변수들을 각 요인의 분산을 설명하는 데 기여했다고 판단한다).

<표 8>은 2002년도 조사에 대한 요인분석 결과를 나타내고 있다. 베리멕스 회전 결과 4개의 요인이 추출되었다. 통계적으로 유의미한 최소 고유

표 8. 2002년 국민이념 요인분석 결과

항목	제1요인	제2요인	제3요인	제4요인
대북지원	.706	-4.39E-02	-2.13E-02	.194
국가보안법	.488	.272	-.201	-.258
호주제	.458	.262	.397	-.112
재벌개혁	-.184	.646	4.297E-02	.317
대미관계	.140	.560	-.136	-.216
복지정책	.142	.549	5.106E-02	9.433E-02
집단소송제	.134	-.212	.689	.190
환경정책	-.263	.136	.658	-.283
교육정책	9.732E-02	9.689E-02	2.061E-02	.761
사형제	.429	.101	.273	-.478
고유값	1.621	1.266	1.066	1.004

* 설명률: 49.56%

값(eigenvalue)인 1.0 이상의 기준을 충족하는 4개의 요인이 추출되었다. 제1요인은 냉전 · 권위주의 차원이라고 정의할 수 있으며, 여기에는 대북지원, 국가보안법 개정, 호주제, 사형제 폐지 등의 정책이슈가 포함되어 있다.

두 번째 요인은 신자유주의 차원이라고 이름 붙일 수 있는 것으로 재벌규제, 대미관계, 복지정책 등의 정책 이슈가 포함되었다. 세 번째 요인은 탈물질적 가치(post-materialistic value) 차원으로 분류될 수 있는 것으로 집단소송(참여)과 환경정책이 여기에 포함되어 있다. 끝으로 평등주의 차원으로 분류할 수 있는 요인으로 교육정책이 하나의 성분으로 분류되어 있다.

대북지원 문제와 국가보안법 폐지 문제는 탈냉전시기와 탈권위주의시기를 거치면서 지속되어온 이념대립의 축이었다. 한국전쟁 이후 남북분단의 지속으로 대북지원 문제와 국가보안법 폐지 문제에 대해서는 이견이 없었다. 그러나 탈냉전기와 탈권위주의기를 맞아 그동안의 체제의 민주화를 둘러싼 대립에 맞물려 대북 문제와 국가보안법 폐지 등의 이슈가 제기되기 시작하였고, 김대중 정부에서의 남북화해 정책의 일환으로 진보적인 일련의 정책이 추진되면서 보수와 진보의 대립이 가속화되었다. 이와 함께 호주제는 가부장적 권위주의의 상징적 이슈가 되었으며, 사형제 또한 권위주의적 통치기재로서 중요한 위치를 차지해온 이슈이며 여기에 대한 보수와 진보의 대립은 민주화 이후에도 지속되었다고 볼 수 있다.

이어서 신자유주의 차원의 이념관계를 살펴보자. 이 차원의 요인은 1997년 IMF 외환위기라는 외부로부터의 경제적 충격과 이에 대응했던 우리 정부의 정책적 대응이 빚어낸 산물이라고 이해할 수 있다. 즉 IMF 충격의 효과와 개혁패키지로 대변되는 외부로부터 주어진 경제개혁을 통해 제국으로서의 미국에 대한 인식을 새롭게 하는 계기를 갖게 되었고, 이러한 배경 속에 SOFA의 불평등성, 주한미군 문제, 나아가 이라크 파병을 둘러싼 의제를 둘러싸고 보수와 진보의 대립이 심화되어온 면을 지적할 수 있다.

경제적 맥락에서도 IMF 위기 이후 신자유주의와 시장경제 운용의 전사회적 확대로 실질적인 사회적 불평등이 확대되고 기존 재벌중심의 경제정책에 대한 비판이 등장하게 된 것을 반영하고 있다. 따라서 재벌규제, 복지정책, 대미관계는 신자유주의를 둘러싼 대립의 한 축 속에 포함시켜 이해할 수 있을 것이다.

다음은 탈물질주의 차원의 요인의 등장에 대해 살펴보자. 전후 유럽사회에서 전통적인 계급균열이 안화되고 삶의 질, 참여, 환경 등 일련의 이른바 탈물질적 가치를 추구하는 경향이 증가하여 온 것과 같이(Inglehart 1990) 한국사회에서도 탈물질적 가치가 지속적으로 증가하여 온 것을 볼 수 있다(마인섭·장훈·김재한 1997; 어수영 2004). 선행연구 결과를 보면 탈물질주의자들은 대체로 1961년 이후에 출생한 세대에 보다 집중되어 있으며, 이들은 또한 경제적으로는 대개 중상류층에 속해 있으며 교육수준이 높고 전문직, 관리직, 사무직 등에 종사하는 것으로 나타났다(마인섭 외 1997). 그리고 이러한 탈물질주의자는 1997년 IMF 경제위기를 거치면서도 그 비율에 큰 변화가 없는 것으로 나타났다(어수영 2004). 설문에서의 집단소송제 도입 논의는 소액주주 보호와 경제사회 영역에서의 참여확대와 맥을 같이 한다고 볼 수 있다. 이는 하나의 정책에도 다원적 가치가 공존하고 있음을 말해준다. 아울러 환경정책은 전통적인 탈물질적 가치로서 중요한 지위를 차지해온 정책이슈이다. 따라서 한국 사회에서도 경제 · 사회 활동에의 참여확대와 환경문제를 둘러싼 보수와 진보 간의 대립이 존재하고 있음을 알 수 있다.

다음으로 평등주의 차원의 요인에 대해 알아보자. <표 6>에서 보는 바와 같이 교육정책과 자기평가 이념 간에는 유의미한 상관관계가 나타나지 않고 있다. 그러나 한국인들이 가장 고통받는 것의 하나가 대학진학이고 그 기초가 되는 고교평준화의 문제에 대해서는 논란이 있다. 따라서 교육문제는 또 하나의 이념체계를 가르는 차원으로 분류되고 있다. 이러한 교육열은 한국인들의 평등주의와 깊은 관련이 있다고 할 수 있다.

대학진학은 자신과 가족의 향후 사회적 지위를 결정한다. 부모들은 많은 사교육비를 들여서라도 자녀들을 명문대학에 진학시키려고 한다. 부모들은 자신의 자녀들이 여타의 성공한 아이처럼 해낼 수 있다고 생각한다. 누구나 해낼 수 있다는 생각은 평등주의의 소산이라고 할 것이다.

한국인들이 우리는 평등해야 한다고 믿는 것은 조선시대의 신분질서가 급격히 무너진 탓도 있으며, 해방후 사회의 지배층이 도덕적 지배력을 배양하는 데 실패한 이유도 있다(송호근 2003). 따라서 못사는 사람, 실패한 사람도 언젠가는 할 수 있다는 신념에 가득 차 있다. 그리고 성공은 모종의 비합리적 수단을 동원한 결과라고 믿기 때문에 성공한 사람에 대한 '존경의 철회(withdrawal of respect)'가 매우 강하게 나타나는 것이다(송호근 2003). 따라서 교육정책에 관한 문제는 평등주의로 인식하는 것이 타당할 것으로 판단된다.

이번에는 2004년 조사의 요인분석을 통해 정책이슈의 태도 공간을 횡

표 9. 2004 년 국민이념 요인분석 결과

항목	제1요인	제2요인	제3요인
대북지원	.656	.182	.109
사형제	.614	-2.34E-02	-.228
호주제	.608	.138	-2.30E-02
대북지원	.411	-2.55E-02	.226
환경정책	.387	.169	9.711E-02
재벌개혁	-2.48E-02	.681	7.898E-02
대미관계	.199	.645	5.856E-02
집단소송제	.154	.629	-7.40E-02
교육정책	-9.13E-02	.131	.698
복지정책	.222	-7.81E-02	.678
고유값	2.031	1.098	1.046

* 설명률: 41.75%

단하는 기저의 축을 살펴보고자 한다(<표 9> 참조). 2004년 조사에서는 베리멕스 회전결과 통계적으로 유의미한 최소 고유값(eigenvalue)인 1.0 이상의 기준을 충족하는 3개의 요인이 추출되었다. 그리고 요인적 재치가 0.4보다 작은 변수인 환경정책은 요인 패턴 추출에서 제외되었다. 첫 번째로 냉전 · 권위주의 차원이며, 여기에는 국가보안법 개정, 대북지원, 사형제, 호주제 등이 포함되고 있다. 두 번째 요인은 신자유주의 차원으로 분류할 수 있으며 여기에는 재벌개혁, 대미관계, 집단소송제 등의 정책이슈가 포함되어 있다. 마지막으로 평등주의 차원으로 복지정책과 교육정책이 포함되어 있다. 그러나 이번 조사에서는 탈물질주의 차원의 축이 나타나지 않고 있음을 알 수 있다. 이는 2002년 이후 지속적으로 경제상황이 어려워짐에 따라 물질주의적 가치에 대한 선호가 증가하여 탈물질주의를 둘러싼 대립이 약화된 것으로 평가할 수 있다.

먼저 냉전·권위주의 차원의 요인은 여전히 한국사회에 지속되고 있다. 특히 앞의 절에서 살펴본 바와 같이 국가보안법 문제와 대북지원 문제는 정치적 차원에서 보수-진보를 가르는 매우 중요한 축으로 자리매김하고 있으며 2002년 대통령선거와 2004년 총선을 거치며 이러한 대립은 더욱 강화된 것으로 보인다. 아울러 호주제와 사형제 문제에 대해서도 여전히 보수와 진보의 대립이 존재하고 있다고 할 수 있다. 물론 <표 1>에서 보는 바와 같이 호주제에 대해서는 전체적으로는 평균이 진보 쪽으로 이동하고 있음은 분명하나, 사형제에 대해서는 변화가 없다.

다음으로 신자유주의 차원을 알아보자. 신자유주의의 가속화는 이라크 전쟁 등과 접목되어 아메리카 제국에 대한 태도에 영향을 지속적으로 미치고 있다고 해석할 수 있다. 경제 분야에서도 신자유주의 정책들이 가져온 노동자들의 경제생활의 질적 저하와 사회해체에 대해 기존 재벌중심의 생산체제가 변하지 않고 있음에 대한 반발이 커지게 되었다. 오늘날 한국경제의 문제는 재벌기업의 노사가 민주적 틀 내에서 어떠한 공존의 틀을 설정하느냐의 문제와 어떻게 중소기업 발전이 가능한 생산체제를 만드느냐의 문제로 귀착된다고 해도 과언이 아니다(최장집 2004).

이러한 맥락에서 소액주주 문제도 전자의 연장선상에서 재벌기업의 노사문제와 재벌개혁을 위한 노력의 일환으로 파악하게 된 것으로 추론할 수 있다. 집단소송제 문제는 2002년 조사에서는 참여의 영역으로 이해했으나 그동안 신자유주의의 지속으로 인한 변화의 하나로 이해할 수 있을 것이다. 이러한 변화는 하나의 정책에도 다원적 가치가 공존하며, 각각의 이슈도 시대의 변화를 고려하여 새롭게 해석되어야 한다는 다정체성을 가지고 있음을 말해준다.

끝으로 평등주의 차원이다. 2002년 조사에서와는 달리 복지정책이 평등주의 차원으로 분류되었다. 2004년 조사에서는 교육문제와 함께 복지문제도 우리사회의 양극화 심화로 평등주의 차원에서 문제를 인식하고 있는 듯하다. 그동안 빠른 근대화에도 불구하고 일정하게 온존해온 전통사회적 구조와 인간관계의 공동체적 연계들, 사회안정에 기여해온 중산층이 중심이 된 계층구조가 무너지고 사회계층구조가 양극으로 분해됨에 따라 평등주의를 둘러싼 보수와 진보의 대립이 이루어지고 있음을 추론할 수 있다.

Ⅴ. 결론

이 논문은 기존 연구의 연장선상에서 2004년 조사 분석을 통해 한국인의 이념성향이 어떻게 변화 또는 지속되고 있는지 알아보고, 다음으로 정책이슈를 횡단하는 기저에 존재하는 이념체계의 복합적인 구조를 밝혀보고자 하였다. 10가지의 핵심적인 정책이슈에 대한 이념성향 분석을 통해 한국인의 이념성향에 대한 몇 가지 중요한 패턴을 발견하였다.

첫째, 그동안 중도에 집중된 단봉형의 이념분포가 중도성향이 급격히 줄어들고 진보와 보수로 이동하여 새로운 봉우리를 형성하는 패턴으로 변화하고 있음을 보여주었다. 둘째, 전반적인 정책이슈별 이념 평균값은 보수화 또는 정체되어 있으나 소액주주 권익보호를 위한 집단소송제와 호주제 폐지를 둘러싸고서는 진보적 성향으로 이동하고 있음을 보여주었다. 셋째, 정치적 · 경제적 · 사회적 차원으로 나누어 고찰해 볼 때 우리 사회의 이념의 차이는 정치적 차원과 사회적 차원에서 주로 나타나고, 계급적인 구분을 가능하게 하는 경제적 요인은 크게 나타나지 않는 것으로 나타나 기존의 연구결과와 맥을 같이 하는 것으로 나타났다. 그러나 연령변수에 대해서는 경제적 차원에서도 통계적으로 유의미한 이념의 차이가 나타나고 있음은 새로이 확인된 사항이다. 넷째, 직업별 이념의 차이를 살펴본 결과 기존의 연구에서 지적되어 온 바와 같은 저소득 블루칼라층의 상대적 보수성은 발견되지 않고, 블루칼라층이 진보적인 것으로 나타났다. 이것은 양대 선거를 거치면서 우리 사회의 경제적 피폐화와 양극화가 서서히 정치적으로 인식되기 시작한 결과라고 분석된다. 또한 양대 선거를 통한 교육효과도 고려된 것으로 평가된다.

아울러 이 연구에서 우리는 기존의 정치 · 경제 · 사회 차원이 아닌 정책이슈를 횡단하는 기저에 복합적인 구조가 있음을 발견하였다. 그리고 2년여의 짧은 기간임에도 불구하고 이러한 이념요인의 변화가 발생하고 있음을 확인하였다. 즉 기존의 대북 · 안보 문제를 둘러싼 냉전 · 권위주의적 차원 외에도 신자유주의, 평등주의, 탈물질주의적 가치 차원의 이념적 대립축이 존재함을 확인하였다. 이러한 발견점은 기존의 연구에서 정치적 차원만이 오늘날 이념적 갈등으로 표출되고 있다고 주장되어 왔으나, 이제는 여기에 더해 신자유주의 차원과 평등주의 그리고 탈물질주의 차원에서도 새로운 이념갈등이 전개되고 있음을 보여주는 것이다.

그러나 2004년 조사에서는 탈물질주의 차원의 축이 나타나지 않고 있다. 그것은 경제상황이 어려워짐에 따라 물질주의적 가치에 대한 선호가 증가하여 탈물질주의를 둘러싼 대립이 약화된 것으로 평가되었다. 특히 신자유주의 축이 등장하게 된 배경에는 IMF 이후 외부로부터 주어진 경제개혁과 그 결과, 전 사회적으로 확산된 불평등구조와 양극화 현상으로 신자유주의적 정책과 세계질서를 둘러싼 대립이 나타나고 있음을 말해주는 것이라는 것이 이 글의 주장이다.

즉, 한국인의 이념대립은 기존에 주장되어온 바와 같이 경계고수와 경계 허물기의 단순한 대립양상이 아니라 이념적 갈등이 몇 가지 차원으로 나뉘어 구조적으로 전개되고 있음을 밝힌 것이다. 이러한 발견은 한국사회의 이념체계는 다원적 가치가 공존하는 다정체성의 시대에 접어들고 있으며, 과거와 같은 분단국가라는 특수한 상황 속에서 남북관계나 한미관계에 대한 태도로 진보와 보수를 가르던 틀로는 설명할 수 없는 복합성을 띠고 있다는 것을 말해준다.

최근 들어 한국 사회에서 전개되는 갈등은 과거 갈등이 남북관계나 지역을 중심으로 전개되어 온 것과는 달리 이념이나 세계관과 같은 보다 추상적이고 가치지향적인 특성에 기초하고 있다고 볼 수 있다. 따라서 한국 사회에서는 현재의 갈등이 민주화 이후 한국사회를 지배해온 지역주의 경쟁보다 더 심각하다고 느끼는 견해가 많다.

그러나 이러한 사회에서의 이념적 갈등이 구체적인 정책적 이슈로 표출되어 정치의 영역으로 수렴되지 않을 때 정치의 불신과 왜소화는 면할 길이 없을 것이다. 아울러 국민들의 이념균열을 정치적으로 수렴하지 못할 때 정당중심 · 정책중심의 정치는 기대하기 어려울 것으로 전망된다.

참 고 문 헌

- 강원택. 2003.『한국의 선거정치: 이념, 지역, 세대와 미디어』. 서울: 푸른길.
- 강정인. 1993. "보수와 진보– 그 의미에 관한 분석적 소고."『사회과학연구』제2집.
- 강정인 · 이지윤. 2003. "한국 보수주의의 딜레마."『新亞細亞』제10권 제3호.
- 김용민. 1999. "서구 보수주의의 기원과 발전." 김병국 외,『한국의 보수주의』. 서울: 인간사랑.
- 김재한. 1999. "한국의 이념성향과 선거정치." 조중빈 편,『한국의 선거 Ⅲ: 1998년 지방선거를 중심으로』. 서울: 푸른길.
- 마인섭 · 장훈 · 김재한. 1997. "한국에서의 탈물질주의적 가치관의 등장과 사회적 균열구조의 변화."『한국과 국제정치』제27권.
- 송호근. 2003.『한국 무슨 일이 일어나고 있나: 세대, 그 갈등과 조화의 미학』. 서울: 삼성경제연구소.
- 어수영. 2004. "가치변화와 민주주의 공고화: 1990~2001년간의 변화 비교연구."『한국정치학회보』38집 1호.
- 이남영. 1997. "교육변수와 정치형태: 선거과정을 중심으로."『한국과 국제정치』제13권 2호.
- 이내영 · 이하경. 2003.『노무현 정부의 딜레마와 선택』. 서울: 동아시아연구원.
- 장훈. 2004. "한국 참여민주주의의 발전과 과제: 진보–자유지상주의의 등장과 한국 민주주의의 압축이동." 한국정치학회 하계학술회의 발표논문. 대전.
- 정영태. 1993. "계급별 투표행태를 통해 본 14대 대선." 이남영 평,『한국의 선거 Ⅰ』. 서울: 나남.
- 최장집. 2002.『민주화 이후의 민주주의: 한국민주주의의 보수적 기원과 위기』. 서울: 후마니타스.
- 최장집. 2004. "한국민주주의의 취약한 사회경제적 기반."『아세아연구』47권 3호.
- Bachrach, Peter and Morton S. Baratz. 1970. *Power and Poverty: Theory and Practice*. New York: Oxford University Press.
- Baradat, Leon P. 1994. *Political Ideologies: their origins and impact*. Englewood Cliffs: Prentice Hall. 신복룡 외 역. 1995.『현대정치사상』. 서울: 평민사.
- Campbell, Angus, Phillip Converse, Warren Miller and Donald Stokes. 1960. *The American Voter*. New York: Wiley.
- Crewe, Ivor. 1993. "Voting and electorate," in Dunleavy, Gamble, Holliday and Peele (eds.) *Developments in British Politics*. London: MaCmillan.
- Inglehart, Ronald. 1990. *Culture Shift in Advanced Industrial Society*. Princeton: Princeton University Press.
- Wattenberg, Martin. 1995. "Why Clinton Won and Dukakis Lost." *Party Politics* Vol. 1, No. 2.

첨부 1. 2004년 실시된 한국정치학회/중앙일보 이념조사의 질문 항목 (일반 국민 대상)

문 1) 우리 나라의 **외교 · 안보정책 방향**과 관련해 귀하는 다음 중 어느 의견에 가장 가깝다고 생각하십니까?

1. 한반도 주변문제뿐 아니라 다른 국제문제에서도 미국 주도의 세계질서 유지에 더욱 협력해야 한다.
2. 한반도 문제 중심으로 전통적 한미 동맹관계를 복원해야 한다.
3. 미국 중심의 외교안보정책에서 탈피해 다변화 방향으로 전환해야 한다.
4. 미국 중심의 외교안보정책에 대해 부정적 인식이 많기 때문에 전면 재검토해야 한다.

문 2) **국가보안법 개정 문제**와 관련해 귀하는 다음 중 어느 의견에 가장가깝다고 생각하십니까?

1. 남북한 대치 상태를 감안해 현행대로 유지하고 엄격히 적용해야 한다.
2. 현행대로 유지해야 하지만 인권침해 소지가 없도록 신중히 적용해야 한다.
3. 인권침해와 법규남용 소지를 줄이는 방향으로 개정해야 한다.
4. 인권침해와 법규남용 소지가 많으므로 전면 폐지해야 한다.

문 3) **대북 지원 문제**와 관련해 귀하는 다음 중 어느 의견에 가장 가깝다고 생각하십니까?

1. 북한이 변화할 가능성이 없으므로 대북 지원을 해선 안 된다.
2. 북한의 변화에 상응하는 수준 만큼 대북 지원을 해야 한다.
3. 북한의 변화를 추가로 유도할 수 있는 수준까지 지원해야 한다.
4. 북한의 변화를 의식하지 말고 적극 지원해야 한다.

문 4) **재벌개혁 문제**와 관련해 귀하는 다음 중 어느 의견에 가장 가깝다고 생각하십니까?

1. 재벌개혁은 시장기능에 맡기고 규제를 전면적으로 풀어야 한다.
2. 재벌의 불공정거래에 대한 규제를 제외한 나머지는 풀어야 한다.
3. 재벌에 대한 현행 규제의 골격을 유지해야 한다.
4. 재벌에 대한 규제를 지금보다 더욱 강화해야 한다.

문 5) **집단소송제 도입**과 관련해 귀하는 다음 중 어느 의견에 가장 가깝다고 생각하십니까?

1. 집단소송제는 기업의 투자와 모험정신을 위축시키므로 도입해선 안 된다.
2. 책임경영 확립 필요성은 인정하지만, 사외이사제 강화 등 다른 방법을 강구해야 한다.
3. 집단소송제 도입에 찬성하지만 적용대상과 범위는 신중해야 한다.
4. 집단소송제 도입에 찬성하며 대상 기업과 행위를 더 확대해야 한다.

문 6) **복지정책**과 관련해 귀하는 다음 중 어느 의견에 가장 가깝다고 생각하십니까?

1. 우리 경제수준에 비해 복지예산이 과도하므로 축소해야 한다.
2. 우리 경제수준을 고려해 복지예산을 현재대로 유지해야 한다.
3. 다른 분야 예산을 줄이더라도 복지예산을 어느 정도 증액해야 한다.
4. 현행 복지수준이 미흡하므로 세금을 높여서라도 대폭 증액해야 한다.

문 7) **환경정책**과 관련해 귀하는 다음 중 어느 의견에 가장 가깝다고 생각하십니까?

1. 환경보호보다 경제성장을 위해 기업규제를 최소화해야 한다.
2. 경제와 환경의 조화를 추구하되, 충돌시 경제성장을 우선시한다.
3. 경제와 환경의 조화를 추구하되, 충돌시 환경보호를 우선시한다.
4. 경제성장보다 환경보호를 위해 기업규제를 강화해야 한다.

문 8) **교육정책**과 관련해 귀하는 다음 중 어느 의견에 가장 가깝다고 생각하십니까?

1. 고교 평준화를 전면 철폐하고 모든 학교가 별도로 학생을 선발한다.
2. 전면적 평준하는 문제가 있으므로 자격을 갖춘 사립학교는 별도로 학생을 선발한다.
3. 평준화 제도의 골격은 유지하되 능력별 수업실시 등으로 평준화의 문제점을 보완한다.
4. 현행 평준화 제도를 그대로 유지해야 한다.

문 9) **호주제**도와 관련해 귀하는 다음 중 어느 의견에 가장 가깝다고 생각하십니까?

1. 호주 및 호적제도는 현행대로 유지해야 한다.
2. 유지하되, 남편 사망시 부인이 1순위로 호주를 승계해야 한다.
3. 재혼 시 자녀가 새 아버지의 성을 따르는 등 크게 수정해야 한다.
4. 현행 호주 및 호적제도를 완전히 폐지해야 한다.

문 10) **사형제 폐지**와 관련해 귀하는 다음 중 어느 의견에 가장 가깝다고 생각하십니까?

1. 현행 사형제도를 그대로 유지한다.
2. 정치범 사상범을 제외한 나머지 범죄에 대한 사형제도만 유지한다.
3. 반인륜적 범죄를 제외한 모든 범죄에 대해 폐지한다.
4. 전면적으로 폐지해야 한다.

문11) 귀하께서는 **자신의 이념 성향**이 어디에 위치한다고 생각하십니까?
'매우 진보' 0 에서 '매우 보수' 10 사이의 숫자 중에서 하나를 골라 O표해 주십시오.

매우 진보					중 도					매우 보수
0	1	2	3	4	5	6	7	8	9	10

03

국민통합을 위한 정치개혁 과제

原著
- 『분쟁해결연구』 제10권 제3호 통권 22호, 2012, pp.31-61.

Ⅰ. 서론

한국은 정치적 민주화에도 불구하고 정치에 대한 시민들의 불만과 불신은 매우 높은 실정이다. 세계가치조사(World Value Survey, http://www.worldvaluessurvey.org/index_html)나 아시안바로미터(Asian Barometer, http://www.asianbarometer.org/newenglish/surveys/) 등과 같은 자료를 통해서 보면 한국의 정부, 국회, 정당 등에 대한 평가는 매우 낮은 특징을 보이고 있다. 이러한 상황 속에서 정치권이 시민들의 선호와 요구들을 제도권 내에서 제대로 수용하고 반영하지 못하고 있다는 비판이 지속적으로 제기되고 있다.

특히 민주화 이후 다양한 사회적 갈등들이 표출됨에 따라 사회갈등의 양상은 보다 복잡한 특징을 보이고 있다. 지역갈등, 세대갈등, 이념갈등, 여야갈등, 노사갈등 등 다양한 갈등들이 존재하고 있다.

그러나 사회갈등이 제도적인 수준에서 해소되고 조정되기보다는 정치권에 의해 더욱 심화되고 있다는 데 문제가 있다. 민주주의의 공고화는 국가와 사회 간의 역동적 상호작용 관계에서 사회세력의 이익과 요구를 매개하고 이익과 비용(손실)을 공정하게 배분함으로써 사회경제적·정치적 갈등을 조정하고 궁극적으로 정치통합을 이룩하기 위한 민주적 규칙과 규범을 모든 정치행위자들이 내면화, 습관화해가는 과정으로 개념화할 수 있다. 이때 민주주의는 정치·사회·경제적 영역에서 갈등해결의 제도화(institutionalization of conflict resolution)로 규정할 수 있을 것이다(선학태 2005). 사회갈등이 제도적인 수준에서 적절하게 조정되고 해소되지 못할 경우 과도한 사회적 비용을 지불할 수밖에 없다. 그리고 이러한 상황에서 민주주의 공고화는 필연적으로 지체될 수밖에 없는 것이 사실이다.

따라서 한국이 민주주의를 공고화하기 위해서는 사회갈등을 제도적인 차원에서 어떻게 조정하고 해소하는가의 문제가 중요한 의미를 가질 수 있다. 다시 말해 현 시점에서 행위자나 문화의 수준을 넘어 제도적인 차원에서 사회통합을 이끌 수 있는 방안들을 다각적으로 모색할 필요가 있다.

이에 본 연구는 한국에서 사회갈등의 문제를 원만하게 해소하고, 사회통합을 이끌기 위한 정치제도의 개혁방안을 모색하고자 한다. 구체적으로 본 연구는 개헌을 요하는 사항을 제외하고 국민통합의 가치를 고양할 수 있는 선거제도, 정당정치, 의회정치와 관련한 대안들에 대해 논의해보고자 한다.

이와 같은 논의는 2012년 대통령선거를 전후로 제기될 정치개혁의 소용돌이 속에서 다양한 정책적 제안과 시사점을 제공해줄 수 있을 것으로 기대된다. 본 논문은 한국정당학회의 설문조사를 활용하여 한국사회의 갈등상황에 대한 국민인식을 분석하고, 이를 통하여 갈등해소를 위한 방안을 찾고자 하였다. 따라서 본 연구는 여론조사 분석과 문헌조사를 연구방법으로 채용하고 있다.

Ⅱ. 한국사회의 갈등구조와 제도개혁방향

1. 한국사회의 갈등구조

한국사회는 현재 많은 갈등으로 인해 사회 안정화와 경제발전을 기대하기 힘든 상황이다. 이로 인해 사회통합을 위한 방안이 강구되어야 한다는 목소리가 높다. 본고에서는 최근 실시된 설문조사를 통하여 한국사회의 갈등상황에 대한 국민인식을 알아보았다(한국정당학회는 2012년 대통령 선거를 앞둔 시점에 한국 사회의 시대정신이 무엇인지 알아보기 위해 설문조사를 실시하였다. 이 조사는 리서치 앤드 리서치(R&R)에 의뢰해 2012년 7월 21일과 22일 사이 1,000명을 대상으로 전화여론조사로 실시되었다).

유권자들은 한국사회의 갈등상황에 대해 어떻게 평가하고 있는지 알아보았고, 갈등상황의 원인과 해결을 위해 필요한 것은 무엇이라 생각하는지 살펴보았다. 먼저 사회갈등 상황에 대해 어떻게 평가하는지 알아보았다.

사회갈등 상황에 대해 심각하다는 의견은 84.7%였고 심각하지 않다는 의견은 12.9%였다. 이러한 점은 우리사회의 갈등이 심각한 수준이며, 갈등해소를 통한 국민통합의 실현이 우리 사회의 당면과제라고 할 수 있다.

국민들은 한국사회 갈등 원인이 무엇이라 생각하고 있는지 알아보았다.

표 1. 한국사회 갈등의 원인

사회 갈등 원인	비율(%)	사회 갈등 원인	비율(%)
지역 갈등	12.6	세대 간 소통 부족	12.2
빈부격차	38.4	노사 갈등	7.3
이념 갈등	19.6	기타	1.4
교육 갈등	4.7	모름 / 무응답	3.8

*자료: 한국정당학회 조사자료

<표 1>을 통해 알 수 있는 바와 같이 빈부격차가 가장 심각한 원인으로 나타났다. 이는 아시아 경제위기 이후 취한 신자유주의 정책의 영향으로 우리 사회의 양극화가 심화되었다는 것을 말해주는 것이다. 이념 갈등과 지역 갈등, 그리고 세대 간 소통 부족이 그 뒤를 따르고 있음을 알 수 있다.

특히 이념 갈등이 빈부 격차에 이어 두 번째로 중요한 원인으로 지목된 것은 이념으로 인해 발생하는 갈등이 점점 많아지고 있으며 심각한 수준에 이르고 있다는 점을 보여주는 것이다. 순위는 다소 낮아졌지만 지역갈등 또한 여전함을 보여주고 있다. 이와 함께 세대간 소통의 부족을 지적하는 의견도 12.2%에 달하고 있는 점을 감안할 때 세대갈등도 중요 갈등의 하나로 부상하고 있음을 알 수 있다. 반면 노사 갈등 및 교육 갈등이라는 대답은 매우 낮은 편인데 과거에 비해 노사 갈등이 심각성은 크게 인지되고 있지 않은 편이다.

이러한 한국사회의 갈등요인과 함께 한국사회 발전을 저해하는 요인으로 무엇을 지적하고 있는지 알아보았다. 한국사회 및 경제발전에 어떠한 요인이 장애물로 작용하고 있다고 유권자들은 생각하고 있는지 알아보기 위함이다. <표 2>에서 보는 바와 같이 국민들은 우리 사회발전의 저해요인으로 정치권의 무능과 대립을 지적하고 있다. 부정부패가 다음으로 그 뒤

표 2. 한국의 발전을 저해하는 요인(1 순위)

저해 요인	비율(%)	저해 요인	비율(%)
정치권의 무능과 대립	25.3	경제적 양극화	11.7
복지제도 미흡	2.3	불안정한 남북관계	6.7
부정부패	21.2	재벌 독점	11.7
불안정한 고용시장	8.3	비타협적 노조	3.4
비효율적 교육제도	6.0	기타	0.3
지역 간 불균형	3.9	모름/무응답	2.0

*자료: 한국정당학회 조사자료

를 잇고 있는데 이는 한국의 발전을 저해하는 첫 번째, 두 번째 요인이 모두 정치인과 깊은 관련성을 띠고 있다는 점을 보여주는 것이다. 유권자들의 정치 불신과 정의롭지 못한 사회에 대한 지적을 발견할 수 있다. 이와 함께 경제적 양극화와 재벌 독점이 한국 발전을 저해하는 요인으로 작용하고 있음을 알 수 있다.

정치적 문제 다음으로 경제적 문제 즉, 양극화, 재벌 독점, 그리고 불안정한 고용시장이 지적되고 있다. 특히, 양극화와 대기업 문제가 제시되고 있는 것은 정치권에서 강조하고 있는 경제 민주화에 대한 고민의 이유를 설명하는 것이다. 한편, 불안정한 고용시장은 위기의 경제상황을 반영하는 결과라 하겠다.

사회의 갈등을 부추기는 집단으로 정치권을 지적한 선행연구(김형준 2009)와 같이 사회갈등에 가장 영향을 미치는 변수는 역시 '여야간 정치갈등'과 갈등해결 능력 부족이 한국사회 발전을 가로막는 걸림돌로 작용하고 있음을 알 수 있다. 한국사회에서는 다른 어떤 갈등보다 여야갈등이 사회갈등에 중요한 영향을 미치고 있으며, 이러한 요인은 한국사회의 뒤틀리고 왜곡된 정치구조 때문이라고 할 수 있다(김형준 2009). 즉, 대통령에게 모든 권한이 집중되어 있는 권력구조와 한국의 기형적인 정당구조가 핵심요인으로 지적되어 왔다. 여기에 배제와 단절의 리더십이 작용하여 갈등이 더욱 증폭되어 왔다는 논의가 중심을 이루어 왔다.

이처럼 여야갈등 구조는 단순히 정당뿐만이 아니라 국회, 선거 나아가 권력구조의 측면으로까지 광범위하게 구조화되고 있다는 데 문제가 있다. 따라서 본 연구에서는 한국사회 갈등구조 해소를 위한 가장 중요한 방안으로 여야갈등구조를 증폭시키는 정치제도적 처방전을 찾아내는 것이다. 주지하다시피, 민주주의는 시민사회, 정치사회, 국가, 경제사회 등 부분체들의 복합체이다(Schneider 1995). 이러한 과점에서 린츠와 스테판(Linz and Stepan 1996)은 민주주의의 공고화를 각 부분체제의 제도화로 규정하였다.

이 중에서도 선거, 정당, 의회, 정부 등으로 구성되는 정치사회 및 국가 등 두 부분체제는 사회적 · 경제적 균열로 인한 정치적 갈등의 해결과 관련된 규범과 절차의 영역으로서 다른 부분체제의 정상적 작동 여부에 중대한 영향을 미치며 민주주의의 성패를 좌우하는 주요 변수이다(선학태 2005). 이 글은 선거, 정당, 의회 등으로 구성되는 정치사회가 사회적 · 경제적 균열로 인한 갈등을 정상적으로 해결할 수 있는 규범, 규칙 및 절차를 모색하는 것에 주안점을 둔다. 이를 위하여 국회, 정당, 선거 나아가 권력구조의 측면에서 제도개선 방안을 도출해 내고자 한다.

2. 제도개혁과제 분석의 틀

필자는 한국정당학회가 사회통합위원회의 의뢰를 받아 수행한 연구용역과제『사회통합과 정치제도 개혁과제』(2012) 중 일부를 작성하면서, 사회통합을 위한 제도개혁의 방향을 모색하기 위하여 국민들의 한국 민주주의에 대한 만족도를 살펴보았다. 유권자들은 한국정치에 대해 불신하고 있는 것으로 나타났다. 민주주의 운영에 대한 평가를 살펴보면, 민주적으로 운영되고 있다는 응답이 38.1%이며 비민주적으로 운영되고 있다는 응답이 56.2%로 나타났다. 민주주의 운영에 대한 불만족스러운 목소리가 만족스러운 목소리보다 큰 편이다.

민주주의 운영 및 의사결정방식에 대한 의견을 살펴보면 합의형을 선호하는 목소리가 다수결형을 선호하는 목소리보다 압도적으로 크다는 점을 알 수 있다. 합의형은 합의안을 만들기 위해서는 많은 시간이 소요된다는 단점이 있지만, 참여자가 만족스러운 결과를 얻게 된다는 장점이 있다.

이에 비해 다수결형이 가지고 있는 장점은 신속한 의사결정이 가능하다는 점이지만, 단점은 소수파의 의견을 무시하기 쉽기 때문에 반발이 크게 나타날 수 있다는 점이다. 이러한 점을 감안할 때 소수파의 반발로 인해 갈등이 증폭되어 가는 것보다는 시간이 걸리더라도 합의안을 만듦으로써 갈등이 발생되는 것을 막고 대립을 피하자는 의견이 반영된 결과라고 볼 수 있다.

이는 점점 사회갈등의 심각성이 대두되고 있는 상황에서 갈등 해결방안에 대한 의견을 국민들이 제시한 것이며, 경제적 소수자뿐만 아니라 정

표 3. 민주주의 운영방식에 대한 선호도

민주주의 운영방식 선호도	비율(%)
시간이 걸리더라도 합의를 통한 의사 결정	63.0
다수결 원칙을 통한 신속한 의사 결정	35.3
모름 / 무응답	1.7

*자료: 한국정당학회 조사자료

치적 소수자들의 의견이 존중되어야 함을 보여주는 것이라고 할 것이다. 나아가 정치제도 디자인의 방향을 제시한 것이라고 할 수 있다(<표 3> 참조).

민주주의의 합의제 모델(consensus model)은 다수자의 지배가 소수자의 지배보다 민주주의의 이상에 부합한다는 점에 있어서 다수제 모델(majoritarian model)과 다르지 않다. 그러나 합의제 모델은 다수자의 지배를 민주주의의 최소한의 필요조건으로 상정하고, 의사결정에 광범위한 참여가 보장되고 정부 정책에 대한 광범위한 합의를 모색하는 데에 차이가 있다. 이에 따라 다수제 모델은 배타적이고 경쟁적이며 대립적인 정치를 연출시키는 경향을 보이는 반면에 합의제 모델은 포용, 협상 및 타협을 특징으로 하는 상생정치를 지향한다(선학태 2005; Kaiser 1997). 그러나 다수제냐 합의제냐에 대한 제도적 선택은 스펙트럼의 양극단에서 대안을 찾기보다는 양극단의 연속선 중의 어느 한 지점이 될 것이다.

그동안 우리나라의 정치개혁은 민주주의의 이행기에는 비례성과 경쟁의 공정성 확보에 주력하였고, 민주화 이행기 이후에는 고비용 저효율의 정치구조를 변화시키자는 효율성과 생산성의 측면을 강조하는 방향으로 변화가 뒤따랐다. 전자의 경우 선거법 개정으로 1구 2인의 중선거구를 소선거구제로 전환하였고, 전체 1/3에 달하던 비례대표 의석수를 줄이고 비례의석 배분방식을 개선하였으며, 선거권 연령을 19세로 인하하고, 비례대표에 여성후보를 50% 이상 추천하도록 하는 등이 그 예가 될 것이다. 후자의 경우에는 외환위기 이후 정당유급사무원 축소, 합동연설회 및 정당연설회 폐지, 지구당 폐지, 정당후원회 폐지, 법인 · 단체의 정치자금 기부 폐지 등의 조치가 그것이다.

그러나 이 같은 단편적 처방은 우리 사회와 같이 깊은 사회적 균열이 존재하고, 이로 인한 정치적 갈등과 긴장이 상존하는 사회에서의 정치제도적 처방으로는 적절하지 못하다는 것을 알 수 있다. 많은 신생민주주의 국가의 경우에서와 같이 우리 사회도 형식적 · 절차적 차원에서의 민주화는 성공하였으나 '갈등해결의 제도화'라는 공고화 단계로 나아가는 데에는 많은 시련과 도전에 직면해 있다. 이러한 측면에서 갈등해결의 제도화를 위한 장기적이고 근원적인 측면에서 정치개혁 방안을 모색할 필요가 있다고 본다.

이러한 측면에서 합의제 민주주의 모델은 우리 사회가 직면한 갈등을 근본적으로 해결할 수 있는 대안적 제도 디자인의 틀이 될 것이다. 그동안 합의제 민주주의가 체제의 대표성과 통치력, 그리고 정당성과 효과성에 있어서 우월하며 다차원의 갈등이 존재하는 신생민주주의 국가의 헌정 디자인의 규범적 모델로서 적실성을 가질 것이라는 논의는 많이 제기되어 왔다(Lijphart 1977).

만성적인 정치적 갈등과 긴장해소를 위한 합의제 민주주의 모델의 핵심은 권력분점 · 공유와 단위집단의 자율성에 있다(선학태 2005; 411). 이를

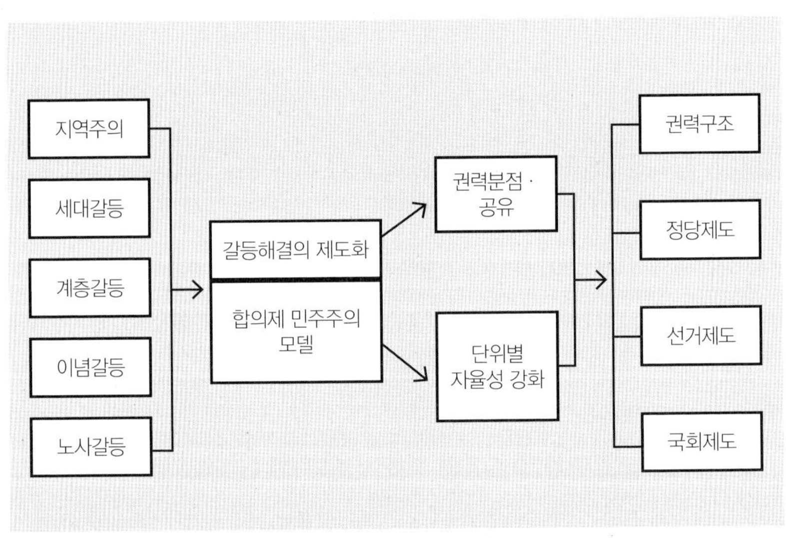

*자료: 사회통합위원회(2012), p. 13.

그림 1. 사회갈등 해소를 위한 제도 디자인 분석 모형

압축하자면 수직적 · 수평적 권력분점과 공유의 제도화이다. 여기에서 권력분점과 공유란 정치적 의사결정 과정에 모든 주요 공동체 그룹들의 대표를 참여시키는 것을 의미하며, 단위집단의 자율성은 각급 정치집단들이 자신의 내부문제를 해결하는 데 독자적인 권한을 갖는다는 것을 말한다. 다양한 이해관계와 요구들은 이러한 권력분점 및 공유와 자율성이라는 제도와 정책의 조합에 의해 조정될 수 있을 것이다. 이러한 제도적 매트릭스는 우리의 실정에 맞게 다수제와 합의제의 스펙트럼 사이에서 실현가능한 범위에서 합의제 방향으로 이동해 나가는 방안이라고 할 수 있다(<그림 1>).

그동안 정당제도, 선거제도, 국회제도에 관한 문제점 분석과 바람직한 제도개혁 방안을 제시한 선행연구는 많이 있다. 민주성과 비례성 및 경쟁성의 관점(강원택 2005; 장훈 2010), 공정성의 관점(사회통합위원회 · 경제인문사회연구회 2012; 한국정당학회 2011), 통치성(governability)의 관점(박세일 · 장훈 2003) 등 논자의 시각에 따라 다양한 논의와 대안이 제시된 바 있다.

이 논문은 사회갈등 해소와 국민통합의 관점에 주안점을 두고 제도변화의 대안을 모색한다. 국민통합의 관점에서 정치개혁 과제를 모색하되 개헌이 필요한 권력구조 문제는 분석대상에서 제외한다. 각각의 정치개혁 과제 또한 매우 방대하여 하나의 논문에 담기에는 한계가 있다는 점을 주목하고, 제도변화의 효과에 주안점을 두고 논의를 전개한다.

Ⅲ. 정당제도 개혁과제

정당이 사회갈등을 집약하고 통합하는 기본적인 기능을 수행해야 함에도 불구하고 우리나라 정당들은 그러한 역할에 소홀했고 사회적으로도 이에 대한 관심이 저조했던 것이 사실이다. 정당과 정당제도가 사회통합기능을 수행하는 것은 최근에 심각하게 대두한 정당위기론을 극복하고 정당 본연의 기능과 위상을 되찾는 핵심적인 방법으로 본다. 이와 같이 정당의 사회통합 기능에 대한 관심은 정당위기론의 극복을 통한 한국 민주주의 발전을 위해 반드시 필요한 것이라고 하겠다. 본고에서는 정당체계적 차원에서 기존의 카르텔 정당체계를 극복하고 사회의 다양한 이익을 집약할 수 있는 유목형 정당체제의 강화 방안과 개별 정당차원에서 정책중심의 원내정당화로의 이행과 공천기능의 쇄신을 통한 반응성 높은 정당으로의 개혁방안에 착안하여 몇 가지 대안을 살펴본다.

1. 정당체계의 측면

1) 정당체계의 대표성 강화 필요성

민주화 이후 등장한 정당체계는 새로운 정당의 진입이 봉쇄된 채, 권위주의 시대의 계승정당들이 지배하였으며, 이들 정당의 내부조직의 특성이나 시민사회와 정부와의 관계에 있어 과거의 취약한 특성을 그대로 보유한 계승형 카르텔 체제를 유지해왔다(장훈 2010). 이러한 카르텔형 계승정당이 유지되는 가운데 일부 정치관계법의 개정으로 진보정당이 등장하는 등 유목형 정당체제로의 변화가 보이는 듯하나 이들 정당 또한 선거시기 이합집산을 통하여 기성정당의 틈새에서 표를 구하는 '틈새정당'(조대엽 2009)의 틀을 벗어나지 못하고 있다.

그나마 틈새형 정당들은 기존의 카르텔 정당에 흡수되거나 국고보조금 등 정치제도적 한계로 인하여 독자적으로 성장하지 못하고 포말정당으로 사라지고 마는 경우가 대부분이다. 이처럼 협애화된 정당체계는 시민사회의 다양한 정치요구, 즉 시민정치, 노동정치, 소수자정치, 생활정치, 정체성의 정치 등을 제도권으로 수렴하는 데 일정한 한계를 보이고 있다. 이러한 측면에서 필자는 정당체계의 스펙트럼을 넓히는 제도개혁 방안을 제시하고자 한다.

2) 정당설립요건 완화

사회적 이해관계 표출을 흡수하고 갈등 상황을 사전에 방지하기 위한 가장 근본적이고 중요한 방법은 다양한 목소리의 정당이 존재하는 것이다. 이를 위해 정당을 만들기 위한 진입장벽을 없애는 것이 우선되어야 할 것이다. 사실 선거공영제를 실시하고 있는 우리나라의 실정에서 정당을 설립하기 위한 조건을 까다롭게 한 것은 일정 부분 설득력이 있다. 그러나 이러한 제약이 기성정당의 기득권을 지키는 수단으로 전락하는 것은 문제가 된다. 따라서 정당의 설립요건을 완화해 새로운 정당과 새로운 정치인이 제도 정치권에 진입할 수 있도록 진입장벽을 낮춰야 할 것이다(윤종빈 2012; 강원택 2010). 이처럼 정당의 창당요건이 완화되면 선거 때마다 등장하는 틈새정당 또는 철새정당이 많이 등장할 수 있는 단점도 있으나, 기존 정당체계에서 대표되지 못하는 단일이슈나 지역이슈 등을 대표하는 정당이 등장할 수 있을 것이다.

최근 제시된 다양한 개신 방인 중 가징 광범위한 공감대를 얻고 있는 방법은 1개 시도에서만 1천 명 이상의 당원을 가져도 정당 설립이 가능하도록 요건을 대폭 완화하는 것이다(강원택). 현행법에 따르면, 5개 이상의 시·도에서 지역조직을 가져야되는데 이는 기성정치권의 자금력과 조직력이 뒷받침되지 않고는 매우 어려운 일이다. 따라서 정당창당요건을 완화함으로써 외국에서 등장하고 있는 녹색당, 해적당 등과 같은 단일이슈 정당, 일본의 오사카유신회 등과 같은 지역정당이 등장할 수 있을 것이다.

이처럼 정당체계를 계승정당 중심의 비탄력적 양당체계에서 유목적 다당체계로 전환함으로 인하여 사회 주요이슈가 정치적으로 대표되는 기초를 마련하고, 온건한 다당제가 형성되면 정치세력간의 대화와 타협으로 인한 정책공조와 연합의 가능성을 한층 높여줄 수 있을 것이다.

3) 국고보조금 배분제도 개선

우리나라의 현행 방식의 국고보조금 배분 제도는 기성정당, 특히 거대정당에 유리하게 만들어져 있다. 정치자금법에 따르면 교섭단체를 구성한 정당에 경상·선거보조금 지급액의 50%를 균분지급하고, 국회 5석 이상 정당에 5%씩 지급하며 기타 조건을 충족한 정당에 각 2%씩 지급하고, 잔여

분을 다시 의석수와 득표율에 따라 지급하고 있다(정치자금법 제27조).

즉, 국고보조금을 각 정당에 배분함에 있어서 일차적으로 원내교섭단체 구성여부를 중시하고, 다음으로 의석수 비율, 득표율 기준을 적용하는 현행 방식은 의석수를 과다하게 고려하여 거대 정당에게 국고 보조금이 편중되는 결과를 낳고 있다. 국고보조금의 배분기준 개정 당시 교섭단체의 구성 여부를 일차적 기준으로 삼게 된 것은 정치자금의 적정한 분배로 정당간의 균형 있는 발전과 소수당의 보호·육성을 도모하기 위한 것이라고 설명되었으나 이는 오히려 교섭단체 구성을 위한 숫자경쟁에 골몰하도록 하고 국민의 의사를 무시한 정치인의 이합집산을 용이하게 하는 측면이 있다.

헌법재판소는 교섭단체의 구성 여부에 따라 국고보조금을 우선적으로 배분하는 것이 교섭단체를 구성하지 못한 정당의 보조금을 배분받을 권리를 침해하였다고 볼 수 없다고 판시한 바 있다(헌재 2006. 7. 27. 2004헌마655). 그 이유로 우리나라와 같이 정당제가 불안정한 정당정치 풍토에서 대의민주적 기본질서가 제 기능을 수행하기 위해서는 의회 내에 안정된 다수세력을 확보할 필요가 있으므로 다수의석을 가진 원내정당을 우대하는 것이 부당하다고 보기 어렵다는 점, 교섭단체의 구성여부에 따라 보조금의 배분규모에 차이가 있더라도 그러한 차등정도는 각 정당간의 경쟁상태를 현저하게 변경시킬 정도로 합리성을 결여한 차별이라고 보기 어렵다는 점 등을 들고 있다.

그러나 헌재의 판단에는 사회적 대표성의 반영, 즉 민주화 이후 등장한 새로운 갈등사회와 이에 대한 처방으로서의 대표성 반영이라는 필요는 반영되지 않은 측면도 있다고 볼 수 있다. 이러한 흐름 속에 학계에서도 현행 방식은 의석수를 과다하게 고려하여 거대 정당에게 국고보조금이 편중되게 하고 인위적인 교섭단체의 구성에 유인을 제공한다는 점에서 비판을 제기하고 있다(조성대 2012). 따라서 국고보조금 배분시 유권자의 의사를 반영하여 각 정당의 유효득표수를 기준으로 설정하되, 현행 선거제도하에서 의석을 통해 나타난 국민적 선택도 동시에 기준으로 설정하는 방안을 고려할 수 있을 것이다.

2. 개별 정당 차원

1) 정당의 정책기능 강화

서구의 정당과는 달리 한국 정당은 산업화 과정의 노동과 자본의 균열을 반영하거나, 국가와 종교의 균열 등을 경험하지 못한 채 발전해 왔다. 사회계급 등의 균열보다는 지역균열과 남북문제를 둘러싼 이념균열에 기초하여 발전해 왔다고 볼 수 있다. 그동안 민노당의 등장과 함께 정당의 정책적 대결이 강화될 것으로 기대하였으나 기존 정당들은 전략적 프로그램 개발에 지체를 보였다. 2010년 지방선거를 계기로 우리 사회에 정책대결의 맹아가 싹트긴 하였으나 여전히 선거가 국가의 주요정책이나 전략을 결정하는 장으로서의 기능을 수행하지 못하고 있다. 기존에 지역주의에 의존해온 계승적 카르텔정당들은 변화하는 사회의 갈등을 정책적으로 수렴하기 보다는 지역에 기초한 세대결 양상을 보여온 것이 사실이다. 선거과정에서도 후보자의 인기영합적 공약에 대한 검증의 메커니즘이 존재하지 않는다.

따라서 정당들이 스스로 지향점을 분명히 하면서 다양한 정책적 비전을 두고 경쟁할 수 있는 제도적 틀을 마련하여야 한다. 우선 원내 주요 정당 간 당수토론을 제도화하여야 한다. 예산과 주요 법안 등 국가 주요정책에 대하여 연2회 정도 여야 당수 간 토론회를 갖도록 제도화할 필요가 있다. 국회에서의 대정부 질문에서는 정부에 대해 국회 특히 야당의 일방적 질문에 그치는 경우가 많으나 당수토론의 경우에는 여당 대표도 야당대표에게 질문하는 것이 인정되고, 이렇게 되면 야당도 단순히 정권을 비판하는 차원을 넘어 대안을 제시하는 데에 주력하게 될 것이다.

이와 함께 대통령도 야당의 당수와 영수토론을 갖는 자리를 연 1~2회 정도 마련하는 것도 여야 간, 행정부-국회 간 소통을 강화하고, 우리 사회의 다양한 갈등이슈를 정책으로 수렴하는 데에 도움을 줄 수 있을 것이다〔영국 의회에서 수요일 오후에 열리는 수상에 대한 질문(Prime Minister's Question) 시간에는 야당 당수에게 우선 질문권을 주고 있는데 이러한 방식도 하나의 예가 될 수 있을 것이다. 일본 국회에서는 2000년부터 실시되고 있는 국가기본정책위원회 주관의 당수토론이 이에 해당한다. 토론의 횟수와 포맷 등은 여야간 협의에 의해 제도화할 수 있을 것이다〕. 아울러 대통령의 불통 이미지를 해소하는 데에도 도움을 줄 것이다.

이러한 사이클은 물론 선거과정에 매니페스토 정책대결을 제도화하는 것으로부터 시작되어야 할 것이다. 요즘 선거를 보면 후보자 등록이 임박한 시기까지 후보자가 결정되지 않아 정책대결을 할 수 없게 하는 경우가 각급선거에서 다반사로 일어나고 있다. 특히 대통령과 국회의원을 뽑는 국정선거는 향후 4년 또는 5년간의 국정을 책임질 지도자를 뽑는 선거로서 중요성이 매우 큼에도 불구하고 정책비전 검증이 이루어지지 않고 선거를 치르게 되면 당선된 후에도 국정 추진에 리더십을 확보할 수 없게 된다 뿐만 아니라 당선 후에 추진할 국정과제가 야당의 반대로 또 다시 국회에서 소모적 정쟁을 치르는 경우를 겪게 된다.

2) 정당공천의 제도화

양질의 정책지향형 정치세력을 만드는 시작은 정당공천에서 시작된다. 주지하다시피, 오늘날 정치는 가치부재의 붕당정치, 이미지 위주의 포퓰리즘에 의존하는 감성정치, 공익부재의 사익정치에 기초하고 있다. 이 같은 한국정치의 특징은 정치를 공익의 추구보다는 권력자체를 위한 권력투쟁으로 보는 시각에 함몰되어 있다. 따라서 국가목표와 전략을 담은 정책은 안중에도 없고 세 확산에만 주력하는 것이 현실이다.

21세기 세계화시대에 치열한 생존경쟁 속에서 정치가 앞장서 비전을 제시하여야 함에도 정치가 국민의 깊은 불신의 늪에 빠져 허우적거리고 있는 것이다. 그 결과 정치인과 정치집단이 공익보다는 사익에 천착하여 눈앞의 표만 의식하는 '정치의 왜소화' 현상을 가져온 것이다. 그 시작은 정당이 공인정신과 국가경영의 비전으로 무장한 정치인을 등용시키지 못한 데서 비롯되었다. 따라서 공천제도의 개혁과 제도화는 경세적 지도자가 많이 나올 수 있고, 그들이 성공할 수 있도록 하는 방안을 제도화하는 것이다.

공천이 정당의 내부행사라고는 하지만 투명하고 상향식으로 제도화될 수 있는 최소한의 환경은 마련할 필요가 있을 것이다. 배심원제도를 도입하든지, 오픈프라이머리를 도입하든지 개방성의 정도보다는 경세적 지도자를 검증하는 방안을 강구하는 것이 중요한 일이라고 본다. 개방성의 확대에 부응하여 후보자의 검증 절차도 강화되어야 할 것이다. 개방성과 분권화에 집착한 나머지 지역토호가 발호할 길을 열어주어서는 곤란하다.

다음으로 예선과 본선을 앞두고 후보자에 대한 정책적 검증을 할 수 있는 충분한 시간의 확보가 중요하다. 즉 정당의 후보추천을 선거일로부터 충분한 기간을 두고 이루어질 수 있도록 후보자 등록기간을 법정화할 필요가 있다. 국회의원 선거의 경우 선거일전 30일, 대통령선거의 경우 선거일전 60일 정도에 후보추천이 종료되어 후보등록이 이루어지고 그로부터 후보자간 매니페스토 토론회 등을 통하여 정책과 비전의 검증이 이루어지도록 할 필요가 있다고 본다. 선거운동 기간을 늘릴 것인지 여부는 후속 논의가 필요하다고 본다.

Ⅳ. 선거제도 개혁과제

선거제도는 사회적 균열구조와 정당체계의 형성과 의회정치를 매개하는 장치이다. 나아가 선거제도는 다양한 갈등관리의 수단으로서 기능하기도 한다. 다수대표제는 사회적 갈등의 수를 줄이는 역할을 하며, 비례대표제는 갈등의 수를 가능한 많이 대표시킴으로써 갈등을 관리하는 방안이다 (Gunther & Mughan 1993). 즉 더 많은 사회갈등이 선거를 통해 대표되어 의회로 진입하게 함으로써 사회갈등을 관리하는 접근도 있고, 더 제한된 갈등을 받아들여 의회 내에서 경쟁하는 사회갈등의 수를 줄임으로써 관리하는 접근도 있을 수 있다. 여기에서 선거제도의 비례성과 안정성의 논의가 시작된다.

기존의 단순다수대표제는 다수제 모델과 가깝고, 비례대표제는 합의제 모델과 가깝다고 할 수 있다. 현재의 선거제도는 다수제적 요소가 매우 강화된 선거라고 볼 수 있으며, 사회갈등해소를 위한 접근 가능한 제도개혁의 방향은 기존의 다수제가 강화된 모델을 합의제 모델과 절충하는 방향으로 이루어져야 한다는 데 주안점을 두고자 한다.

1. 비례대표 의석확대

현행 혼합선거제도는 유권자의 한 표는 지역구 후보에게, 다른 한 표는 정당명부식 비례대표 후보에게 던지는 제도이다. 이러한 다수-비례제(plurality-proportional system)라는 혼합형 선거제도의 목적은 정당명부식 비례대표제를 통하여 지역구 의석결과가 만들어내는 불비례성을 약화시키자는 데 있다. 주지하다시피 현행 소선거구 다수대표제는 승자독식의 다수지배주의의 논리에 기반하고 있기 때문에 득표율과 의석율의 비비례성이 매우 크고 대량의 사표가 발생한다. 또한 한국의 경우에는 선거구 크기도 차이가 커서 표의 등가성이 확보되지 않기 때문에 선거의 비례성이 더욱 손상되고 있다.

현행 상대다수 소선거구제는 지역정당체제와 지역할거주의를 고착시켜, 국민통합과 정치발전을 저해하는 문제점도 있다. 현재의 소선거구 1위대표제는 지역적으로 집중된 표에 과도한 대표성을 부여하는 경향이 있으며, 지역패권정당에 기반한 지역할거주의를 조장하는 효과가 있다는 것은 부인할 수 없다(강원택 2009). 따라서 한국선거제도의 개혁방향의 하나는 비례대표제의 강화를 통해 찾을 수 있다. 전체의석의 18%에 불과한 현행 비례대표 의석으로는 위에서 언급한 비례대표제 도입의 성과를 기대하기 어렵다. 따라서 현행 의석을 지역구 200석, 비례 100석으로 재조정하여 비례제가 가져올 합의제적 성격을 강화할 수 있을 것이다(강원택 2009).

비례대표제의 강화를 통해 얻을 수 있는 이점은 다양하다(Duverger 1954; 안순철 2000; 박찬욱 2000). 첫째, 비례대표제는 대량의 사표를 발생시키는 다수제 소선거구제와 달리 득표율을 정직하게 의석으로 전환시키는 효과를 갖는다. 둘째, 비례대표 국회의원들은 직능별 대표성과 전문성을 고려해서 공천할 수 있기 때문에, 국회의원의 전문성도 늘릴 수 있고, 협소한 사회적 대표성을 확대하는 데도 기여할 수 있다. 예를 들면 여성 국회의원의 비율이 상대적으로 낮은 한국의 상황에서 비례대표 국회의원 여성의 비율을 높임으로써 여성 국회의원 비율을 늘릴 수 있다. 셋째, 비례대표제 의원의 선출이 후보개인에 대한 투표가 아니라 정당투표제를 통해 결정이 되기 때문에 비례대표제의 확대는 정당정치를 활성화하는 기능을 하고, 특히 신생정당의 진입을 용이하게 하는 장점이 있다. 그러나 이러한 장점이 순기능적으로 작용하기 위해서는 공천과정의 투명성과 민주성의 확보가 중요한 과제가 될 것이다.

이처럼 비례대표제 확대가 갖는 많은 이점에도 불구하고 소선거구 지역구 중심 선거체제를 오랫동안 유지해온 제도적 관성과 지역구 출신 국회의원들의 반대로 제도변화에 어려움이 있을 수 있다. 그러나 지역구 의석의 변화없이 비례의석만을 증설하는 것은 더 큰 국민적 저항에 봉착할 우려가 있다고 본다. 이러한 문제는 향후 논의될 행정구역 개편 논의 등과 맞물려 더욱 가속도가 붙을 수도 있을 것으로 본다.

2. 소선거구 권역별 비례대표제 도입

혼합선거제도의 디자인 방식에는 일본식과 독일식이 있을 수 있다(안순철 2000; 박찬욱 2000; 김형철 2007; 이현출 2012). 독일식의 경우 정당투표에 의해 전체 의석이 결정되고, 이를 주별로 배분하여 지역구 당선자를 배정한 후 비례대표 당선자를 배분하는 방식으로 전국적 정당득표와 연계하여 의석이 결정된다는 의미에서 연동형 혼합선거제도라고 한다.

이 제도는 지역구 선출 의석과 정당투표에 의한 선출의석을 단순 합산하는 것이 아니라 정당투표의 득표율에 따라 한 정당이 얻게 될 의석을 미리 결정하게 된다는 것이다. 반면 일본형은 정당투표에 의해 정당의 전체 의석을 결정하는 것이 아니라 소선거구 다수대표제를 사용하는 지역구와 권역별로 비례대표제를 병립해서 사용하는 혼합선거제도이다. 이는 현재 우리가 채택하고 있는 방식과 동일하다.

이 두 가지 방식은 현재 우리가 혼합형 선거제도를 취하고 있다는 점에서 다른 선거제도에 비해 수용가능성이 높다고 할 수 있다. 그러나 현행 일본식 병립제로는 비례성이 나아지지 않고 있기 때문에 독일식 혼합제를 채택하는 방안을 검토해볼 필요가 있다. 독일식은 순수비례제에 준하는 높은 비례성을 띠기 때문에 사표가 적으며, 유권자의 표심을 보다 정확히 반영할 수 있다는 장점이 있다. 아울러 지역주의가 다수제로 당선인이 결정되는 지역구 선거의 불비례성으로 인하여 심화된다는 점에서 비례성의 강화가 지역주의 해소에 도움을 줄 수 있을 것이다.

독일식이나 일본식의 공통점은 권역별로 나눠 비례대표를 선출한다는 점이다. 이는 정당의 비례대표 결정권한의 분권화라는 측면에서도 바람직하다고 할 수 있다. 아울러 권역단위의 의석배분방식은 전국단위로만 의석을 배분하는 것보다 지역의 민심을 더 정확하게 표출할 수 있는 장점이 있다.

독일은 전국을 16개주별로 비례의석을 배분하며, 일본은 11개 권역으로 비례의석을 배분한다. 우리의 현행 선거제도가 지역별 의석편중을 심하게 한다는 문제점이 있으므로 이를 고려한 디자인이 요구된다.

첫째, 현재의 지역주의에 따른 의석독점을 깨뜨릴 수 있어야 한다. 이를 위해서는 영남, 호남, 충청 등 지역갈등의 주요 지역이 각각 별개의 권역으로 묶여야 한다. 둘째, 비례성을 확보할 수 있을 만큼 선거구의 크기가 커야 한다(강원택 2005). 이러한 원칙하에서 권역을 나누어보면, 서울, 인천-경기-강원, 충청, 전라-제주, 경북권(대구-경북), 경남권(부산-울산-경남) 등 6개 또는 경북권과 경남권을 묶어 5개 권역으로 나눠볼 수 있다. 이러한 권역구도 속에서 100석의 비례대표를 권역별 유권자수로 나누면 적은 권역에도 약 10석 정도가 배분될 수 있을 것이다.

독일식 선거제도의 단점은 초과의석의 발생에 있다. 정당득표에 의해 배분된 의석수가 지역구 당선의석보다 적을 경우 그 편차는 지역구 의석으로 모두 배분되는데, 이를 초과의석(overhang seats)이라고 한다. 즉 정당득표에 따른 배분의석이 지역구 의석보다 많으면 지역구의석을 채우고 난 나머지 의석을 비례의석으로 채우지만, 배분의석보다 지역구 의석이 많을 경우 그 잉여분이 초과의석이 된다. 지역구 의석과 비례의석 간의 비례성이 높을수록 초과의석 발생의 가능성은 낮아질 것이다. 즉, 기존의 시뮬레이션 결과 발생하는 많은 초과의석은 비례의석을 늘리면 상당부분 줄어들 것이다.

그러나 이러한 초과의석 문제를 해소하기 위하여 독일에서 제안된 지역구연동 배분방식을 도입하면 초과의석 문제를 해소할 수 있을 것으로 보인다. 지역구연동 배분방식은 배분의석을 지역구 의석과 일치하도록 제수(divisor)를 조정하는 방식으로 지역구 의석을 우선적으로 배분하고 그에 따라 잔여의석을 전체 배분의석 안에서 조정하는 방식을 말한다(김종갑 2012, 이는 독일의 수학자 푸켈스하임(Pukelsheim)이 고안한 의석배분방식으로 아우크스부르크 배분방식이라고도 불린다).

의석의 지역편중을 심화시킬 수 있는 권역명부 권역합산 제도의 문제를 해결하는 다른 방안은 정당명부는 권역별로 작성하고 의석의 배분은 전국득표율로 하는 전국합산 권역명부제를 도입하는 것이다.

이 경우에도 의석의 지역편중 현상은 근본적으로 해소되지 않는다. 정당의 비례대표 의석수가 전국득표율에 의해 배분되더라도 한 정당의 권역별 의석의 수는 정당이 얻은 전체 득표수에서 권역별 득표수의 비율에 의해 결정되기 때문에, 지역적 득표의 편차가 큰 정당의 경우 권역별로 획득한 의석의 편차가 크게 마련이다. 자세한 제도변화의 효과는 각각의 제도적 대안에 따른 시뮬레이션을 해보아야 알 수 있겠지만 지금과 같은 지역편중으로 인한 다수제의 강화현상이 완화될 것만은 분명하다고 본다.

이와 함께 지역구와 비례대표제에 동시 출마할 수 있는 중복입후보제(일본식 석패율제)를 도입하면 취약지역에서의 정당활동을 더욱 활성화할 수 있을 것이다(이현출 2012). 이렇게 되면 취약지역에서의 정당활동이 자연히 활성화되고 정당투표를 제고할 추동력으로 작용할 수 있을 것이다. 뿐만 아니라 독일식 제도를 도입하면 보궐선거를 없앨 수 있는 장점이 있다.

독일이나 뉴질랜드의 경우 공석이 생기면 소속 정당명부의 다음 순위자가 그 자리를 승계하기 때문에 대통령 임기중반 중간평가의 성격을 갖는 보궐선거로 인한 소모적 정쟁은 막을 수 있을 것이다. 독일식 방식을 도입할 경우 비례대표 의식배분에 대한 봉쇄조항과 의석배분 방식 등에 대한 논의가 필요할 것이다.

3. 지방선거 정당공천제 폐지

지방선거가 정당간투쟁의 도구로 이용되고, 지방정치의 중앙정치화가 진행된 지 오래다. 몇 차례 실시된 지방선거는 예외없이 '대선의 전초전' 내지 '정권의 중간평가'를 목표로 철저하게 정당의 대리전으로 치러져 중앙정치의 지방화가 가속화되고 있다.

따라서 정당에 대한 책임성(accountability) 확보가 이중 삼중으로 진행됨에 따라 지방선거에 지방이 실종된 것이 사실이다. 지방자치가 '주민의 의한 주민을 위한 자치의 장'이 아니라 지방자치가 중앙정치에 종속되어 중앙정치판의 갈등이 지역으로 확대 재생산되는 결과를 초래하였다.

정치권에서는 후보검증, 토호세력과의 유착 및 부정부패 연루 방지, 정책의 연속성 · 책임성 확보, 후보선출의 투명성 보장, 정당을 통한 단체장의 통제 등의 필요성을 들어 정당공천이 필요하다고 주장하고 있다. 그러나 지금까지 정당공천을 실시하면서 이러한 취지 중 전반적으로 성과를 나타내지 못하고 있다는 것이 일반적인 평이다(정세욱 2012).

더욱이 정당참여의 효과는 기존 정당이 제도화되어 있고 인물중심이 아닌 정책중심의 정당 그리고 당내민주주의가 확립되어 있을 때 나타날 것이다. 이러한 측면에서 한국정당은 당내민주화 수준이나 정당의 책임성이 극히 낮은 수준이라고 할 수 있다. 주지하다시피 18대 총선에서 의석을 획득한 정당이 19대 총선 또는 직후에 예외 없이 당명을 바꾸는 상황에서 정당의 책임성 확보를 지방자치 정당공천의 명분으로 말하기에는 구차한 변명이라고 할 수 있다.

뿐만 아니라 부패의 시작으로서 정당공천을 주장하는 논자도 있다(육동일 2012). 2010년 지방선거 당시 한나라당은 국민공천배심원제를 운영하였고, 민주당은 시민공천배심원제를 운영하였으나 상향식 공천에는 실패하였다. 진성당원이 미흡한 상황에서 공천에는 사실상 정당의 당협위원장과 현역의원들의 입김이 강하게 작용할 수밖에 없다. 따라서 자기사람 심기와 돈 공천에 취약할 수밖에 없다는 비판이 제기되는 것이다. 특정지역에서는 특정정당의 공천만 받으면 당선이 거의 확실시되기 때문에 이러한 유혹에 더욱 빠질 수밖에 없다는 지적이다(정세욱 2012).

이러한 지방선거를 주민자치의 장으로 바꾸고 중앙정치의 갈등을 지방으로 확대 재생산하는 것을 차단하기 위해서는 지방선거 정당공천제에 대한 결단이 필요하다고 본다. 대안은 정당공천제를 폐지하거나, 기초와 광역을 분리하여 일차적으로 기초선거에서이 정당공천을 폐지하거나, 기초선거에 한시적으로 정당공천을 유보하는 방안을 생각할 수 있을 것이다.

4. 개방형 정당명부제 도입

의원정수를 늘리기 어려운 현실에서 실현 가능한 선거제도 개선은 비례대표제 명부 작성 과정에서 유권자의 의사를 최대한 많이 반영하는 방법이다. 현재 정당 명부는 객관성과 중립성을 보장하기 위해 별도의 위원회가 꾸려져 작성되고 있다. 그럼에도 불구하고 지난 4 · 11 총선에서 주요 정당 모두에서 공천 비리 문제가 발생하였다. 명부 작성의 권한을 유권자에게 돌려준다면 사회구성원의 정치과정 참여도가 제고될 것이고 현재와 같은 비리 또한 줄어들 것이다.

일반적으로 비례대표제의 정당명부 작성은 유권자의 순위에 미치는 영향 정도에 따라, 폐쇄형 명부식(closed list), 가변형 명부식(ordered list), 개방형 명부식(open list)의 3가지로 구분된다. 비례대표제를 채택하고 있는 국가 중 실제로 폐쇄형을 선택한 국가의 수가 가장 적다.

예를 들어 벨기에는 유권자들이 정당 혹은 특정 후보에게 표를 던질 수 있다. 물론 이미 순위가 정해졌고 정당투표는 높은 순위의 후보자에게 유리하기에 특정 후보에게 던진 표가 집결해 순위를 뒤집는 것은 쉽지 않다. 개방형 명부제는 핀란드, 칠레 등이 채택하고 있는데 핀란드는 알파벳 순으로 후보 명부를 작성하고 순위는 작성하지 않는다(Farrell 2012). 유권자들은 선호 후보 옆에 있는 코드 번호를 골라 투표용지에 적는다. 100% 유권자들의 의사에 의해 정당 명부 후보들의 순위가 결정되는 것이다.

이러한 개방형 명부제는 현재와 같은 공천 비리를 방지하고 유권자들이 명부 작성에 참여한다는 점에서 사회구성원들의 다양하고 폭넓은 참여를 유도할 수 있다.

Ⅴ. 국회개혁 과제

2012년 국회선진화법의 통과로 국회의 운영에 많은 변화가 있을 것으로 기대된다. 직권상정의 제한, 필리버스터의 도입, 안건 신속처리제 등으로 상징되는 국회선진화법의 통과로 쟁점법안을 두고 일어난 여야간의 첨예한 갈등이 쉽게 해결될 수 있을지는 의문이다. 그러한 의문속에는 현행 국회운영시스템이 가진 한계가 있기 때문이다. 이하에서는 교섭단체 대표회담 중심의 국회운영제도의 문제와 교섭단체 제도에 대해 알아본다.

1. 운영위원회 중심의 국회운영

현행 국회법상 국회운영과 관련된 사항은 국회운영위원회의 소관사항으로 되어 있으며(제37조), 국회법 제76조(의사일정의 작성) 제3항에서도 운영위원회에서 회기 전체의 의사일정을 작성토록 하고 있다. 그럼에도 불구하고 1987년 민주화 이후 여야 교섭단체 대표회담에서 모든 결정이 이루어지는 양상을 보여 왔다.

따라서 국회운영관련 주요사항을 기존의 교섭단체대표회담이 아니라 국회운영위원회에서 결정하도록 하면 교섭단체대표회담 중심의 국회운영이 야기한 문제점을 해소할 수 있을 것이다. 국회의장이 국회운영위원회와 협의하여 국회를 운영할 경우 교섭단체 대표의원과 협의하여 운영하는 경우보다 비교섭단체 의원을 포함한 폭넓은 의원들의 다양한 의견을 수렴하고 이해를 조정하는 것이 가능하므로 국회운영의 민주성과 공평성을 제고할 수 있을 것이다(이현출 2009). 뿐만 아니라 국회의장의 리더십을 발휘하는 데에도 도움을 줄 수 있을 것이다.

주지하다시피 엄격한 구성요건을 갖춘 교섭단체는 국회운영에 막강한 권한을 행사하고 있다. 현행 국회법은 국회운영 전반에 걸쳐 크고 작은 사안을 국회의장이 각 교섭단체 대표의원간의 협의에 의해서 결정하도록 하고 있다. 본회의장 의석배정에 관한 사항(제3조)에서부터 연간 국회운영에 관한 기본일정의 작성(제5조의 2)에 관한 사항, 국회의 기관 및 위원회의 위원에 관한 사항, 의사일정과 법안 처리과정, 발언 및 질문, 그리고 회의록 관련 사항에 이르기까지 국회운영의 전 과정이 사실상 교섭단체를 중심으로 이루어지고 있다고 해도 과언이 아니다.

이처럼 국회운영의 전반이 교섭단체 대표의원간의 합의에 의해 움직이도록 되어 있어 외견상 합의제 국회를 지향하고 있는 것처럼 보이나 여러 가지의 비민주성과 비효율성을 배태하고 있는 것을 볼 수 있다. 먼저, 현행 국회법에 따라 20석 이상의 의석을 획득한 정당만이 원내교섭단체를 구성할 수 있기 때문에, 교섭단체를 구성하지 못한 정당이나 무소속 의원이 국회운영의 기본사항을 결정하는 과정에 소외되어 군소정당과 무소속 의원의 대표성이 제약된다는 문제점이 있다(이현출 2009). 이는 국회의 대표성과 반응성을 제약하는 직접적인 요인으로 작용할 수 있다.

특히 오늘날 문제가 되고 있는 비결정의 정치로 인하여 소수의 의제가 국회에서 전혀 대표되지 못하는 문제를 노정하게 된다(우리 사회에서 현상적으로 나타나는 정책과 그 결정은 전체 정치과정의 일부에 불과하며, 그보다 더 중대한 사회경제적 갈등이나 이익들은 마땅히 이슈화해야 함에도 불구하고 이슈화되지 못하고, 즉 정책결정의 사안으로 등장하지 못하는 경우가 있는데 이를 비결정이라고 하고, 그러한 힘이나 영향력에 주목하게 된다(최장집 2004)].

둘째, 원내대표회담은 '각 교섭단체 대표 1인'으로 구성되기 때문에 170석을 차지하는 정당이나 20석을 차지한 정당이나 동등한 발언권을 가짐으로, 이는 다수당의 '과소대표성'과 소수당의 '과대대표성'의 문제를 낳을 수 있다(임종훈 2009). 1987년 민주화 이후 전문 개정된 국회법이 거의 모든 국회의 의사와 운영에 관한 권한을 교섭단체대표회담에 준 것은 여당의 독주를 막기 위한 것이었다(김민전 2008). 5 · 16군사쿠데타 이후 전문 개정된 국회법은 국회의 의사에 관한 권한을 국회의장에게 주었고, 여당 소속 국회의장은 이를 바탕으로 정부편향적인 국회운영을 해왔는데 이에 대한 저항으로 나온 것이 교섭단체대표회담이다.

국회운영의 주도권이 교섭단체대표간의 협의에 주어지게 됨에 따라 대표성의 왜곡이 심대하게 발생하게 되었다. 원내교섭단체를 구성하지 못한 정당의 대표성 문제는 위에서 거론하였지만, 교섭단체를 구성하고 있는 정당 간에도 대표성의 왜곡이 발생하고 있는 것이다. 현행 제도가 민주화 이후 여당의 독주를 막아내고 야당이 국정운영의 거부권을 행사할 수 있었다는 점에서 긍정적인 측면이 있었다. 그러나 민주화가 진행되면서 교섭단체간의 발언력이 동일함에 따라 국민의 위임을 국회에서 실현하기 위한 방안이 모호해지게 된다는 문제가 노정되게 된다.

셋째, 원내대표회담은 비공개로 진행되고 기록이 남지 않기 때문에, 정치적 결정의 책임성이란 측면에서도 문제가 될 수 있다. 즉 정치적 결정과정을 공개하지 않기 때문에 합의사항 이행에 대한 책임성을 확보할 수 없는 한계가 있다. 정치적 결정과정을 공개해야 하는 이유는 공개성이 책임성의 확보와 직결되기 때문이다. 따라서 밀실에서의 원내대표회담에 의존하는 현행 국회운영 방식의 많은 부분은 반응성 제고 차원에서도 재고되어야 할 여지가 많다고 본다(이현출 2009). 국회의 위원회나 본회의 단계에서 법률안을 상정할 것인지 여부 등 입법과정의 중요한 부분은 위원회의 간사회의나 원내교섭단체대표 회의에서 결정되는데, 이러한 회의는 비공식적으로 이루어지기 때문에 회의내용에 대한 구체적 기록이 남아있지 않다(임종훈 2008). 이러한 측면에서 국회운영의 책임성을 강화한다는 측면에서도 현행 교섭단체대표회담 중심의 국회운영은 국회운영위 중심의 국회운영으로 전환하는 것을 검토할 필요가 있다.

2. 원내교섭단체 제도 개선

운영위원회 중심의 국회운영을 이끌기 위해서는 교섭단체 구성요건의 완화도 아울러 검토되어야 할 것이다. 소수세력이 원내 운영에 참여할 수 있는 기회를 부여하고, 이를 통하여 원내의 합의제적 의사결정을 강화할 필요가 있기 때문이다. 한국 국회의 경우 교섭단체 구성요건이 20명이 된 배경을 보면, 객관적 기준이 없이 국회법 제정 시 일본 국회법상의 의안발의 정족수에서 힌트를 얻었다고 할 수 있다(박종흡 2001).

여기에서 발전하여 현재의 국회운영은 대부분 상임위원회 중심으로 이루어지는데 1개의 상임위원회에 최소한 1명 이상의 의원이 활동할 수 있는 정당이 교섭단체로 등록되어야만 상임위원회 운영의 내실화가 가능해진다는 논리를 제기하고 있다. 이러한 배경에서 상임위원회가 17~18개가 된다면 교섭단체 구성요건도 이에 맞추어야 한다는 논리가 지속되어 왔다. 이 외에도 교섭단체 구성요건을 강화하자는 주장의 이면에는 새로운 정치세력의 참여를 제한시켜 기존 정당의 카르텔을 확대 · 강화하자는 의도(곽진영 2001)도 잠재되어 있다.

이러한 문제의식에서 교섭단체의 구성요건을 완화하여 소수당의 국회운영를 보장하여 국회운영에서의 대표성을 확대하고, 책임성을 강화하자는 견해가 설득력을 얻고 있다. 현행 교섭단체 구성요건은 9대 국회 이후 현재까지 지속되어온 것으로 그 완화에 관한 논의는 지속적으로 제기되어 왔다(강장석 2008; 국회운영제도개선 자문위원회 2008). 나아가 교섭단체라는 것이 원내정당의 다른 명칭에 불과한 만큼 교섭단체라는 명목으로 소수정치세력의 참여를 제한하기보다는 교섭단체를 폐지하여 원내에 진출한 모든 정당이 국회운영에 참여할 수 있는 통로를 보장해야 한다는 주장이 제기되기도 한다(손봉숙 2004).

지금까지 교섭단체가 국회를 당파적으로 운영해온 만큼 교섭단체 대신에 운영위원회를 중심으로 국회를 운영해야 한다는 주장이 지속적으로 제기되어 이에 따라 교섭단체 구성요건을 완화하여 “정당득표율이 5%이고 의석수가 10석 이상인 단일정당”으로 완화하고 “다른 교섭단체에 속하지 아니하는 의원들로는 따로 교섭단체를 구성할 수 없도록” 하는 개선방안이 제시되기도 하였다(국회운영제도개선 자문위원회 2008).

Ⅵ. 결론

이상에서 통합과 변화를 위한 정치쇄신 방안을 살펴보았다. 주지하다시피 정치개혁과제는 권력구조라는 큰 틀을 논외로 하고 전개하기 매우 어려운 문제이다. 현행 5년 단임제가 가진 제도적 문제점과 그 처방전이 함께 논의될 때 보다 체계적인 정치개혁안을 모색할 수 있을 것이다. 특히 한국에서 대통령제가 사회갈등을 해소하고 사회통합을 이끄는 데 있어 어떠한 측면의 부족함이 있는지를 면밀하게 고찰하고, 제도적 개선방안을 권력구조와의 조응성 차원에서 모색하는 작업이 필요할 것이다. 이러한 측면에서 본 연구는 권력구조 문제를 제외한 정치개혁과제를 논하고 있다는 점에서 일정한 한계가 있다는 점을 밝혀 둔다.

아울러 제도적 대안의 모색을 논할 때 봉착하는 문제의 하나가 문화적 측면과 행태적 측면에 대한 문제제기이다. 왜 서구민주주의와 똑같은 제도를 도입하였는데도 불구하고 한국에서는 다른 꽃을 피우느냐는 문제제기이다. 따라서 제도의 문제로 통합을 논하는 데에는 일정한 한계가 있으며, 정치인과 지도자의 운영의 문제도 매우 중요하다는 점을 지적하지 않을 수 없다.

이러한 한계에도 불구하고 이 글에서는 사회통합을 이루기 위한 제도적 틀을 모색한다는 측면에서 좀 더 합의제적 모델로 가는 것이 필요하다는 논의와 그 대안을 모색하여 보았다. 정당제도의 측면에서는 정당체계의 대표성 강화를 위하여 정당설립 요건의 완화와 정치자금 배분제도의 개선을 제시하였다. 개별정당 차원에서는 정책정당 강화를 위한 당수토론, 영수토론, 그리고 매니페스토 정책선거 제도화 방안과 정당공천의 제도화를 위하여 공천시기를 법정화하는 방안을 제시하였다.

선거제도 측면에서는 합의제 모델의 강화를 위하여 지역구와 비례의석 비율을 200 대 100의 수준으로 비례대표 의석 확장을 주장하였다. 또한 소선거구 권역별 비례대표제 도입을 제안하였다. 나아가 지방선거 정당공천제 폐지안을 제시하였다.

국회개혁 과제로는 기존의 교섭단체 대표회담 중심의 국회운영을 운영위원회 중심체제로 전환할 것을 제안하였다. 아울러 교섭단체 구성요건을 정당득표율 5% 또는 의석 10석 이상으로 완화할 것을 제안하였다.

제도개혁은 다양한 행위자가 관련되어 있기 때문에 매우 어려운 것이 현실이다. 그러나 우리 정치사를 보면 정치불신과 외부적 충격이 있을 때 정치제도의 변화가 이루어진 사실을 알 수 있다. 오늘날과 같이 국민의 높은 정치불신과 탈정당화가 심한 상황은 정치개혁의 좋은 환경을 제공한다고 할 수 있다. 특히 대통령선거를 앞두고 정치개혁 아젠다를 각 정당이 제시하고 유권자 앞에서 토론하면 보다 전향적인 대안을 채택할 수 있을 것으로 기대한다.

참고문헌

- 강원택. 2005.『한국의 정치개혁과 민주주의』. 인간사랑.
- 강원택. 2009. "지역주의 극복과 정치통합을 위한 선거제도 개혁의 방안." 국회입법조사처.『입법과 정책』 제1권 1호.
- 강원택. 2010. "폐쇄적 지역 정당 구조와 정치개혁: 지방정치를 중심으로."『한국정치연구』 제19집 제1호: 1-20.
- 강장석. 2008.『국회제도개혁론』. 서울: 삼영사.
- 곽진영. 2001. "한국 정당체계의 민주화: 정당-국가간 관계를 중심으로."『의정연구』 제7권 제1호.
- 국회운영제도개선 자문위원회. 2008.『국회운영제도개선 자문위원회 활동결과 보고서』(2008. 12).
- 김민전. 2008. "글로벌 지식정보사회와 국회의 발전방향." 최대권 외 저.『사회변화와 입법』. 오름.
- 김종갑. 2012.『국회의원 선거제도 개선방안의 시뮬레이션 분석과 시사점』. 국회입법조사처 현안보고서(근간예정).
- 김형준. 2009. "한국사회 갈등 고찰과 미래 통합 발전방향 모색." 한국정치학회 연례학술대회 발표논문.
- 김형철. 2007. "혼합식 선거제도로의 변화와 정치적 효과: 뉴질랜드, 일본, 그리고 한국을 중심으로."『시민사회와 NGO』 제5권 제1호.
- 박세일 · 장훈. 2003.『정치개혁의 성공조건: 권력투쟁에서 정책경쟁으로』. 서울: 동아시아연구원.
- 박종흡. 2001. "국회개혁의 방향과 과제." 국회관계법 개정에 관한 공청회 자료. 국회정치개혁특별위원회.
- 박찬욱. 2000.『비례대표선거제도』. 서울: 박영사.
- 사회통합위원회. 2012.『사회통합과 정치제도 개혁과제』. 사회통합위원회 2012-2.
- 사회통합위원회 · 경제인문사회연구회. 2012.『한국에서 공정이란 무엇인가』. 서울: 동아일보사.
- 선학태. 2005.『민주주의와 상생정치: 서유럽 다수제 모델 vs 합의제 모델』. 서울: 다산출판사.
- 손봉숙. 2004. "교섭단체, 폐지되어야 한다."『국회보』 제455호(2004. 9. 10).
- 안순철. 2000.『선거체제비교 : 제도적 효과와 정치적 영향』. 서울 : 법문사.
- 육동일. 2012. "지방선거 정당공천제 문제의 해법과 그 대안."「국회 지방자치포럼 창립총회 및 정책토론회 발제문」(2012. 9. 4).
- 윤종빈. 2012. "사회통합을 위한 정당개혁 과제." 사회통합위원회 연구용역과제『사회통합과 정치제도 개혁 과제』.
- 이명남 · 김왕식 역. 1999.『비교정치학』. 서울: 동명사. Wilson, Frank L., Concepts and Issues in Comparative Politics.
- 이현출. 2009. "원내교섭단체 제도와 당론."『의정논총』 제4권, 제1호.

- 이현출. 2011. “정당과 일하는 국회.” 한반도선진화재단편, 『서울 콘센서스 Ⅰ』.
- 이현출. 2012. “중복입후보제(Dual Candidacy) 도입의 정치학: 독일, 뉴질랜드, 일본의 사례를 중심으로.” 『국가전략』 제18권 1호.
- 임종훈. 2008. “국회 입법 60 년의 평가와 과제.” 한국입법학회 학술대회 발표논문(2008. 12. 23).
- 임종훈. 2009. “원내대표 밀실협상 없애라.” 중앙일보 2009년 1월 9일자.
- 장훈. 2010. 『20 년의 실험: 한국 정치개혁의 이론과 역사』. 파주: 나남.
- 정세욱. 2012. “지방선거 정당공천제 해법은 무엇인가?” 「국회 지방자치포럼 창립총회 및 정책토론회 발제문」(2012. 9. 4).
- 최장집. 2004. “한국 민주주의의 취약한 사회경제적 기반.” 『아세아연구』 제47권 3호.
- 한국정당학회. 2011. 『공생발전을 위한 정치제도 개혁과 공정한 정치사회』. 한국정당학회· 경제· 인문사회연구회 공동학술회의 발표논문집(2011. 10. 4).

- Farrell, David M. 2012. *Electoral Systems: A Comparative Introduction* (『선거제도의 이해』, 전용주 옮김, 한울 아카데미, 2012).
- Duverger, Maurice. 1954. *Political Parties: Their Organization and Activity in Modern State*. New York: Wiley.
- Kaiser, Andre. 1997. “Types of Democracy: From Classical to New Institutionalism.” *Journal of Theoretical Politics*. Vol. 9, No. 4.
- Lijphart, Arend. 1977. “Political Theories and the Explanation of Ethnic Conflict in the Western World.” in M. J. Esman(ed.), *Ethnic Conflict in the Western World*. Ithaca: Cornell University Press.
- Linz, Juan and Alfred Stepan. 1996. “Toward Consolidated Democracies.” *Journal of Democracy*. Vol. 7, No. 2.
- Schneider, Ben Ross. 1995. “Democratic Consolidations: Some Broad Comparisons and Sweeping Arguments.” *Latin American Research Review*. Vol. 30.

제 2 부

정당 제도와 국회 운영의 실제

04

국회선진화법 도입 이후의 국회운영 평가

原著
「현대정치연구」 제7권 제2호, 2014. pp.5-34.

Ⅰ. 서론

지난 2012년 5월 2일 국회는 이른바 '국회선진화법'이라는 국회법 일부 개정법률안을 통과시켰다. 개정 법률은 국회 폭력사태의 빌미를 제공해왔던 국회의장의 직권상정 요건을 천재지변이나 국가비상사태 등으로 엄격히 제한하고, 그 대신 상임위원회에 회부된 안건에 대해 일정한 요건이 갖추어지면 신속처리안건으로 지정할 수 있도록 하고, 예산안 및 세입예산안 부수법안의 처리시한을 의결시한 48시간 전까지 심사가 종료되지 않을 시 12월 1일에 본회의에 자동부의 되도록 간주하는 제도를 도입하였다.

이러한 국회선진화법의 도입으로 과거와 같은 쟁점법안에 대한 직권상정 → 야당의 물리적 저지 → 국회 내 폭력사태의 수순을 재현하지는 않았다. 그러나 기대했던 갈등의 제도적 해결에까지는 이르지 못하고 있고, 여야 간 합의를 강제하는 효과도 도출하지 못하고 있는 것으로 나타났다. 19대 국회에서도 이념 또는 진영 이슈가 걸린 법안을 두고 여야 간의 대결이 이루어지고, 여기에 발목 잡혀 정작 중요한 민생법안들이 처리되지 못하고 있다. 19대 국회 전반기를 마감하며 나온 전반적인 평가는 의도한 효과보다는 부정적 측면을 많이 노정하고 있다는 데에 집중되고 있다. 새누리당 최경환 원내대표는 "폭력국회에서 오는 정치불신을 타개하고자 했던 선진화법이 되레 무능국회의 원인이 되어 정치불신을 가중시키고 있다"며 그 보완을 제안한 바 있다(제323회 국회 교섭단체 대표연설). 아울러 과거의 국회가 "때론 몸싸움이 벌어지는 동물국회로 전락할 수 있지만 아무런 결정도 못해 높은 사회비용만을 초래하는 식물국회보다 낫다"는 지적도 제기되고 있는 실정이다(윤상호 2014).

이러한 선진화법에 대한 문제제기와 개정논의에 대해서 민주당 전병헌 원내대표는 "국회선진화법 후퇴는 국회를 후진화하겠다는 발상"이라고 비난했다(민주당 의원총회 발언 2013.11.13). 민주당 내 '민주적 국회운영모임'도 "선진화법을 손보겠다고 하는 것은 정쟁과 몸싸움의 과거 국회로 되돌아가겠다는 것과 다름없다"면서 "야당을 무시하고 일방적으로 독주하겠다는 것"이라며 반대했다(민주당 의원총회 발언 2013.11.13).

이처럼 18대 국회 말에 개정되고, 19대 국회에서 처음으로 적용된 국회선진화법에 대해서는 우려의 목소리와 지지의 목소리가 공존하고 있다. 물론 아직 예산안과 부수법안 처리에 관한 선진화법 적용이 이루어지지 않은 상황에서 국회선진화법 도입의 정치적 효과를 일률적으로 평가하기는 어려운 점이 있을 것이다. 그러나 2012년 도입된 국회선진화법은 기존의 국회운영의 틀을 획기적으로 변화시켰다.

그렇다면 현 시점에서 국회선진화법의 무용론 여부를 논하기에 앞서 우리는 선진화법 하의 지난 2년간의 국회운영을 평가해볼 필요가 있다. 국회선진화법은 무엇을 의도하였으며, 국회운영에 어떤 변화를 가져왔는지 구체적인 검토가 필요한 상황이다.

이러한 맥락에서 본 논문은 선진화법 도입과 국회운영의 변화, 그리고 국회선진화법의 의도를 살피고, 주요 쟁점법안의 처리과정을 통하여 국회운영의 효율성과 입법교착(legislative gridlock)의 문제를 고찰하고자 한다. 이러한 평가 위에 향후 국회운영 개선을 위한 과제를 도출하고 결론을 맺는다.

국회운영에 중요한 영향을 미치는 요인으로 헌법적 틀과 정치제도적 정합성, 정당요인, 정치환경적 요인 등을 들 수 있다. 이 글에서는 주로 국회법에서 다루는 국회규칙의 변화에 초점을 맞추어 국회선진화법 도입의 배경과 제기되는 문제점, 그리고 개선방향을 살펴보고자 한다.

Ⅱ. 국회운영의 변화와 지속

오늘날 주요한 정치적 결정이 의회의 동의나 암묵적인 승인을 전제로 한다는 측면에서 국회는 현대 민주주의의 핵심적인 정치제도라고 할 수 있다. 이러한 의회의 의사결정은 주로 두 가지 요인들에 의하여 구조화되고 있다. 즉, 각자의 목표를 추구하는 주요한 행위자로서의 정당과 그들 간의 상호작용을 구조화하고 의회 운영의 결과에 영향을 미치는 국회규칙이 그것이다. 그동안 정당은 비교정치학 연구에서 많은 주목을 받아왔지만, 국회규칙은 최근에야 관심의 대상이 되고 있다.

주지하다시피 의회정치는 의회에서의 정당의 존재양식에 따라 크게 영향을 받는다. 전통적인 3권 분립에 기초하여 '의회 대 행정부' 모델을 따르는 경우에는 이른바 '비정당 양식'(Andeweg and Nijzink 1995; King 1976)이라고 할 만큼 정당의 역할이 두드러지지 않으나 오늘날 이러한 국가는 많지 않다. 한국의 경우에는 정부·여당 대 야당의 대립 모델을 취하며, 전형적인 '정당양식'으로 정당의 역할이 의회정치에 큰 영향을 미친다. 정당 외에도 의회운영에 영향을 미치는 요인은 많다. 의회정치는 기본적으로 선거를 통하여 선출된 대표자들의 집합적 의사결정에 기초하기 때문에 이에 영향을 미치는 요인으로는 의원정수(대표성과 효율성의 조화), 국회의 구성(단원제와 양원제), 국회의장의 권한과 역할, 본회의 중심주의와 상임위원회 중심주의 등 국회법과 의사규칙상의 다양한 제도를 들 수 있다. 그러나 본고에서는 국회법상의 국회운영규칙 변화에 주목하고자 한다.

이론적으로 합리적 선택이론에 입각한 제도론자들은 의회의 규칙이 선택할 대안을 제한하거나 다른 행위 경로에 대하여 대가를 부여함으로써 행위자들의 선택에 영향을 미친다는 것을 보여주었다. 그러므로 의회에서의 합리적 행위자의 행태는 선호에 의해 이끌어지거나 제도에 의해 제약을 받게 된다. 그리고 의회 운영과정은 기존의 규칙에 따라 구조적 균형을 이루게 된다. 의회의 규칙은 경험적으로 의회 행위자들의 행태(behavior)와 산출(outcome)에 영향을 미친다. 따라서 의회의 행위자들이 규칙에 많은 관심을 가지고, 그들의 실질적인 목표를 달성하기 위하여 규칙의 변화에 많은 시간을 할애하고 있다.

그러한 선호를 고려할 때, 제도는 행위자들이 기존의 업무수행방법을 지킬 것인지 변화시킬 것인지를 결정하는 기초적인 게임에서 도출되는 균형으로 이해된다. 따라서 규칙은 외인성(外因性)이거나 행위와 존재론적으로 다른 것이 아니며 합리적이고 목표지향적인 행위자들 간의 반복적인 상호작용으로부터 나오는 지속적인 행위 패턴을 말한다. 그러한 행위패턴은 기존의 제도하에서 선호의 배분이 깨지지 않는 한 지속성을 갖는다.

이러한 균형자로서의 제도론적 관점에 따르면 제도적 변화는 제도에 관한 기초적인 게임에서의 균형이 깨질 때 발생한다고 할 수 있다(Sieberer et al. 2011). 그러한 균형의 방해는 크게 두 가지 관점에서 나타날 수 있다. 첫째, 행위자 집단에서의 변화 그리고 그 경쟁적 상황이 행위자로 하여금 기존의 것과는 다른 규칙으로부터 보다 많은 이익을 기대할 수 있도록 유도한다는 것이다. 그러한 변화는 집권당이 다가오는 선거에서 패배의 두려움을 느낄 정도의 여론 지지의 변화나 의회에서의 이념적 지형의 변화 등을 말한다. 둘째, 제도의 균형은 외부적 충격과 장기적인 경향의 변화와 같은 외생적 환경의 발전에 의해 압력을 받을 수 있다. 이러한 변화는 전쟁이나 혁명후의 정권교체와 같은 충격이나 장기적으로 늘어난 의회의 역할, 유럽통합과 같은 국제적 현상, 미디어 시스템 또는 과학기술의 변화 등을 포함하며, 의회의 모든 행위자들에게 도전을 가져오고, 기존 제도의 변화를 가져오게 된다.

한국 의회정치의 제도변화도 이러한 경향을 보여주고 있다. 4, 5공화국에서 절정을 이루는 권위주의 체제의 가장 큰 특징은 정치자원을 여당이 독점하도록 하고, 여당의 의사에 따라 국정이 운영되도록 정치관계법을 정비해 놓았다는 점이다. 예컨대, 여당이 원내 다수의석을 확보할 수 있도록 비례대표 의석을 여당에게 절대적으로 유리하게 배분하도록 하고 있었으며, 선거구획정 역시 여당에게 절대적으로 유리하도록 하였다. 국회운영에 있어서도 국회의장이 사실상 국회운영에 관한 권한을 독점하도록 하고, 대통령은 국회의장을 통제함으로써 결과적으로 국회를 통제할 수 있는 구조로 되어 있었다(김민전 2009).

이러한 권위주의 시기의 의회운영 체제 변화는 민주화 이후 외부적 환경의 변화와 함께 오게 되었다. 87년 체제에 있어서의 정치관계법은 국회의장을 중심으로 한 여당에 집중된 정치적 자원과 권한을 3김이 나누어 가지는, 즉 카르텔 이익의 보장과 유지를 원칙으로 하고 있다(김민전 2009). 1987년 민주화 이후 전문 개정된 국회법이 거의 모든 국회의 의사와 운영에 관한 권한을 원내교섭단체대표회담에 준 것은 여당의 독주를 막기 위한 것이었다. 5 · 16군사쿠데타 이후 전문 개정된 국회법은 국회의 의사에 관한 권한을 국회의장에게 주었고, 여당 소속 국회의장은 이를 바탕으로 정부편향적인 국회운영을 해왔는데 이에 대한 저항으로 나온 것이 원내교섭단체대표회담이다.

국회법은 여당의 독주를 막기 위해 원내교섭단체의 협의로 국회를 운영하도록 하였으며, 의장의 지위는 중립적 중재자로 약화되었다(<표 1> 참조). 또한 기존에 다수당이 독점하던 상임위원장직도 의석에 따라 배분하

표 1. 국회운영의 변화와 지속

구분	민주화 이전 시기 (~1987)	민주화기 (1988~2012)	선진화법 이후 시기 (2012~)
의장	당파적 지도자 국회운영 주도	중립적 중재자 직권상정	중립적 회의진행자 직권상정 제한
정당	중앙집권체제 여당의 압도적 우세	여야 균형 3김 이전(강한 정당기율) 3김 이후(약한 정당기율) 강한 대통령	여야 균형 강한 대통령 야당의 당내파벌 대립
운영규칙	다수당 의장 상임위장 독식 의장(위원장) 중심 의사운영체계	의석비 국회직 배분 원내대표협의에 의한 의사운영체계	의석비 국회직 배분 원내대표(위원회 간사) 합의제 의사운영체계
주요 갈등	민주화, 개헌 등 쟁점	원구성, 직권상정 (대통령 정책의제)을 둘러싼 정당 갈등	쟁점법안- 예산안, 원구성을 둘러싼 갈등
입법 결과	정부안 지배적	위원회 대안 지배적 쟁점법안-예산 연계	위원회 대안 지배적 쟁점법안-민생연계

게 되었다.

국회에서의 주요 갈등도 과거의 민주화나 개헌 등 큰 담론을 둘러싼 정치적 갈등보다는 원구성, 직권상정을 둘러싼 국회운영의 틀을 둘러싼 갈등이 지배적이었다. 법률안 처리의 측면에서도 과거에 정부안이 지배적이었다면, 대를 거듭할수록 의원입법이 급증하고, 위원회 대안을 통한 갈등의 조정 양상을 보여주고 있다. 이처럼 민주화기 국회운영의 변화는 민주화라는 외부적 충격과 이에 이은 여소야대 국회가 가져온 결과라고 할 수 있다.

그러나 원내교섭단체 간 협의를 근간으로 하는 민주화기의 국회운영은 국회폭력과 의사파행이라는 많은 부작용을 초래하였다. 원내교섭단체 간 협의체제 하에서는 쟁점법안을 둘러싸고 여야 간의 입장차이가 발생하여 입법교착 상태에 빠지게 되면 야당은 법안처리를 막으려고 한다. 반면 여당은 의장의 직권상정 권한을 활용하여 법안을 단독 강행처리하려고 한다. 이 과정에서 물리적 충돌을 가져온 것이다. 국회선진화법은 18대 국회의 여야갈등의 심화와 폭력사태, 이로 인한 정치개혁에 대한 여론 등 국회 내외의 환경변화가 중요하게 작용하였다고 볼 수 있다(윤종빈 2013; 김준석 2014). 즉, 다가올 총선을 앞두고 국회 내의 행위자로 하여금 기존의 것과는 다른 규칙으로부터 보다 많은 이익을 기대할 수 있을 것이라는 판단을 하게 한 것이다. 이러한 측면에서 박찬표(2012)는 18대 국회에서 선진화법 이전에 발의된 국회법 개정안의 내용을 분석하고, 지지부진하던 국회법 개정안의 입법에 불을 붙인 일련의 정치적 사건으로 인한 환경변화에 주목한다. 이러한 환경변화에 대응하여 온건파 의원 모임의 영향력 강화와 당시 한나라당-민주통합당 간의 초당적 의원모임 형성에 주목한다(박찬표 2012; 윤종빈 2013).

선진화법 이후의 국회는 기존의 원내교섭단체 간의 협의 체제하에서 겪어온 '협의'와 '다수결' 간의 갈등적 측면을 '합의제'로 운영의 원리를 이동함으로써 극복해보자는 의도를 담고 있다. 의장의 직권상정 권한을 대폭 제한함으로써 의장의 역할을 중립적 중재자로부터 중립적 회의진행자로 약화시켰다. 아울러 원내대표간 협의제를 합의 수준으로 강화하였다. 선진화법 도입 2년을 맞는 현 시점에서 제도변화의 효과를 종합적으로 평가한 연구는 시기상조라고 할 수 있지만, 선진화법 도입 이후의 국회운영에 관한 연구가 간헐적으로 등장하고 있으나 이론적 · 경험적 평가는 아직 부족한 상황이다.

정진민(2013)은 선진화법 도입 이후 상임위나 본회의 운영방식이 변화되어야 할 방향과 함께 대통령-국회 간의 협력적 관계에 대한 대안적 방향을 모색하였다. 이와 함께 국회선진화법 도입 이후 국회 의사결정구조가 우리의 권력구조와 정합성을 띠는지, 국회선진화법 이후의 국회가 당초 취지인 소수자 보호 외에 입법의 생산성과 효율성을 담보해내는지에 대한 연구가 등장하고 있다(김준석 · 박경미 · 이한수 2013). 이들의 연구는 선진화법 도입 1년의 국회운영을 통해 제도적 정합성을 살피는 데에는 한계가 있을 것으로 보인다. 생산성의 문제도 단기간에 단언하기 어려운 한계가 있을 것으로 보인다. 그러나 문제의식은 중요한 의미를 가진다고 할 수 있다. 이러한 선행연구의 성과 위에 본 연구는 기존 연구가 간과한 선진화법의 의도에 주목하면서 입법교착의 양상 변화에 주목하고자 한다.

Ⅲ. 국회선진화법 하의 국회운영의 문제점

1. 선진화법의 의도

국회선진화법의 입법 목적은 '대화와 타협을 통한 심의', '소수의견의 개진 기회 보장', '효율적인 법안 심의', '예산안 법정기한 내 처리제도 보완', '의장석 또는 위원장석 점거 금지 등 질서유지'를 통하여 국회 운영에서의 여당 단독처리와 야당의 물리적 대응을 차단하겠다는 데에 있다.

선진화법은 다수당의 단독처리 수단이 된 국회의장의 직권상정 권한을 크게 제한하고, 야당의 물리적 의사방해 수단을 합법적 · 제도적 의사방해 수단으로 바꿔준 것이다.

<표 2>에서 보는 바와 같이 소수당 측에는 국회의장 직권상정 제한, 위원회 안건조정제도 도입, 본회의 무제한 토론제도 도입으로 다수의 전횡을 막고 소수의 목소리를 입법과정에 적극 반영할 수 있도록 제도화한 것이다. 반면 다수당 측에는 소수당의 물리적 의사방해를 막기 위해 국회질서유지를 강화하였고, 의안상정간주제의 신설, 법사위 체계자구심사 지연 법률안에 대한 본회의 부의절차 신설, 예산안 및 세입예산의 부수법률안 본회의 자동부의 제도를 도입한 것이 특징이다. 그리고 안건 신속처리제를 도입하여 위원회와 법사위 법안심사 지연에 대한 구제제도를 마련하였

표 2. 선진화법의 정당별 촉진요인 비교

다수당 촉진요인	소수당 촉진요인
• 예산안 등 및 세입예산의 부수법률안 본회의 자동부의(§85의3 신설) • 의안상정간주제(§59, §59의2 신설, §93의2 ② 삭제) • 법사위 체계자구심사 지연 법률안에 대한 본회의 부의절차(§86③④ 신설) • 국회질서유지 강화(§148의2 등)	• 의장의 안건 심사기간 지정 요건 강화(§85①, §86②) • 위원회 안건조정제도(§57의2 신설) • 본회의 무제한 토론(§106의2 신설)
• 안건 신속처리제(§ 85의2 신설) • 상임위 상설소위 활동지원 강화(§ 57② 후단 신설)	

다. 끝으로 상임위 상설소위 활동지원 강화를 위한 근거를 마련하였다.

그러면 선진화법이 의도한 바는 무엇인가? 기존의 연구는 국회의장 직권상정 요건을 강화하여 다수당의 단독처리를 막고, 이에 대한 의사진행 과정의 지나친 지연을 막기 위한 수단으로 자동상정제나 신속처리제를 도입하고, 의장석 점거, 의사당 출입방해 등 불법적 의사진행 방해행위에 대한 처벌을 강화하여 대응토록 한 것으로 분석하고 있다(김준석 2014; 홍완식 2012; 정진민 2012; 박명호 2012). 그러나 선행연구에서 지적하는 바와 같이 안건 신속처리제도는 기존의 다수당이 의석의 5분의 3을 차지하지 못한 상황하에서 그 기능을 할 수 없을 것으로 보인다. 그리고 의안상정제도가 도입되었다고 해도 소수당이 의석의 3분의 1만 차지하면 위원회 안건조정제도나 본회의 무제한 토론 등 합법적인 의사진행 방해를 할 수 있다. 실질적으로 모든 법안의 위원회 통과, 본회의 상정을 막을 수 있다.

그렇다면 선진화법은 폭력국회를 막기 위해 식물국회를 방치한 것인가? 여기에서 기존의 연구가 간과한 점을 주목할 필요가 있다. 그것은 바로 의장 직권상정은 제한하되, 예산안 · 기금운용계획안, 임대형 민자사업 한도액안(이하 '예산안등'이라 함) 및 세입예산안 부수법률안에 대한 본회의 자동부의제를 도입한 것이다. 즉, 헌법상 의결기한 48시간 전(11월 30일까지) 심사가 종료되지 않을 경우 12월 1일에 본회의에 바로 부의된 것으로 본다는 것이다(국회법 제85조의3 ②). 예산안등 및 세입예산안 부수법안에 대한 본회의 무제한 토론 관련 절차는 12월 1일 자정에 종료하도록 하였다(제106조의2 제10항에서 규정).

이처럼 국회선진화법은 물리적 충돌을 방지하기 위하여 소수당에게는 법안심의의 합법적 지연권을 준 반면, 다수당에게는 예산안의 본회의 자동부의제를 주었다. 즉, 국회선진화법은 그동안 국회파행을 극복하기 위하여 소수당과 다수당이 입법과 예산을 고리로 '2인 삼각'으로 함께 달리기로 합의한 것이다. 누구도 상대방의 동의 없이 함께 달리지 못하게 장치를 한 것이다. 소수당이 법률로 극한투쟁을 하면 다수당은 예산으로 이를 견제할 수 있다. 따라서 다수와 소수가 법안을 두고 대립을 하더라도 정기국회에서 예산안 처리를 두고 나름의 타협안을 도출할 수 있을 것이다. 이 규정은 부대의견에서 예산안이 10월 2일보다 조기에 국회에 제출되도록 관련 법률을 개정하는 것을 선행조건으로 하여 올해부터 시행된다. 따라서 국회선진화법이 의도하는 바는 실질적으로 올해부터 이루어진다고 볼 수 있다.

예산안이 국회에 제출되기 이전까지는 소수당이 법률안 심의와 처리를 지연시키며 당론을 관철시키려 할 것이다. 그러나 예산안이 국회에 제출되면 소수당이 자신들의 중점정책이나 사업을 예산안에 반영하기 위한 노력을 하지 않을 수 없으며, 이 단계에서 다수당과 타협을 시도할 것이다. 따라서 교착상태에 빠진 법률안의 처리와 예산안 처리를 앞두고 여야 간의 합의가 도출될 것을 상정할 수 있다. 물론 이 단계에서도 합의와 타협이 이루어지지 않을 경우 국회는 장기간의 교착상태에 빠질 수밖에 없을 것이다.

2. 국회선진화법의 문제점

1) 가중정족수와 대표성의 문제

국회선진화법에서 도입된 의안신속처리제, 위원회 안건조정제도, 본회의 무제한 토론제도 등의 의사결정방식으로 가중된 정족수를 요구하고 있는 것이 특징이다. 상임위원회에서 이견조정을 위하여 구성하는 안건조정위원회의 의결을 위해서는 재적위원 3분의 2 이상의 찬성을 필요로 한다(제57조의2 제6항). 본회의 무제한 토론 종결에도 재적의원 5분의 3의 찬성이 필요하고(제106조의2 제6항), 신속처리대상안건을 지정하기 위해서는 전체 또는 위원회재적위원 5분의 3 이상의 찬성이 필요하다(제85조의2). 법사위 체계자구심사 지연 법률안 본회의 부의 시에도 상임위 재적위원 5분의 3 이상의 찬성을 요구한다(제86조 제3항).

위의 조항들은 일반적인 다수결 원칙을 넘어 합의제 원칙을 채용하는 선진화법의 정신을 표출하고 있는 대목이다. 의장의 직권상정 권한이 원천적으로 봉쇄됨에 따라 소수집단에게 과반을 초과하는 동의를 부결시킬 수 있는 권한을 부여하였다는 것을 의미한다.

재적의원 3분의 1 이상의 안건 반대동의만 있으면, 소수집단은 그를 초과하나 5분의 3 미만인 찬성동의를 부결시킬 수 있는 권한을 갖게 된 셈이다. 재적의원 3분의 1 이상을 가진 소수당은 주요한 법률의 처리를 합법적으로 지연시키는 것이 가능하다. 소수당은 자신들의 다른 요구사항을 반대급부, 즉 패키지 딜의 일부로 관철시키려는 정치적 자산으로 사용할 수 있다는 것을 의미한다.

이러한 현상은 기존의 원내교섭단체대표회담 중심의 국회운영에서도 제기된 바 있다. 원내대표회담은 '각 교섭단체 대표 1인'으로 구성되기 때문에 170석을 차지하는 정당이나 20석을 차지한 정당이나 동등한 발언권을 가짐으로, 이는 다수당의 '과소대표성'과 소수당의 '과대대표성'의 문제를 낳을 수 있다(이현출 2009).

국회운영의 주도권이 원내대표간의 협의에 주어지게 됨에 따라 대표성의 왜곡이 심대하게 발생하게 되었다. 원내교섭단체를 구성하지 못한 정당의 대표성 문제는 위에서 거론하였지만, 교섭단체를 구성하고 있는 정당간에도 대표성의 왜곡이 발생하고 있는 것이다. 현행 제도가 민주화 이후 여당의 독주를 막아내고 야당이 국정운영의 거부권을 행사할 수 있었다는 점에서 긍정적인 측면이 있었다.

그러나 민주화가 진행되면서 교섭단체간의 발언력이 동일함에 따라 국민의 위임을 국회에서 실현하기 위한 방안이 모호해지게 된다는 문제가 노정되게 된다. 특히 선진화법의 도입으로 선거를 통해 국민에게 의회 다수당이 되어 실천하겠다고 약속한 선거 매니페스토(manifesto)가 국회에서 또다시 여야 간의 다툼의 대상이 됨으로써 대표성이 손상되는 결과를 초래하게 된다.

이러한 가중정족수 규정이 국회 의사결정을 다수결원리로 하도록 정한 헌법 제49조에 위반된다는 주장이 제기되기도 한다. 그러나 우리 헌법 제49조가 "헌법과 법률에 특별한 규정이 있는 경우"에는 일반정족수와 다른 정족수가 우선 적용됨을 예정하고 있으므로, 현행 국회법이 정한 5분의 3 이상 찬성이라는 가중정족수 규정 자체가 위헌이라고 보기는 어려울 것이다. 과반수 찬성이라는 단순다수결이 헌법상의 절대원칙이라고 할 수 없고, 다수결 원칙은 단지 국회 의사결정 시 합의에 도달하기 위한 최소한의 기준이라는 점에서도 단순다수결보다 요건이 강화된 국회법의 가중정족수 규정이 헌법 원리에 어긋난다고 보기는 어려울 것이다.

또한 국회는 의사절차에 관한 헌법상의 자율권을 가지므로 국회 자율권 측면에서도 국회가 스스로 정한 국회법상의 정족수 규정은 헌법에 부합한다고 할 수 있을 것이다. 다만, 헌법에 위반되지 않는다고 하여 문제가 없다고 이해할 것은 아니고, 설사 위헌이라고까지 할 수는 없어도 법률의 내용이 의사진행의 효율성 등에 문제가 있다면 이를 입법적으로 해결할 수 있는 방안을 찾을 필요는 있을 것이다.

2) 입법교착과 효율성의 문제

국회 선진화법의 시행은 국회에서 물리적 충돌은 막을 수 있었지만, 시급히 처리되어야 할 민생 · 안전 · 경제 법안이 해당 상임위원회에 발목이 묶여 수개월씩 처리가 지연되는 등 부작용도 속출했다. 즉, 소수의 보호로 얻어지는 사회적 편익(예, 외부비용의 하락)의 대가로 과다한 사회적 비용(예, 의사결정 비용의 상승)을 지불시킨 결과를 초래했다며(윤상호 2014) 효율성의 문제를 제기하기도 한다.

여기에서는 선진화법 시행 이후 2년간의 국회운영에 있어서 '다수당이 우선순위를 두고 적극적으로 지지하는 법안임에도 불구하고 소수당의 극렬한 저항으로 합의에 이르지 못하거나, 소수당이 자신의 입법의제를 관철시키기 위하여 다른 의사일정을 파행으로 몰아가는 상황'을 입법교착으로 보고, 대표적인 4가지 사례분석을 통해 갈등양상과 효율성의 문제를 살펴보고자 한다.

대표적인 사례가 박근혜정부 출범 초기 인수위가 제출한 정부조직법 개정안이 두 달 가까이 표류한 후 2013년 3월 22일 국회 본회의를 통과하여 새정부 출범에 지장을 초래한 것이다. 그리고 제주해군기지 논란과 외국인투자촉진법 논란으로 2012년과 2013년도 예산안 처리가 지연된 것도 한 예가 될 것이다.

최근의 예로는 미래창조과학방송통신위원회(미방위)에서의 무더기 법안 처리 지연사태를 들 수 있다. 여야는 민영방송까지 노 · 사 동수로 편성위원회를 구성해 방송편성 등을 강제하는 것을 골자로 한 방송법 개정안을 두고 첨예하게 대립했는데, 이로 인해 핵테러방지를 위한 원자력방호방재법 처리가 늦어지는 등 부작용을 낳았다. 단말기 유통법을 비롯해 미방위에 계류됐던 약 120여 개의 법안은 올해 4월 임시국회에서 여야 최대 쟁점이었던 노사 동수 편성위원회 구성 조항을 삭제키로 하고 방송법 개정안 처리에 여야가 합의하면서 통과될 수 있었다(http://news1.kr/articles/1661483).

기초연금법도 마찬가지다. 정부여당은 65세 이상 노인 중 소득하위 70~75%에 국민연금과 연계해 10만 원~20만 원의 기초연금을 지급하는 방안을 고수했고, 새정치연합은 국민연금과 기초연금의 연계를 반대하며 20만 원을 균등하게 지급해야 한다고 주장하면서 관련 법안은 보건복지위원회에 수개월씩 계류됐다. 그러다 이 법안도 여야가 65세 이상 노인 중 소득하위 70%에게 국민연금 가입기간과 연계해 월 10만 원~20만 원을 차등지급하는 내용의 절충안에 합의하면서 지난 5월 2일 본회의를 통과했다. 이처럼 여야가 정치적 쟁점을 여타 법안처리와 연계처리하며 다수의 민생법안과 경제관련 법안의 처리가 지연되는 사례가 빈번해지면서 국회선진화법 무용론 또는 개정론이 강하게 제기되고 있다.

이러한 문제는 합의제의 원리를 통하여 소수집단이 자신의 요구를 관철하기 위하여 여타의 법안을 패키지로 처리하려는 전략과 맞물리면서 생겨 난 것이다. 이 과정에 미방위는 여야합의로 법안상정을 하기로 함으로써 선진화법의 기본원칙을 바꾸어 버렸다. 따라서 법안이 무더기로 상정도 되지 못하는 교착상태를 초래하게 된 것이다. 이에 새누리당 최경환 원내대표는 무쟁점 법안에 대해 이른바 '그린리본'을 다는 '그린라이트법' 등을 골자로 하는 선진화법 개정안을 제안하겠다는 뜻을 밝힌 바 있다. 즉, 국회의장이 양당 원내대표와 협의해 '그린라이트법'을 결정하면 해당 법안은 국회의장이 특정한 날에 본회의에서 자동 처리할 수 있도록 하는 내용을 담고 있다.

표 3. 국회별 가결 법안 수

국회	15대	16대	17대	18대	19대
전반기	398	434	745	1,207	1,276
후반기	722	514	1,170	1,112	-

*자료: 국회 의안정보시스템

그러나 특정 상임위를 제외한 상임위의 경우 여야 간의 다툼이 없는 법안은 갈등 없이 처리되는 양상을 보이고 있다. 19대 국회 전반기에 여야가 통과시킨 법안은 모두 1,276건으로 집계되었는데, 이는 18대 국회 전반기(1,207개)보다 많은 것이다. 아래 <표 3>에서 보는 바와 같이 15대 전반기에는 398건, 16대 전반기 434건, 17대 전반기 745건의 법안이 각각 처리되었다. 따라서 처리 건수만으로 보면, 선진화법 이후의 국회가 식물국회를 초래하였다고 단정적으로 말할 수는 없을 것이다. 다만 가결건수와 관계없이 법안처리 건수만을 비교하면 18대 국회가 7,913건 접수에 3,304건 처리(41.75%), 19대 국회가 9,995건 접수에 3,138건 처리(31.39%)로 나타나 18대 국회에 비해 10% 정도 낮은 것으로 나타났다.

이처럼 전반적으로 역대 국회보다 많은 법안처리가 이루어지고 있음에도 불구하고, 선진화법에 대해 문제점이 제기되는 원인은 어디에 있는가? 선진화법 시행 이후 그동안 쟁점이 되어온 법안의 성격, 갈등 지점, 정국상황, 처리결과 등을 중심으로 살펴보자. 먼저 박근혜 정부 취임 초기의 정부조직법 개정안을 살펴보자. 대통령인수위가 2013년 1월 15일 발표한 기존 15부 2처 18청을 17부 3처 17청으로 개편하는 안으로 대다수 새누리당 소속 의원의 서명으로 1월 30일 개정안을 발의하였다. 당초에 여야는 원내대표 간 조정을 통하여 2월 14일까지 본회의 처리를 합의하였다.

하지만 신설되는 미래창조과학부(이하 미래부)의 업무영역을 중심으로 한 6대 핵심안건에 대한 여야 간 이견으로 새정부 출범 이후까지 협상이 난항을 겪었다. 여야는 IPTV(인터넷TV), SO(종합유선방송국), 위성방송 등 유료방송 인·허가권을 미래창조과학부로 가져가는 문제를 두고 이견을 좁히지 못하였다. 새누리당은 ICT(정보통신기술) 융합발전이란 입장에서 유료방송 인·허가권을 미래부로 이관해야 한다는 입장인 반면, 민주당은 방송의 공정성과 공공성이 유지돼야 한다는 입장에서 유료방송 인·허가권의 방통위 잔류를 주장하였다. 결론은 종합유선방송(SO)과 위성방송, IPTV 등 뉴미디어 관련 업무는 모두 미래창조과학부로 이관하되, 인·허가와 관련해 미래부가 방통위의 사전동의를 받도록 하고, 지상파 방송에 대한 최종 허가·재허가권은 기존대로 방통위에 두는 것으로 하였다.

다음으로 '외국인투자촉진법안'의 사례를 살펴보자. 법안 내용은 국내 기업이 외국회사와 공동출자할 때 지분율 규제를 완화하자는 것이다. 현행 '독점규제 및 공정거래에 관한 법률'은 지주회사의 손자회사가 증손회사를 설립하려면 지분을 100% 보유하도록 규정하고 있다. 일부 지분만으로 자회사의 자회사를 소유하는 '문어발' 확장을 금지하기 위해서이다. 하지만 정부와 여당은 손자회사가 선진 기술 도입 등을 위해 외국회사와 공동 출자해 증손회사를 설립할 경우 법 규제로 인해 해외 글로벌 기업의 투자 유치와 국내투자 활성화에 저해요인으로 작용한다면서 법 개정을 추진해 왔다. 반면 야당은 정부가 일부 대기업에 특혜를 제공하고, 지주회사법의 근간을 흔든다는 이유로 마판까지 법안 처리에 반대했다.

결국 이 법안은 예산안과 연계되어 진통 끝에 2014년 1월 1일에야 국회를 통과하였다. 개정 법률은 증손회사의 설립 및 승인 요건을 강화하는 쪽으로 마련됐다. 즉, 손자회사가 공동출자법인을 설립할 때 발행주식 총수의 50% 이상을 소유하고, 외국인이 30% 이상 소유하며, 개별형 외국인 투자에 해당하는 등 일정한 요건을 모두 충족하는 경우에는, 손자회사가 공동출자법인의 주식을 소유할 수 있도록 했다. 아울러 일반지주회사의 손

표 4. 주요 쟁점법안 처리 경과

구분	정부조직법	외국인투자촉진법	기초연금법	방송법
제안일자	2013. 1. 30. (이한구)	2013. 5. 23. (여상규) 2013. 10. 15. (이채익)	2013. 11. 25. (정부)	2012. 11. 19. (권은희) 등 5건 2014. 2. 17. (이상민)
의결일자	2013. 3. 22. (대안가결)	2014. 1. 1. (대안가결)	2014. 5. 2. (수정가결)	2014. 5. 2. (대안가결)
쟁점	유료방송 인허가권 여: 미래부이관 야: 방통위 잔류	외국외사 공동출자시 시분융 규제완화 여: 국내투자 유치에 긍정적 야: 대기업특혜,지주회사법 근간훼손	기초연금 지급액의 구민연금 연계 여: 국민연금 연계 차등지급 야: 20만 원씩 일률지급	공영방송 독립성과 정치적 중립성보장 여: 종편 등 노사동수편성위 반대 야: 노사동수평성위 구성, KBS사장 인사청문회도입
연계법안	–	예산안, 특검법안	민생법안	단말기유통법, 원자력방호방재법 등 132개 법안 연계
처리결과	뉴미디어업무 미래부 이관 인허가 방통위 사전동의	증손회사 설립 및 승인요건 강화	소득 낮은 국민연금 장기가입자중 급여액이 일정수준이하인 경우 20만 원 지급보장	KBS사장 인사청문회, 공영방송 이사선임 요건 강화
정국상황	대통령 취임	국정원 대선개입의혹 관련 장외투쟁 (8. 1. – 11. 10.)	세월호 사건 지방선거	세월호 사건 지방선거

자회사가 공동출자법인의 주식을 소유하는 경우에는, 외국인투자위원회의 승인을 받도록 하고, 승인 이전에 산업통상자원부장관이 대통령령으로 정하는 요건에 대해 공정거래위원회의 심의를 거치도록 사전 심의를 강화했다.

다음으로 기초연금법안의 처리과정을 살펴보자. 기초연금 문제는

2013년 2월 대통령직 인수위가 계획을 확정한 이후 1년 3개월이나 끌어온 쟁점법안이었다. 정부안 확정 과정에서 재정부담에 따른 공약 후퇴로 대통령이 사과하고 주무장관이 사표를 내기도 하는 등 우여곡절을 겪으며, 2013년 11월 25일 정부안으로 제출되었다. 5월 2일 국회 본회의를 통과한 기초연금법 제정안에는 "기초연금을 65세 이상 소득 하위 70%에 월 10만 원~20만 원씩 국민연금 가입기간과 연계해 7월부터 지급하되 국민연금 평균수급액인 30만 원 수준에 미치지 못하는 국민연금 장기가입자 12만여 명에게는 예외적으로 20만 원을 지급한다"는 내용이 담겼다.

법안 처리 과정에서 야당은 기초연금 지급대상을 65세 이상 노인 중 소득하위 70%의 노인으로 축소한 부분과 기초연금을 국민연금과 연계시킨 부분을 강력히 반대하였다. 새정치민주연합은 당론 수렴과정에 격렬한 당내 반대에도 불구하고 지도부가 법안 상정에 동의해주되 수정동의안을 제출해 이견을 표시하는 형식으로 사실상 법안 처리에 협조하기로 하였다(재석의원 195명 가운데 140명이 찬성했고 49명이 반대했으며 6명이 기권표를 던졌다).

새정치민주연합은 수차례 의원총회를 열고 여야 원내대표간 절충안을 수용할지를 두고서 격론을 벌였다. 합의안 수용이 어려워지자 새정치민주연합 지도부는 이번 임시국회에서 법안을 처리 하되 반대 입장을 밝히기 위해 수정동의안을 제출하기로 했다. 6월 지방선거를 앞둔 시점에서 7월부터 기초연금이 지급되지 않을 경우 노인층으로부터 강력한 저항에 부딪치게 될 것을 우려한 당 지도부와 일부 지역구 의원들의 고육지책이있다고 볼 수 있다.

끝으로 방송법 일부개정법률안 처리과정을 살펴보자. 미방위는 2월 17일 발의된 방송법 일부개정법률안이 쟁점이 되어 127개 법안을 연계하여 처리를 미루어왔다. 이상민 의원안에는 공영방송인 KBS의 독립성과 중립성을 높이기 위해 이사와 사장의 선임에 있어 결격사유를 강화하고, 사장 선임 시 국회의 인사청문회를 거치도록 하였다. 이와 함께 종합편성 또는 보도 전문편성 방송사업자로 하여금 방송프로그램 제작의 자율성 보장을 위하여 노 · 사 동수로 편성위원회를 구성하도록 하는 내용을 포함하였다.

이 법안이 쟁점으로 부상하며 미방위는 주요 민생법안의 처리를 연계하였고, 심지어 발의법안의 상정조차 이루어지지 못하였다. 원자력방호방재법 개정안은 지난 3월 박근혜 대통령이 네덜란드 헤이그 핵안보정상회의 참석을 앞두고 여당이 처리를 요구한 법안이지만, 당시 야당이 방송법 개정안 처리를 조건으로 내걸어 처리가 지연되어 여론의 지탄을 받기도 하였다. 특히 미방위는 위원회 차원에서 '의안자동상정제'를 적용하지 않기로 의결하여(제19대 국회 세314회 제2차 미래방송통신위원회 회의록 p.1 참조) 법안의 상정마저 저지되기도 하였다. 5월 2일 방송법개정안 통과로 지난 9월 이후 단 한 건의 법안도 처리하지 못한 '식물 상임위'라는 오명도 씻을 수 있게 되었다. 대안은 동수편성위원회는 폐지되고, 공영방송 이사선임요건이 강화되고, KBS 사장 인사청문회는 도입하는 것으로 결론이 났다. 이러한 합의의 이면에는 상황적 요건으로 세월호 침몰 참사로 인한 국가적 애도 분위기에서 계속 미방위 사태를 해결하지 못할 경우 발목잡는 야당이라는 비판 여론을 피할 수 없다는 점을 의식한 것으로 분석된다(동아일보, 2013년 4월 30일자).

위에서 살펴본 법률안 중 앞의 세 법률안은 정부 · 여당이 적극적으로 추진하려는 의제이며, 마지막 방송법개정안은 야당이 추진하려는 법률안이었다. 과거 입법교착이 주로 다수당이 지지하는 법안임에도 소수당의 극렬한 저항에 부딪혀 발생하는 것과는 다른 양상을 보여 준다고 할 수 있다. 공영방송의 공정성 확보라는 소수당의 입법의제도 민생법안이나 경제법안을 연계하여 처리함으로써 여당의 양보를 얻어낼 수 있음을 보여준 사례라고 할 수 있다. 따라서 과거 국회 입법교착은 집권당이 국회에서 과반의석을 확보한 상황에서 대통령의 정책의제를 추진하는 과정에서 발생한다는 기존의 연구(전진영 2011)와는 다른 양상을 보여주고 있는 것이다.

네 가지 법안이 국회를 통과한 데는 정부조직법개정안이 52일, 외국인투자촉진법개정안이 여상규의원안을 기준으로 보면 220일, 기초연금법제정안은 156일, 방송법개정안은 권은희 의원안 기준으로 524일, 이상민 의원안 기준으로 76일이 소요되었다. 선진화법상 안건신속처리에 소요되는 기일을 상임위 처리에 180일을 상정하고, 본회의 처리까지 330일을 상정하고 있다는 것을 고려한다면 나름대로 빠른 시간에 합의에 도달했다고 볼 수 있다. 물론 정부조직법개정안은 대통령취임에 맞추어 시의성이 요구되는 법안이므로 같은 수준에서 논의될 사안은 아니라고 할 수 있다.

다수당은 대통령의 의제를 입법화하는 가운데 의석이 5분의 3에 미달하기 때문에 주로 여론의 힘에 의존하여 관철하려는 전략을 구사하고 있다. 소수당은 다른 민생법안을 연계하여 법안심의를 지연하며 자신의 의제를 관철하려고 하고 있는 양상을 볼 수 있다. 외국인투자촉진법, 기초연금법 그리고 방송법은 다수당과 소수당의 정책적 입장의 차이가 뚜렷이 부각된 의제들이다. 정부조직법도 인수위 논의 끝에 완성된 안으로 대통령의 의지가 강하게 반영된 안이며, 외국인투자촉진법도 정기국회 시정연설을 통해 처리를 강력히 요청한 사항이다. 기초연금법도 대통령이 대국민 사과까지 하면서 방향을 정한 사안이라 여당으로서는 협상의 여지가 많지 않았던 것으로 보인다.

Ⅳ. 국회운영의 개선방향

1. 대통령–국회 관계의 발전 방향

국회선진화법이 시행됨에 따라 대통령이 국회 입법과정을 일방적으로 이끌기 힘들게 되고, 입법과정상 국회의 비중이 커지게 되었다. 원내 단순 과반수의 지지로는 대통령이 원하는 입법의제를 통과시킬 수 없기 때문에 대통령과 국회 관계의 획기적인 변화가 요구된다. 대통령이 국회, 나아가 대통령-여당, 대통령-야당 관계의 재정립이 요구된다고 하겠다. 선행연구에 따르면 집권당의 대통령에 대한 종속적 관계는 파행적인 국회운영의 주요 요인으로 지적되어 왔다(정진민 2012). 즉 대통령제 하에서 국회 내의 다수당과 소수당간의 원활한 협상과 타협이 중요함에도 집권당이 대통령에 종속되어 협상력을 잃게 됨으로 인하여 여야관계가 교착을 겪게 된다는 것이다. 선진화법 하의 국회운영은 단순 과반수로는 소수당의 협조 없이 어떤 법안의 통과도 도모하기 어렵기 때문에 대통령과 여당관계 뿐만 아니라 대통령-야당관계도 새롭게 정립되어 야당이 국정의 파트너로 책임있게 참여할 수 있도록 유도하는 노력이 필요하다고 할 것이다.

선진화법 하에서 만약 대통령이 입법 조급증, 성과 강박증, 자기입장 집착증을 보이며 밀어붙이려 하거나, 역으로 야당이 반대를 위한 반대로 사사건건 발목잡기에 나서면 국회운영은 심한 교착상태에 빠지게 될 것이다. 이른바 식물국회의 우려가 현실로 나타나게 될 것이다. 선진화법 시행 2년의 정치과정을 살펴보면, 대통령과 여당, 대통령과 야당관계는 변화되지 않은 가운데 국회의 규칙은 여야간의 보다 많은 타협을 요구하고 있다. 그러나 여당은 스스로 대통령 의제에 대한 협상의 융통성과 재량권이 없고, 야당은 합법적인 수단으로 소수임에도 자신들의 의제를 관철시키려고 한다.

위의 예에서 볼 수 있는 바와 같이, 정부조직법 개정안에서 야당은 유료방송 인 · 허가권을 독임제를 취하는 미래부에 맡길 수 없고, 합의제를 취하는 방통위에 두어야 공공성을 지킬 수 있다고 주장한다. 외국인투자촉진법이 대기업에 특혜를 주는 것이며, 지주회사법의 근간을 흔드는 것이라고 반대한다. 또한 기초연금과 국민연금법의 연계를 반대한다. 방송의 중립성과 독립성을 보장하기 위해 다소 위헌적인 성격을 내포한 동수편성위원회를 주장한다. 이러한 상황에서 대통령이 추진하는 의제에 여당의 재량권이 없으면 협상은 진전되지 못할 것이다.

그러므로 대통령은 긴 안목과 긴 호흡으로 인내심 있게 국회를 설득하는 자세를 취해야 하고, 국회는 국정파트너라는 인식하에 건전한 견제를 해야지 입법과정을 정파적으로 변색시켜서는 안 된다. 대통령이 여야당과의 관계를 정부의 당정협의에 맡기고, 자신은 국민과의 직접 호소를 통해 입법과정을 우회해서는 안 될 것이다. 당정협의가 정당과 국회의 위상을 약화시키고, 청와대로 모든 권한이 집중되게 하기에 폐기되어야 한다는 주장이 제기되기도 한다. 당정협의로 인해 대통령은 여당, 야당 그리고 국회에 대한 설득의 필요성을 느끼지 못하고 국민에 대한 설득은 더더욱 느끼지 못하게 된다는 것이다. 현재까지 당정협의는 국회 및 상임위원회 심의기능을 약화시키는 결과를 초래한 것으로 평가되고 있다(가상준 2012).

그러나 선진화법 하의 국회운영에 있어서는 새로운 패러다임의 보다 적극적인 당정협조의 모델을 모색해야 할 것이다. 기존의 연구와 같이 정부에 국정 주요현안을 맡길 것이 아니고, 대통령과 정부가 직접 여 · 야당 소통하고 보다 적극적인 관계를 유지하려는 노력이 필요하다고 본다. 따라서 대통령은 여야를 우회한 일방적인 포퓰리즘에의 호소나 자신을 대신한 당정협의에의 위임으로는 선진화법 하의 국정운영 제도화를 가져올 수 없다는 점을 간과해선 안 된다.

2. 상임위원회 중심의 의사결정

국회의 모든 의사결정을 원내교섭단체 대표에게 일임하는 관행을 재검토해야 한다. 우리 국회가 제 기능을 회복하기 위해서는 상임위 중심주의가 제자리를 찾아야 한다. 본회의는 심층 토론보다 표결위주의 기능을 수행한다. 여기에는 상임위에서 충분히 논의되었다는 전제가 깔려 있다. 그러나 상임위에서는 국회의원들의 자율성이 약하다. 쟁점법안에 대해 강제적 당론이나 권고적 당론을 걸고, 의원들의 법안 처리를 좌우하는 경우가 많다.

오늘날 우리 국회는 의제선정과 의사결정에 상임위가 주도적 역할을 하지 못하고 정당의 원내 지도부가 지배적 역할을 하고 있다. 소수당이 다수당의 일괄타결 방침에 반발하는 경우에는 주요 법안심의를 다른 법안심의 또는 국회운영과 연계시킴으로 모든 법안의 처리방향이 원내대표의 손에 좌우되는 현상이 노정되어왔다. 원내대표 회담이 결렬될 경우 소수당 지도부의 결정에 따라 의원들이 전체 상임위 의사일정을 보이콧하고, 정쟁이 장기화되는 경우가 빈번히 발생하고 있다. 상임위가 입법과정의 중심으로 기능하도록 규정되어 있음에도 불구하고, 정당지도부가 사실상 의제선정과 의사일정을 독점함으로써 국회의원의 입법권 침해가 이루어지며, 나아가 입법과정에서 숙의가 필요한 사안들이 정치적 거래와 흥정으로 희생되고 말게 된다.

국회운영과 관련된 주요사항은 국회의장이 원내교섭단체 대표와 협의하여 결정하도록 되어 있는데(국회법 제76조), 사실상 원내교섭단체 대표협의에 의해 결정되도록 되어 있다. 현행 국회법에 따라 20석 이상의 의석을 획득한 정당만이 원내교섭단체를 구성할 수 있기 때문에, 교섭단체를 구성하지 못한 정당이나 무소속 의원이 국회운영의 기본사항을 결정하는 과정에 소외되어 군소정당과 무소속 의원의 대표성이 제약된다는 문제점이 있다(이현출 2009). 뿐만 아니라 앞에서 지적된 바와 같이 원내교섭단체 대표회담은 '각 교섭단체 대표 1인'으로 구성되기 때문에 170석을 차지하는 정당이나 20석을 차지한 정당이나 동등한 발언권을 가짐으로 다수당의 과소대표성과 소수당의 과다대표성의 문제를 낳게 된다. 더욱이 선진화법 하에서 국회의 3분의 1의 의석을 가진 소수당은 5분의 3에 달하지 못하는 다수의 의제를 저지할 수 있기 때문에 '소수의 지배'의 역설이 성립될 수도 있다.

따라서 현행 원내교섭단체 대표협의에 의존하던 국회운영을 운영위에서 의사결정을 하도록 할 필요가 있다고 본다. 현행 국회법상 국회운영과 관련된 사항은 국회운영위원회의 소관사항으로 되어 있으며(제37조), 국회법 제76조(의사일정의 작성) 제3항에서도 운영위원회에서 회기 전체의 의사일정을 작성하도록 하고 있다. 따라서 국회운영 관련 주요사항을 원내대표 회담이 아니라 국회운영위에서 결정하도록 하면 원내대표회담 중심의 국회운영이 야기한 문제점을 해소할 수 있을 것이다. 국회의장이 국회운영위와 협의하여 국회를 운영할 경우 비교섭단체 위원의 의견도 수렴할 수 있기 때문에 국회운영의 민주성과 공평성을 제고할 수 있을 것이다. 다만 국회운영위원회가 주로 초선의원으로 구성되어 있으나, 국회운영의 타협과 조정력을 높이기 위하여 중진급 의원 또는 일부 상임위원장도 운영위에 포함하는 방안도 검토할 수 있을 것이다.

운영위뿐만 아니라 여타 상임위원회의 경우에도 상임위가 보다 많은 자율성을 갖고 법안심의에 임한다면 지금과 같은 입법교착을 피하는 데 도움을 줄 수 있을 것이다. 상임위원회 중심의 국회운영이 가능하기 위해서는 입법과정에서 국회의원이 개별 헌법기관으로서 갖는 권한과 자율성을 회복해야 한다. 또한 모든 법안의 처리방향과 일정을 상임위원회에서 결정하는 것을 원칙으로 하고, 다만 국가중대사나 정당의 명운이 걸린 중요 쟁점법안에 대해서만 원내대표 회담에서 처리방향을 결정하도록 할 필요가 있다.

3. 연간 의사일정 캘린더 시스템 도입

다음으로 다음 연도의 국회운영 기본일정 수립을 현실화할 필요가 있다. 현행 헌법 제47조에 따르면 국회 회기는 정기회와 임시회로 구분되며, 정기회는 법률이 정하는 바에 따라 매년 1회 소집되도록 하였다. 입시회는 대통령 요구나 국회재적의원 4분의 1이상의 요구로 열릴 수 있도록 하였고, 국회법에서는 매 짝수 월(8, 10, 12월 제외) 1일에 임시회를 집회하도록 하고 있다. 국회법 제5조의2에 따르면 "의장은 국회의 연중 상시운영을 위하여 각 교섭단체대표의원과의 협의를 거쳐 매년 12월 31일까지 다음 연도의 국회운영기본일정을 정하여야 한다"고 규정되어 있다. 국회의 상시화와 쟁점사안의 신속한 처리를 위하여 연간 의사일정을 구체화할 필요가 있다고 본다.

각 교섭단체가 다음연도에 다룰 주요 입법계획을 제출하고, 서로 간에 쟁점이 없는 민생법안에 대해서는 2, 4월 임시국회에서 조속히 처리하도록 하고, 쟁점법안에 대해서는 조정을 거쳐 6월 국회에서 처리하도록 합의하는 것이 중요하다. 다음으로 정기국회에서는 예산안에 대한 심도 있는 심의를 하도록 하는 방안을 고려할 필요가 있다. 이 과정에서 쟁점법안에 대해서는 교섭단체에서 서로 입장을 개진하고 여야 간에 숙의를 거쳐 처리한다는 신뢰기반 조성이 필요하다. 이처럼 민생법안을 조기에 처리한다는 합의가 이루어지면 민생법안을 볼모로 잡는 사례는 막을 수 있을 것이다. 아울러 쟁점법안에 대한 심의를 별도로 분리함으로써 여야 간에 타협의 실험을 할 수 있을 것이다. 이 과정에 예산안에 대한 여야 간 심의의 효율성도 기할 수 있을 것으로 본다.

그러나 이러한 제안에 대해서 정부와 달리 국회의원은 개인이 독립된 헌법기관으로 법안을 수시로 제출한다는 점과 의원의 법안발의 및 심사권을 제약할 수 있다는 점을 고려할 때 현실적으로 어려움이 있다는 지적도 있다. 의원입법안의 경우 쟁점이 발생할 때 수시로 발의되고, 또 심의되어야 하기 때문에 일정을 일률적으로 통제하기는 어려울 것이다.

그러나 주요 매니페스토(manifesto) 정책공약의 실현을 위한 입법계획은 각 당이 갖고 있기 때문에 이에 대한 처리계획은 제출하여 상호간에 사전 조율이 필요한 부분을 논의하고 처리계획을 수립하는 것은 가능할 것이다. 뿐만 아니라 수시로 제출되는 법안의 경우에도 미방위사태와 같은 경우가 재발되지 않도록 여야 간에 다툼이 없는 법안, 즉 무쟁점 법안에 대하여는 우선처리 될 수 있도록 하는 방안을 검토할 필요가 있을 것이다[국회법 일부개정법률안(최경환의원 발의; 의안번호 10226; 발의일자 2014. 4. 16) 참조].

4. 상호호혜의 불문율 수립: 국회원로회의 구성과 운영

우리 국회는 미국 의회와는 달리 초선의원 비율이 매우 높다는 것이 특징이다. 19대 총선의 경우 당선자의 49.3%가 초선이며, 이는 노무현 대통령 탄핵 이후 치러진 17대 총선의 62.5%보다는 낮지만 2008년 18대 총선에서의 44.5%보다는 높은 수치이다(http://www.hani.co.kr/arti/politics/assembly/528146.html, 최종검색일: 2014.5.30). 이에 반해 미국의 경우에는 높은 현직의원 재선율을 보여주고 있다. 미국 의회는 2년마다 하원의원 선거가 있지만, 의원들의 재선율이 높고 의정활동 경험이 풍부한 의원들이 다수를 점하므로 의회내에 '상호호혜(reciprocity)의 불문율'이 잘 발달되어 있다. 이러한 상호호혜의 불문율을 바탕으로 여야간의 대립과 반목보다는 협력과 경쟁의 틀 속에서 국정운영이 이루어진다(김형준·김도종 2000). 김종림(1985)에 따르면, 미국 의회에는 초선의원 수습에 관한 불문율(apprenticeship rule), 선임자 특권에 관한 불문율(seniority rule), 호혜관계에 관한 불문율(the rule of reciprocity), 의원긍지에 관한 불문율(institutional patriotism), 의원 상호간 예의에 관한 불문율(the rule of personal courtesy), 업무에 관한 불문율(legislative work) 등의 불문율이 지켜지고 있다고 한다.

그러나 한국 국회의 경우 민주화 이후 의회정치의 경험이 일천한 가운데, 높은 초선율 등은 의회 불문율 정착을 어렵게 하는 요인으로 작용하고 있다. 특히 3김정치 이후 정당 지도부의 권위마저 실종된 상황에서 대화와 타협, 양보와 배려의 문화를 찾기 어려운 실정이다. 따라서 과거와 같은 다수결 국회운영의 틀을 벗어난 합의형 국회운영을 바라는 선진화법 하에서는 법률이나 제도만으로는 이룰 수 없는 대화와 타협의 불문율을 세워나가는 것도 교착상태를 풀어가는 방안이 될 수 있으리라 본다.

정의화 국회의장이 국회의장단과 교섭단체 대표, 5선 이상 의원들로 구성된 국회원로회의를 구성하겠다는 제안[제325회국회(임시회) 제3차(2014년 5월 29일) 회의 국회본회의 회의록 참조]도 국회 내의 경색을 푸는 대안이 될 수 있을 것으로 본다[이와 관련하여 국회법일부개정법률안(최경환 의원 발의; 의안번호 10226; 발의일자 2014. 4. 16.)이 제출되어 있다].

독일의회는 원로평의회(Council of Elders)를 두고 있는데, 여기에는 의장, 6인의 부의장, 그리고 교섭단체의 의석비율에 따라 배분되는 23인의 의원

등 총 30인으로 구성된다. 여기에는 교섭단체 원내대표도 포함되고, 연방정부에서도 1인이 참석한다. 원로평의회는 의사업무의 수행에서 하원의 장을 보좌하며, 교섭단체 간 협의를 통해 합의를 이끌어내는 역할을 수행한다.

또한 원구성 시 상임위원회의 수, 크기, 교섭단체별 배분비율 등을 결정하며, 연간 기본운영계획 등과 관련한 의회운영을 마찰 없이 조정하는 책임을 진다. 독일의 사례는 우리에게도 많은 시사점을 도출할 수 있을 것으로 보인다. 특히 원내교섭단체 대표회담에서 교착상태가 이루어지면, 이를 해소할 다른 방안이 없기 때문에 국회원로회의에서 경륜에 기초한 합의도출의 노력을 기대해 볼 수 있을 것이다. 그러나 당장에는 국회원로회의가 합의점을 찾는 데도 어려움을 겪을 것이고, 합의결과의 구속력을 강제하기에도 애로가 있을 수 있을 것이다. 그러나 이 문제는 원로회의를 통하여 해결방안을 모색해 나갈 수 있을 것으로 보인다.

V. 결론

이 글은 국회선진화법 도입 이후의 국회운영을 평가하고, 새로운 제도하의 국회운영의 문제점과 개선방향을 살펴보았다. 국회선진화법 개정에는 18대 국회의 여야갈등의 심화와 폭력사태, 이로 인한 정치개혁에 대한 여론 등 국회 내외의 환경변화가 중요하게 작용하였다. 기존의 원내교섭단체 간의 협의 체제하에서 겪어온 협의와 다수결 간의 갈등적 측면을 합의제로 운영원리를 이동함으로써 극복하고자 하였다.

국회선진화법은 여야간의 물리적 충돌의 원인을 제공하여 왔던 국회의장의 직권상정을 여당이 상당부분 포기하는 대신 예산안의 헌법상 처리시한을 야당으로 하여금 준수하도록 하는 선에서 대타협을 이룬 것이라 요약할 수 있다. 즉, 소수당에게는 법안심의의 합법적 지연권을 준 반면, 다수당에게는 예산안의 본회의 자동부의제를 주었다. 선진화법은 의안신속처리제, 위원회 안건조정제도, 본회의 무제한 토론제도 등의 의사결정에 가중정족수를 요구하고 있는데, 이는 일반적인 다수결 원칙을 넘어 합의제 원칙을 채용하는 선진화법의 정신을 표출하고 있는 대목이다. 의장의 직권상정 권한이 원칙적으로 봉쇄됨에 따라 소수집단에게 과반을 초과하는 동의를 부결시킬 수 있는 권한을 부여하고 있다. 또한 시급히 처리되어야 할 민생 · 안전 · 경제 법안이 상임위에서 발목이 묶여 처리가 지연되는 부

작용도 속출되었다. 쟁점이 된 법안처리과정 분석결과 다수당과 소수당의 입법의제를 동시에 추구하고 있다는 점에서 과거 다수당 지지법안을 강행처리하고, 소수당이 극렬 반대하는 양상과는 다른 모습을 보이고 있음을 알 수 있다.

이러한 측면에서 국회선진화법은 소수당 보호와 법안처리의 효율성이라는 두 가지 목표 중 하나인 소수당 보호에는 한발 다가선 것으로 보인다. 그러나 법안처리의 효율성 측면에서는 많은 문제점을 노정하고 있다. 그것은 직권상정 제한 이외의 다른 제도, 즉 안건조정위원회제도나 안건신속처리제도 등은 직권상정 도입에 따른 보완적인 장치들로 도입되었으나, 특히 발동요건을 엄격하게 규정하고 있기 때문에 실제로 2년 동안 한 번도 적용된 사례가 없다는 점에서 제도의 실효성이 의문시 된다. 다수당의 의석이 3/5에 미달하기 때문에 적용을 시도하여도 효력을 발생할 수 없기 때문이다.

선진화법 하의 국회운영은 단순 과반수로는 소수당의 협조 없이 어떤 법안의 통과도 도모하기 어렵기 때문에 대통령과 여당관계뿐만 아니라 대통령-야당 관계도 새롭게 정립되어 야당이 국정의 파트너로 책임 있게 참여할 수 있도록 유도하는 노력이 필요하다는 점을 지적하였다. 둘째, 국회운영을 원내대표 중심주의에서 상임위 중심주의로 전환할 것을 제안하고 있다. 셋째, 연간 의사일정 캘린더 시스템을 도입하여 민생법안과 쟁점법안 처리를 분리할 것을 제안한다. 끝으로 상호호혜 불문율이 잘 발달되지 않은 우리 국회에서 입법교착을 푸는 하나의 대안으로 국회원로회의를 구성하여 운영하는 방안을 제안하였다.

이 연구는 선진화법 도입과 국회운영의 변화를 국회선진화법의 의도와 주요 쟁점법안의 처리과정을 통하여 국회운영의 효율성과 입법교착(legislative gridlock)의 문제를 고찰하고자 한다. 따라서 국회운영에 중요한 영향을 미치는 요인으로 헌법적 틀과 정치제도적 정합성, 정당요인, 변화된 정치환경적 요인 등은 분석의 대상에서 제외하였다. 이러한 부분을 분석의 한계로 지적하며, 후속연구의 과제로 삼고자 한다. 아울러 제도 도입이 2년밖에 되지 않기 때문에 그 효과를 평가하기에는 시기적으로 한계가 있다는 점도 지적해 둔다.

참 고 문 헌

- 가상준. 2012. "18대 국회와 정부: 당정협의의 문제점과 해결방안." 한국정당학회 춘계학술회의(2. 28) 발표논문.
- 김민전. 2009. "민주적인 의회운영과 정당." 『현대사회와 정치평론』 제2권.
- 김종림. 1985. "의회과정을 규제하는 불문율." 박동서(편). 『의화와 입법과정』. 서울: 법문사.
- 김준석. 2014. "국회선진화법의 제도적 운용과 입법동인에 대한 실증적 분석." 한국정당학회 춘계학술회의 발표논문.
- 김준석 · 박경미 · 이한수. 2013. 『국회선진화법 1년과 정치제도에의 함의』. 한국의회발전연구회 연구보고서.
- 김형준 · 김도종. 2000. "제16대 국회의원 선거결과에 대한 집합자료분석." 『한국정치학회보』 34집 2호.
- 박찬표. 2012. "제18대 국회의 국회법 개정과정에 대한 분석: '다수결 원리'와 '소수권리' 간의 타협은 어떻게 가능했나." 『의정연구』 제18권 3호.
- 서복경. 2012. "입법과정에서 위원회 갈등조정 기능의 변화." 한국정당학회 학술회의 발표논문.
- 윤상호. 2014. "국회선진화법을 통해 본 한국의 정치실패: 동물국회, 국회선진화법, 그리고 식물국회." 한국경제연구원 세미나 발표논문(2월 14일).
- 윤종빈. 2013. "국회 입법교착의 역학: 국회선진화법 입법과정 및 입법동인(動因) 분석." 『21세기 정치학회보』 제23집 2호.
- 이현출. 2009. "원내교섭단체 제도와 당론." 『의정논총』 제4권 1호.
- 전진영. 2011. "국회 입법교착의 양상과 원인에 대한 분석." 『의정연구』 17권 2호.
- 정진민. 2013. "국회선진화법과 19대 국회의 과제: 국회 운영방식과 대통령-국회 관계의 변화를 중심으로." 『현대정치연구』 제6권 1호.
- 조정관. 2012. "국회선진화법 통과의 의의와 전망." 국회입법조사처 국회선진화법과 19대 국회운영 전망 세미나 발표문.
- 홍완식. 2012. "'국회선진화법'에 관한 고찰." 『헌법학연구』 제18권 제4호.

- Andeweg, Rudy B. and Lia Nijzink. 1995. Beyond the Two-body Image: Relations between Ministers and MPs, Herbert Döring, ed. *Parliaments and Majority Rule in Western Europe*. New York: St. Martin's Press.
- Binder, Sarah A. 1999. The Dynamics of Legislative Gridlock, 1947-96, *American Political Science Review*. Vol. 93, No. 3.
- Jones, David R. 2001. Party Polarization and Legislative Gridock, *Political Research Quarterly*. Vol. 54(4).

- King, Anthony. 1976. "Modes of Executive–Legislative Relations." *Legislative Studies Quarterly*, Vol. 1, No. 1.
- Sieberer, Ulrich, Wolfgang C. Muller and Maiko Isabelle Heller. 2011. Reforming the Rules of the Parliamentary Game: Measuring and Explaining Changes in Parliamentary Rules in Austria, Germany, and Switzerland, 1945–2010, *West European Politics*, Vol. 34, No. 5.

05

원내교섭단체 제도와 당론

原著
– "원내교섭단체 제도와 당론", 「의정논총」 제4권 제1호, 2009, pp.5–32.
– 이갑윤 ; 이현우 편저, 『한국 국회의 현실과 이상』, 오름, 2009.
세8상 「국회 내의 제도와 운영의 문제 분석: 원내교섭단체 제도와 당론」, 한국연구재단 학술연구지원 사업의 연구결과물임(연구사업명: 인문사회분야지원심화연구, 연구과제번호: 2005–079–BS0024)

Ⅰ. 서론

17대 국회는 초선의원 비율이 63%에 이를 정도로 크게 물갈이가 이루어져 역대 어느 국회와는 다른 새로운 국회상을 보여줄 것으로 기대를 모았다. 그러나 시작부터 의장단 및 상임위원장단 배분, 예결위의 상임위원회화 등을 둘러싸고 개원 한 달 이후에야 원구성이 완료되는 등 당리당략으로 인해 국회가 파행을 겪는 구태는 변하지 않았다. 의원은 바뀌었으나 국회운영은 변하지 않았다는 데에 문제가 있다고 할 것이다.

17대 국회에서 여권의 이른바 '4대 개혁입법'을 다룬 국회 법제사법위원회(국가보안법)와 행정자치위원회(과거사진상규명특별법), 문화관광위원회(신문법), 교육위원회(사립학교법) 등은 대리전장으로 변했다. 이 과정에서 국회의원은 독립적인 헌법기관으로서의 지위가 무색하게 소속 당을 대표해 몸싸움을 벌이고, 고성을 질러대는 동원꾼으로 전락했다(문화일보 2005. 1. 26). 이들 모두 상정과 심의, 표결에 이르는 전 과정에서 몸싸움과 상임위원장석 점거 등은 시간이 지나도 변하지 않는 국회의 모습으로 남았다.

18대 국회에도 크게 달라진 바가 없다. 임기를 시작한 지 83일 만에 원구성이 이루어졌고, 국회의장을 뽑는 데에도 42일이나 걸렸다. 의장 없이 존재한 최장기 국회는 18대 국회가 헌정사에 남긴 신기록이다. 한미 자유무역협정(FTA) 비준안, 미디어법 등을 포함한 쟁점법안 처리를 놓고 이른바

'입법전쟁'을 벌이며 회의장 점거, 해머와 전기톱의 등장 등 국회폭력이 난무하였다(중앙일보 2009. 3. 10). 이러한 장면들은 당론정치의 폐해를 보여주는 단면이라고 할 수 있다. 당론정치에 발목 잡혀 시대가 변해도 우리 정치는 변함이 없음을 보여주는 것이다.

급기야 2009년 4월 임시국회에서는 회기 마지막 날 금산분리 완화법안의 하나인 '금융지주회사법' 개정안이 본회의에서 담당 상임위원회인 정무위원회에서 마련안 법안 원안과 본회의 중 여야 지도부의 합의에 의한 수정안이 모두 부결되는 사태가 발생했다(조선일보 2009. 5. 2). 이 사건은 위원회 중심 국회와 당론중심 국회가 정면으로 대립된 모습을 극명하게 보여주었다.

국회에 대한 국민 의식조사 결과에서도 국민들이 국회를 부정적으로 평가하는 데에는 정당의 당리당략이 중요한 문제로 지적되었다(서강대 동아연구소가 R&R에 의뢰해 2005년 11월에 전국 1,200명을 면접조사한 결과임). 응답결과 61.7%가 정당의 당리당략으로 국회가 제 기능을 못하는 것으로 응답하고 있다. 국회의원들을 대상으로 한 조사에서도 국회가 제 기능을 못하는 이유를 당리당략(51.0%)에서 찾고 있는 응답이 가장 높게 나타나고 있다(서강대 동아연구소·중앙일보·참여연대가 2006년 11월 30일부터 12월 12일까지 현역의원 297명을 대상으로 조사한 결과임). 대의민주주의에서 정당은 국가와 국민을 연계해주는 매개자적 역할을 수행하는 필수불가결의 존재로 알려져 있지만, 국회운영에서는 오히려 국회가 제 기능을 수행하는 데 걸림돌로 인식되고 있다는 것을 말해준다.

이러한 이면에는 국회의원이 독립적 헌법기관으로서 정치적 자율성을 인정받아야 함에도 당론의 굴레에 얽혀 소신있는 의정활동을 펼치기 어렵게 한다는 비판이 제기되고 있다. 또한 국회운영상 교섭단체는 과도한 특권을 누림으로써 비교섭단체 의원들의 활동을 정치적으로 무의미하게 만들며, 이로 인해 민의의 반영을 기본으로 하는 대의민주주의의 기본이념이 침해된다는 것이다(손봉숙 2004). 즉, 입법기능과 함께 중요한 기능의 하나로 간주되는 국민의사 대표기능이 침해된다는 것이다.

이러한 문제의식에서 이 연구에서는 국회의 제도와 운영상 매우 중요한 영향을 미치는 교섭단체제도와 당론의 문제를 다루고자 한다. 즉, 의원들의 입장에서 국회운영에서의 정당의 역할과 당론이 의정활동에 미치는 영향을 분석하고, 이에 대한 정책적 대안을 모색하는 데에 목적이 있다.

먼저 이론적 논의를 위하여 정당정치와 당론, 그리고 '전 국민 대표' 기능에 대해 고찰한다. 다음으로 의원들이 의정활동에서 정당과 당론을 어떻게 인식하고 있는지 경험적 조사결과를 통해 분석하고자 한다. 다음으로 오늘날 국회운영을 규정짓는 교섭단체제도와 운영의 실태와 문제점을 밝힌다. 끝으로 분석결과에 대한 종합적인 평가와 대안을 모색해 나갈 것이다.

Ⅱ. 정당, 당론 그리고 국민대표

의원은 '전 국민의 대표'로서 행동할 것이 기대되고 있다. 그러나 실제로는 소속정당에 의해 행동의 제약을 받는 경우가 많다. 의원의 지위와 소속정당의 당원으로서의 지위라는 두 가지 요인은 실제 다양한 문제를 야기하고 있다.

특히 당론구속의 타당성에 관해서는 정당의 민주화와 함께 다양한 논의가 대두되고 있다. 그리고 이 문제는 정당내부의 문제에 머무르지 않고 정치자금법과 국회법 등 정치카르텔과 관련된 전반적인 문제와 연계되어 있다. 정치자금법에 기초하여 국고보조금을 비롯한 정치자금을 조성하는 국민들의 입장에서도 중요한 의미를 지닌다고 할 것이다. 즉, 정당법에서는 정당은 민주정치의 건전한 발전에 기여할 것을 기대하고 있으며, 이에 따라 그 기능의 중요성을 인정하여 국고보조금을 지급하고 있기 때문이다.

정당은 국민의 지지를 받기 위하여 선거에서 경쟁할 뿐만 아니라 원내에 진출한 뒤에도 정책의 실현을 둘러싸고 경쟁하게 된다. 이처럼 원내에서 이루어지는 경쟁은 일반적으로 일정한 정당소속의 의원들로 구성되는 원내교섭단체를 중심으로 이루어진다. 교섭단체제도는 당초 원내운영의 효율성이라는 측면을 고려한 결과 탄생한 것이나, 한국의 경우 민주화 이후 원내에서 여당의 독주를 막기 위해 원내교섭단체 대표회담 중심으로 국회운영을 해 나가도록 제도 디자인을 한 데서 비롯되어 다소 그 성격이 다르다고 할 수 있다. 즉, 효율성 제고를 위한 제도의 취지를 무색하게 하여 각 정당의 당파적 이익을 실현시키는 수단으로 전락함으로써 국회에서의 심의를 형해(形骸)화하고, 나아가 국회운영의 파행을 초래하여 국회가 제 기능을 수행할 수 없도록 하였으며 결과적으로 국민대표 원리를 훼손하는 제도로 발전하게 되었다.

당론구속이라 함은 정당의 결의에 의하여 국회에서의 의원활동을 구속하고, 정당의 정책을 국회의 의사결정에 반영시켜 나가자는 것을 말한다. 당론구속의 강제력은 의원이 당론에 반하는 행동, 즉 표결이나 투표시 당론에 반하는 태도를 취하는 경우 정당 또는 교섭단체에 의해 제재를 받는다는 심리적인 압력에 의해 담보된다고 할 것이다. 실제 당론위반에 대한 제재를 취할지 여부, 나아가 그 내용을 어떻게 할 것인지에 대한 문제는 사안의 내용이나 중요성, 정치상황, 위반의 영향 등을 고려하여 결정할 문제이나 그 제재는 당헌 당규에 따를 것이다. 그러나 의원의 입장에서 가장 중요한 동기의 하나인 재선동기를 위협하는, 즉 다음 선거에서의 정당 공천에 영향을 미칠 것이라는 사실상의 불이익을 가장 먼저 고려할 것이라고 생각된다.

그런데 당론구속이라는 문제의 논의는 헌법적 차원에서 의원의 활동의 자유를 빼앗는 것으로 의원을 전 국민의 대표로 자리매김하고 있는 국민대표의 원리와의 관계에 충돌이 일어날 수 있다. 즉 유권자에 의한 명령적 위임을 금지하는 자유위임이 국민대표의 이념으로 간주된 근대의회 시대에는 의원의 독립된 활동과 판단을 구속하는 정당의 존재자체가 국민대표의 관념과 상반되는 것으로 여겨졌다.

그러나 오늘날은 국민대표를 자유위임의 틀 속에서 보는 입장에서도 정당에 의한 의원의 구속은 정치적 · 사회적인 사실의 문제에 머무르는 한 그것에 반하는 것은 아니며, 정당이 최종적으로는 전 국민의 이익을 추구하는 것으로 말할 수 있는 이상은 정당에 구속되는 의원도 전 국민의 대표로 위치지울 수 있다는 것이다. 그리고 의원이 당론에 위반하였다고 소속 정당으로부터 제명 등의 제재처분을 받았다고 하더라도 그것이 직접적으로 국민대표나 의원의 면책특권의 취지에 반하는 것은 아니라는 것이다.

이처럼 헌법론의 차원에서 당론구속은 정당이 의회와 국민을 연결하는 매개기능을 수행하는 것을 두고 간단히 헌법이 규정하는 국민대표의 원리에 반하는 것은 아니라는 것이 다수설이다(前田英昭 1994; 川崎政司 2001). 그러나 종래의 논의는 구체적인 존재형태, 나아가 정당의 상황 등의 문제에까지 미치지 못하고 형식적으로 헌법과의 관계를 논하는 수준을 벗어나지는 못하고 있다.

다음으로 당론구속의 문제는 국민대표와의 관계만이 아니라 의회의 기능이나 심의방식에 크게 연관되어 있다는 점이 간과되어 왔다. 즉, 당론구속의 영향이 지나치게 강한 경우에는 의원은 정당 또는 교섭단체의 투표머신(machine)화하여 의회의 심의가 형식화되고 만다는 것이다. 특히 한국의 경우에도 이러한 경향이 지속적으로 대두되어 당론구속이 국회 심의의 형해화와 국회기능 부전을 초래하는 원인이 되고 있다고 비판받아 왔다.

물론 의원들의 의정활동에 영향을 미치는 요인은 정당요인만이 아니다. 미국의 의원투표행태 연구를 통하여 표결 시 영향을 미치는 요인으로 기존 연구는 크게 정당, 이념, 지역구 요인을 지적하고 있다(Fenno 1978). 먼저 이원들이 법안 표결에 관한 초기연구에서는 의원들이 자신의 지역구의 경제적 이익을 극대화시키고, 이를 대변하는 데에 가장 큰 비중을 둔다는 것이다(Peltzman 1985; Kalt and Zupan 1990). 이것이 곧 재선을 보장하는 중요한 요인이라는 것이다. 다음으로 의원들은 지역의 이익을 위하여 투표하기보다는 자신의 이념성향에 따라 투표한다는 것이다.

의원들이 지역구 이익을 위하여 투표한다는 것을 부인하지는 않지만 의원들의 투표행태를 장기간에 걸쳐 고찰하면 다양한 이슈에 걸쳐 의원의 이념에 따른 일관성이 나타나고 있다는 것이다(Poole and Rosenthal 1997; Snyder and Groseclose 2000). 끝으로 의원들의 법안투표에 가장 영향력을 많이 행사하는 요인으로 정당을 지적한 연구이다(Rohde 1991; Cox and McCubbins 1993). 이들의 연구에 따르면 미국의 정당규율이 약한 것은 사실이나 정당 영향력이 약했던 시기에도 정당노선의 영향력은 의원들의 투표에 큰 영향력을 미쳐왔다는 것이다.

그러나 한국 국회에서의 원들의 표결요인에 관한 연구는 2002년 11월 국회에서 본격적으로 전자표결이 진행된 이후부터 이루어져 그 깊이가 깊지는 못하다. 기존의 연구에 따르면 전자표결 실시 이전의 투표행태나 갈등양상은 '소속 정당'이라는 단일요인에 의하여 설명되어 왔다. 그러나 전자표결이 실시된 이후 선구적 연구들에 따르면 기존의 정당요인뿐만 아니라 지역구, 이념성향이 투표행태에 영향을 미치고 있다는 것을 밝혀내고 있다(이현우 2005; 전진영 2006).

이러한 연구들은 2002년 대통령선거를 끝으로 이른바 3김시대가 끝나고 탈3김시대를 맞아 과거의 집권적 정당운영형태가 변화하고, 17대 총선을 맞아 정당의 공천 민주화를 위한 물꼬도 트이는 모습을 보여 더욱 흥미를 끌었다. 3김씨가 정당을 이끌던 시기에는 정당의 공천이 곧 당선과 직결되기 때문에 정당의 당론에 반하는 원내활동을 할 수 없었다는 점은 주지의 사실이다.

이와 함께 정당의 당내민주화로 인하여 상향식 공천이 일반화되면서 더 이상 당 지도부의 의견에 맹목적인 충성을 보일 필요가 없게 될 것이라고 보았다. 나아가 국회의원 의정활동 평가가 일반화되었고, 그 평가가 인터넷의 발달로 유권자에게 널리 알려지게 되어 나름의 자율적인 의정활동을 선보일 것이라고 기대하였다. 이로 인해 이젠 정당 보스에 대한 충성보다는 유권자들에 의한 평가를 더 중요한 기준으로 여길 것이라고 판단되었다. 따라서 의원들은 과거와 같은 정당의 당론보다는 재선과 결부된 다양한 요인들에 의해 의정활동을 할 것으로 기대되었다.

그러나 17대 국회는 이러한 기대와는 전혀 다르게 운영되었고, 국민들의 평가는 여전히 부정적이라는 것을 알 수 있다. 이러한 맥락에서 이 논문은 17대 국회의원에 대한 의식조사 결과 분석을 통하여 의정활동에서 정당요인이 차지하는 실태를 규명하고, 이를 규정하는 제도적 요인을 규명하고자 한다.

이러한 분석은 단순한 표결에 대한 경험적 요인분석보다는 국회운영 전반에 대한 의원들의 인식을 바탕으로 국회운영의 개혁방안을 도출하는 데에 도움을 줄 것이다.

Ⅲ. 당론에 대한 경험적 분석

1. 데이터

이 논문에 사용된 설문은 국회의원의 시각에서 국회를 어떻게 바라보고 있는지를 분석하기 위하여 기획되었다(분석에는 서강대 동아연구소-중앙일보-참여연대 세 기관에서 공동으로 수행한 국회의원 의식조사 결과를 활용하였다. 이 조사는 2006년 11월 30일부터 12월 12일까지 진행되었으며, 구조화된 질문지를 이용한 설문지 배부 및 회수방식에 의해 이루어졌다. 표본은 당시 현역 국회의원 297명을 대상으로 하였다).

질문은 크게 17대 국회에 대한 평가, 상임위원회 활동 및 국회조직, 의정활동, 정치자금과 지역활동, 그리고 정치 일반에 대한 인식에 관한 질문으로 구성되어 있다. 정치일반에 관한 설문은 국회의원의 이념성향과 현안 인식에 대한 입장을 분석할 수 있는 자료로 국회의원을 대상으로 한 드문 심층조사 자료이다. 특히 63%의 초선의원들이 진출하여 새롭게 구성된 17대 국회에서 국회의원을 대상으로 의정활동에 대한 체계적 조사를 실시하였다는 점에서 의미가 크다고 할 것이다.

분석에 앞서 응답자의 인구통계학적 배경을 살펴보자. 조사 당시 전체 297명의 대상자 중 243명이 응답하여 81%의 응답률을 보여 주었다. 응답자의 83.5%가 남자였으며, 16.5%가 여성의원이었다.

소속정당별로는 열린우리당 46.5%(113명), 한나라당 42.4%(103명), 민주당 4.5%(11명), 민주노동당 3.7%(9명), 국민중심당 2.1%(5명), 기타 무소속 0.8%(2명)으로 나타났다. 연령별로는 30대 1.2%(3명), 40대 29.2%(71명), 50대 41.6%(101명), 60대 24.7%(60명), 70대 3.3%(8명)로 나타났다. 당선횟수별로는 초선이 67.1%(163명), 재선이 16.5%(40명), 3선 이상이 16.5%(40명)를 차지하고 있다. 지역구와 비례대표의 비례는 81.2%와 19.8%를 각각 차지하고 있다. 이는 설문조사의 표본이 인구통계학적으로 국회의원을 적절하게 대표하고 있다는 점을 보여주고 있다.

이 논문에서 연구자는 의정활동을 하는 가운데 정당과 당론에 대한 인식과 미치는 영향, 그리고 당론투표와 소신투표에 영향을 미치는 요인에 주목하고 있다. 전반적으로 의원들은 국회역할 중 가장 중요한 것은 '국민의사 대표기능'(54.3%)이라고 인식하고 있다. 그리고 16대 국회와 비교해서 17대 국회활동을 전반적으로 잘하고 있다는 응답이 58.8%(매우 잘함 7.4% + 약간 잘함 51.4%)로 나타나 비슷하거나(27.2%) 못하는 편(13.2%)이라는 응답보다 높게 나타났다. 국회가 제 역할을 못한다고 응답한 경우 그 주된 이유는 정당들의 당리당략이라는 응답이 51%로 가장 높게 나왔다. 다음으로 국회의원의 자질미흡(11.2%), 국회의 힘이 행정부에 비해 약해서(8.2%), 입법지원체계가 미흡해서(3.1%) 등으로 나타났다. 이러한 응답결과는 국회가 제 역할을 다하기 위한 열쇠는 정당이 당리당략에 있다는 것을 보여준다.

이러한 문제의식에서 먼저 의원들의 의식조사를 통하여 당론투표와 소신투표의 실태, 정당의 역할에 대한 인식, 나아가 당론투표와 소신투표에 영향을 미치는 요인을 분석한다. 이러한 경험적 연구결과에 바탕하여 실제 어떠한 제도적 요인이 정당으로 하여금 국회운영과 심의과정에 긍정 부정의 영향을 미치고 있는지 분석할 것이다. 이러한 경험적 분석은 제도적 요인이 미치는 영향에 대한 현실적 평가가 가능하도록 해 준다는 점에서 중요한 의미를 지닌다고 할 것이다.

2. 경험분석 결과

1) 당론에 대한 인식

국회의원 조사결과에서 '표결에 있어 가장 중요한 요인'은 무엇이냐는 질문에 내해 정당요인이 가장 높게 나타났다. 응답결과는 디음의 <표 1>에서 보는 바와 같이 '정당'이 가장 높은 비율(49.3%)를 차지하고 있으며, 이어서 '의원 개인의 신념'(42.8%)이 이어졌다. 그러나 지역구(4.9%)와 재선(1.6%), 계파(0.8%) 등의 응답은 낮은 비율을 차지하는 것으로 나타났다. 따라서 3김의 퇴장 이후 지속적으로 당내민주화가 이루어지고 있음에도 표결 시에는 정당요인이 강하게 작용하고 있음을 알 수 있다.

이처럼 표결에 정당이 중요한 영향을 미친다는 것은 의원 개개인의 숙의에 의해 하나의 집단적 결정을 도출하는 의회가 조그만 쟁점이라도 생기면

표 1. 표결에 영향을 미치는 요인

	빈도	퍼센트
정당	121	49.3
지역구	12	4.9
의원 개인의 신념	104	42.8
계파	2	0.8
재선	4	1.6
계	243	100

쉽게 집단적 갈등으로 인화할 수 있다는 것을 보여준다. 다수당은 다수당대로 국정이념을 실천하기 위해 소속의원들에게 정당의 정체성이 걸린 정책이나 국가적 중대사에 대해 정당의 입장을 의원들에게 표결 시 강요할 것이다.

반면 소수당은 다수당이 지배하는 의회에서는 자신의 입장을 관철시킬 방법이 없을 것이다. 따라서 정당의 당론을 엄격하게 정하고 당대당 타협에 의한 일괄타결을 노리게 되고, 이에 따라 상대당의 양보를 도출하기 위한 투쟁에 돌입하고, 그 결과 국회의 교착상태가 지속되어온 것을 볼 수 있다. 그러나 당론과 본인의 소신이 충돌할 때 대체로 어떤 것을 더 중시하는지 질문한 결과, 의원들은 본인의 소신을 더 중시하고 있음을 알 수 있다. 아래 <표 2>에서 보는 바와 같이 당론과 소신이 충돌할 때, 본인의 소신을 따른다는 응답은 61.3%, 당론을 따른다는 입장은 37.4%로 나타나 소신에 더 비중을 두고 있음을 알 수 있다. 아울러 당론과 지역구 이익이 충돌할 때 어느 것이 더 중요한지에 대한 질문에서도 지역구 이익을 더 중시하고 있음을 알 수 있다.

그러나 이러한 응답은 다분히 당위적인 응답일 수 있다. 제도적으로 "(국회)의원은 국민의 대표자로서 소속정당의 의사에 기속되지 아니하고 양심

표 2. 당론과 소신 / 당론과 지역구 이익간의 중요도 인식

구분	당론과 소신		당론과 지역구 이익	
	빈도	%	빈도	%
정당	121		49.3	
당론	91	37.4	81	33.3
소신/지역구	149	61.3	118	48.6
모름	3	1.2	44	18.1
	243	100	243	100

에 따라 투표한다"고 명시되어 있다(국회법 제11조). 그러나 현실적으로 정당이 강제당론을 설정하고 추진하는 법안이나 해임건의안 등에 대하여 반대표를 던지기는 부담스러울 것이다. 예를 들면 2003년 16대 국회 말기에 당시 김두관 행정자치부장관 해임건의안에 반대표를 던진 한나라당 김홍신 의원은 당기위원회에서 8개월의 당원권 정지 처분을 받았고, 비례대표 의원이었던 김 의원은 아예 의원직을 사퇴하였다(국민일보 2009.5.13).

자신의 재선동기와 관련하여 당론과 지역구 이익이 충돌할 경우에는 지역구 이익을 우선하여 투표하는 경우가 종종 나타나기도 하였다. 예를 들면 2003년 '신행정수도 특별조치법안'의 경우나 17대 국회의 '종합부동산세법안'의 경우에는 지역구 이익과 부합되지 않아 당론에 반대하는 표결을 한 의원도 다수 존재하였다. 특히 한-칠레 자유무역협정(FTA) 비준동의안 처리 시에는 여야의 농촌출신 의원들이 뭉쳐 이른바 농촌당이란 이름으로 지역구 지향적 심의 및 투표행태를 보여주었다(<표 2>).

그러나 의원들은 당론과 소신이 충돌하는 경험을 가끔 겪고 있는 것으로 나타났다. 충돌빈도에 대한 응답결과를 보면, 자주(4.9%) 또는 가끔(71.2%) 충돌을 겪는 것으로 나타났으며, '거의 없다'는 응답은 23%로 나타났다(<표 3> 참조). 따라서 위의 설문에서도 나타난 바와 같이 많은 의원이 표결 시 정당요인을 중시하며, 그 과정에 당론과 소신이 충돌하는 경험을 하고 있음을 알 수 있다. 이러한 응답은 당론 구속의 범위와 연관된 문제이기도 하다. 즉, 정당의 정체성이 걸린 중대한 문제가 아닌 많은 사안에 당론을 거는 경우가 많아 의원들의 입장에서 소신과 충돌이라는 경우가 종종 있는 것으로 나타난 것으로 해석할 수 있다.

아울러 '정당의 당론결정 과정은 민주적'이라는 견해에 대해 동의한다는 의견(적극동의 + 약간 동의)이 84%에 이르는 것으로 나타나 당론결정 과정은 민주적으로 평가하고 있음을 알 수 있다(<표 4> 참조). 이에 대한 응답은 다분히 당위적으로 응답한 경우가 많은 것을 알 수 있다. 오늘날 국회의 교

표 3. 당론과 소신 충돌 빈도

	빈도	%
자주	12	4.9
가끔	173	71.2
거의 없다	56	23.0
모름/무응답	2	0.8
	243	100

표 4. 당론과 정당의 역할에 대한 평가 (%)

구분	적극 동의	약간 동의	별로 동의하지 않음	전혀 동의하지 않음	모름/무응답
당론결정과정이 민주적이다	16.9	67.1	14.4	0	1.6
국회운영에 정당의 개입이 지나치게 많다	14.4	47.3	35.4	1.2	1.6

착상태의 주된 원인이 당론구속에 있고, 이로 인해 교착상태를 풀기 위해서는 크로스 보팅(cross-voting)을 확대해야 한다는 응답이 많은 것(한국일보 2009. 3. 13.)과는 대조를 이룬다고 할 수 있다. 그러나 정치개혁 사안 등 정당의 정체성이 걸린 중대사안에 대해서는 당론결정 과정에 불만을 느끼지 않을 수도 있다. 즉, 정당의 공천을 받은 후보자로서 유권자에게도 동일사안을 공약한 경우에는 국회표결에서 강제당론으로 표결을 강제해도 의원들은 비민주적 결정이라고 생각하지 않을 것이기 때문이다.

다음으로 국회운영에 대한 정당의 개입에 대해 의견을 조사하였다. 조사결과는 <표 4>에서 보는 바와 같이 정당의 개입이 많다는 응답이

61.7%(적극동의 14.4%, 약간 동의 47.3%)로 나타나 국회운영이 정당의 개입이 많다고 평가하고 있는 것을 알 수 있다. 이러한 응답은 국회운영이 원내교섭단체 중심으로 이루어지도록 한 현행 국회법의 영향으로 국회운영 전반을 원내교섭단체 대표의 합의에 의해 운영하는 현실에서 비롯된 인식이라고 평가할 수 있을 것이다. 국회운영을 원내교섭단체간의 합의에 의존토록 함으로써 여야 간에 자당의 정체성이 걸린 중요사안에 대해서 이를 관철시키기 위하여 국회심의도 이에 맞물려 교착상태를 빚는 경우가 흔하다는 점을 고려한다면 국회운영과 심의의 전반에 정당의 영향이 강하게 미치고 있음을 짐작할 수 있을 것이다.

2) 정당투표와 소신투표의 요인

표결 시 정당요인을 가장 중요하다고 응답한 의원들에게 있어서 정당요인을 고려한 당론투표에 영향을 미치는 요인을 분석해 보았다. 일반적으로 의원들은 재선을 위하여 의회활동을 한다는 기본명제를 바탕으로 할 때 표결에 영향을 미치는 독립변수로는 정당, 이념, 지역요인이 고려될 수 있을 것이며, 여기에 더하여 국회의원 개인의 특성변수로서 당선횟수, 이념, 득표차이, 여야요인 등이 고려될 수 있을 것이다. 아울러 상황변수로서 정당지도자의 정당장악능력, 상향식 공천제도의 확립여부, 국회의원의 의정활동 평가, 전자표결 도입 여부가 영향을 미칠 수 있을 것이다.

그러나 이 논문에서의 분석은 설문조사를 통하여 얻을 수 있는 정보에만 기초하고 있다. 즉, 지역구 선거에서의 득표차이나 기타 상황변수 등은 고려되고 있지 못하다. 따라서 이 논문에서는 정당지향적 또는 소신지향적 투표의 요인을 분석하기 위한 회귀분석에서 독립변수로는 당선횟수, 지역구 크기, 이념, 연령, 열린우리당 더미, 한나라당 더미 등의 변수를 고려하였다(<표 5>).

표 5. 정당지향적 투표의 요인

	계수	표준오차	표준화계수 (베타)	유의수준
당선횟수	.114	.158	1.120	.471
지역구크기	-.097	.214	.098	.652
이념	.255	.295	1.290	.388
연령	.227	.208	1.255	.276
열린우리당 더미	.047	.581	1.048	.936
한나라당 더미	-.318	.585	.728	.587
상수	-1.159	1.029	.314	.260

* -2Log likelihood 256.049
R2 = .030

분석결과는 위의 변수들은 유의미한 영향을 미치지 않고 있음을 보여주고 있다. 이러한 결과를 통해 알 수 있는 것은 국회의원의 개인적 특성보다는 상황변수로서 언급된 정당지도자의 정당장악능력, 상향식 공천제도의 확립여부, 국회의원의 의정활동 평가 등의 요인이 더 많은 영향을 미치고 있다는 것을 말한다고 볼 수 있다.

즉, 표결 시 정당을 중요한 요인으로 고려하는 데에는 정당의 환경, 즉 정당지도자의 정당 장악력이나 공천제도와 같은 보이지 않는 재선에의 영향요인이 지배적인 영향을 미치고 있다는 점을 나타내 준다고 할 것이다.

다음으로 표결 시 개인의 소신을 중요한 요인으로 고려한 의원의 경우 이에 영향을 미치는 요인을 살펴보았다. 소신투표에 유의미하게 영향을 미치는 요인은 국회의원의 특성변수 중에 이념만인 것으로 나타났다(<표 6> 참조). 즉, 이념이 진보적일수록 소신투표를 하는 경향이 높고, 반대로 보수적일수록 정당의 당론에 따르는 경향이 높다는 것을 말해준다. 의원들

표 6. 소신지향적 투표의 요인

	계수	표준오차	표준화계수 (베타)	유의수준
당선횟수	−.069	.161	.933	.669
지역구 크기	.229	.218	1.258	.292
이념	−.677	.306	.508	.027*
연령	−.149	.211	.862	.481
열린우리당 더미	−.059	.595	.942	.921
한나라당 더미	.595	.599	1.812	.321
상수	1.073	1.049	2.924	.307

−2Log likelihood 251.067
R2 = .057
* p<.05

의 이처럼 이념이 표결에 영향을 미친다는 것은 선행연구에서도 나타난 바 있다(이현우 2005a; 박현숙·남궁곤 2003).

이현우의 연구는 이슈법안을 중심으로 분석한 결과 당론에 영향을 받지만 이라크 파병 표결 등에서 나타나는 바와 같이 이념에 기초해서 소신을 굽히지 않는 경우가 나타나고 있음을 밝히고 있다. 이 연구에서도 진보적 성향의 의원이 소신투표를 한다는 것은 기존연구 결과와 동일하다고 할 것이다. 그러나 진보적 정당의 경우에는 당론투표가 강하기 때문에 의원개인의 특성과는 구별되어야 할 것이다.

Ⅳ. 제도적 요인

1. 원내교섭단체 제도

현행 국회법 제33조 1항은 20인 이상의 소속의원을 가진 정당은 하나의 교섭단체가 되며, 다른 교섭단체에 속하지 아니하는 20인 이상의 의원으로 따로 교섭단체를 구성할 수 있다고 규정하고 있다. 원내교섭단체란 일반적으로 비교적 동질적인 정치적 · 정책적 지향을 갖는 일정기준 이상의 의석을 가진 원내정당(parliamentary parties), 원내정파(parliamentary fractions), 원내집단(parliamentary groups) 정도로 개념화할 수 있을 것이다.

이 기준에서 문제가 되는 것은 '비교적 동질적인 지향'을 공유한다는 것을 해석하는 문제와 '일정 수' 이상의 기준을 충족시켜야 하는 문제이다. 비교적 동질적인 지향을 공유한다는 개념은 동일정당을 의미하기도 하지만 여기에 더하여 일본의 회파 개념에서 나타나는 바와 같이 특정 정책적 지향에 따라 그룹을 만들 수 있는 것으로 해석하기도 한다. 그리고 '일정 수'의 개념에는 의회운영의 효율성 개념을 강조하고 있는 것으로 개별 국가가 그 기준을 몇 %나 몇 석으로 하는가는 사실상 그 국가의 정치사, 의회사적 전통에서 판단할 수밖에 없다.

원내교섭단체는 위에서 언급한 바와 같은 요건을 갖추었을 경우에 국회의 의사일정 및 각종 발언기회의 배분, 입법활동을 위한 행정적 · 재정적 지원에 관한 교섭에 참여할 수 있는 것으로 규정하고 있다. 문제는 원내교섭단체 대표위원이 국회의 운영과 심의를 사실상 지배하고 있다고 해도 과언이 아닐 정도로 교섭단체의 영향력이 너무 크다는 데에 있다. 국회법에서는 연간 국회운영기본일정 작성, 의사일정 변경 등 국회운영과 관련된 주요결정을 함에 있어 의장이 교섭단체 대표의원과 협의하도록 규정하고 있는데, 실질적으로 의장이 교섭단체 대표위원간의 합의사항을 수용하는 형태로 운영되고 있어 국회운영에 있어 교섭단체의 영향이 과다하게 나타나고 있다.

한국 국회의 경우 교섭단체 구성요건이 20명이 된 배경을 보면, 객관적 기준은 없는 것이고 구태여 근거를 대자고 한다면 국회법 제정 시 일본 국회법상의 의안발의 정족수에서 힌트를 얻었다고 할 수 있다(박종흡 2001). 여기에서 발전하여 현재의 국회운영은 대부분 상임위원회 중심으로 이루어지는데 1개의 상임위원회에 최소한 1명 이상의 의원이 활동할 수 있는 정당이 교섭단체로 등록되어야만 상임위원회 운영의 내실화가 가능해진다는 논리를 제기하고 있다. 이러한 배경에서 상임위원회가 17~18개가 된다면 교섭단체 구성요건도 이에 맞추어야 한다는 논리가 지속되어 왔다. 이 외에도 교섭단체 구성요건을 강화하자는 주장의 이면에는 새로운 정치세력의 참여를 제한시켜 기존 정당의 카르텔을 확대 · 강화하자는 의도(곽진영 2001)도 잠재되어 있다.

이러한 문제의식에서 교섭단체의 구성요건을 완화하여 소수당의 국회운영를 보장하여 국회운영에서의 대표성을 확대하고, 책임성을 강화하자는 견해가 설득력을 얻고 있다. 현행 교섭단체 구성요건은 9대 국회 이후 현재까지 지속되어온 것으로 그 완화에 관한 논의는 지속적으로 제기되어 왔다(임동욱 · 함성득 2005; 강장석 2008; 국회운영제도개선 자문위원회 2008). 나아가 교섭단체라는 것이 원내정당의 다른 명칭에 불과한 만큼 교섭단체라는 명목으로 소수정치세력의 참여를 제한하기보다는 교섭단체를 폐지하여 원내에 진출한 모든 정당이 국회운영에 참여할 수 있는 통로를 보장해야 한다는 주장이 제기되기도 한다(손봉숙 2004).

지금까지 교섭단체가 국회를 당파적으로 운영해온 만큼 교섭단체 대신에 운영위원회를 중심으로 국회를 운영해야 한다는 주장이 지속적으로 제기되어 이에 따라 교섭단체 구성요건을 완화하여 “정당득표율이 5%이고 의석수가 10석 이상인 단일정당”으로 완화하고 “다른 교섭단체에 속하지 아니하는 의원들로는 따로 교섭단체를 구성할 수 없도록” 하는 개선방안이 제시되기도 하였다(국회운영제도개선 자문위원회 2008).

2. 원내교섭단체대표 회의

위에서 고찰한 바와 같이 엄격한 구성요건을 갖춘 원내교섭단체는 국회운영에 관해 어떠한 권한을 갖고 있는가? 국회운영 전반에 걸쳐 국회의장과 각 교섭단체 대표의원 간의 협의에 의해서 결정되는 사항은 다음의 <표 7>과 같다. 본회의장 의석배정에 관한 사항(제3조)에서부터 연간 국회운영에 관한 기본일정의 작성(제5조의 2)에 관한 사항, 국회의 기관 및 위원회의 위원에 관한 사항, 의사일정과 법안 처리과정, 발언 및 질문, 그리고 회의록 관련 사항에 이르기까지 국회운영의 전 과정이 교섭단체를 중심으로 이루어지고 있다.

이처럼 국회운영의 전반이 교섭단체 대표의원간의 합의에 의해 움직이도록 되어 있어 외견상 합의제 국회를 지향하고 있는 것처럼 보이나 여러 가지의 비민주성과 비효율성을 배태하고 있는 것을 볼 수 있다. 먼저, 현행 국회법에 따라 20석 이상의 의석을 획득한 정당만이 원내교섭단체를 구성할 수 있기 때문에, 교섭단체를 구성하지 못한 정당이나 무소속 의원이 국

표 7. 국회의장과 교섭단체 대표의원 간의 협의사항

총칙	1. 본회의장 의석배정(제3조) 2. 연간 국회운영 기본일정의 작성(제5조의 2 제1항)
국회의 기관 및 위원회와 위원	3. 국회사무총장의 임면 (제21조 제3항) 4. 국회 선출직 공무원의 선출안 제출(제46조의 3 제 1항) 5. 정보위원회 위원 선임 또는 개선(제48조 제3항) 6. 본회의중 위원회 개의(제56조) 7. 의장의 전원위원회 비개회 결정에 대한 동의권 행사(제63조의 2 제항)
의사일정과 법안처리 과정	8. 본회의 개의시간 변경(제72조) 9. 본회의의 비공개 결정(제75조 제1항) 10. 의사일정의 변경(제77조) 11. 의안에 대한 위원회 심사기간의 지정(제85조 제1항) 12. 법제사법위원회의 체계-자구 심사기간의 작성(제86조 제 2항)
발언 및 질문, 회의록 관련	13. 동일의제에 대한 총 발언시간 또는 발언자수의 결정(제104조 제 4항) 14. 비교섭단체 소속의원의 발언시간 및 발언자수 결정(제104조 제 5 항) 15. 본회의 개의 중 5분 자유발언의 허가(제105조 제 1항) 16. 5분 자유발언의 발언자수와 발언순서 결정(제 105조 제 1항) 17. 겸직으로 인한 의원 사직과 위원장 사임시의 표결방법 변경 (제112조 제5항) 18. 국가안전보장 등을 위한 회의록 불게재(제118조 제1항) 19. 국무총리 등의 대리출석-답변 승인 (제121조 제3항) 20. 대정부 질문시 의제별 총 질문시간 및 비교섭단체 소속의원의 질문자수 및 질문시간결정(제112조의 2 제4항) 21. 긴급현안질문 시간의 연장(제112조 3 제5항)
기타	22. 폐회 중 서류제출 요구(제128조 제3항) 23. 국정조사 요구시 조사위원회의 확정(국정감사 및 조사에 관한 법률 제3조 제3항)

자료: 손봉숙(2004) 참조

회운영의 기본사항을 결정하는 과정에 소외되어 군소정당과 무소속 의원의 대표성이 제약된다는 문제점이 있다. 이는 국회의 대표성과 반응성을 제약하는 직접적인 요인으로 작용할 수 있다. 특히 오늘날 문제가 되고 있는 비결정의 정치(우리 사회에서 현상적으로 나타나는 정책과 그 결정은 전체 정치과정의 일부에 불과하며, 그보다 더 중대한 사회경제적 갈등이나 이익들은 마땅히 이슈화해야 함에도 불구하고 이슈화되지 못하고, 즉 정책결정의 사안으로 등장하지 못하는 경우가 있는데 이를 비결정이라고 하고, 그러한 힘이나 영향력에 주목하게 된다. 최장집 2004; Lee 2007)로 인하여 소수의 의제가 국회에서 전혀 대표되지 못하는 문제를 노정하게 된다.

둘째, 원내대표회담은 '각 교섭단체 대표 1인'으로 구성되기 때문에 170석을 차지하는 정당이나 20석을 차지한 정당이나 동등한 발언권을 가짐으로, 이는 다수당의 '과소대표성'과 소수당의 '과대대표성'의 문제를 낳을 수 있다(임종훈 2009). 1987년 민주화 이후 전문 개정된 국회법이 거의 모든 국회의 의사와 운영에 관한 권한을 원내교섭단체대표회담에 준 것은 여당의 독주를 막기 위한 것이었다(김민전 2005). 5 · 16군사쿠데타 이후 전문 개정된 국회법은 국회의 의사에 관한 권한을 국회의장에게 주었고, 여당 소속 국회의장은 이를 바탕으로 정부편향적인 국회운영을 해왔는데 이에 대한 저항으로 나온 것이 원내교섭단체대표회담이다. 국회운영의 주도권이 원내대표간의 협의에 주어지게 됨에 따라 대표성의 왜곡이 심대하게 발생하게 되었다. 원내교섭단체를 구성하지 못한 정당의 대표성 문제는 위에서 거론하였지만, 교섭단체를 구성하고 있는 정당 간에도 대표성의 왜곡이 발생하고 있는 것이다.

현행 제도가 민주화 이후 여당의 독주를 막아내고 야당이 국정운영의 거부권을 행사할 수 있었다는 점에서 긍정적인 측면이 있었다. 그러나 민주화가 진행되면서 교섭단체간의 발언력이 동일함에 따라 국민의 위임을 국회에서 실현하기 위한 방안이 모호해지게 된다는 문제가 노정되게 된다. 선거를 통해 국민에게 의회 다수당이 되어 실천하겠다고 약속한 선거 매니페스토(manifesto)가 국회에서 또다시 여야간의 다툼의 대상이 됨으로써 대표성이 손상되는 결과를 초래하게 된다.

셋째, 당내민주화가 진행되면서 원내교섭단체대표 협의에 의한 운영이 매우 비효율적이고 교착의 가능성을 높일 수 있다는 점에서 문제점으로 지적되고 있다(김민전 2005). 즉, 과거 3김식 정치 아래에서는 원내총무간의 협상은 상대당과의 협상만 성공하면 되는 1레벨(level)의 비교적 단순한 게임이었으나 오늘날은 정당의 민주화가 다소간 이루어지면서 타당 원내대표간의 합의사항을 소속당 의원총회에서 추인을 받는 과정에 또 한번 교착상태가 발생하는 경우가 흔히 나타나고 있다는 점을 지적하고 있는 것이다. 이러한 상황은 원내대표의 협상력을 낮추고 결과적으로 국회의 교착상태와 파행을 오래 끌게 된다는 역설에 직면하게 될 수도 있다는 지적이다.

넷째, 원내대표회담은 비공개로 진행되고 기록이 남지 않기 때문에, 정치적 결정의 책임성이란 측면에서도 문제가 될 수 있다. 즉 정치적 결정과정을 공개하지 않기 때문에 합의사항 이행에 대한 책임성을 확보할 수 없는 한계가 있다. 정치적 결정과정을 공개해야 하는 이유는 공개성이 책임성의 확보와 직결되기 때문이다. 따라서 밀실에서의 원내대표회담에 의존하는 현행 국회운영 방식의 많은 부분은 반응성 제고 차원에서도 재고되어야 할 여지가 많다고 본다.

국회의 위원회나 본회의 단계에서 법률안을 상정할 것인지 여부 등 입법과정의 중요한 부분은 위원회의 간사회의나 원내교섭단체대표 회의에서 결정되는데, 이러한 회의는 비공식적으로 이루어지기 때문에 회의내용에 대한 구체적 기록이 남아있지 않다(임종훈 2008). 이러한 측면에서 국회운영의 책임성을 강화한다는 측면에서도 현행 원내대표회담 중심의 국회운영은 국회운영위 중심의 국회운영으로 전환하는 것을 검토할 필요가 있다.

Ⅴ. 쟁점과 토론

1. 당론의 범위와 구속력

국회의원 대상 조사에서 살펴본 바와 같이 의원들은 표결에 있어 가장 중요한 요인을 정당이라고 꼽고 있는 것으로 나타났다. 아울러 당론과 소신이 충돌하는 빈도 또한 높은 것을 알 수 있었다.

이처럼 정당에 의해 현실정치가 움직여가는 이상 당론구속을 일절 부정하는 것은 현실적이지 않고, 또 타당하지도 않다. 또한 당론구속을 완화하고, 의원개인의 자유를 확대하는 것이 심의의 활성화나 민의의 반영에 직접적으로 연결된다고 단정적으로 말할 수는 없을 것이다. 그러나 그렇다고 하더라도 개인이 보다 중시되고, 가치나 이익이 다원화함에 따라 점점 복잡화·유동화하는 현대사회에 있어서 다양한 민의를 배경으로 하는 의원 개인의 자율적인 판단과 대응이 더욱 존중되어야 할 것이다. 그러한 점에서 국민의 대표가 갖는 의미를 현대사회에 적합한 형태로 재확인하고, 의원과 정당의 관계를 조정할 필요가 있다고 본다. 그와 함께 당론구속을 인정하더라도 그 존재양태에 관하여 몇 가지 논의되고 검토되어야 할 사항이 있다.

1) 당론구속의 범위

먼저 당론구속은 모든 법안에 일률적으로 설정할 것이 아니라 법안의 중요도와 내용에 의해서 그 정도를 변화시킬 필요가 있다. 예를 들어 정당의 정체성이 걸린 기본정책이나 핵심공약과 관련되는 것에 대해서는 당론구속을 설정하는 것은 당연하다고 할 것이다. 그러나 그 외의 것에 관하여는 최대한 의원의 자율성을 존중할 필요가 있다. 이러한 주장에 대해 여당으로서는 국민에 대한 책임을 충분히 발휘할 수 없게 되어 곤란한 상황을 겪게 될 것이라는 지적이 있을 수 있다. 그러나 적어도 의원 개개인의 윤리관 · 신념 등에 관련되는 문제에 대해서는 각자의 판단에 맡겨 자유투표로 하는 것이 타당할 것이라고 판단된다.

이 점에 관해서 내각제 국가로 비교적 정당규율이 강한 영국에서도 노동당과 보수당의 경우 법안의 중요도에 따라 단계적인 형태로 당론을 결정한다. 매주 원내총무는 소속 의원들에게 의정활동 프로그램을 보내는데 그 법안에 밑줄(underline)을 그어 사안의 중요도를 표시한다. 매우 중요한 법안의 경우 3개의 밑줄로 표시하여 의원들이 반드시 표결에 참여하여 당론에 따라 투표하도록 하고, 비교적 중요도가 떨어지는 법안의 경우 1개의 밑줄을 그어 표시하는데 이 경우에는 표결참여 의무도 없고 당론과 다른 목소리를 낼 수 있도록 허용하고 있다. 이를 '언더라인 시스템(underline system)'이라고 한다.

또한 노동당에서는 행동기준에 있어서 의원이 견지하는 신념에 관련된 안건에 관해서는 자유투표로 하는 것을 인정하고 있다. 일본의 경우에도 1997년 장기이식법을 둘러싸고 개인의 생사관에 달린 문제라는 점으로 공산당을 제외한 주요 정당의 경우 당론을 정하지 않고 투표에 임한 사례가 있다.

한국에서도 주요 정당의 경우 법안이나 동의안 등을 심의할 때 항상 강제당론을 설정하는 것은 아니다. 그러나 몇몇 정치적 사안은 정쟁을 불러일으키는데 정당지도부가 소속의원들에게 정당의 입장강도에 따라 자유투표, 권고적 당론, 강제적 당론 등으로 입장을 정하고 있는 것을 볼 수 있다.

그러나 자유투표에 맡기는 경우에도 정당이 사안이 특별히 중요하지 않아 뚜렷한 정책적 입장이 없어서 자유투표에 일임하는 경우와 정당내부에서 의원들 간에 타협할 수 없는 수준으로 갈등이 심한 경우에 특정 입장을 취하지 못하고 자유투표에 맡기는 경우가 있으므로 성격의 구분이 필요하다.

2) 당론결정 시기의 문제

다음으로 당론을 결정하고 구속을 적용하는 시기의 문제가 제기된다. 이는 법안심의에 있어 의원의 활동을 어디까지 구속할 것인가의 문제를 말한다. 즉, 한국의 주요정당의 경우 국회의 법안심의가 이루어지기 전 단계에 당내에서 당론수렴여부를 검토하도록 하는 당규를 두고 있다. 한나라당의 경우 '의원입법절차 규정'을 통하여 법률안이 작성되면 정책위원회에 제출하고, 정책위원회 의장은 당론수렴이 필요하다고 판단한 경우에는 최고위원회의 심의를 거쳐 의원총회에 상정하도록 규정하고 있다(한나라당 의원입법절차규정 제5조). 따라서 정당의 원내대책위원회 산하의 정책위원회에서 사전에 방침이 결정됨으로 인하여 국회의 위원회 심의에서의 발언을 포함하여 법안심의 전반에 걸쳐 구속이 미치게 된다. 당내심의 절차는 결과적으로 국회 심의의 경직화와 형식화의 원인이 되기도 한다.

독일연방의회나 프랑스 상하양원에서는 위원회의 심의와 병행해서 교섭단체에서 검토가 이루어지고, 위원회에서 의결의 단계에 이르면 교섭단체의 방침이 결정되어 당론구속이 적용된다. 따라서 위원회에서의 실질적인 심의가 확보된다는 것을 알 수 있다. 이러한 독일과 프랑스 사례를 참고하여 당론결정 시기를 수정할 필요가 있다는 점을 제기하고자 한다. 이 문제와 관련하여 여당의 경우 정부제출 법률안의 경우에도 당정협의 후에 정책위원회가 당론구속을 적용할 것인지 여부를 정하도록 할 것인지, 아니면 상임위원회 심의 후 의결단계에서 정할 것인지 여부에 대해서도 판단이 필요할 것이다.

3) 당론결정과 구속의 주체문제

아울러 당론을 결정의 주체에 관해서도 문제가 제기된다. 한국의 주요 정당은 의원총회를 통해 교섭단체의 당론을 정하도록 규정하고 있으나, (한나라당 당헌 제61조 및 의원입법절차규정 제5조, 민주당 당헌 제51조 참조) 정당에 대한 원내정당(교섭단체)의 독립성은 약하고, 정당의 지도부가 실질적인 결정권을 장악하고 정책위원회의 결정과 당 최고위원회의 결정이 중요한 영향을 미치고 있음을 알 수 있다.

특히 여당의 경우에는 당-청관계에서 중요한 방침이 결정되는 경우가 많다. 일본의 경우에도 원내정당의 영향력이 약하여 당 지도부의 결정이 중의원과 참의원 양원에 걸쳐 적용되기 때문에 심지어 참의원의 독자성마저 위협받는 상황이 일어나기도 한다(川崎政司 2001). 양원에서 심의한다는 양원제의 취지가 무색하게 된다는 것이다. 이에 대해 독일이나 프랑스의 경우에는 원외정당이 아니라 원내정당이 방침을 결정하고, 프랑스에서는 동일정당이지만 상원과 하원의 교섭단체가 각기 다른 대응을 취하는 경우도 자주 보인다.

여기에서 논의되어야 할 것은 정당과 원내정당, 즉 원내교섭단체와의 관계이다. 원외정당과 원내정당 간의 구별을 강조하면서 국회의 의사형성에 있어 의원 이외의 외부의 의사가 작동할 여지를 배제하기 위해 의원총회의 주체성을 높여 당론구속의 주체를 원내정당으로 해야 한다는 논의가 대두되고 있다. 이러한 논의의 중심에 원내정당화론이 자리 잡고 있다.

당론결정의 주체는 정당의 정체성 구현 또는 선거 시에 행한 매니페스토(manifesto)의 실천 등 몇 가지 사항을 고려하면서 결정되어야 할 문제이지 단순히 원내정당화의 문제로만 인식하기에는 어려움이 있다고 본다. 특히 이념정당의 경우 의원은 원외정당의 파견자에 불과하기 때문에 의원총회의 의결만이 구속력을 갖는다고 하기에는 무리가 있을 수 있다.

4) 당론결정 절차의 문제

다음으로 당론결정 절차의 문제도 논의가 필요하다. 그 핵심은 어느 정도 정당의 당론결정 과정이 민주적 절차를 거치고 있는가의 문제에 있다. 특히 그 결정에 개별 의원의 참여 기회가 어느 정도 보장되어 있는가가 중요한 문제가 되고 있다. 오늘날 우리 국회는 상임위원회 중심주의를 취하고 있어 많은 경우 소관 상임위원회 소속 위원이 아닌 경우에는 어떤 법안이 본회의에 상정되는지, 그리고 그 내용이 무엇인지도 모른 채 표결에 임하는 경우가 흔히 있다.

특히 일부 정당에서는 시급한 사안의 경우 최고위원회의에서 당론을 결정하고 이를 소속의원에게 강제하는 경우가 흔히 있다. 이 경우에는 해당 상임위원회 위원조차도 위원회 심의단계에서부터 제약을 받게 된다. 따라서 몇 개의 인접상임위원회 위원들이 참여하는 분과별 의원총회를 정기적으로 개최하여 주요 현안에 대한 정보의 공유와 당론마련을 위한 심의의 기회를 갖는 것이 필요하다고 판단된다. 분과별 의원총회에서 당론을 설정할 필요가 있다고 판단되는 사안에 대해서는 의원총회를 통해 전체의원이 참여한 가운데 당론부여 여부를 결정하도록 하는 것이 타당할 것이다. 국회에서 흔히 소수 당지도부에 의해서 당론이 결정된 가운데 소속의원은 법안의 내용도 잘 모른 채 이른바 입법전쟁에 동원되는 경우가 있다. 이러한 문제점을 해결하기 위하여 정당 차원의 민주적 당론수렴절차를 마련하는 것이 필요하다고 본다.

2. 운영위원회 중심의 국회운영

현행 국회법상 국회운영과 관련된 사항은 국회운영위원회의 소관사항으로 되어 있으며(제37조), 국회법 제76조(의사일정의 작성) 제3항에서도 운영위원회에서 회기전체의 의사일정을 작성토록 하고 있다. 따라서 국회운영 관련 주요사항을 원내대표회담이 아니라 국회운영위원회에서 결정하도록 하면 원내대표회담 중심의 국회운영이 야기한 문제점을 해소할 수 있을 것이다. 국회의장이 국회운영위원회와 협의하여 국회를 운영할 경우 교섭단체 대표의원과 협의하여 운영하는 경우보다 비교섭단체 의원을 포함한 폭넓은 의원들의 다양한 의견을 수렴하고 이해를 조정하는 것이 가능하므로 국회운영의 민주성과 공평성을 제고할 수 있을 것이다.

또한 운영위원회의 위원구성이 여타 상임위원회와 같이 원내교섭단체 의석비에 따르기 때문에 정당간의 의석비례 대표성의 문제도 해결할 수 있을 것이다. 또한 교섭단체를 구성하지 못한 정당소속 의원들도 참여할 수 있기 때문에 국회운영의 참여를 확대할 수 있을 것이다. 다만 원내대표단이 주로 초선의원 중심으로 구성되어 있으나 국회운영의 타협과 조정력을 높이기 위하여 중진급 의원 또는 일부 상임위원장도 운영위원에 포함되도록 하는 방안을 검토할 필요가 있을 것이다.

운영위원회 중심의 국회운영을 이끌기 위해서는 교섭단체 구성요건의 완화도 아울러 검토되어야 할 것이다. 현행 교섭단체 구성요건이 정치적 편의주의의 산물 또는 카르텔 정당간의 담합이라는 비판을 면하기 위해서는 최소한의 논리적 타당성을 지닌 새로운 구성요건을 제시할 수 있어야 할 것이다. 교섭단체의 구성요건은 '배제의 정치'가 아니라 '참여의 정치'라는 정신에서 출발하는 것이 바람직할 것이다(강장석 2008). 광장의 정치, 거리의 정치를 원내로 수렴하기 위해서라도 교섭단체 요건의 완화가 필요할 것이다. 그 숫자는 입법권자의 판단에 맡겨야 할 것이나, 국회운영제도개선 자문위원회의 의견도 타당할 것으로 본다. 다만 원내정당이 아니어도 교섭단체를 구성할 수 있도록 하는 것이 의회운영에 다수를 참여시킬 수 있다는 점에서 타당할 것이라고 본다.

3. 정당의 공직후보선출과정의 민주화

위의 의원대상 조사에서 고찰한 바와 같이, 국회의원이 표결 시 정당을 중요한 요인으로 고려하는 데에는 정당의 환경, 즉 정당지도자의 정당 장악력이나 공천제도와 같은 보이지 않는 재선에의 영향요인이 지배적인 영향을 미치고 있다는 점을 알 수 있다. 국회가 변하기 위해서는 국회의원이 변해야하며, 좋은 일꾼이 국회에 진출하기 위해서는 정당제도와 선거제도가 이에 부응하여야 할 것이다.

오늘날 정당은 과거 3김시대와는 다른 정치환경으로 발전하고 있으나 아직도 공천과정의 비민주성은 의원들의 자율성의 발목을 잡고 있다고 할 수 있다. 지난 17대 총선에서의 상향식 공천시도가 뿌리내리지 못하고 18대 총선에서는 다시 하향식 공천이 자리잡아가고 있는 모습니다. 후보공천의 민주화와 개방화는 당선된 의원에게 의정활동의 자율적 영역을 확보하여 의정활동에 전념할 수 있도록 할 수 있고, 지도부의 정당기율에 얽매이지 않고 국회에서의 합리적 이성을 도출할 수 있게 해 줄 것이다.

Ⅵ. 결론

17대 국회와 18대 국회의 파행과 교착상태를 지켜보면서 국민의 우려를 자아내는 것은 국회가 과연 사회를 통합하고 우리 사회가 안고 있는 다양한 문제를 해결할 능력이 있는가 하는 점이다. 국회를 둘러싼 환경은 세계화 · 정보화 · 지방화로 보다 다차원적으로 심화·발전하고 있는데 국회는 아직도 대결과 전쟁의 장으로 변질되어 국가가 당면한 경제위기 극복과 같은 현안문제 해결에 도움을 주지 못한다는 회의론이 강하게 확산되고 있다.

이러한 우려의 한 가운데에 이념과 정책을 중심으로 국회운영의 중심이 되어야 할 정당이 제 기능을 못한다는 반성이 자리 잡고 있다. 의원이 다수결 투표를 통하여 자신을 선출해준 지역구 유권자들의 이익을 반영하는 위임자(delegate)의 역할도 수행하지 못하고, 전국적인 시각에서 국민을 염려하는 수탁자(trustee)의 역할도 수행하지 않은 채 소속 정당의 이익과 이념만을 추구하고 정당에 대한 충성을 통해 차기 공천의 확보에만 골몰하는 상황에서 현안이 된 국가적 과제에 대한 심의의 장으로서 국회가 제 기능을 다하리라고 기대하기는 어렵다.

이 논문은 17대 국회의원에 대한 의식조사 결과 분석을 통하여 의정활동에서 정당요인이 차지하는 실태를 분석하고, 이를 규정하는 제도적 요인을 규명하고자 한다. 국회의원 대상 조사에서 살펴본 바와 같이 의원들은 표결에 있어 가장 중요한 요인을 정당이라고 꼽고 있는 것으로 나타났다. 아울러 당론과 소신이 충돌하는 빈도 또한 높은 것을 알 수 있었다. 소신투표 지향형인 경우에는 이념요인이 작용하고 있는 것을 알 수 있었으나, 정당투표 지향형인 경우에는 의원의 정치적 특성보다는 정당지도자의 장악력이나 공천제도와 같은 환경적 요인이 영향을 미치고 있는 것으로 분석되었다.

이러한 국회운영을 둘러싼 문제에 대한 의원들의 인식의 이면에는 원내교섭단체제도와 원대교섭단체대표회담이 지배하는 국회운영 상의 문제가 놓여 있다. 이에 대해 이 논문은 당론구속에 관해 이것을 인정할 것인지 말 것인지라는 양자택일적인 논의가 아니라 한국적 권력구조 하에서 정당정치의 운용과 민의의 반영 양태, 정당의 기능 및 한계 등을 고려하면서 종합적이고 다차원적인 맥락에서 검토되어야 한다는 점을 강조하고 있다. 당론구속의 범위 완화, 당론결정 시기의 조정, 당론결정 절차의 민주화와 같은 방안을 제시하고 있다. 제도적 측면에서 원내교섭단체 제도의 문제점을 분석하고 구성요건의 완화와 교섭단체 대표회담 중심의 국회운영을 운영위원회 중심의 국회운영으로 전환할 것을 제시하고 있다. 끝으로 환경적 요인으로 정당의 공직후보 추천과정의 민주화와 개방화를 통한 유능한 인물의 충원과 당선된 의원의 자율성 보장을 제안하고 있다.

참고문헌

- 강장석. 2008. 『국회제도개혁론』 서울: 삼영사.
- 곽진영. 2001. "한국 정당체계의 민주화: 정당-국가간 관계를 중심으로." 『의정연구』 제7권 제1호.
- 국회운영제도개선 자문위원회. 2008. 『국회운영제도개선 자문위원회 활동결과 보고서』(2008. 12).
- 김민전. 2005. "원내파행 방지와 민주적 국회운영을 위한 개선방향." 참여연대 의정감시센터, 국회파행 방지와 국회 의정활동 활성화를 위한 토론회 발표논문.
- 박종흡. 2001. "국회개혁의 방향과 과제." 국회관계법 개정에 관한 공청회 자료, 국회정치개혁특별위원회.
- 박현숙 · 남궁곤. 2003. "의회와 외교정책: 국회의원의 정치적 이념구조와 표결행태 분석." 『시민정치학회보』 제6권.
- 손봉숙. 2004. "교섭단체, 폐지되어야 한다." 『국회보』 제455호(2004. 9. 10).
- 이현우. 2005a. "국회의원의 표결 요인분석: 정당, 이념 그리고 지역구." 『한국과 국제정치』 제21권 3호.
- 이현우. 2005b. "한국과 미국의 국회의원 표결요인 비교: 자유무역협정 비준의 경우." 『국제정치논총』 제45집 3호.
- 임동욱 · 함성득. 2005. "원내교섭단체 요건 및 지위의 변화 필요성과 실천전략: 의석수와 정당득표율을 중심으로." 『社會科學硏究』 제13집 1호.
- 임종훈. 2008. "국회 입법 60년의 평가와 과제." 한국입법학회 학술대회 발표논문(2008. 12. 23).
- 임종훈. 2009. "원내대표 밀실협상 없애라." 중앙일보 2009년 1월 9일자.
- 전진영. 2006. "국회의원의 갈등적 투표행태 분석: 제16대 국회 전자표결을 중심으로." 『한국정치학회보』 40집 1호.
- 최장집. 2004. "한국 민주주의의 취약한 사회경제적 기반." 『아세아연구』 제47권 3호.

- 松澤浩一. 1999. "立法過程における議員 · 會派 · 政黨." 『駿河台法學』 第13卷 第1号.
- 前田英昭. 1994. "黨議拘束と表決の自由." 『議會政治研究』 Vol. 29.
- 齊藤康輝. 2002. "黨議拘束と'全國民の代表'." 『憲法研究』 第34号.
- 川崎政司. 2001. "國會審議のシステムとルール: 國會審議の過程." 國會月報(2001. 5).
- Cox, Gary W. and Mathew D. McCubbins. 1993. *Legislative Leviathan*. Berkeley: University of California Press.
- Fenno, Richard F. 1978. *Home Style: House Members in Their Districts*. New York: Harper Collins.

- Jenkins, Shannon. 2006. "The Impact of Party and Ideology on Roll-Call Voting in State Legislatures." *Legislative Studies Quarterly*, XXXI, 2.
- Kalt, Joseph P. and Mark A. Zupan. 1990. "The Apparent Ideological Behavior of Legislators: Testing for Principal-agent Slack in Political Institutions." *Journal of Law and Economics*, 33.
- Lee, Hyun-chool. 2007. "The Ideological Disposition of Koreans." *Journal of Contemporary Asia*, Vol. 37, No. 4.
- Peltzman, Sam. 1985. "An Economic Interpretation of the History of Congressional Voting in Twentieth Centurary." *American Economic Review*, 75.
- Poole, Keith T. and Howard Rosenthal. 1997. Congress: *A Political-Economic History of Roll Call Voting*. N.Y.: Oxford University Press.
- Rohde, David W. 1991. *Parties and Leaders in the Postreform House*. Chicago: University of Chicago Press.
- Synder, James M. and Tim Groseclose. 2000. "Estimating Party Influence in Congressional Roll-Call Voting." *American Journal of Political Science*, 44.

06

19대 총선과 정당지도자 요인

原著
"총선 투표선택과 정치지도자 요인", 「의정연구」 제20권 제1호(통권 제41호),
2014, pp.169–198.

Ⅰ. 서론

2012년 4월 11일 실시된 제19대 국회의원 총선거는 새누리당이 과반수로 다수당을 차지하며 막을 내렸다.

총선결과는 다음과 같다.

제19대 총선결과를 두고 다양한 분석이 이루어지고 있다. 전반적으로 전혀 예측치 못한 결과라는 데에 일치된 견해를 보였다. 예측치 못한 결과가 나타난 원인을 해석하는 데에도 큰 의견의 차이를 보이고 있지는 않다. 선거결과를 행위자와 제도적 요인이 구조적 요인을 압도한 선거로 규정하

표 1. 제 19 대 국회의원 총선거 결과

정당	의석 수			득표율	
	지역구	비례	총 의석	정당투표	지역구 투표
새누리	127	25	152(50.7%)	42.8%	43.3%
민주통합	106	21	127(42.3%)	36.5%	37.9%
통합진보	7	6	13(4.3%)	10.3%	6.0%
자유선진	3	2	5(1.7%)	3.2%	2.2%
무소속+군소정당	3	–	3(1.7%)	7.2%	10.6%
합계	246	54	300	100.0%	100.0%

고 있다(장훈 2012; 강명세 2012). 즉, 경제위기 이후의 사회경제적 불안과 사회적 양극화, 레임덕 시기에 치러진 선거라는 점과 낮은 대통령 지지율 등의 구조적 요건의 기울기는 야권의 승리를 기대하게 하였지만, 행위자 차원의 여러 요인들 — 즉 정당과 후보자 요인, 유권자의 전략적 판단 — 은 이 같은 구조적 기울기를 뒤집고 새누리당이 단독으로 과반 의석을 차지하게 만들었다는 설명이다.

행위자 요인으로 눈을 돌려보면, 전문가들의 의견이 나뉘고 있음을 알 수 있다. 새누리당이 존재의 위기를 극복하기 위하여 사회경제적 정책의 중도화와 폭넓은 인물교체를 통한 쇄신을 꾀해온 것에 비해 민주통합당(이하 민주당)은 공천과정에 혁신과 변화를 꾀하지 못하고 정책쟁점을 만들지 못했다는 지적이 일반적이다(강명세 2012; 김형철 2012; 장훈 2012). 이러한 차이, 즉 새누리당이 정책변화와 후보공천을 통한 인물교체로 구조적 불리함을 순화시켰다면, 야권은 정책적 경색과 공천과정의 난맥으로 우호적인 구조를 굳히지 못한 결과를 가져왔다는 분석이다.

이러한 분석의 이면에 간과하여서는 안 될 점이 총선의 대선화 현상이라고 할 수 있을 것이다. 2012년 연말에 실시될 대통령선거를 앞두고 총선은 정책적 쟁점을 뚜렷하게 부각시키지 못한 채 대선에 나설 정당지도자 요인이 부각된 것을 주목할 필요가 있다. 지난 총선에서 야권은 이명박 정부와 새누리당의 심판론에 기초한 회고적 투표 전략을 구사하였다. 그러나 2010년 6 · 2지방선거와 2011년 서울시장 보궐선거 때와는 달리 정권심판론을 구체적인 이슈와 연결시키지 못하고 수사적인 선언으로 그쳤다(김형철 2012). 지방선거에서는 무상급식 이슈가 쟁점으로 부상하였으며, 보궐선거에서도 무상급식과 반값등록금 이슈가 중심에 등장하여 유권자를 동원할 수 있었다. 그러나 19대 총선에서는 복지 이슈에서 양당의 수렴현상이 나타나며 크게 쟁점화되지 못한 측면이 있다. 총선 초반 한미 FTA, 제주해군기지, 경제민주화 이슈가 전면에 등장하였으나, 이후 쟁점은 사라지고 민간인 사찰, 후보자 자질 문제 등 네거티브 운동이 주를 이루었다. 반면 여권은 이명박 심판론을 박근혜 대망론으로 절연시키고 심판론의 쟁점화를 차단하였다. 한국의 선거정치는 대통령직을 둘러싼 경쟁의 성격을 강하게 띠기 때문에 12월 대선을 앞두고 대선후보를 둘러싼 유권자의 전략적 투표 경향이 나타났다고 볼 수 있다.

이러한 맥락에서 이 글은 19대 총선 서베이조사를 기초로 유권자의 투표선택에서 정당지도자 요인의 영향을 분석하고자 한다. 특히 새누리당 승리의 이면에 정당의 비상대책위원장을 맡아 선거전을 이끈 박근혜 위원장의 효과를 중심으로 검증하고자 한다. 본 연구는 한국정치학회와 한국사회과학데이터센터(KSDC)가 2012년 제19대 총선 직후 실시한 면접조사 '제19대 국회의원선거 유권자 조사' 데이터를 이용하여 경험적 분석을 중심으로 논의하고자 한다.

Ⅱ. 정치의 개인화와 정당지도자 요인

"정치의 개인화 현상(personalization of politics)"(여기에서 개인화(personalization)는 사인화, 인격화(오창룡 2013) 등으로 표현하는 경우도 있으나, 필자는 정당의 역할에 대비하여 지도자 개인의 역할이 강화되고 있다는 취지에서 개인화라는 용어를 사용한다.)은 오늘날 자유민주주의 국가에서 지속적으로 증가해 왔다.

정치의 개인화는 "정치과정에서 지도자 개인의 정치적 영향력이 점차적으로 증가하는 반면, 정당의 중심성이 쇠퇴하는 과정," 또는 "개별 정치 행위자가 정당 및 집단 정체성보다 두드러지는 현상"으로 정의될 수 있을 것이다(Rahat and Shaefer 2007; Karvonen 2010). 이러한 현상은 서구 국가에서는 1979년 대처 수상의 등장이나 1980년 레이건 대통령 선거로 거슬러 올라간다(Wagner & Weßels 2012). 한국에서도 대통령선거가 끝나고 새로운 정부가 등장하면 정당명을 붙인 정부 이름보다는 당선자 이름을 붙인 정부 이름이 더욱 일반적인 것도 그러한 현상의 하나로 볼 수 있다.

이 같은 배경에는 몇 가지 요인이 작용하고 있다. 첫째, 선거 캠페인의 변화에서 찾을 수 있다. 과거와 달리 오늘날 대중매체는 개인에 보다 초점을 맞추게 됨에 따라 선거 캠페인도 이에 따라 변화하고 그 결과 정당보다는 정당의 지도자가 전면에 부상하는 현상을 보여주었다고 할 수 있다(Hayes 2009).

둘째, 정치에서의 사람의 역할에서 찾을 수 있다. 정치세계가 갈수록 복잡하게 변해감에 따라 정당과 강령의 차이를 발견하기가 어렵게 된다. 이에 따라 인물은 복잡한 정치세계에서 유권자의 여론형성 과정에서의 단서 또는 지름길로서의 역할을 한다는 것이다(Mondak 1993).

셋째, 이러한 현상은 오늘날 내각제 국가에서도 '정치의 대통령화(presidentialization of politics)' 현상이라는 이름으로 증가하고 있다는 것이다(Mughan 2000; McAllister 2007). 정당이 중심적 역할을 해온 내각제 국가에서도 당수나 수상의 개인적 인기나 카리스마에 의존하는 이른바 대통령화 현상이 나타나는 데에는 구조적 요인으로 정치의 세계화, 국가의 성장과 복잡성 증대, 매스 커뮤니케이션 구조의 변화, 전통적 균열구조의 변화 등의 요인이 논의되어 왔다(Poguntke and Webb 2005: 13-17). 영국의 1987년 총선을 분석한 결과, 정당의 당수 이미지가 투표선택에 영향을 미친다는 밝힌 바 있다(Stewart and Clarke 1992).

넷째, 탈산업사회에서 나타나고 있는 정당성격의 변화, 즉 당원의 역할이 축소되고 유권자의 중요성이 커지는 등 대중정당의 선격이 약화되고 포괄정당, 선거전문가 정당 등으로 전환된 것도 하나의 요인으로 볼 수 있을 것이다(임성호 2008).

대통령제를 취하고 있는 미국에서는 대통령 평가와 중간선거와의 관련성에 관해 많은 연구가 이루어져 왔다. 대통령선거가 있는 해에는 대통령의 인기와 분할투표를 피하려는 유권자의 성향이 대통령 소속 정당 후보에게 유리하게 작용한다는 연구, 즉 후광효과(the Coattails theory)에 관한 연구와 그러한 바람이 없는 중간선거에는 대통령소속 정당후보의 실패가 많다는 것(the Surge and decline theory)이다(Campbell 1985). 이러한 논의에 대해 1970년대 이후에는 대통령 인기 이론(the popularity theory)이나 경제투표 이론(the economic theory)이 주류로 등장하였다. 이 이론은 대통령의 인기나 정부의 경제적 업적에 초점을 맞추고 있다. 중간선거에서 유권자는 이를 대통령에 대한 중간평가로 여기고 대통령에 대한 신임과 불신임을 투표로 표출한다는 주장이다(Kramer 1971). 이러한 이론은 이후 닉슨 대통령기에 대한 경험적 연구(Pierson 1975), 1974년 · 1978년 · 1982년의 3회에 걸친 중간선거 분석(Abramowitz 1985)에서도 입증되었다. 더욱이 아브라모비츠(Abramowitz 1985)는 가계경제 평가와 장래전망이 중간평가에 중요한 영향을 미친다는 것을 밝히고 있다.

그러나 지도자 요인에 대한 지나친 강조에 대해 반론도 제기되고 있다. 먼저 정당의 지도자 효과를 정당효과와 떼어서 분석하기는 어렵다는 논거이다. 독일의 사례연구에서는 정당효과가 지도자 효과보다 더 강하게 작용하고 있으며, 유권자는 정당과 지도자 평가를 결합하여 투표선택을 한다는 주장을 제기하기도 한다(Wagner & Weßels 2012). 뿐만 아니라 몇몇 국가에서 지도자 요인과 후보자 요인이 선거와 정부에서 중요하게 작용하고 있지만 내각제 민주주의 국가에서 이를 일반화하기는 이르다는 주장이 나오기도 한다(Karvonen 2010). 오히려 내각제 국가에서의 대통령화 현상은 진행형이라는 결론을 제시하고 있다. 지도자에 대한 유권자의 태도는 인구통계학적 특성이나 정책이슈에 대한 태도보다 투표선택에 미치는 영향력이 크고, 당파적 태도나 이념성향과는 엇비슷한 정도로 영향을 미친다는 연구(Bittner 2011)가 나오기도 하였다.

이처럼 정치의 개인화 현상이 오늘날 투표행태 연구의 하나의 큰 흐름임에도 불구하고 한국의 경우 그 연구가 일천한 상황이다. 그러한 배경에는 1987년 민주화 이후 투표행태를 지배하는 요인으로 지역주의가 주목을 받아왔는데, 정당지도자 요인도 지역주의의 중요한 구성요소로 여겨져 왔기 때문이라고 할 수 있다(이현출 2006). 한국의 지역주의 투표성향은 그 사회적 · 경제적 · 정치적 원인이 무엇이든 지역출신 정치지도자와 그가 이끄는 정당을 매개로 하여 지역에 대한 집단적 이익을 추구하기 위한 형태로 나타난다는 특성을 갖는다(강원택 2003). 지역주의는 지역출신 정치지도자에 대한 충성과 지역간 거리감이 중요한 역할을 한다고 볼 때 이른바 3김시대에는 정당지도자 요인이 지역주의로 설명되어 왔다고 볼 수 있다.

3김시대 이후에는 투표선택의 요인으로 정당소속감, 후보자 평가 그리고 이슈평가로 나눈 후 후보자 요인이 득표에 미치는 영향을 연구한 성과가 나타나고 있다. 연구결과를 보면 후보자 요인의 영향력이 정당요인의 영향력에 비해 적을 뿐만 아니라 민주화 이후의 선거에서 감소한다는 연구결과가 나온바 있다(이갑윤 · 이현우 2002). 그러나 17대 총선에서 정당지도자 평가가 투표행태에 미치는 영향을 분석한 논문이 등장하였는데, 정당지도자 평가는 정당 일체감에 따라 확연히 다르게 나타나고 같은 정당에 일체감을 갖는다고 하더라도 지지강도에 따라 지도자 평가가 비례하고 있음을 보여주고 있다(이현출 2006). 아울러 정당지도자에 대한 평가와 투표와의 관계는 정당일체감을 가진 유권자보다는 무당파층에서 뚜렷하게 나타나고, 정당일체감을 가진 유권자의 경우에 있어서도 지역구 선거보다는 전국구 비례대표 선거에서 정당지도자 평가의 영향력이 크다는 것을 보여주었다.

이러한 흐름 속에 19대 총선 결과를 두고 새누리당 승리의 원인으로 박근혜 효과에 주목한 연구가 등장하고 있다. 박근혜에 대한 호감도가 높을수록 새누리당 투표에 미치는 영향이 높고, 문재인에 대한 호감도가 높을수록 새누리당 투표 확률이 낮아진다는 연구이다(강원택 2012b; 황아란 2012; 김영태 2012). 박찬욱(2012a; 2012b)도 다변인 종합분석을 통해 박근혜, 문재인, 안철수의 호감도가 총선의 지역구와 비례대표 선거 모두에서 유권자의 선택에 영향을 미쳤음을 밝히고 있다. 이 연구는 이러한 연장선장에서 19대 총선의 투표행태에서 정당지도자 요인에 주목하여 심층적 분석을 하고자 한다.

Ⅲ. 정당지도자 평가와 그 영향요인

여기에서 정당지도자 평가에 미치는 영향요인을 살펴보자. 정당지도자 평가라는 변수는 구체적으로 정당지도자 개인의 성격, 경력, 능력, 그리고 도덕성 등 지도자의 전반적 자질에 관한 유권자의 평가를 말한다. 그러면 정당지도자 평가의 대상을 누구로 할 것인가? 제19대 총선 당시 주요 정당의 지도부는 새누리당이 비상대책위원장으로 박근혜 위원장을 내세워 선거를 치렀고, 민주당은 한명숙을 선거대책위원장으로 내세워 선거를 치렀다. 그러나 총선이 대통령선거를 8개월 앞둔 시점에서 치러져 대선 전초전의 성격을 띠면서 대선에 출마할 가능성이 높은 후보자에 대한 전망적 투표의 성격을 강하게 띠었다(박찬욱 · 강원택 2012; 김용호 2012; 김영태 2012; 류재성 2012; 황아란 2012).

따라서 총선 시점에서 차기 대선의 주자로서 미디어 보도의 관심 대상으로 부상하고 또한 대중적 지지를 받고 있는 정치인에 대한 유권자의 인식이 투표선택에 영향을 미쳤을 것이라고 쉽게 예상할 수 있다(박찬욱 2012b). 본고에서는 새누리당의 박근혜, 민주당의 문재인, 그 외에 유력한 대선 출마예상자로 거론된 안철수를 정당지도자 평가대상으로 살펴본다(본 연구에서 분석에 활용한 데이터에서는 김두관, 김문수, 문재인, 박근혜, 손학규, 안철수, 정몽준 등에 대한 선호도를 조사하였으며, 한명숙에 대한 선호도 조사는 이루어지지 않았음을 밝혀둔다).

그러나 박근혜는 2011년 말부터 사실상 당을 장악하고 총선을 치른 반면에 야당의 경우에는 당내경선이 이루어지지 않은 상황에서 문재인이 부산의 지역구에 출마하여 박근혜와 같이 지지기반을 확장하지는 못했다는 점에서 차이를 보였지만 당시의 지지로 보아 대선주자로서는 가장 유리한 입장이었다.

본고에서는 유권자의 평가를 정당지도자에 대한 선호도(0 – 10점) 평가를 기초로 분석하고자 한다. 우리는 이러한 정당지도자 선호도 평가에 미치는 영향요소로 정당일체감, 기주지역, 이념성향을 중심으로 고찰해 보고자 한다. 먼저 19대 총선에서 유권자들은 정당지도자를 어떻게 평가하고 있는지, 그리고 그러한 평가에 정당일체감은 어떻게 작용하고 있는지 분석해보자.

<표 2>는 새누리당, 민주당, 자유선진당(이하 선진당), 통합진보당(이하 진보당)에 정당일체감을 가진 유권자와 무당파층으로 나누어 각각의 집단별로 정당 및 정당지도자 선호도의 평균을 측정한 것이다. 각 정당에 정당일체감을 가지고 있는 유권자들을 대상으로 각 정당과 정당지도자 선호도 평가결과를 살펴보았다.

먼저 정당별 선호도의 전체평균을 살펴보면 새누리당(4.99), 민주당(4.97), 진보당(3.94), 선진당(3.80)의 순으로 나타났다. 한편 정당지도자에 대한 선호도의 평균은 안철수(6.07), 박근혜(5.75), 문재인(5.29), 김두관(4.45), 손학규(4.36) 등의 순으로 나타났다. 다음으로 정당에 대한 지지와 정당지도자 평가를 비교하여 보면, 새누리당 지지자의 경우에는 새누리당에 대한 평가(7.81)보다 박근혜에 대한 평가(8.27)가 높은 것을 알 수 있다. 그러나 민주당 지지자의 경우에는 해당정당에 대한 선호도(6.60)와 문재인에 대한 선호도(6.61)가 비슷한 수준임을 알 수 있다. 오히려 문재인에 대한 호감도(6.61)보다 안철수에 대한 호감도(7.38)가 더 높은 것을 알 수 있다. 단순한 선

표 2 . 정당일체감에 따른 정당 및 정당지도자 평가

지지정당	새누리	민주	선진	진보	문재인	박근혜	안철수	이명박
새누리당	7.81	3.25	3.85	2.45	3.96	8.27	4.56	2.72
민주통합당	2.95	6.60	3.58	4.66	6.61	4.04	7.36	3.38
자유선진당	5.40	4.80	5.10	3.80	5.30	6.00	4.92	3.54
통합진보당	1.76	5.29	2.33	7.47	7.23	3.09	7.69	3.82
무당파	4.46	4.84	4.09	4.07	5.06	5.10	6.10	3.41
전체평균	4.99	4.97	3.80	3.94	5.29	5.75	6.07	3.23

* 이명박 정부 평가: 1 아주 잘했다, 2 잘했다, 3 잘못했다, 4 아주 잘못했다
** 기타 평가는 0 매우 싫어한다, 10 매우 좋아한다

호도 평균의 비교만으로는 새누리당이 다른 정당보다 정당지도자의 영향을 많이 받았음을 알 수 있다.

무당파층을 대상으로 살펴보면, 정당평가에서는 민주당(4.84), 새누리당(4.46), 선진당(4.09), 진보당(4.07)의 순으로 평가하고 있다. 반면 정당지도자 평가는 안철수(6.10), 박근혜(5.10), 문재인(5.06)의 순으로 평가하고 있는 것으로 나타났다. 이처럼 무당파층은 정당평가에서는 민주당을 가장 높게 평가한 반면에, 지도자 평가에서는 안철수, 박근혜, 문재인 순으로 선호하고 있는 것으로 나타났다. 이는 무당파층의 민주당 지지를 지도자가 견인하지 못하고 있다는 것을 말해준다고 볼 수 있다.

다음으로 이명박 정부 4년에 대한 평가에 있어서는 새누리당 지지자(2.72), 민주당 지지자(3.38), 무당파층(3.41), 선진당 지지자(3.54), 진보당 지지자(3.82) 순으로 긍정 평가를 하는 것으로 나타났다. 전체 평균은 3.23으로 중간인 2.5보다 부정적으로 평가하고 있음을 알 수 있다.

아울러 정당지도자에 대한 평가는 정당일체감에 따른 차이와 함께 정당선호도의 강도 차이에 의해서도 뚜렷하게 구별됨을 알 수 있다(<표 3> 참

조). 먼저 새누리당에 대한 선호강도를 상, 중, 하로 나누어 각 집단별 박근혜에 대한 평가결과를 알아보면, 선호강도가 높을수록 박근혜에 대한 평가도 높은 것을 알 수 있다. 이러한 현상은 문재인에 대한 평가에서도 동일하게 나타나고 있다. 그리고 이러한 차이도 통계적으로 유의미함을 알 수 있다($p<.001$). 이러한 결과는 정당지지의 성향과 강도에 따라 정치적 태도와 투표행태에 뚜

표 3. 정당일체감에 따른 정당 및 정당지도자 평가

	선호 강도	평균	표준편차	N	ANOVA
박근혜	새누리당				
	하(0–3)	3.13	2.256	300	F=585.140 p=.000
	중(4–6)	5.65	1.831	344	
	상(7–10)	8.58	1.646	285	
문재인	민주통합당				
	하(0–3)	3.16	2.315	191	F=196.603 p=.000
	중(4–6)	5.40	1.672	405	
	상(7–10)	6.92	2.024	226	

표 4. 거주지역별 정당지도자 평가

구분	문재인	박근혜	안철수
수도권	5.25	5.70	6.27
충청	5.04	5.78	5.44
호남	6.71	3.57	6.82
영남	4.88	6.69	5.59
ANOVA	F=13.864 p=.000	F=29.800 p=.000	F=9.028 p=.000

렷한 차이를 보인다는 연구결과와 맥을 같이하는 것이다(이현출 2004).

다음으로 정당지도자 평가를 거주 지역별로 나누어 보자. 거주지역을 수도권(서울, 인천, 경기, 강원), 충청(대전, 충남, 충북), 호남(광주, 전남, 전북) 영남(부산, 울산, 경남, 대구 경북)으로 나누어 집단별 정당지도자들의 선호도 평균을 구해보았다(<표 4> 참조). 분석결과 박근혜는 영남에서 높은 지지(6.69)를 받고, 다음으로 충청(5.78), 수도권(5.70), 호남(3.57)의 순으로 평가를 받고 있는 것으로 나타나고 있다. 반면 문재인은 호남에서 가장 높은 지지(6.71)를 받고, 수도권(5.25), 충청(5.04), 영남(4.88)의 순으로 평가를 받고 있는 것을 알 수 있다. 반면 안철수는 호남(6.82), 수도권(6.27), 영남(5.59), 충청(5.44)의 순으로 나타났다. 박근혜, 문재인, 안철수 모두 지역별 선호도의 차이가 통계적으로 유의미함을 보여주고 있다(<표 4>).

이번 선거 결과에서도 특정 정당이 영남, 호남, 충청에서 배타적 또는 압도적 지지를 받는 지역주의 투표가 주목을 받았다. 예상대로 영남과 호남에서는 새누리당과 민주당이 강력한 지지를 이끌어 냈다. 그러나 민주당의 부산·울산·경남의 지지와 대구·경북에서의 지지는 차이를 보이고 있다. 부산·경남 등에서의 민주당 지지가 확대된 것은 분명하지만, 지난 2010년 지방선거 결과와 비교하면 민주당과 야권연대의 지지가 약화된 것을 알 수 있다. 이러한 현상도 박근혜 효과라고 볼 수 있을 것이다. 차기 대선을 앞두고 여권에 대한 국정운영의 불만에도 불구하고 대선을 의식한 투표를 하였을 것이라는 강원택(2012b)의 연구결과와도 맥을 같이하는 것이라고 할 수 있다. 특히 충청지역에서도 정당별 비례대표 득표율이 새누리당 36.57%, 민주통합당 30.40%, 자유선진당 20.39%로 나온 것도 정당지도자 요인과 결부하여 설명할 수 있을 것이다.

이하에서는 정당지도자 평가에 따른 정치적 태도의 차이를 살펴보고자 한다. 먼저 유권자 개인의 자기이념평가와 정당지도자 평가와의 관계를 알아보았다(<표 5> 참조). 박근혜에 대한 평가 단위를 상, 중, 하로 나눌 때 평

표 5. 정당지도자 평가와 정치적 태도의 차이

		문재인				박근혜				안철수			
		하	중	상	ANOVA	하	중	상	ANOVA	하	중	상	ANOVA
이념	평균	7.26	5.24	4.31	F= 68.703 p= .000	3.69	4.87	7.02	F= 157.760 p= .000	7.38	5.42	4.70	F= 42.029 p= .000
	표준편차	2.563	1.863	2.416		2.117	1.583	2.296		2.581	1.882	2.458	
	N	123	330	186		165	272	270		72	302	287	
이명박	평균	2.65	3.00	3.30	F= 34.887 p= .000	3.57	3.11	2.58	F= 134.58 p= .000	2.55	2.95	3.26	F= 40.767 p= .000
	표준편차	.858	.750	.725		.659	.667	.772		.830	.759	.735	
	N	162	408	243		204	353	365		106	378	370	

* 유권자 자신의 이념평가: 0 진보(좌파) …… 10 보수(우파)
이명박정부 4년 평가: 1 아주 잘했다, 2 잘했다, 3 잘못했다, 4 아주 잘못했다
지도자 평가: 하(0–3), 중(4–6), 상(7–10)

가가 높을수록 이념적으로는 보수적임을 알 수 있다. 반면에 문재인과 안철수의 경우에는 평가가 높을수록 이념적으로는 진보적임을 알 수 있다. 그리고 이러한 차이는 통계적으로 유의미하다(p<.001).

전반적인 이념의 분포를 보면 유권자 전체의 주관적 이념 평균은 중간값인 5에 가까운 5.40으로 나타났다. 한편 유권자들은 새누리당은 7.65, 민주당은 3.74로 평가하고 있어, 이들 주요정당 간의 이념의 거리는 상당한 것으로 인식하고 있었다. 민주당의 이념이 진보적으로 비춰진 데는 야권연대의 효과가 작용한 것으로 볼 수 있다. 반면에 정당지도자에 대한 이념평가를 보면 박근혜 7.44, 안철수 4.08, 문재인 3.70을 보여 박근혜가 가장 보수적이고, 안철수는 다소 진보적, 문재인은 가장 진보적인 것으로 받아들였다. 이러한 결과는 박원호(2012)의 연구결과와는 다른 양상을 보여준다.

지난 19대 총선은 정당 간 이념적 시각차이가 이전 국회보다 매우 커졌다는 것이 일반적 평가이다(강원택 2012a). 경제사회적 삶의 불평등이 심화

되고, 이러한 현상에 주목하여 양극화라는 표현이 우리 사회에서 널리 유통되기에 이르렀다. 사회경제적 삶의 증대하는 불안은 사회적 연대의 강화와 더불어 불평등의 해소에 보다 적극적인 정책을 유지하는 진보 정치세력에게 호의적인 환경을 제공한다고 할 수 있다(장 훈 2012).

이명박 정부 초기 20% 중반까지 하락한 진보진영이 이명박 정부 기간 중에 꾸준히 그 비율을 확대한 것도 하나의 사례이다. 이러한 측면에서 19대 총선은 보수와 진보의 양극화 현상이 뚜렷하게 부각된 선거였으며, 각 진영은 자신을 대표할 정치인으로 박근혜와 문재인을 상정하였다고 볼 수 있다. 안철수는 진보진영에서 지지도가 높은 것을 보여주었다.

이어서 이명박 정부 4년의 치적평가와의 관계를 알아보자. 박근혜에 대한 평가가 높을수록 이명박 정부 4년에 대한 평가가 높음을 보여준다(하 3.57, 중 3.11, 상 2.58). 반면에 문재인에 대한 평가에서는 평가가 높을수록 이명박 정부에 대한 평가가 낮아지고 있음을 알 수 있다(하 2.65, 중 3.00, 상 3.30). 그리고 이러한 차이는 통계적으로 유의미함을 보여주고 있다($p<.001$). 안철수에 대한 평가에서는 문재인의 경우에서와 같이 비판적이지는 않지만, 경향은 유사함을 알 수 있다.

이상에서 살펴본 바와 같이 정당지도자 평가는 정당일체감에 따라 확연히 다른 것을 알 수 있으며, 같은 정당에 일체감을 갖는다고 하더라도 지지강도에 따라 정당지도자 평가가 비례하고 있다는 것을 확인하였다. 그리고 이러한 정당지도자 평가는 기존의 지역주의적 기반과도 밀접하게 관련되어 있어 각 지도자의 지지기반에 따라 평가가 달리 나오고 있음을 확인하였다.

정당지도자에 대한 평가는 이념성향과 이명박 정부 업적평가에 대한 태도의 차이도 반영하고 있음을 보여주고 있다. 새누리당 박근혜는 보수층에서 높은 평가를 받고 있고, 반대로 문재인과 안철수는 진보층에서 높은 평가를 받고 있는 것으로 나타났다. 그리고 이명박 정부에 대한 평가에서도 분명한 차이를 보이고 있음을 알 수 있었다.

Ⅳ. 정치지도자 평가와 투표선택

1. 정치지도자 평가와 투표

다음으로 정치지도자 평가가 투표에 미치는 영향에 관해 분석해 보고자 한다. <표 6>은 문재인에 대한 선호도를 상, 중, 하로 구분하여 민주당 투표자의 비율을 알아보았다. 먼저자민주당에 정당일체감을 가진 응답자들을 대상으로 문재인 평가와 민주당 투표여부와의 관계를 살펴보자. 민주당 지지자 중에서 소선거구에서 민주당 후보에 투표한 비율은 문재인에 대한 평가 정도에 따라 차이는 있으나 그러한 차이는 통계적 유의성을 갖지 않은 것으로 나타났다. 민주당 지지자의 비례대표 투표에서도 통계적 유의성을 찾을 수 없었다.

무당파층의 경우에는 소선거구와 전국구 비례대표 선거 공히 문재인에 대한 선호도와 민주당 투표와의 상관관계가 높은 것으로 나타났다. 그러나 이러한 차이도 통계적으로 유의미하지 않은 것으로 나타났다. 따라서 19대 총선에서는 지도자에 대한 선호도는 무당파층에서 민주당 투표에 영향을 미치고 있으나 그 차이는 통계적 유의성을 갖지 않은 것을 알 수 있다. 따라서 정치지도자에 대한 평가와 투표와의 관계는 해당정당에 일체감을 가진 유권자보다는 무당파층에서 더욱 높은 관계가 나타난다는 기존 연구결과(이현출 2006)는 민

표 6. 문재인 평가와 민주통합당 투표

단위 : %(N)

대상	구분	문재인 평가			Pearson's X^2
		하	중	상	
민주통합당 지지자	소선거구	92.9(13)	89.6(60)	88.6(93)	2.992
	비례대표	86.7(13)	85.5(59)	88.0(95)	8.364
무당파	소선거구	30.0(9)	41.8(41)	60.5(23)	14.026
	비례대표	23.3(7)	44.4(48)	46.5(20)	15.512

* p<.01　** p<.001

주당 투표자에게는 찾을 수 없었다. 이는 문재인 효과가 무당파층에도 유의미하게 영향력을 미치지 못하였음을 의미한다.

다음으로 박근혜 평가와 새누리당 투표와의 관계에 대해 살펴보자. 먼저 새누리당에 정당일체감을 가진 응답자들을 대상으로 박근혜 평가와 새누리당 투표여부와의 관계를 살펴보면, 박근혜에 대한 평가와 지역구, 비례대표 투표와의 관계는 통계적으로 유의성을 갖지 않은 것으로 나타났다(<표 7> 참조).

이러한 이면에는 정당일체감이 유권자의 심성적 유대감 이외에도 각 정당의 정책적 입장이나 정치지도자의 능력과 자질에 대한 유권자의 태도나 평가와 같은 인지적(cognitive) 측면을 통해서도 형성될 수 있다는 지적(Fiorina 1981; 이현출 2001; 한정훈 2012)이 작용한 것이라고 볼 수 있다. 즉, 새누리당에 대해 정당일체감을 지닌 유권자의 경우 정치지도자의 능력과 자질로부터 강한 영향을 받을수록 정당일체감을 형성할 확률이 그렇지 않을 경우보다 높다는 연구 결과(한정훈 2012)와 같이 새누리당 투표자 중에서 정당일체감과 박근혜 평가 간에는 유의미한 관계를 갖지 못한다고 할 수 있다.

다음으로 무당파층의 경우를 살펴보자. 무당파층의 경우에는 지역구와 비례대표 선거 공히 박근혜에 대한 선호도와 새누리당에 대한 투표와

표 7. 박근혜 평가와 새누리당 투표

단위 : %(N)

대상	구분	박근혜 평가			Pearson's X^2
		하	중	상	
새누리당 지지자	소선거구	100.0(4)	91.3(21)	92.1(209)	1.986
	비례대표	100.0(5)	100.0(23)	93.4(213)	1.957
무당파	소선거구	19.5(8)	43.4(43)	61.2(30)	25.919**
	비례대표	10.9(5)	38.5(42)	60.0(30)	31.951**

* p〈.01 ** p〈.001

의 상관관계가 높게 나타나고, 이러한 차이는 통계적으로 유의미하게 나타났다(p<.001). 따라서 무당파층의 경우에는 민주당 투표 분석에서와 같이 정치지도자에 대한 평가가 투표선택에 영향을 미치는 것으로 나타났으며, 새누리당 투표자의 경우에 더욱 유의미한 영향을 미친 것을 알 수 있다. 이러한 배경에는 무당파층은 그들이 관여하거나 충성하는 정당이 없기 때문에 정당지지층보다도 선거쟁점이나 정치지도자와 같은 단기적 요인에 쉽게 반응하기 때문이다(이현출 2006). 그리고 그 영향력은 문재인 효과가 민주당 투표에 미친 영향보다는 박근혜 효과가 새누리당 투표에 미친 영향력이 더 컸다는 것을 말해준다.

미국의 선거에서도 이와 같은 연구결과를 볼 수 있다. 피어슨이 행한 분석결과를 보면, 1970년 하원 중간선거에서 공화당 또는 민주당에 일체감을 갖고 있는 유권자는 대통령평가와 공화당후보에 대한 투표의 상관관계가 미미하였으나, 무당파층의 경우는 대통령평가와 공화당 후보에 대한 투표의 상관관계가 높은 것으로 나타났다(Pierson 1975). 즉 정당일체감을 갖는 유권자의 투표선택에는 대통령평가가 영향을 미치지 못하지만, 무당파층의 경우에는 대통령평가의 영향이 분명히 나타났다.

2. 투표선택에 대한 다변인 분석

이상에서는 제19대 총선에서의 투표선택에서 정치지도자요인에 대해 알아보았다. 그 결과 정치지도자 요인은 투표선택에 영향을 미치고 있으며, 그 영향은 정당일체감을 가진 유권자보다는 무당파층에 더 크게 작용하는 것으로 나타났다. 그리고 그 영향은 박근혜 선호도가 문재인 선호도보다 더 크게 미쳤다는 것이다.

여기에서는 정치지도자 요인이 투표행태에 미치는 영향을 다변인 분석을 통해 다시 확인해 보고자 한다. 특히 지역구 선거와 비례대표 선거에서의 정치지도자 요인의 영향력을 비교하여 보고자 한다. 주지하다시피 지역주의와 후보자 요인이 작용하는 지역구 선거와는 달리 전국구 비례대표 선거에서는 정치지도자 요인이 더욱 강하게 작용할 것이다.

분석을 위한 가설을 다음과 같이 수립하여 둔다. 첫째, 2012년 총선에서 정당지도자 요인으로부터 강한 영향을 받은 유권자일수록 소속 정당과 후보자를 선택할 경향이 높을 것이다. 둘째, 그 영향은 지역구 선거보다 전국구 선거에서 더 높게 나타날 것이다.

가설을 검증하기 위한 모델의 종속변수는 지역구 선거에서 새누리당 또는 민주당 후보 투표 여부와 전국구 비례대표선거에서 해당 정당 투표 여부의 두 가지이다. 종속변수의 카테고리가 1과 0이기 때문에 로지스틱 회귀분석을 통해 분석한다. 독립변수는 정치지도자 평가 그리고 통제변수로서 지역 더미변수, 연령, 그리고 이명박 평가변수를 투입하였다(이러한 통제변수를 투입하게 된 배경에 대해서는 이념(박원호 2012), 지역주의(윤광일 2012), 연령과 세대 등(박찬욱 2012b)에 관한 선행연구를 참조하기 바란다). 여기에서 우리는 정당일체감 변수를 제외하였다. 19대 총선일이 오래 지나지 않아 실시된 조사이기 때문에 응답자는 이미 행해진 투표선택과 동일한 내용으로 정당일체감에 대하여 밝혔을 여지가 적지 않다. 이 경우 인과관계의 방향은 분석 이전에 전제했던 바와는 정반대가 되고 정당일체감의 독립변수적 효과가 과장될 수 있다. 그리고 투표선택과 강한 상관관계를 보이는 정당일체감은 블랙홀처럼 다른 독립변수의 효과를 강하게 끌어들이는 작용을 통해서 다른 독립변수의 효과를 위축시킬 수도 있기 때문이다(박찬욱 2012b). 뿐만 아니라 정치지도자들이 유권자의 정당일체감 형성에 유의미한 영향을 미치고 있다는 점을 고려할 때(Classen & Highton 2009; 한정훈 2012), 정치지도자 요인의 영향을 분석하기 위하여 정당일체감 변수를 제외하기로 하였다.

표 8. 민주통합당 지역구 투표결정 시 정치지도자 요인

	1단계					2단계				
	B	SE	Wald	p	Exp(B)	B	SE	Wald	p	Exp(B)
지도자 평가										
상수	.742	.526	1.992	.158	2.100	2.508	.723	12.018	.001	12.280
문재인	.274	.067	16.910	.000	1.315	.237	.072	10.938	.001	1.267
박근혜	−.590	.057	106.292	.000	.555	−.509	.064	62.867	.000	.601
안철수	.196	0.64	9.311	.002	1.217	.140	.068	4.227	.040	1.150
통제 변수										
호남						2.895	.881	10.795	.001	18.082
영남						−.419	.298	1.968	.161	.658
연령						−.012	.104	.012	.912	.989
이명박 평가						−.841	.194	18.770	.000	.431
	−2 Log Likelihood = 820.137 Chi-Square = 226.448(p<.001) 예측정확도 74.0%					−2 Log Likelihood = 401.764 Chi-Square = 363.471(p<.001) 예측정확도 83.3%				

민주당 투표선택(분석에서는 지역구 투표에서 야권연대의 효과를 고려하지 못하였다. 즉, 민주당 투표와 기타 투표로 분류할 때 진보당 투표자를 n에서 빼지 않고 기타 정당투표자로 분류하였다. 따라서 민주당 후보선택의 더미변수는 민주당=1, 다른 정당/무소속=0을 종속변수로 하였다.)에 대한 로지스틱회귀분석 결과는 <표 8>, <표 9>와 같다. 분석결과는 지역구 선거에서는 문재인뿐만 아니라, 박근혜, 안철수에 대한 평가가 영향을 미치고 있음을 알 수 있다. 다만 문재인과 안철수 효과는 양의 계수를 갖는 반면, 박근혜 효과는 음의 계수를 갖는

표 9. 민주통합당 비례대표 투표결정 시 정치지도자 요인

	1단계					2단계				
	B	SE	Wald	p	Exp(B)	B	SE	Wald	p	Exp(B)
지도자 평가										
상수	-.301	.585	.264	.607	1.351	2.029	.821	6.101	.014	7.606
문재인	.246	.077	10.213	.001	1.279	.204	.083	6.096	.014	1.227
박근혜	-.662	.068	94.973	.000	.516	-.584	.076	59.682	.000	.557
안철수	.366	.077	22.296	.000	1.442	.321	.082	15.426	.000	1.378
통제 변수										
호남						3.089	.941	10.775	.001	21.953
영남						.367	.320	1.250	.264	.603
연령						-.798	.220	13.165	.000	.450
이명박 평가						-.798	.220	13.165	.000	.450
	-2 Log Likelihood = 373.605 Chi-Square = 322.028(p<.001) 예측정확도 84.5%					-2 Log Likelihood = 326.022 Chi-Square = 351.661(p<.001) 예측정확도 85.1%				

다는 점이 다르다. 2단계로 통제변수를 투입하여 분석한 결과 문재인 평가와 박근혜 평가가 영향을 미치고 있으며, 호남 더미변수와 수도권 더미변수가 유의미한 영향을 미치고 있는 것으로 나타났다.

문재인과 안철수에게는 높은 호감도를 가질수록, 박근혜에게는 낮은 호감도를 가질수록, 그리고 이명박 평가가 낮은 사람일수록 지역구에서 민주당 후보를 지지한 것으로 나타났다. 지역적으로는 호남에서 지역구 민주당 후보 지지가 유의미한 것으로 나타났다.

전국구 비례대표 선거에서도 문재인 평가, 박근혜 평가, 안철수 평가가 영향을 미치고 있다. 마찬가지로 문재인과 안철수는 높게 평가할수록, 박근혜는 낮게 평가할수록 비례대표 선거에서 민주당 후보를 지지한 것으로 나타났다. 2단계로 통제변수를 투입한 경우에도 문재인, 박근혜, 안철수 평가가 영향을 미치고 있으며, 유권자의 연령과 호남 더미변수, 그리고 이명박 평가가 유의미한 영향을 미치는 것으로 나타났다.

아울러 위의 <표 8>에서 보는 바와 같이 정치지도자 평가에 대한 계수와 Wald 값 등을 볼 때 민주당 지지분석결과 지도자 요인이 지역구 보다 비례대표 선거에서 더 현저하게 영향을 미쳤다고 결론을 내릴 수는 없을 것이다. 따라서 우리의 가설 중 지도자 요인이 영향을 미친다고는 할 수 있으나 비례선거에 더 영향을 미친다고 결론을 내릴 수는 없다는 것이다.

다만 민주당 지역구와 비례대표 투표결정시 문재인 평가와 안철수 평가가 같은 방향성을 갖고 영향을 미치고 있다는 점에 주목할 필요가 있다. 안철수는 2011년 서울시장 보궐선거를 전후로 정치인으로 돌연 등장하였고, 정치권 밖에서 정치적 메시지를 대중에게 전달하였다. 그는 이명박 정부와 새누리당에 비판적인 태도를 보여 왔으며, 젊은 층으로부터 열렬한 지지를 받아 한때 박근혜 대세론을 흔들기도 하였다. 이러한 측면에서 민주당 문재인과 안철수는 지지기반이 상당히 중첩되고, 이러한 측면에서 유권자의 정치지도자 평가의 방향성이 같게 나타나고 있음을 알 수 있다.

다음으로 새누리당 투표선택에 대한 로지스틱 회귀분석결과(<표 10> 참조)를 알아보자. 지역구 선거에서는 박근혜와 문재인에 대한 평가뿐만 아니라 안철수에 대한 평가도 유의미한 영향을 미치고 있는 것을 알 수 있다. 계수는 박근혜 평가는 양의 계수를 문재인과 안철수 평가는 음의 계수를 갖는다. 2단계로 통제변수를 투입하여도, 박근혜 평가와 문재인 · 안철수 평가가 유의미하게 영향을 미치며, 다른 통제변수들은 호남변수와 이명박 평가 변수가 유의미한 영향을 미치는 것으로 나타났다.

전국구 비례대표선거에서도 위의 박근혜 평가, 문재인 평가, 그리고

표 10. 새누리당 지역구 투표결정 시 정치지도자 요인

	1단계					2단계				
	B	SE	Wald	p	Exp(B)	B	SE	Wald	p	Exp(B)
지도자 평가										
상수	−.742	.526	1.992	.158	.476	−2.508	.723	12.018	.001	.081
문재인	−.274	.067	16.910	.000	.760	−.237	.072	10.938	.001	.789
박근혜	.590	.057	106.292	.000	1.803	.509	.064	62.867	.000	1.664
안철수	−.196	.064	9.311	.002	.822	−.140	.068	4.227	.040	.869
통제 변수										
호남						−2.895	.881	10.795	.001	.055
영남						.419	.298	1.968	.161	1.520
연령						.012	.104	.012	.912	1.012
이명박 평가						.841	.194	18.770	.000	2.320
	−2 Log Likelihood = 458.701 Chi-Square = 324.539(p<.001) 예측정확도 82.3%					−2 Log Likelihood = 401.764 Chi-Square = 363.471(p<.001) 예측정확도 83.3%				

안철수 평가요인이 유의미한 영향을 미치는 것으로 나왔다. 2단계로 통제변수를 투입하면 위의 정치지도자 평가요인과 함께 호남변수와 이명박 평가요인이 유의미한 영향을 미치고 있는 것으로 나타났다. 끝으로 새누리당의 경우에는 지역변수, 특히 영남 더미변수가 유의미한 영향을 미치지 않고 있다는 점이 특징이다.

우리는 다변인 분석을 통하여 지역구 선거와 비례대표 선거 공히 정치지도자 요인이 유의미한 영향을 미치고 있다는 사실을 확인하였다. 민주당보다는 새누리당 투표에 박근혜 평가 요인이 더욱 영향을 미치고

표 11. 새누리당 비례대표 투표결정 시 정치지도자 요인

	1단계					2단계				
	B	SE	Wald	p	Exp(B)	B	SE	Wald	p	Exp(B)
지도자 평가										
상수	−1.597	.418	14.576	.000	.203	−3.158	.772	16.736	.000	.043
문재인	−.141	.050	7.893	.005	.868	−.182	.066	7.695	.006	.833
박근혜	.499	.044	127.371	.000	1.648	.524	.065	64.708	.000	1.688
안철수	−.244	.048	25.662	.000	.784	−.209	.064	10.559	.001	.812
통제 변수										
유권자 이념						.178	.066	7.349	.007	1.195
호남						.001	.354	.000	.998	1.001
수도권						.167	.314	.282	.596	1.181
연령						.071	.093	.590	.442	1.074
성별						.109	.231	.225	.636	1.116
	−2 Log Likelihood = 712.129 Chi-Square = 329.293(p<.001) 예측정확도 79.9%					−2 Log Likelihood = 477.673 Chi-Square = 317.476(p<.001) 예측정확도 82.4%				

있음을 확인하였다. 그러나 과거의 연구에서 지역구보다는 비례대표 선거에서 정치지도자 요인이 더욱 영향을 미쳤다는 연구와는 달리 새누리당의 경우에는 지역구 선거와 전국구 선거 공히 박근혜 요인이 영향력을 발휘한 것을 알 수 있다.

V. 결론

이 논문의 목적은 19대 총선결과 분석을 두고 논의되어온 행위자 요인, 특히 정치지도자 요인이 투표행태에 미치는 영향력을 경험적으로 밝혀보고자 하는 것이다. 아울러 이 연구는 17대 총선에서 제기된 정치지도자 요인에 대한 분석이 19대 총선에도 유효한지 여부도 확인하기 위한 것이다.

첫째, 분석결과 한국 유권자들의 정치지도자 선호도는 여전히 높지 않다는 것을 알 수 있다. 그러나 이러한 평가는 지난 17대 총선 직후 조사한 결과보다는 다소 높아졌다는 것을 알 수 있다.

둘째, 정당일체감과 지도자 평가 간 관계를 보면 새누리당 지지자는 새누리당에 대한 평가보다는 박근혜에 대한 평가가 높게 나타나고 있으나, 민주당 지지자의 경우에는 정당선호도와 문재인 선호도가 비슷하게 나타나고 있음을 알 수 있다. 반면 무당파층은 민주당을 새누리당보다 높게 평가하고 있으나 지도자 평가에서는 박근혜를 높게 평가하여 무당파층의 민주당 지지를 문재인이 견인하지 못한 것을 알 수 있다. 다음으로 정치지도자 평가는 정당선호 강도와 유권자의 거주지역, 그리고 이념에 따라 영향을 받고 있는 것을 알 수 있다.

셋째, 정치지도자에 대한 평가와 투표와의 관계는 해당정당에 일체감을 가진 유권자 보다는 무당파층에서 더욱 높은 영향을 미친다는 기존 연구(이현출 2006) 결과는 민주당 투표자에게는 찾을 수 없었다. 새누리당 투표의 경우에는 무당파층에서 지역구와 비례대표 선거 공히 박근혜에 대한 선호도와 새누리당에 대한 투표와의 상관관계가 높게 나타나고, 이러한 차이는 통계적으로 유의미하게 나타났다($p<.001$). 따라서 무당파층의 경우에는 민주당 투표 분석에서와 같이 정치지도자에 대한 평가가 투표선택에 영향을 미치는 것으로 나타났으며, 새누리당 투표자의 경우에 더욱 유의미한 영향을 미친 것을 알 수 있다. 그 영향력은 문재인 효과가 민주당 투표에 미친 영향보다는 박근혜 효과가 새누리당 투표에 미친 영향력이 더 컸다는 것을 말해준다.

넷째, 다변인 분석을 통하여 지역구 선거와 비례대표 선거 공히 정치지도자 요인이 유의미한 영향을 미치고 있다는 사실을 확인하였다. 민주당과 새누리당 공히 지도자 요인이 영향을 미치고 있음을 확인하였다. 그러나 과거의 연구에서 지역구보다는 비례대표 선거에서 정치지도자 요인이 더욱 영향을 미쳤다는 연구와는 달리 지역구와 전국구 선거에 공히 영향력을 발휘한 것을 알 수 있다.

이상의 연구결과를 토대로 이것이 갖는 함의를 고찰해보고자 한다. 오늘날 TV 등 매스미디어는 정당보다는 개인에 보다 초점을 맞추게 됨에 따라 선거 캠페인도 이에 따라 변화하고, 그 결과 정치지도자 요인이 부상할 것으로 전망된다. 이 경우 정치지도자가 유권자의 지지를 동원하기 위한 정치적 자원을 어떻게 확보할 것인지? 나아가 정당의 지도자가 유권자와의 거리를 좁히기 위한 방안을 어떻게 마련할 것인지 등이 향후 선거 캠페인의 중요 과제로 부상될 전망이다. 특히 이러한 영향력은 지역주의와 후보자 요인이 작용하는 지역구 선거와 비례대표 선거에서 공히 영향력을 발휘하고 있는 것을 알 수 있다. 그리고 이러한 영향력은 정당일체감을 가진 유권자보다는 무당파층에게 보다 큰 영향을 미친다는 점에서 선거종반의 부동층 흡수에는 정치지도자의 이미지가 중요한 요인으로 작용할 것으로 보인다.

끝으로 이 글이 갖는 한계를 지적하며 마무리 짓고자 한다. 이 논문에서는 주요 정당의 지도자 분석과 관련하여 새누리당의 경우에는 박근혜 비상대책위원장을, 민주당의 경우에는 문재인 고문을 주된 분석대상으로 하였다. 이러한 현상은 총선을 앞두고 당 체제 정비가 미흡한 상황에서 총선을 치르게 되었고, 선거 또한 '총선의 대선화' 현상(김용호 2012)으로 인하여 이들의 활동을 미디어가 주목하게 되었다는 점에서 비롯된 것이다. 이러한 점에서 문재인은 민주당의 정치지도자로 분석의 대상이 되었으나 박근혜와는 당내 위상이 다른 상황이었다는 점은 본 논문을 읽을 때 유의해야 할 부분이며, 그러한 점에서 박근혜 효과보다 문재인 효과가 두드러지지 않았다고도 볼 수 있다. 따라서 향후 정치지도자를 어떻게 규정할 것인지, 여당의 경우 현직 대통령 평가요인을 여당 지도자 요인과 어떻게 분리할 것인지 방법론적 정교함이 요구된다고 하겠다.

다음으로 정치지도자 요인과 정당일체감이 상호 중첩되어 투표행태에 영향을 미칠 것이고 이들의 효과를 어떻게 구분하여 지도자 요인으로 규정할 수 있을지에 대한 고민도 필요하다고 본다. 한국의 유권자들이 정당에 대한 일체감을 형성하는 데 정치지도자의 능력과 자질을 가장 중요하게 고려한다는 점을 고려할 때(한정훈 2012), 정당요인과 지도자 개인 요인을 명확히 구분하여 정치지도자 요인을 설명할 수 있을지에 대한 후속연구가 필요하다고 본다. 뿐만 아니라 한국 유권자들이 정당일체감 형성에 정치지도자의 능력과 자질 또는 일시적인 이슈에 비중을 두고 있다는 점은 정당이 일관되게 정강과 정책을 유권자에게 주지시키지 못하고 있다는 점을 말해준다고 할 수 있다. 이처럼 정치지도자 요인이 투표에서 강조되는 가운데 전망적 투표가 진행된다면 민주주의의 기본원리인 책임성의 확보가 난망해진다는 결론이 나온다. 이러한 측면에서 투표에서의 정치지도자 요인은 투표행태의 문제뿐만 아니라 민주주의의 문제와 연결된다고 할 것이다.

참 고 문 헌

- 강명세. 2012. "제19대 총선의 평가: 예비경선, 쟁점의 실종 그리고 '여촌야도'의 도래." 성공회대 민주주의연구소. 19대 총선 평가와 분석 공동학술회의(2012. 4. 19) 발표논문.
- 강원택. 2003. 『한국의 선거정치: 이념, 지역, 세대와 미디어』. 서울: 푸른길.
- 강원택. 2012a. "19대 국회의원의 이념성향과 정책 태도."국회입법조사처 · 한국정당학회. 총선평가 학술회의 발표논문(2012. 4. 25).
- 강원택. 2012b. "왜 회고적 평가가 이루어지지 않았을까: 2012년 국회의원 선거 분석."한국정당학회 하계학술회의 발표논문
- 김영태. 2012. "19대 총선 평가와 18대 대선 전망." 2012 한국정치학회 하계학술회의(2012. 6. 7) 발표논문.
- 김용호. 2012. "총선평가와 대선 전망." 국회입법조사처 · 한국정당학회. 총선평가 학술회의 발표논문(2012. 4. 25).
- 김형철. 2012. "제19대 총선, 야권연대의 성과와 향후 전망." 성공회대 민주주의연구소. 19대 총선 평가와 분석 공동학술회의(2012. 4. 19).
- 류재성. 2012. "제19대 국회의원 선거에서의 정당별 선거전략 효과 분석." 한국정치학회. 『제19대 국회의원선거 외부평가 중간발표회 발표논문집』.
- 박원호. 2012. "유권자의 정치이념과 정책선호 그리고 후보자 선택." 박찬욱 · 강원택. 『2012년 국회의원선거 분석』. 파주: 나남.
- 박찬욱. 2012a. "대선 전초전으로서의 19대 총선." 박찬욱 · 우정엽 · 김지윤 편. 『한국 유권자의 선택1: 19대 총선』. 서울: 아산정책연구원.
- 박찬욱. 2012b. "유권자 투표선택에 대한 종합적 분석." 박찬욱 · 강원택. 『2012년 국회의원선거 분석』. 파주: 나남.
- 박찬욱 · 강원택. 2012. 『2012년 국회의원선거 분석』. 파주: 나남.
- 오창룡. 2013. "신자유주의의 정치적 위기와 권력의 인격화: 프랑스 사르코지 리더십의 함의." 한국정치학회. 2013 한국정치세계학술대회 발표논문.
- 윤광일. 2012. "지역주의와 제19대 총선." 박찬욱 · 강원택. 『2012년 국회의원선거 분석』. 파주: 나남.
- 이갑윤 · 이현우. 2002. "후보자요인이 득표에 미치는 영향: 14-16대 총선을 대상으로." 진영재편. 『한국의 선거 Ⅳ』. 서울: 사회과학데이터센터.
- 이현출. 2001. "무당파층의 투표행태: 16대 총선을 중심으로." 『한국정치학회보』 제34집 4호.
- 이현출. 2006. "정당지도자 요인이 투표행태에 미치는 영향." 어수영 편. 『한국의 선거Ⅴ: 제16대 대통령선거와 제17대 국회의원선거』. 서울: 오름.

- 이현출. 2012. "19대 국회의원 선거와 대선전망." 한국정치학회. 하계학술회의(2012. 6. 7) 발표논문.
- 임성호. 2008. "시대상황과 국정모델의 조응." 2008년 한국정치학회 · 관훈클럽 특별학술회의 발표논문.
- 장 훈. 2012. "19대 총선 결과의 의미: 구조를 누른 행위자와 제도의 효과?" 국회입법조사처 · 한국정당학회. 총선평가 학술회의 발표논문(2012. 4. 25).
- 한정훈. 2012. "한국 유권자의 정당일체감: 정강, 정당지도자 및 정당활동가의 영향." 박찬욱 · 강원택. 『2012년 국회의원선거 분석』. 파주: 나남.
- 황아란. 2012. "제19대 국회의원선거와 투표행태: 긍정적 · 부정적 투표선택과 회고적 · 전망적 투표선택." 한국정치학회. 『제19대 국회의원선거 외부평가 중간발표회 발표논문집』.

- Abramowitz, Alan I. 1985. "Economic Conditions, Presidential Popularity, and Voting Behavior in Midterm Congressional Elections." *Journal of Politics* 47.
- Bittner, Amanda. 2011. *Platform or Personality? The Role of Party Leaders in Elections*. Oxford: Oxford University Press.
- Campbell, James E. 1985. "Explaining Presidential Losses in Midterm Congressional Elections." *Journal of Politics* 31.
- Classen, Ryan L. and Benjamin Highton. 2009. "Policy Polarization among Party Elites and the Significance of Political Awareness in the Mass Public." *Political Research Quarterly* 62, No. 3.
- Fiorina, Morris P. 1981. *Retrospective Voting in American National Elections*. New Haven: Yale University Press.
- Hayes, D. 2009. "Has Television personalized voting behavior?" *Political Behavior* 31(2).
- Karvonen, Lauri. 2010. *The Personalization of Politics: A Study of Parliamentary Democracies. Colchester*, UK: ECPR Press.
- Kramer, Gerald H. 1971. "Short-term Fluctuations in U.S. Voting Behavior, 1896–1964." *American Political Science Review* 65.
- McAllister, Ian. 2007. "The personalization of politics." In R. J. Dalton and H. D. Klingemann(eds.). *The Oxford Handbook of Political Behavior*. Oxford: Oxford University Press.
- Mondak, J. J. 1993. "Public opinion and heuristic processing of source cues." *Political Behavior* 15(2).
- Mughan, A. 2000. *Media and the Presidentialization of Parliamentary Elections*. London: Palgrave.
- Pierson, James E. 1975. "Presidential Popularity and Midterm Voting at Different Electoral Levels." *American Journal of Political Science* 19.
- Poguntke, Thomas and Paul Webb(eds.). 2005. *The Presidentialization of Politics: A Comparative Study of Modern Democracies*. Oxford: Oxford University Press.

- Rahat, Gideon and Tamir Shaefer. 2007. "The Personalization of Politics: Israel, 1949–2003." *Political Communication* 24.
- Stewart, Marianne C. and Harold D. Clarke. 1992. "The (Un)Importance of Party Leaders: Leader Images and Party Choice in the 1987 British Election." *Journal of Politics* 54.
- Thomassen, Jacques(ed.). 2005. *The European Voter*. Oxford: Oxford University Press.
- Wagner, Aiko and Bernhard Weßels. 2012. "Parties and their Leaders. Does it matter how they match? The German General Elections 2009 in comparison." *Electoral Studies* 31.

07

의정평가 기준에 관한 시론

原著
– "의정평가 기준에 관한 시론", 『일감법학』 제26호(2013년 10월), pp.463–494.

Ⅰ. 서론

오늘날 다양한 시민단체에 의하여 국회의원에 대한 의정활동 평가가 이루어지고 있다. 전반적인 의정활동 평가에서부터 좁게는 국정감사 기간만의 평가 결과를 발표하기도 한다. 이러한 의정활동 평가는 1990년대 중반부터 시작되어 다양한 주체들에 의해 다양한 기준에 따라 이루어지고 있다.

의정활동 성과에 대한 평가는 수직적 차원의 책임성(accountability)을 실현하는 방법으로 그 의의가 있다(윤종빈 2006; Catalina Smulovitz and Enrique Peruzzotti 2000). 뿐만 아니라 낮은 주민참여와 소수 목소리의 배제라는 대의민주주의의 한계를 극복하고 정치적 대표성과 국민에 대한 반응성(responsiveness)을 높이기 위한 제도적 장치로서의 의의도 적지 않다(이정희/윤종빈 2003). 나아가 의정활동의 효율성과 민주성을 높일 수 있다는 점에서도 그 의미가 크다.

그동안 실시된 의정활동 평가는 국회의원들 간의 법안발의 경쟁을 야기하였고, 국회 회의 기간 중 출석률을 높이는 등 의원들의 의정활동의 다양한 측면에서 큰 변화를 일으켰다.

의정활동 평가는 이 같은 단순한 의정활동의 양적 측면에서의 변화뿐만 아니라 이제 그 변화를 정당의 후보자 공천과 유권자의 투표선택에 활용하는 단계에 이르렀다. 따라서 한국의회정치의 반응성과 책임성을 높이는 결과를 가져왔으며, 대의민주주의가 제 기능을 다하도록 하는 데에 기여하였다는 평가를 받아왔다(이현출 2004). 그러나 이러한 긍정적인 평가의 이면에는 평가기준이나 평가결과를 두고 많은 문제점이 제기되고 비판이 야기되었다.

주된 비판은 평가결과를 책임성 확보의 수단으로 활용하는 유권자나 평가의 대상이 되는 국회의원 모두에게 수긍이 가는 평가기준과 모형이 확립되어 있지 않다는 데에 있다. 이러한 이유로 몇몇 시민단체와 언론에서 실시해온 의정활동 평가는 일관성과 체계성이 부족하다는 비판이 지속적으로 제기되어 왔다(윤종빈 2006). 즉, 평가주체마다 다른 기준으로 평가하고, 그 결과도 다르게 나타날 경우 국회의원과 유권자 모두에게 큰 혼란을 가져올 수 있다. 더욱이 전문성과 대표성을 갖춘 입법자를 충원하기 위해서는 공천과정에 의정활동에 대한 평가를 위한 변별력 있는 자료가 필요한 데 현재 각 정당은 후보공천에 이러한 의정평가 자료를 활용하지 못하고 있다. 이러한 측면에서 공천과정에 기본 자료로 활용하기 위한 의정활동 평가지표 개발도 중요한 의미를 갖는다(김도종 2011).

이처럼 국회의원의 의정활동 평가 모형을 수립하고, 적실성 있는 평가지표를 개발하는 것은 대의민주주의의 책임성 확보의 기본 틀을 마련한다는 점에서 의의가 크다고 할 것이다. 따라서 정량적 · 정성적 지표의 개발에 집중해온 그동안의 의정평가의 틀을 벗어나 선거과정과 의정활동 그리고 사후적 책임성 확보라는 민주주의 정치과정의 틀 속에서 의정평가 모델을 구축해 보고자 한다.

Ⅱ. 이론적 배경

1. 민주적 책임성 확보와 의정평가

대의제 민주주의는 기본적으로 주인과 대리인간의 반응성(responsiveness)과 민주적 책임성(accountability)의 확보가 전제되어야 한다(임혁백 2000).

오늘날 시간적 · 공간적 제약으로 직접민주주의가 사실상 불가능한 상황에서 국민들은 주기적으로 열리는 선거를 통하여 대표자 선출에 참여하는 것이 주권행사의 기본적 방법이다. 그리고 주요한 현안에 대하여 선호를 표출함으로써 대표자에게 자신의 입장을 전달하고 이를 법적 · 제도적으로 실현될 수 있도록 압력을 가하게 된다. 따라서 유권자의 참여는 주로 선거에 의해 이루어지고 있으며, 선거가 대의민주주의의 추동력으로 제기능을 유지하기 위해서는 정보를 가진 유권자의 참여가 중요하다. 이러한 정보의 기본이 선거에서의 매니페스토(manifesto)와 당선 이후의 의정활동 평가 결과가 될 것이다. 즉, 매니페스토는 향후 당선 후 지켜나갈 유권자와의 약속이요 의정활동의 비전이 될 것이다. 반면 의정활동 평가자료는 현역의원의 의정활동 성과를 평가한 것으로 다시 한 번 위임할 것인지, 위임을 철회할 것인지를 결정하는 판단근거가 될 것이다. 선거 순환주기를 통하여 이루어지는 민주주의 정치과정을 살펴보면 다음의 <그림 1>과 같이 나타낼 수 있다.

민주적 정치과정에서 중요한 것은 시민이 대표에 대해 어떻게 민주적 책임성을 확보하는가의 문제이다. 대의제 하에서 시민의 지지에 의하여 선출된 대표가 시민의 대리인으로 행동하지 않고 나아가 시민들 위에 군림하며 공익보다는 사익을 추구하는 경우가 흔히 존재한다.

대표자는 국민으로부터 통치권을 위임받았음에도 불구하고 국민들의 요구에 반응하지 못하고 사적이익을 지나치게 추구하고 있고, 국민들은 대표자 선출 이후에는 대표자가 통치권을 제대로 행사하는지에 대해 일상적인 참여를 통한 감시와 견제 책임을 다하지 못하고 있다. 결과적으로 우리 대의제는 대표자와 국민 간의 분업의 실패라는 위기를 맞고 있다(윤종빈 2006). 이러한 맥락에서 국회에 대한 국민의 통제와 참여확대를 목적으로 '국회의원의 국민소환에 관한 법률안'이 제안되기도 하였다(황주홍 의원 대표발의 법률안, 발의일자: 2012. 6. 22; 의안번호 1900278).

그러므로 민주주의에서 시민의 손에 의해 선출된 대표자가 국민을 위

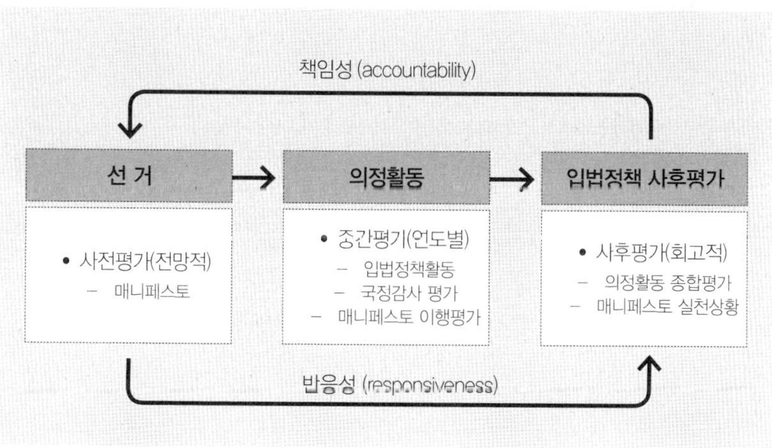

그림 1. 민주적 정치과정

해 일하도록 강제하는 것이 무엇보다 중요하다. 즉 <그림 1>에서 보는 바와 같은 반응성과 책임성을 확보하는 것이 중요하다(Przeworski, Stokes and Manin 1999; 이현출 2004). 책임성은 산출(outcomes)과 제재(sanctions) 간의 관계, 즉 시민들이 자신들의 선호와 요구에 반응하지 못하는 비대표적인(unrepresentative) 대표를 대표적인 대표와 구분하고 적절히 제재를 가할 수 있다면 책임성이 있다고 말할 수 있으며, 반응성은 유권자의 선호(preferences)와 정책(policies)간의 관계, 즉 대표가 시민들이 선호하는 것을 정책으로 채택하면 반응적이라고 할 수 있다.

대의제 민주주의하의 대표들은 정기적으로 선거를 통해 심판을 받기 때문에 시민의 선호와 요구에 반응하게 된다. 대리인은 당선되기 위해 정책매니페스토와 여타 현안에 대한 해결책을 제시하게 되는데 이는 일종의 유권자와의 계약이며, 유권자의 선호를 반영한 정책 패키지라고 할 수 있다. 민주적 책임성은 대표자가 시민들의 위임을 받아 의정활동을 하고 이를 통하여 산출한 입법과 정책으로 유권자의 심판을 받는 것을 말한다.

그러나 오늘날 유권자는 이러한 책임성을 확보하기 위한 충분한 정보를 갖고 있지 못하다(Stokes and Miller 1996). 따라서 대표가 시민의 요구에 제대로 반응하는지 여부를 알지 못하는 경우가 많다. 이러한 맥락에서 선거과정에서의 후보자 정책공약 평가와 당선 이후의 의정평가가 유권자의 책임성 확보의 중요한 수단이 된다.

여기에서 의정활동의 평가범위를 어디에 둘 것인지 검토할 필요가 있다. 기존의 의정활동 평가는 대표자가 당선된 이후에 국회, 즉 원내에서의 정책활동이나 행정부 감시활동을 대상으로 한 경우가 대부분이었다. 즉, 선거과정에서 제시되는 의정활동 계획, 즉 정책 매니페스토에 대한 평가와 이의 실천 여부에 대한 평가는 고려되지 못하였다. 뿐만 아니라 당선자의 지역구 활동도 의정활동의 중요한 부분임에도 불구하고 이에 대한 고려를 하지 않은 것이 사실이다. 직능대표로서 비례대표로 국회에 진출한 당선자가 해당 직능분야의 대표성 차원에서 활약한 부분에 대한 평가가 미흡한 것이 사실이다. 물론 지역구 활동이나 직능활동이 입법으로 반영되어 법안으로 제출될 경우에는 평가에 반영될 수 있었다.

이러한 측면에서 이제 의정평가도 선거라는 일정한 주기를 두고 좀더 거시적 관점에서 접근하는 것이 필요하다고 본다. 앞의 <그림 1>에서 보는 바와 같이, 우선 1단계로 선거 시에 각 후보자의 매니페스토 내용을 비교 · 검토하여 투표 시 판단 근거로 삼도록 하기 위한 '사전 평가'와, 당선 후에 당선자의 매니페스토 이행 상황 및 다양한 의정활동 평가를 통해 매년 의정활동을 점검하는 '중간평가'로 나눌 수 있을 것이다.

전자는 주로 복수 후보자 매니페스토의 실행가능성과 타당성 등을 점검하는 것인 반면 후자는 당선자가 선거과정에서 유권자에게 한 약속에 대한 이행여부, 다양한 입법 · 정책적 선호를 반영하는지 여부, 국민의 대표로서의 기능 수행여부, 행정부 감시활동에 대한 평가 등을 점검하는 것으로 양자는 평가대상과 평가기준이 다르다고 할 것이다.

또한 평가 주기는 4년 단위의 선거를 단위로 이루어지는 대(大)사이클과 임기 중 각 연도의 의정활동 성과를 평가하는 1년 단위의 소(小)사이클의 두 가지로 나누어 생각할 수 있다(이현출 · 가상준 2011). 4년의 임기가 끝나면 새로운 선거 시에 현직인 경우에는 당선 당시 제시한 매니페스토 이행에 대한 사후평가와 현직에서의 의정평가 결과를 두고 회고적(retrospective)으로 책임을 묻는 한편, 향후 전개할 새로운 비전을 명시한 신 매니페스토를 통하여 전망적(prospective) 평가를 동시에 함으로써 투표선택의 근거로 활용할 수 있다(이현출 2006).

2. 선행연구 검토와 연구문제 설정

의회에 대한 연구에 있어 의원들의 의정활동 평가에 대한 선행연구는 그리 많지 않다. 그러한 측면에서 1996년 나라정책연구회를 시작으로 경제정의실천시민연합(이하 경실련), 한국유권자운동연합, 정치개혁시민연대(이하 정개련) 등을 중심으로 이루어진 의정활동 평가는 충분한 이론적 기초 없이 이루어졌다고 볼 수 있다.

이러한 측면에서 연구자들에 의한 선행연구도 빈약한 편이다. 민주화 초기에 의원들의 법안발의, 본회의 출석률, 상임위 출석률 등을 통해 기본적인 의정활동 및 국회 생산성에 주목한 연구들이 있었다(안순철 2011; 손병권 2004; 최준영 2006; 서강대현대정치연구소 2008).

법안발의는 17대 국회부터 매우 활발해지고 있어 생산성은 높아졌다고 평가할 수 있으나, 그 법안의 질적 수준이나 가결여부 등에 대한 정밀한 분석은 뒤따르지 못하였다. 출석률도 단순한 성실성은 보여줄 수 있으나 회의에서 어떠한 활동을 하였는지 보여주는 데에는 한계가 있다.

반면 선거과정에서의 매니페스토 평가활동은 2006년에 도입되어 다양한 시민단체나 전문가 집단에 의해 활발하게 전개된 바 있다. 그러나 매니페스토 평가에 관한 연구도 드문 것이 사실이다. 서구에서도 정책공약이 유권자에게는 부차적인 문제로 인식되어 오히려 후보자의 업적, 경력, 접촉 그리고 홍보활동 등과 관련한 후보자 요인이 강조되거나(Mann and Wolfinger 1980), 경제상황에 대한 평가 등이 더 중요한 영향을 미친다는 연구(가상준 2005; Erikson 1990; Fiorina 1981)가 많이 이루어졌다. 매니페스토 평가와 관련한 연구는 평가결과를 분석한 논문(이현출·가상준 2011; 김혁 2010 ; 서재영·권영주, 2008; 이원희·오영균·김혁 2006)이나 평가결과가 득표율에 미친 영향 등을 연구한 논문(김혁 2010) 등이 있을 따름이다. 물론 한국 정치에 매니페스토가 도입된 것은 2006년 지방선거에서부터이며, 따라서 이에 대한 연구실적은 그리 많지 않다고 하겠다.

의정활동 평가와 관련한 연구로는 기존의 평가지표와 방법에 대한 분석이 중심을 이루고 있다. 의정활동 평가대상 및 지표와 관련한 지적으로는 지나친 양적 지표에 의존함으로써, 이념과 가치가 내재된 문제를 획일적으로 재단하게 된다는 점이 지적되고 있다(김의영 2003; 손혁재 2000).

객관적 평가와 주관적 평가의 필요성을 동시에 강조하는 연구(손혁재 외 2005)와 각 주체에 따라 이념적 의정활동의 필요성을 강조한 연구(서강대현대정치연구소 2008)가 있다. 양적 평가에 기초한 객관적 평가의 한계는 이미 많은 비판이 있었고 이에 대한 평가방법 개발이 요구된다고 할 것이다.

더 중요한 논점으로 제기되고 있는 것이 지역구 활동 평가와 관련된 문제이다. 의정평가 대상에 지역구 활동에 대한 평가가 포함되어야 한다는 연구(이정희 · 윤종빈 2003; 김의영 2003; 이현출 2004)와 원외활동 평가모델 탐색을 시도한 연구(한정택 2012) 등이 있다. 그동안 의정활동을 원내활동과 원외활동으로 구분하여 논의한 연구가 국내에서는 많지 않다. 그러다보니 국회의원들의 원외활동에 대한 명확한 정의도 공유되지 못하고, 평가모델과 자료도 분명하게 제시된 바가 없는 것이 현실이다. 주지하다시피 지역구 활동은 의원의 재선에 매우 중요한 영향을 미치며, 유권자의 선호도를 반영하는 중요한 과정이라고 할 수 있다(Mayhew 1974; Fiorina 1977).

즉, 지역구 민원을 처리한다든지, 선거운동 당시 공약으로 내걸었던 선거구 지역개발 사업에 대한 노력, 지역구 당 조직관련 활동 등을 통칭 지역구 활동이라 정의할 수 있을 것이다(손병권 2004).

이는 헌법과 각종 법률로 규정되어 있는 입법 활동, 상임위 활동, 대정부 감독 활동, 예결산 활동 등의 원내 활동과는 구별된다고 할 것이다. 따라서 향후 지역구 활동에 대한 평가 대상과 기준을 확립하는 일은 의정평가의 중요한 과제의 하나라고 할 것이다.

선행연구를 검토해 볼 때, 의정평가를 선거 주기의 연장선상에서 파악하려는 연구는 없다. 따라서 필자는 지역구 활동의 많은 내용을 포함하고 있는 매니페스토를 의정 활동 평가에 접목시킬 것을 제안한다. 의정평가 대상에 선거과정에 제시한 매니페스토에 대한 이행평가를 포함할 것을 제안하며, 이를 위한 평가지표를 제시하는 데 연구의 주안점을 두고자 한다.

Ⅲ. 국회의원 의정평가 현황과 기준

1. 평가주체

한국의 의정활동 평가는 시민단체를 중심으로 시작되었다. 시민단체의 의정활동평가는 1996년 나라정책연구회를 시작으로 경제정의실천시민연합(이하 경실련), 한국유권자운동연합, 정치개혁시민연대, 법률소비자연맹 등을 중심으로 이루어졌다. 또한 농어민단체, 환경단체, 여성단체 등에서 소관 상임위원회 소속 의원들을 대상으로 의정활동평가를 진행해오고 있다.

이외에도 언론사(주간경향, 뉴시스통신 등), 종교단체(사회정의시민행동), 사용자단체(전국경제인연합회 산하 자유기업원) 등에서 전반적인 지표 또는 특정 지표에 따라 의원들의 의정활동을 평가하기도 하였다. 아울러 포괄적인 의정활동 감시는 아니지만 대정부 감독기능의 핵심이라 할 수 있는 국정감사 활동을 방청하여 밀착 감시하는 국정감사모니터 시민연대(이하 국감모니터연대)가 1999년과 2000년 국정감사 모니터활동을 하기도 하였다.

각각의 단체별 의정평가 실시 현황은 다음과 같다. 나라정책연구회는 14대 국회가 시작된 1992년 6월부터 1995년 6월까지 임시국회 16회와 정기국회 3회 등 총 19회기를 평가대상으로 하였다(나라정책연구회 1996). 이 평가는 시민단체에 의한 의정활동 평가의 효시로 평가받았고, 이후의 평가에 많은 영향을 미쳤다.

본격적인 의정활동 평가는 한국유권자운동연합, 경실련, 국감모니터연대 등에 의하여 이루어졌다. 그 가운데 가장 체계적이고 지속적으로 의정평가를 수행한 단체는 유권자운동연합과 경실련이라고 할 수 있다. 한국유권자운동연합은 1996년 1월 30일 창립된 의정감시와 의정활동 평가활동만을 전문적으로 하는 시민단체이다(한국유권자운동연합 의정평가단 2003). 이 단체의 의정감시활동은 1년에 1회씩 발간하는 '국회 의정활동 평가서'에 집약되어 있다.

한편 경실련은 1996년 시민입법위원회를 만들어 의정평가활동을 시작하였으며, '국회의원 의정활동 평가발표회'라는 제목으로 제15대 국회의원들의 의정활동을 평가하였다. 이후에도 1999년, 2000년, 2006년 등에 16대 국회와 17대 국회 국회의원의 입법활동을 분석하여 발표한 바 있다. 경실련은 16대 국회 개원에 발맞추어 국회의원들의 활동 전반을 감시하는 '의정지킴이'를 발족하여 가동한 바 있다.

다음으로 정치개혁시민연대(이하 정개련)는 1998년 정치개혁에 관심을 가지고 활동하는 시민단체들이 연대하여 창립하게 되었다. 한국유권자운동연합이 속기록 분석을 통한 의정평가에 역점을 두었다면, 정개련은 '의회발전시민봉사단'을 통해 국회 방청 모니터활동을 통한 의정감시에 전력해 왔다. 즉, 의정활동을 건전한 시민적 상식으로 평가하고 공개해 국민에게 자료를 제시함으로써 국민들의 정치적 관심을 높이고, 의원들로 하여금 성실한 의정활동을 유도하기 위한 것이다. 특히 의회발전시민봉사단은 1998년 정기국회의 국정감사를 대상으로 의정감시 활동을 벌였다. 정개련의 국정감사 감시활동은 정개련이 해체되면서 중단되었고, 이를 시민단체 연대기구인 국감 모니터연대가 이어갔다. 이들은 1999년부터 2001년까지 3년 동안 국정감사 모니터활동을 벌였다. 의정감시활동을 가장 효율적으로 한 대표적 사례는 39개 시민단체의 연대기구인 '99국감모니터연대'의 활동이라고 할 수 있다(이현출 2004).

그러나 국감모니터 활동은 2000년까지 실시되고, 2001년부터는 명칭은 유지하되 이전처럼 별도의 사무국을 구성하지 않고 동일한 형식의 모니터 작업이나 평가 작업은 하지 않았다. 참여연대도 국회의원의 법안발의 실적이나 출석률 · 표결참여율 등 양적인 지표를 중심으로 의정활동을 평가해 왔다. 그러나 17대 국회부터는 양적 지표만으로 의정활동 우수의원을 선발하는 방식에 문제점이 있다고 보고 2004년 '열려라 국회' 사이트를 열어 유권자가 국회의원 의정활동 관련정보를 상시적으로 확인할 수 있도록 하였다.

지속적으로 의정활동 평가를 주도해온 경실련이나 참여연대는 공익적 성격의 시민단체라는 점에서 평가기준도 포괄적 · 망라적 기준을 설정하고 있다. 이에 반해 다양한 이익단체들은 자신들이 추구하는 특수이익의 관점에서 의정활동을 평가하고 있다. 전국경제인연합회(이하 전경련) 산하 자유기업원이 발표하고 있는 국회의원 시장친화지수나 카톨릭 사회교리를 실천할 목적으로 2007년 창립된 '사회정의 시민행동'에서 선정하는 '공동선 의정활동상'도 그러한 시도 중의 하나이다. 이 외에도 각종 이익집단에서 자신들의 이익표출에 공로가 많은 의원들을 선정하는 것도 같은 맥락이다.

최근의 국정감사 활동 평가는 경실련, 국감NGO모니터단과 같은 공익적 시민단체나 일부 특수지 등에서 특정 상임위를 중심으로 실시된 국감평가를 들 수 있다. 경실련은 상임위별로 국정감사 우수의원을 1인씩 선정하였다. 주요 언론과 온라인 언론을 통하여 상임위 모니터활동을 하여 그 결과를 중심으로 '이슈제기능력'과 '대안제시능력'의 두 가지 영역으로 나누어 영역별 5점 척도로 구성하였다. 국감NGO모니터단도 전체의원을 대상으로 질의내용, 출석률 등을 기초로 상임위별 5~6인씩의 우수의원을 선발하였다. 바른사회시민회의는 200여 명의 대학생을 대상으로 국정감사에 대한 설문조사를 실시하여 우수의원을 선정하였다.

2. 의정활동평가 기준과 방법

기존의 의정활동평가는 주로 정량평가와 정성평가로 이루어진다. 양적 측면에서 의정활동을 평가하는 정량평가에는 출결, 법안발의 건수, 보고횟수 등의 지표를 기준으로 삼고, 질적측면에서 평가하는 정성부문은 주로 속기록 내용을 정책심의 능력, 정책대안 제시능력, 이슈제기 능력, 개혁성, 전문성 등의 지표를 통해 분석하고 평가해 왔다(윤종빈 2006).

주요단체의 의정활동평가 기준은 다음의 <표 1>에서 보는 바와 같다(일부 내용은 이현출 2004 재인용). 나라정책연구회는 총 600점 중에서 정량분석과 정성분석에 각각 300점씩 배정하고 있다. 그리고 정량분석에는 출석횟수, 보고횟수, 일문일답, 일괄질의, 자료요구건수 등의 지표로, 정성분석에는 정책대안능력, 국정심의능력, 이슈제기능력, 전문성의 지표로 속기록을 중심으로 발언내용을 분석하였다. 제165회 정기국회 상임위활동만을 분석하였지만, 국회의원별 출석률과 질의횟수 등을 실명으로 발표하기도 하였다. 따라서 최초의 의정평가로서 평가기준의 정교함을 떠나 의정평가 자체가 발표된다는 점에서 국회의원들에게 많은 자극이 되었다고 할 수 있다. 동 연구회는 속기록 외에도 설문조사를 통해 의정활동평가를 시도하였으나 응답률이 저조하여 분석 자료로는 활용하지 않았다.

경실련은 1996년 1차 의정활동 평가를 실시하였다. 국정감사 시민연대 등 감시단의 활동기록과 언론보도를 참고하며 국회 속기록을 평가의 주요 자료로 활용하였다. 원내활동과 원외활동을 평가대상으로 하고, 그 비율은 700 대 200으로 하였다(1999년 기준). 그리고 원내활동은 정량분석(300점)과 정성분석(400점)으로 나누어 평가하였다. 300점을 차지하는 정량분석은 출석횟수(80점), 법안발의 수(80점), 일괄질의(60점), 일문일답(40점), 보고횟수(20점), 특위활동수(20점)의 6가지 지표로 나라정책연구회의 기준과 비슷하다. 정성분석에서는 정책대안능력, 국정심의능력, 이슈제기능력은 나라

정책연구회와 같으나 경실련은 전문성 대신에 개혁성이라는 항목을 제시하였다. 여기에 원외활동(200점)의 기준으로 입법연구와 사회활동을 평가하고 있다.

그러나 경실련은 16대 국회부터는 회의부문과 비회의부문으로 나누어 평가를 하고 있다(평가기준 변화에 관해서는 부록1 참조, 경실련 2000; 경실련 2001). 회의부문은 정량분석(200점)과 정성분석(300점)으로 구성되었다. 비회의부문은 입법연구 · 사회활동 등으로 측정한다(300점). 정량분석은 출석횟수, 법안발의 수, 일괄질의, 일문일답, 보고횟수, 특위활동 수의 지표를 여전히 이용하였다. 정성분석은 전문성과 개혁성을 중심으로 위와 같은 4가지 지표에 의하여 측정하였다.

한국유권자운동연합은 상임위원회와 국정감사에서 나타난 의원들의 발언내용에 대한 속기록을 근거로 평가하였다. 총 500점 만점(국감의 경우는 600점)으로 정성평가에 400점, 정량평가에 100점을 할애하고 있다. 정량평가는 출석횟수, 발언량, 발언빈도를 기준으로 평가하고 있고, 정성평가에는 문제제기능력, 대안제시능력에 공정성과 민주성이라는 항목을 제시하고 있다. 국정감사의 경우에는 업무파악능력을 추가하였다(<표 1>).

한편 국감연대는 크게 3가지 기준, 즉 개혁성-전문성, 공익성, 그리고 성실성 항목을 제시하고 있다. 세부적으로는 개혁성과 전문성을 측정하기 위해서 정책대안제시능력, 문제제기능력, 전년도 국감지적사항 처리여부 파악, 일문일답 진행능력 등 4개 요소를 활용하였다. 공익성 항목은 사적 이해나 이익집단의 요구 또는 지역구 민원을 편파적으로 대변하는지 여부로 평가하였다. 성실성 영역은 국감장 출석여부와 피감기관 답변청취태도를 포함하고 있다.

법률소비자연맹은 18대 국회 출범 이후 3개년 간 국회의원들의 의정활동을 평가해 왔는데 총 116점 만점에 본회의 · 상임위 출석률, 대정부질문 재석률, 의안표결 참여율, 법안발의건수 등을 계량화하여 정량평가를 하

표 1. 주요단체의 의정활동평가 기준

구분	평가대상		평가방법			평가 기준								
						정량 분석								
	원내	원외	정량분석	정성분석	설문조사	출석횟수	발언량	발언빈도	법안발의수	일괄질의	일문일답	보고횟수	자료요구건수	특위활동수
나라정책연구회	○		○	○	○	○				○	○	○	○	
경실련	○	○	○	○		○			○	○	○	○		○
유권자운동연합	○		○	○		○	○	○						
법률소비자연맹	○		○			○			○					
국감시민연대	○					○					○			

구분	평가 기준							기타	
	정성 분석								
	정책대안능력	국정심의능력	이슈제기능력	개혁성	전문성	공정성	민주성	입법연구	사회활동
나라정책연구회	○	○	○		○				
경실련	○	○	○	○				○	○
유권자운동연합	○		○			○	○		
법률소비자연맹									○윤리
국감시민연대	○		○	○	○	○			

* 자료: 이정희 · 윤종빈, "한국에서의 의정활동 평가: 주체.방법.정치적 함의", NGO연구 1권 1호, 2003), p.191.; 이현출, "시민단체의 선거참여와 의정감시활동 방안", 대한정치학회보 제11집 3호(2004), p.313 참조 필자 재작성

고, 국회의원 징계건수, 발의법안에 표결 불참여부 등에 대한 감점요인을 부가하고 있다. 이들은 주로 정량평가에 의존하고 있으나, 국회 윤리위 피소시 −5점(단, 징계안 발의자가 5인 이상인 경우), 대표발의법안 표결에 불참하는 경우 법안당 −3점, 기권 −8점, 반대 −15점을 주고 있으며, 공동발의 법안에 대해서도 불참 −0.5점, 기권 −5점, 반대 −10점을 부여하고 있는 점이 특징이다(법률소비자연맹 2011).

평가기관별 평가방법도 다양하게 나타났다. 우선 평가가 전문가에 의해 이루어지느냐, 시민봉사단에 의해 이루어지느냐에 차이를 보인다. 정개련은 배심원이라 불리는 국감모니터요원들에 의한 평가를 실시한 반면 나머지 기관은 전문가들의 평가에 의존하고 있다.

국감모니터요원들에 의한 현장평가는 국회 안팎에 큰 반향을 불러일으켰고, 의원들이 시민봉사단의 감시활동에 민감하게 반응할 정도로 견제와 감시의 효과를 극대화할 수 있었다. 그러나 모니터요원들의 체크리스트는 주로 감사장에서 눈으로 확인 가능한 형식적이고 절차적인 부분에 크게 의존하고 있다. 따라서 비전문가들의 시각에서 의정활동의 질적 중요성을 파악하는 데에는 한계가 있고, 결과적으로 '겉으로 드러난 성실함'과 '바람직한 의원상'과는 일치하지 않을 수 있다는 점에 주목할 필요가 있다(이현출, 2004). 그리고 비전문가인 봉사단의 편견과 주관까지 겹치게 되어 감사의 객관성을 저해할 우려도 있었다.

위의 <표 1>에서 살펴보는 바와 같이 각 평가기관에 따라 평가대상과 평가지표가 일정하지 않다는 점을 알 수 있다. 의정활동평가가 공정하고 신뢰성 있는 평가로 자리잡기 위해서는 가장 시급한 과제가 의정활동평가 방법과 지표를 명확히 하는 것이다. 공개적인 논의과정을 거쳐 유권자와 전문가 그리고 국회의원들이 서로 납득할 수 있는 기준을 제시하고 이를 사전에 공표하는 것이 신뢰성을 높이는 방법이 될 것이다. 그리고 정량평가의 경우에는 크게 문제될 것이 없지만 정성평가의 경우에는 많은 문제가 제기될 수 있다.

평가기준 문제뿐만 아니라 객관적인 인사에 의한 평가가 중요하다. 평가 후 평가에 참여한 인사의 인적 사항이 공개되어야 평가의 투명성을 확보할 수 있을 것으로 보인다(이현출 2004).

이외에도 평가대상과 범위를 두고도 논란이 있다. 당직과 국회직에 대한 가산점 부여를 어떻게 할 것인지에 대한 통일된 기준도 없고, 공정성에 대한 인식의 차이도 존재하고 있음을 알 수 있다(평가대상 및 범위에 관한 논의는 이정희·윤종빈 2003).

Ⅳ. 의정평가의 쟁점과 대안

1. 의정활동 평가의 특징과 문제점

한국의 의정활동평가는 그 역사가 짧음에 비해 국회의원들의 의정활동의 태도에 상당한 변화를 가져왔다고 평가할 수 있다. 의정활동평가는 유권자와 의원 간의 거리를 좁히고 유권자의 요구에 반응하는 의회상을 정립하는데 크게 기여했다고 평가된다(이현출 2004).

국회의원들은 시민단체의 의정평가를 의식해 출결석을 중시하고, 법안발의에 온갖 노력을 기울이고 있다. 이러한 노력은 17대 국회부터 의원입법의 팽창으로 나타났다. 17대 국회의 의원입법 발의건수(6,387건)는 16대 국회(1,912건)에 비하여 약 3.3배 증가된 수치이다. 이러한 증가는 언론이나 시민단체가 의정활동 평가항목에 의원입법 발의건수를 중요하게 다룬 점에 기인한 바 크다. 국회의원에게 의정활동은 지역구 활동 못지않게 중요할 뿐 아니라, 언론이나 시민단체의 의정활동 평가가 긍정적으로 나올 경우 재선에도 도움이 될 수 있다는 점에서 법안발의가 활성화 되었다고 볼 수 있다(이현출 2009). 나아가 이러한 평가가 축적됨으로써 향후 유권자의 올바른 선택을 위한 효과적인 정보를 제공한다는 점에서 책임성 확보를 위한 유용한 수단이 확보되었다는 점도 의미가 크다. 유권자 입장에서뿐만 아니라 국회로서도 의회본연의 기능을 수행하는 데 있어서 생산성을 높이고 국민의 신뢰를 높이는 데 기여했다고 평가받을 수 있을 것이다.

그러나 이러한 성과에도 불구하고 보다 나은 의정활동평가를 위해서 몇 가지 문제점도 지적할 수 있다. 첫째, 지나치게 양적 지표 중심의 평가에 의존하고 있다는 점이다. 그동안 양적 지표의 하나로 법안발의 건수에 대한 평가가 이루어지면서 의원입법의 양적 팽창이 크게 이루어졌다. 특히 17대 국회와 18대 국회에서의 법안발의 실적은 이전 국회와 비교가 안 될 정도로 급증하였다. 그러나 법안 가결률은 이를 따르지 못하고 있다. 따라서 단순한 정량평가보다는 입법의 질이나 가결률 등에 대해 주목할 필요가 있다.

둘째, 국회의원의 활동 중 중요한 부분을 이루고 있는 지역구 활동에 대한 평가가 중요하게 다루어지고 있지 않다는 점이다(이정희 · 윤종빈 2003; 이현출 2004). 지역구 활동은 대표자에 대한 인지적 효과와 친밀감을 가져오기 때문에 현직자의 재선에 매우 중요한 역할을 한다는 것이 기존 연구의 결과들이다(Searing 1994). 의원들의 활동은 입법활동(lawmaking), 정부사업 유치활동(pork barrelling), 그리고 민원활동(casework)으로 구분될 수 있는데, 입법활동은 다른 활동에 비하여 논쟁적(controversial)이고, 비가시적(nonvisible)이어서 의원의 득표활동에 결정적 영향을 미치지 못한다(Fiorina 1977). 이슈와 정책에 관한 사항 역시 논쟁적이고 유권자에게 잘 인식되기 어려운 측면이 있으나, 지역구 활동을 포함한 원외 활동의 경우 그 효과가 비논쟁적이고 가시적이어서 유권자들의 현직자에 대한 호의적 선호를 이끌어낼 수 있다. 이를 통해 의원들은 득표력을 확장할 수 있기 때문에 유권자들의 정책적 선호를 정확하게 파악하는 것이 중요하다.

특히 대의민주주의가 기능하기 위해서는 유권자와 대리인 간의 반응성(responsiveness)과 책임성(accountability)의 확보가 중요하다고 볼 때, 그 개념은 협의로는 지역구 유권자의 요구에 대한 반응으로부터 시작한다고 볼 수 있다. 따라서 궁극적으로 이들로부터 심판을 받아 재선에 도전하게 된다고 볼 때 국민전체의 복지를 위한 정책입안도 중요하지만, 지나치지 않는 범위 내에서 지역구민들의 이해관계를 관철시키는 것은 대의민주주의의 본질과 어긋나지 않는다고 할 것이다(이정희 · 윤종빈 2003).

그러나 지역구 활동에 대한 평가 범위와 기준을 마련하기는 매우 힘들다(한정택 2012). 이러한 지역구 유권자에 대한 반응성의 척도로서 선거과정에서 제시된 정책매니페스토에 대한 이행평가도 고려할 필요가 있을 것이다. 지역구활동에 대한 평가를 위해서는 공약의 이행여부에 대한 평가에서부터 시작할 필요가 있으며, 금후 지역구 의원에 대한 공약평가시스템의 개발 또한 의정활동평가의 일환으로 연구되어야 할 것이다(이현출 2004).

셋째, 이념과 가치가 내재한 문제를 지나치게 획일적으로 재단할 우려가 크다는 것이다. 의정평가는 정성적 평가가 차지하는 비중이 커지고, 이에 따라 평가자의 주관적 가치가 노출될 가능성이 항상 존재하는 영역이라고 할 것이다. 따라서 정성평가에서 전문성이 확보되지 않으면 객관성과 공정성을 담보하기 곤란한 상황이 발생할 수 있다. 예를 들면 이라크 파병에 대해 찬성하는 의원은 반개혁적이고, 반대하는 의원은 개혁적이라고 성급하게 결론지을 수 없으며, 북한 핵문제를 놓고 한미공조를 주장하면 반개혁적이고 민족공조를 주장하면 개혁적이라고 단정할 수 없는 것과 마찬가지이다(이현출 2004). 이러한 측면에서 비전문적인 자원봉사자나 상근자 중심의 평가는 평가결과에 대한 신뢰성을 저하시킬 우려가 있을 것이다.

특히 관련 이익집단이나 사용자단체에 의한 평가인 경우에는 자신들의 이익을 관철하기 위한 정책제안을 제시할 수 있으나, 공공의 선을 추구하는 시민단체가 특정 이슈에 대한 입장을 밝힐 때에는 민주적 공론화 작업이 철저히 이루어진 후에야 가능한 것이다. 내부의 다양한 성원들 간에 열린 의사통로를 통해 공론을 정한 후에 이를 국회의원에게 제시하고, 이에 대한 찬반의견을 들어 '개혁', '반개혁'의 평가를 내리는 것이 보다 합당한 방법일 것이다.

또한 민주사회에서 의회는 다양한 이익이 경쟁하는 장이므로 각각의 이익집단 등은 자신들이 추구하는 가치나 이익에 부합되는 주관적 평가를 더욱 확대할 것으로 전망된다. 따라서 향후 평가는 정량평가보다는 주관적 지표인 정성평가의 비중이 더욱 높아질 것으로 전망된다. 이 경우 정성평가의 주체는 그 근거를 밝혀야 하며, 유권자들도 평가주체의 주관성을 전제로 평가결과를 해석할 수 있도록 안내할 필요가 있다(손혁재·이종훈·유재일 2005).

넷째, 평가의 지속성 보장이다(서강대학교 현대정치연구소, 앞의 논문, 2008). 지금까지 우리의 의정평가는 소수의 시민단체들에 의해 산발적으로 진행되어 왔다. 그나마 오늘날에는 전문적이고 종합적인 의정평가를 추진하는 경우도 드물다. 이러한 측면에서 평가의 연속성, 지속성은 의정활동의 객관성을 제고하는 토대가 될 수 있다는 점을 고려하여, 권위 있는 지도급 인사들이 평가의 장을 마련하고 그 아래에 각급 평가기관들이 자신의 입장을 밝히는 방법을 모색할 필요가 있다고 본다.

2. 의정평가 모형 모색

이상의 논의에 기초하여 의정평가 주체와 기준에 대한 방향을 모색해 보고자 한다. 먼저, 의정평가 주체는 지금과 같은 시민단체와 이익집단, 그리고 전문가 집단에 더하여 향후 각종 특수이익을 추구하는 집단의 참여가 활성화될 것으로 전망된다. 일본의 경우 매니페스토 평가 등에 경제단체연합(한국의 전경련에 해당)과 총련(한국의 노총에 해당)이 평가에 참여하고 한자리에서 발표하는 자리를 갖는다.

이 경우 각각의 평가주체는 어떤 기준에서 평가가 이루어졌다는 것을 명확히 밝혀야 할 것이다. 뿐만 아니라 평가방법도 국민이나 전문가 참여를 통한 현실적실성과 합리성을 강화하는 데에 주목할 필요가 있다. 예를 들면 전문가에 의한 등급평가는 물론 배심원단 입법평가의 결과를 의정평가에 반영하는 방법도 고려해볼 만하다. 아울러 다양한 평가주체가 자신들의 기준에 따라 평가한 결과를 발표할 장을 마련해주는 방안도 검토할 필요가 있다고 본다. 예를 들어 동일한 발표 공간에서 전경련과 한국노총 등이 평가한 결과를 동시에 발표할 공간을 마련하고, 그 각각의 결과를 두고 유권자가 판단할 수 있도록 하자는 것이다. 이러한 자리를 만들게 되면 평가기관도 자신의 평가가 비교될 수 있기 때문에 자기통제를 기할 수 있다는 장점이 있다. 유권자 입장에서도 다양한 의정평가를 수평적으로 비교 가능할 것이며, 자신의 이념적 입장에 따라 평가결과를 취사선택할 수 있다는 이점이 있다.

둘째, 평가항목의 개발이다. 지금까지 제시된 모형들에 따르면 정량평가와 정성평가에 다양한 평가항목을 제시하고 있다. 그러나 필자는 국회의원 의정평가에 요구되는 항목을 기존의 성실성, 전문성, 개혁성 등만으로는 포괄할 수 없다고 판단한다. 즉, 평가기준도 의회주의의 측면에서 검토될 필요가 있다고 본다. 의회민주주의의 기본적 요소가 대표성, 반응성을 확보하는 데에 있다면 평가기준도 목적지향적 항목을 중요하게 배치할 필요가 있다는 것이다. 따라서 의원의 개별적 성향을 평가하는 항목으로 수단적이고 간접적인 덕목을 형식적으로 평가하게 되는 성실성이나 전문성 요소는 그 의의를 냉정히 평가할 필요가 있다(김종철, 위의 글, 2쪽). 더욱이 개혁성과 같은 기준은 평가주체에 따라 기준이 매우 다를 수 있기 때문에 평가에 혼란을 줄 수 있다. 따라서 다음의 <표 2>에서 제시하는 바와 같은 모형을 고려해볼 수 있을 것이다.

<표 2>에서 제시하는 모형은 정량평가와 정성평가를 이원적으로 구분하지 않고, 대표성, 반응성, 생산성이라는 3가지 평가항목 내에 포함되도

표 2. 의정평가 모형 제안

평가항목	배점	세부 배점	세부지표
대표성	100	30 20 20 30	출석률(본회의, 상임위, 표결) 윤리성(의원윤리 제소 등) 민주성(법안 공청회, 정책세미나 등 실적, 청원 소개 건수) 타협 및 설득능력(갈등해결을 위한 심의 능력)
반응성	200	50 100 50	지역적 반응성(매니페스토 이행도) 사회적 반응성(법안내용, 표결 태도, 이슈제기 능력) 국정감사 능력(자료제시, 문제제기 능력 등)
생산성	150	50 50 50	법안발의 건수 법안 가결 건수, 가결률 전문성(정책대안 능력 등)

록 구성하였다. 이는 정성평가와 정량평가의 구분이 형식적으로는 구분가능하고 쉽게 인식되지만, 실제 의정평가에 있어서는 융합적으로 이루어지기 때문이다. 아울러 본 모형은 반응성 지표에 매니페스토 항목을 포함함으로써 국회의원의 정책공약 이행도를 동시에 평가할 수 있다. 이는 향후 정책선거 활성화에 기여할 것으로 기대된다.

모형에서는 의회민주주의 측면에서 국회의원에게 요구되는 덕목으로 대표성, 반응성, 생산성을 제시한다. 대표성 역량은 국민의 대표로서 갈등해결과 통합기능을 수행하는 데 기여하는 능력을 평가하는 것으로 성실성과 윤리성 그리고 타협과 설득능력 등의 덕목을 들 수 있을 것이다. 아울러 의사결정의 민주성도 대표성의 세부항목으로 살피고자 하였다.

다음으로 의회의 기능 중의 하나인 민의수렴기능으로 유권자의 선호에 반응하는 반응성 지표를 고려하여야 할 것이다. 지역적 반응성을 나타내는 선거 매니페스토 이행도, 사회적 반응성을 나타내는 법안의 내용이 사회적 문제해결을 담고 있는지 여부와 이슈제기능력 등에 대한 평가, 행정부 견제능력을 보는 국정감사 평가를 고려할 필요가 있을 것이다. 보통 국회의원 후보자의 매니페스토에는 국가적인 공약도 포함되어 있지만, 지역사회의 비전과 개발공약, 그리고 지역의 현안으로 부각된 민원사항 등이 포함된다. 따라서 지역적 반응성은 우리가 앞에서 논의한 지역구 활동에 대한 평가의 의미를 갖는다는 점에서 의의가 크다고 할 것이다. 실재 한국매니페스토실천본부와 같은 시민단체는 매년 의원들의 매니페스토 이행평가 작업을 추진하고 있기 때문에 여기에서 나온 평가결과를 활용할 수도 있을 것이다.

사회적 반응성은 법안의 내용과 표결태도가 우리 사회가 당면한 문제해결에 부합하는지 여부를 판단하는 것이다. 따라서 입법과정에 국민의 의견수렴을 위하여 도입된 입법예고 시스템(홍완식 2007) 등에 나타난 국민의 반응 등도 포함하는 방안을 고려할 수 있을 것이다. 끝으로 국민이 가려워하는 부분에 대한 대정부 감독기능을 얼마나 잘 수행하는지 살펴야 한다.

다음으로 의정활동의 효율성을 나타내는 생산성 지표를 고려할 수 있을 것이다. 생산성 지표는 국회에 대한 국민의 신뢰척도의 기초가 되는 요소 중 하나이다. 여기에는 단순한 법안발의의 양적 평가뿐만 아니라 법안의 가결 건수와 가결률 등이 그 지표가 될 수 있을 것이다. 또한 법안성립도 단순히 가결과 부결의 이분법을 떠나 원안가결, 수정가결, 대안폐기 등의 경우에는 차등적으로 점수를 부여하는 방안도 고려할 수 있을 것이다.

기존의 평가는 단순히 가결과 부결로 나눔에 따라 대안폐기와 같이 심의과정에 위원회 대안에 법안내용이 많은 부분 녹아있음에도 평가받지 못하는 불합리를 해결할 수 없기 때문에 이에 대한 시정도 가능할 것으로 본다. 전문성은 속기록 등을 통하여 의원이 입법과 정책 또는 예결산 심의 등에 전문적 지식을 바탕으로 문제점을 제기하고 대안을 제시하는지 등을 살피자는 것이다.

V. 결론

의정평가는 민주주의 정치과정에서 매우 중요한 의미를 지님에도 불구하고 그 방법에 대해서는 사회적 합의를 이루지 못하고 있다. 의정평가는 살핀 바와 같이 기능을 제대로 발휘하지 못하고 있는 우리 대의민주주의의 기능회복을 위해서 중요한 의미를 갖는다. 유권자와 국회의원 모두에게 중요한 의미를 지니기 때문에 합리적이고 수범 가능한 기준을 마련하는 것은 의정평가의 지속가능성을 위해 중요한 의미를 지닌다.

이 글에서는 의정평가 기준으로 의회민주주의의 측면에서 목적지향적 평가항목을 제시하고, 기존에 수단적이고 간접적 덕목을 형식적으로 평가하는 성실성, 전문성 등의 요소는 목적지향적 평가항목의 세부항목에 포함하고자 하였다. 주요 평가항목으로 국회의원의 대표성과 반응성 그리고 생산성을 새로이 제시하였다. 여기에는 정성평가와 정량평가가 함께 포함되어 있다. 향후 각각의 항목을 평가할 세부지표를 계량가능하고, 변별력 있게 수립하는 것은 후속연구에 맡기고자 한다.

이러한 평가지표는 각 평가주체에 의해 탄력적으로 적용이 가능할 것으로 본다. 예를 들면, 사회적 반응성에 대한 평가는 법안의 내용과 표결태도를 통해 살피게 되는데 이 경우에 각각의 평가주체가 추구하는 입장에 따라 각기 다른 기준에 따라 평가가 가능할 것이다. 그러나 각각의 주체가 의정활동 우수의원을 시상할 때에는 적어도 어떤 기준을 우선적으로 고려하여 평가하였는지 분명히 밝혀주어야 유권자의 오해를 막을 수 있을 것이다.

아울러 평가의 공정성 확보를 위한 평가주체의 노력이 요구된다고 할 것이다. 정성평가에서는 다분히 전문성이 요구되기 때문에 일반 국민 평가뿐만 아니라 전문가의 의견도 함께 반영하거나, 전문가 평가에 더하여 배심원단 평가를 도입하는 방안 등도 검토해볼 필요가 있다.

의정활동 평가는 주관적이고 이념적 평가기준이 포함되는 경우가 많으므로 각각의 평가에 대해 유권자가 참고할 때에는 유권자 스스로가 중요하다고 생각하는 적절한 가중치 부여〔가중치는 AHP(analytic hierarchy process: 계층화 분석 과정)기법에 따라 부여할 수 있는데, 이 기법은 시스템이론을 근거로 개발한 방법으로 해결해야할 문제를 몇 개의 계층구조로 파악한 후 분석과정을 통해 상대적 우선순위를 결정하는 기법이다.〕가 필요하다는 점도 염두에 두어야 할 것이다. 이를 위해서는 AHP기법 등 다양한 기법을 평가에 적용해보는 노력이 필요하다.

참고문헌

- 가상준. 2005. "대통령 지지율과 2004년 대통령선거." 『국제정치논총』 제45권 1호.
- 김도종. 2011. 『공천을 통한 의원교체와 의정활동의 효과성 연구: 의정활동 평가모델을 중심으로』. 한국의회발전연구회.
- 김의영. 2003. 『대의제 민주주의 공고화를 위한 시민사회의 바람직한 정치참여 방안』. 2003년도 국회연구용역과제 연구보고서.
- 김혁. 2010. "매니페스토와 선거 결과의 관계성에 대한 연구: 2006년 지방선거에서의 매니페스토 평가결과를 중심으로." 『한국정책학회보』 제19권 3호.
- 나라정책연구회. 1996. 『제14대 국회 의정활동 평가보고』. 백산서당.
- 서강대현대정치연구소. 2008. 『국회의원 의정활동평가 개선방안의 모색: 정성적 평가의 필요성과 제17대 국회의원 경제정책 성향평가 결과』. 국가경영전략연구원.
- 서재영 · 권영주. 2008. "매니페스토 평가점수가 득표율에 미친 영향: 제4회 전국동시지방선거 시 · 도 지사선거를 중심으로." 『한국지방자치학회보』 제20권 제1호 통권 61호.
- 손병권. 2004. "17대 초선의원들의 의정활동 평가." 『의정연구』 제18호. 한국의회발전연구회.
- 손혁재. 2000. "국회와 시민운동." 『의정연구』 제6권 제1호. 한국의회발전연구회.
- 손혁재 · 이종훈 · 유재일. 2005. 『시민단체의 의정감시와 의정 평가』. 국회연구용역과제 연구보고서.
- 안순철. 2011. 『제18대 국회의원들의 의정활동 평가: 정당, 의정경험, 선출방식을 중심으로』. 한국의 회발전연구회.
- 이현출. 2006. 『매니페스토와 한국정치 개혁』. 건국대학교출판부.
- 윤종빈. 2006. "국회의원 의정활동의 평가 통합모형 연구." 『의정연구』 제12권 제2호. 한국의회발전 연구회.
- 이정희 · 윤종빈. 2003. "한국에서의 의정활동 평가: 주체 · 방법 · 정치적 함의." 『NGO연구』 1권 1호. 한국NGO학회.
- 이현출. 2004. "시민단체의 선거참여와 의정감시활동 방안." 『대한정치학회보』 제11집 3호. 대한정치학회.
- 이현출. 2009. "17대 국회 의원입법안 분석." 『한국정당학회보』 제8권 제1호. 한국정당학회.
- 이현출 · 가상준. 2011. "2010 지방선거 매니페스토 평가와 과제." 『지방행정연구』 제25권 제4호. 한국지방행정연구원.
- 임령. 2013. "질적 양적 지표에 의한 의정활동 평가: 서울특별시의회를 중심으로." 박사학위논문. 전주대학교 대학원.
- 임혁백. 2000. 『세계화시대의 민주주의』. 나남출판사.
- 최준영. 2006. "의원발의의 동인에 대한 경험적 분석: 사건계수 분석기법(Event Count Analysis)을 중심으로." 『21세기정치학회보』 제16집 2호. 21세기정치학회.

- 한국유권자운동연합 의정평가단. 2003. 『제7차 국회의정활동평가서: 제16대 3차, 2002년도』. 태양문화사.
- 한정택. 2012. "제18대 국회 의정활동 평가: 원외 활동 평가 모델의 탐색." 『의정연구』 제18권 1호. 한국의회발전연구회.
- 홍완식. 2007. "입법과정에서의 문제점과 개선방안." 『일감법학』 제11호. 건국대학교 법학연구소.

- Erikson, Robert S. 1990. "Economic Conditions and the Congressional Vote." *American Journal of Political Science Review* 34(2).
- Fiorina, Morris P. 1977. *Congress: Keystone of the Washington Establishment*. NewHaven. Conn.: Yale Univ. Press.
- Mair, Peter. 2001. "Searching for the positions of political actors: A review of approaches and a critical evaluation of expert surveys." Michael Laver(ed.). *Estimatingthe Policy Positions of Political Actors*. London: Routledge.
- Mann, Thomas E. / Raymond E. Wolfinger. 1980. "Candidates and Parties in Congressional Election." *American Political Science Review* 74(3).
- Mayhew, David R. 1974. Congress: *The Electoral Connection*. New Haven. Conn.: Yale Univ. Press.
- Przeworski, Adam · Susan C. Stokes · Bernard Manin. 1999. *Democracy, Accountability, and Representation*. Cambridge: Cambridge Univ. Press.
- Saaty, T. L. 1982. *Decision Making for Leaders: The Analytic Hierarchy Process for Decisions in a Complex World*. Belmont, Calif.: Lifetime Learning Publications.
- Searing, Donald D. 1994. *Westminster's World: Understanding Political Roles*. Cambridge, Mass.: Harvard Univ. Press.
- Smulovitz, Catalina and Enrique Peruzzotti. 2000. "Societal Accountability in Latin America." *Journal of Democracy* Vol. 11(4).
- Stokes, Donald E. and Warren E. Miller. 1966. "Party Government and the Saliency of Congress." in Angus Campbell et al., *Elections and the Political Order*. New York: Wiley.

- 경실련. 2000. 1999년도 15대 국회의원 의정활동 종합평가 발표자료.
- 경실련. 2001. 16대 국회의원 2000년 의정활동 평가결과.
- 대선유권자연대. 2002. 제16대 대통령후보 대선자금 실사 종합결과 발표.
- 대선유권자연대. 2002. 제16대 대선후보 정책 종합평가 발표 기자회견 자료.
- 법률소비자연맹. 2011. 「대한민국 헌정대상·헌정우수상 시상식 및 3년간의 의정활동종합 평가회 설명자료.
- 이원희 · 오영균 · 김 혁. 2006. 스마트지표의 실효성 평가. 한국정책학회 추계학술대회 발표자료집.

부록 1. 경실련 의정활동 평가 변화 추이

소분류	1996년도 평가			1999년도 평가			2000년도 평가			평가 내용
	대분류	지표	배점	대분류	지표	배점	대분류	지표	배점	
입법발의	정량분석 (300)	0	80	정량분석 (300)	0	80			아래	입법활동
출석횟수		0	80		0	80	회의부문-정량평가 (200)	0	80	의정활동 성실성
일괄질의		0	70		0	60		0	60	심의 준비성/전문성
일문일답		0	50		0	40		0	40	전문성/논리성/합리성
보고횟수		0	10		0	20		0	20	상임위 회의의 주도성
자료요구건수		0	10							준비성/성실성
의사진행방해		0	-20							진행방해/중복질의/욕설
특위참여수					0	20				의정활동 적극성/성실성
정성계량	정성분석 (300)	0	300	정성분석 (400)	0	400	회의부문-정성평가 (300)	0	300	이슈제기/국정심의/대안제시/개혁성
감점지표		0	-20		0					비공익적 발언/행위 -지역구/특정사업/기업 등 사익보호
주요직책수행				원외활동 (입법연구/사회활동) 분석 (200)	0	50	비회의부문 (300)	0	60	
정책토론회 참여수					0	30		0	30	TV/시민단체주관-전문성, 국민의견조사노력
정책보고서 발간횟수	입법연구/사회활동분석 (100)	0	30		0	20		0	20	의정활동관련 정책보고서/백서발간횟수-연구노력/전문성
청원소개횟수		0	30		0	40		0	40	
설문조사		0	20		0	20		0	20	국민의견수렴노력
국회연구모임 가입수		0	10		0	20		0	15	입법연구활동
인터넷활용		0	10		0	20		0	15	통신전용방개설수/쌍방향토론게시판운영
감점지표		0	-30		0	-50				품위손상/물의 윤리위 제소된 건수(2000년 경우 당적이탈자 포함)
입법발의								0	40	
								0	40	
위원회참여수								0	20	
합계 (점)	700			900			800			

제 3 부

세계화와 의회정치의 변화

08

한미동맹에 대한 국회의 영향

原著
– 이현출(Lee Hyun-Chool) · 길병옥(Kil Byung-Ok), "Legislative Influences of the ROK National Assembly on the Security Alliance Format with the US", 『한국동북아논총』 제17권 제3호 통권 64집, 2012, pp.375–404.

Ⅰ. 서론

한국의 민주화는 외교정책의 내용과 결정방식을 근본적으로 변화시켰다. 특히 외교정책 결정과정은 과거의 '대통령이 지배하던 비밀스런 정원(secret garden)'으로부터 이제 '민주주의의 광장(democratic square)'으로 나왔다고 할 만큼(장훈 2007) 다양한 세력의 참여가 이루어지고 있다.

한미동맹과 관련된 정책에 있어서도 제왕적 대통령의 권한은 약화되고 국회와 정당, NGO와 시민사회의 참여와 견제가 다양하게 이루어지고 있다. 그럼에도 불구하고 한미동맹을 비롯한 외교정책을 둘러싼 주요 행위자의 역할을 검토하면서 NGO와 시민사회에 의한 수직적 통제가 주목을 받은 반면(장훈 2007) 국회와 정당의 수평적 견제에 대해서는 소극적 평가를 해왔던 것이 사실이다.

그러나 국회와 정당은 단지 '게으른 소방수' 역할(장훈 2007)만 해왔는가? 기존의 연구에 따르면 대통령이 갖는 정보의 질과 양의 우위, 정책결정의 시급함과 비밀스러움, 대통령이 거느린 압도적인 참모의 질과 전문성과 같은 이유로 외교정책 결정에서 대통령의 독주가 나타난다는 것이다(Shull 1991). 반면 국회는 행정부와의 정보공유의 어려움, 보좌직원의 열악함, 의원의 낮은 관심으로 인하여 외교정책에 대한 국회의 불균형이 나타나고 있다. 더욱이 오늘날 세계화의 흐름 속에 초국가적 영역에 대한 국회의 통제는 조약의 비준동의권에 한정되어 있어(Lee 2010) 때때로 사후적으로 큰 불이 나서 구경꾼이 모여든 이후에야 불을 끄는 '게으른 소방수'로 비쳐지곤 하였다.

그러면 한미동맹의 조정과정에서 국회와 정당은 어떠한 역할을 해 왔는가? 정권교체에 따라 외교 행위자가 바뀌는 과정에서 한미동맹의 주요 이슈인 이라크 파병, 미군기지 이전, 방위비 분담, 한미 FTA 추진과 같은 이슈에서 국회는 대통령의 단순한 추종자가 아니라 자신이 추구하는 이념적 지향과 일정한 당론에 따라 다양한 역할을 하였음을 확인할 수 있다. 특히 국회에 진보세력이 다수를 차지한 17대 국회와 보수세력이 다수를 차지한 16대 국회와 18대 국회에서 이념적 인식의 변화는 주요 비준동의안과 법안에 대한 심의에서의 논점의 변화를 가져왔다.

그렇다면 국회는 한미동맹을 둘러싼 외교정책의 결정에서 어떠한 논점을 두고 어떻게 다투어 왔는가? 아울러 그러한 논점은 정권과 의회세력의 변화에 따라 어떻게 변화해 왔는가? 그러한 변화의 이면에는 어떠한 요인이 작용하고 있는가? 이 같은 질문에 답하기 위하여 16, 17, 18대 국회에서 의원들의 인식의 변화를 살펴보고, 실재 한미동맹 관련 법률안이나 비준동의안 처리를 둘러싸고 나타난 상호작용의 쟁점과 그 동인을 분석할 것이다.

각각의 사례를 통해 국회와 정당이 어떠한 역할과 영향력을 미쳐왔는지 분석함으로써 미래 한미동맹 강화를 위한 국회와 정당의 역할을 도출하는 데에 시사점을 얻을 수 있을 것이다.

Ⅱ. 한미동맹 영향요인으로서의 입법부

1. 한미동맹 강화와 국내요인

동맹의 강화에는 동맹국의 국내정치상황이 주요 변인으로 상정된다(Treventon 1985; Mckinsey and Nossal 1988). 각 동맹국의 정권이 교체되거나 세대교체가 일어나는 상황은 동맹을 바라보는 시각을 변화시킴으로써 동맹을 변화시킨다는 것이다. 구체적으로 사회 주요 구성원의 변화가 있을 때, 즉 사회를 주도하는 세력이 노년층에서 장년층으로 바뀔 때, 사회 주요 구성원의 출신성분이 바뀔 때, 집권층의 성격이 바뀌는 경우 기존 동맹관계에 변화가 올 가능성이 크다(김우상 2004; Leeds 2003; Walt 1997).

국가이익이란 정해져 있는 것이 아니라 주요 사회구성원, 특히 지도자들에 의해서 구성되어질 수 있기 때문에 어떤 이념을 가진 정권이 새로이 등장하는 가에 따라 기존 동맹도 영향을 받을 수 있다는 것이다. 특히 기존 동맹이 특정 정치집단의 이해관계나 이념과 연관되어 있을 경우 경쟁상태에 있는 정치집단에 의해 정치적으로 도구화 될 가능성이 높다(김우상 2004). 기존 동맹체제가 국가의 자주권을 침해하는 듯한 이미지를 내포하고 있는 자주·안보 교환동맹의 경우 문제는 더욱 심각해질 수 있다. 특히 정당과 국회 등 정치사회는 정권획득이라는 정치적 목적을 달성하는데 초점이 맞추어져 있다.

따라서 정치사회를 구성하는 행위자들은 국가안보와 관련된 제반 국내외적 사건도 소속된 정치사회의 정체성과 연계시켜 해석하고 행동하는 양상을 보이기도 한다. 특히 정치엘리트들의 동맹에 대한 인식은 매우 복합적이다. 동맹의 구성요소 각각에 따라 또는 경쟁관계에 있는 정당의 입장에 따라 동일한 사안일지라도 인식의 수준은 다를 수 있기 때문이다.

정당이나 정치엘리트들의 안보 및 동맹에 대한 인식수준도 초당적 통합, 보완적 경합, 경쟁적 대립, 배타적 분열 등과 같은 네 가지 양태로 구분할 수 있을 것이다(허세만 2006).

먼저 초당적 통합은 국가위기 상황이 발생할 경우 안보나 동맹에 대해 국가 중심적으로 인식하는 경우를 말한다. 9·11사태 이후 공화당과 민주당이 합심하여 위기에 대처하는 경우를 들 수 있을 것이다. 둘째, 보완적 경합은 정치사회 내의 행위자들 상호가 동맹관련 사안에 대해 큰 틀에서 인식을 공유하면서도 부분적으로 상이한 이익의 반영을 위해 경합하는 경우라고 할 수 있다. 국제정세와 한반도 상황의 변화로 주한미군의 전략적 유연성에는 동의를 하면서도 기지이전 비용의 과다, 환경오염, 국회예산심의권 침해와 같은 부분적인 이익을 두고 다투는 경우가 이에 해당한다고 할 수 있다. 셋째, 경쟁적 대립은 양립하는 동맹관련 사안에 대해 정책결정 과정에 정치사회가 서로 대결적 양상을 띠는 경우이다. 이는 국가적 차원의 현안인 경우 보다 정책분야별 대안을 협의해가는 과정에 나타나는 경우가 많다. 한미 FTA 비준동의안의 경우와 같이 해당 지역구 이익의 반영을 위해 해당 분야별 대안의 마련에 보다 관심을 보이는 경우가 그 예가 될 것이다. 끝으로 배타적 분열은 특정 동맹관련 현안에 대해 양립할 수 없을 정도로 대결양상을 띠는 경우라고 할 수 있다. 정당이나 정치엘리트들이 서로에 대해 국가중심적인 사고보다는 정치적·이념적 목적 또는 정당이익 위주의 양태를 보이는 경우를 말할 수 있을 것이다. 이라크 파병을 두고 파병 찬성 세력과 반대세력이 벌인 이념논쟁이 이에 해당한다고 할 것이다.

통합적·협력적 정치사회는 국가수준의 자율성과 협상력을 강화할 수 있으나, 경쟁적·배타적 정치사회는 정부의 정책을 정쟁화하여 국론을 분열시키고 자율성과 대표성을 저하시킨다. 외교안보 현안, 특히 동맹관련 정책의 경우에는 정치사회가 배타적 분열양상을 보일 때에는 정책결정의 지연과 상대정부에 대한 입지의 약화와 자율성의 제한을 가져올 수 있다.

2. 외교정책에 미치는 영향요인: 이념, 당론, 선거구

기존연구에 따르면 미국 의원의 투표행태 연구를 통하여 표결시 영향을 미치는 요인으로 이념, 지역구, 정당 요인이 지적되어 왔다(Fenno 1978). 일반적으로 한국 국회의원의 표결요인에는 정당의 규율이 강하기 때문에 정당요인이 영향을 크게 미치는 것으로 알려져 왔다.

특히 16대 국회 이전까지 국회표결은 당론에 얽매이고 표결결과도 의원별 찬반이 공개되지 않음으로 인하여 관심을 받지 못하였다. 그러나 원내활동 중심의 원내정책정당화 논의가 지속되면서 의원들의 자율성에 대한 관심이 높아졌고, 전자투표가 도입되면서 의원들의 표결결과가 공개되어 그 결과와 배경에 관심이 모아졌다.

한국 국회에서도 의원의 표결에 정당, 이념, 지역구와 같은 요인이 영향을 미치고 있다는 분석이 제기되어 왔다(이현우 2005). 경험적 조사결과(분석에 사용된 조사는 서강대 현대정치연구소-중앙일보-참여연대 세 기관이 공동으로 수행한 국회의원 의식조사 결과를 활용한 것이다. 이 조사는 2006년 11월 30일부터 12월 12일까지 이루어졌으며, 설문지방식에 의해 이루어졌다.)를 보면 한국의 국회의원들은 '표결에 있어 가장 중요한 요인'이 무엇이냐는 질문에 정당을 가장 중요한 요인으로 언급하고 있다. 즉 정당(49.3%), 의원 개인의 신념(42.8%), 지역구(4.9%) 등의 순으로 나타났다. 3김정치의 퇴장이후 지속적으로 당내민주화가 이루어지고 있음에도 불구하고 표결 시에는 정당요인이 강하게 작용하고 있음을 알 수 있다.

그러나 의원들이 위의 세 가지 요인들이 충돌을 빚을 때 얼마나 정당의 당론을 중시하는가는 의원들의 특성에 따라 달라질 수 있다.

첫째, 의원 선수를 기준으로 보면 다선의원들이 초선의원보다 당론에 충실하다. 다선의원들은 당직 혹은 국회직을 맡고 있으므로 당론결정에 자신의 입장을 반영하는 경우가 많고, 또한 당론을 지켜야 한다는 의무감이 높기 때문이다. 둘째, 이념성향이 강한 의원일수록 투표의 일관성을 갖는다. 자유투표의 경우는 물론이고 강제당론으로 결정된 법안에 대해서도 이념적 편향성이 강한 의원은 상황논리 보다는 이념적 성향과 그 일관성을 중시하기 때문이다. 따라서 보수성향이나 진보성향이 강한 의원들은 관직동기 못지않게 이념의 실현에 중점을 둘 것이다. 끝으로 지난 선거에서 지역구 경쟁결과 압도적인 득표차로 승리한 의원보다 경쟁이 치열하여 아슬아슬하게 승리한 의원이 지역구 요인을 더욱 고려할 것이다. 다음 선거에서 승리하기 위해서는 지역구에 대한 배려를 많이 해야 하기 때문이다.

동맹에 대한 인식의 문제는 먼저 의원의 이념차이를 통해 확인할 수 있다〔이하에서 활용하는 조사 자료는 2002년 1월 한국정당학회/중앙일보가, 2004년 6월과 2008년 5월 한국정치학회/중앙일보가 각각 국회의원들의 이념성향에 대한 조사 결과이다. 이 조사는 동일한 설문 항목에 의해 질문한 것이라는 점에서 시간의 경과에 따른 변화의 흐름을 추적하는데 적절하다고 판단된다. 국회의원의 이념적 성향을 파악하기 위하여 먼저 보수-진보 이념의 자기평가(self-placement)를 0 (진보) - 10 (보수)의 범위 내에서 선택하도록 하였다. 이와 함께 10개의 정책관련 질문에 대해 응답하도록 하였다〕.

전체의원의 이념적 스펙트럼의 분포와 국방위원회와 통일외교 · 통상위원회와 같은 한미동맹 관련 위원회 위원들의 이념의 차이를 통하여 이들의 한미동맹에 대한 인식수준, 나아가 정책차이를 추론할 수 있을 것이다. 둘째, 정당간의 이념의 차이를 통하여 한미동맹에 미치는 정당의 영향을 전망할 수 있을 것이다.

먼저 전체 의원이 자기평가(self-placement)한 이념의 분포를 살펴보면 다음의 <그림 1>과 같다. 그림에서 보는 바와 같이 17대 의원은 전체적으로 진보성향의 분포가 많은 반면, 18대 의원은 보수성향이 압도적인 것으로 나타났다.

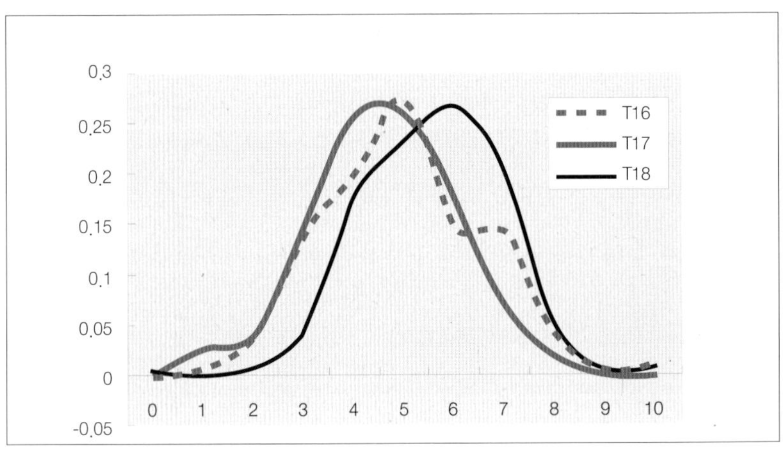

그림 1. 전체 의원의 이념 분포

표 1. 16, 17, 18 대 의원의 이념분포

	N	평균	표준편차
16대	238	4.90	1.56
17대	229	4.57	1.44
18대	260	5.49	1.46

16대 국회의원의 이념 평균은 4.90인데 비해 17대 평균은 4.57로 좌로 이동하였음을 알 수 있다. 반면 18대 국회에서는 5.49로 크게 보수화된 것을 알 수 있다. 16, 17, 18대 의원의 이념분포는 <표 1>과 같이 요약할 수 있다.

18대 국회가 이처럼 강한 보수성향을 보이고 있는 것은 2008년 총선에서 한나라당(153석), 자유선진당(18석), 친박연대(14석) 등 보수정당이 180여 석을 확보하면서 예견된 일이다. 반면, 2004년 17대 국회에서는 진보성향이 두드러지게 나타나고 있다. 이러한 결과는 당시의 여당인 열린우리당이 152석을 차지한 것에서 기인한 것으로 볼 수 있다.

그러나 열린우리당의 경우 당내의 가장 진보적인 의원(유시민 1.4)과 가장 보수적인 의원(심재덕, 조성태 6.2) 간의 거리는 매우 멀다는 것을 보여주었는데, 이는 그 이후 당내 이념적 스펙트럼이 지나치게 넓어서 정책현안에 대한 정당의 입장을 정하는데 매우 어려움을 겪는 원인이 되기도 하였다(중앙일보 2007/1/3).

다음으로 한미동맹과 관련되는 법안들을 직접 심의하는 통일외교통상위원회와 국방위원회 소속 의원들의 이념성향을 알아보자. <그림 2>에서 보는 바와 같이 17대 국회에서 가장 진보적인 성향을 나타내고 있으며, 18대 국회에서는 보수성향으로 이동하였음을 보여준다.

표 2. 16, 17, 18대 국회의 한미동맹 관련 위원회 위원 구성현황

	통외통위			국방위			원내1당
	한나라당	민주당	비교섭	한나라당	민주당	비교섭	
16대	11	9	3	9	8	1	한나라당
17대	11	13(우리당)	2	8	9(우리당)	1	우리당
18대	17	8	4	10	4	3	한나라당

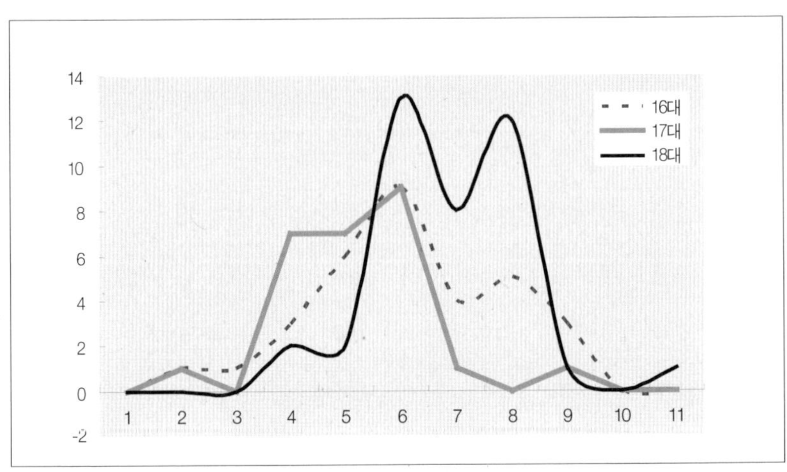

그림 2. 통일외교통상위원회 · 국방위원회 위원의 이념 분포

이러한 경향은 16대와 18대 국회에서는 원내제1당이 보수적인 한나라당이었으나, 17대 국회의 경우에는 노무현 대통령 탄핵바람으로 진보적인 초선의원이 대거 당선되었기 때문이라고 할 수 있다. 16, 17, 18대 국회의 한미동맹 관련 위원회 위원 구성현황은 <표 2>와 같다.

이처럼 위원회와 의원전체의 이념이 진보화된 17대 국회에서의 동맹에 대한 인식이 변하게 되고 이는 곧 정책과 입법의 심의에 영향을 미치게 되었을 것이다.

3. 정당의 노선차이

다음으로 정당간의 이념의 차이를 알아보자. 18대 국회의 각 정당별 이념 평균을 알아보면 민노당이 0.8, 통합민주당이 3.8, 창조한국당이 4.0, 국민평균이 5.4, 자유선진당이 6.0, 한나라당과 친박연대가 각각 6.2를 나타내며 보수화하고 있음을 보여주고 있다. 한편 17대 국회의 경우에는 민노당이 0.8, 열린우리당이 3.5, 민주당이 3.9, 국민평균이 4.6, 한나라당이 5.5, 자민련이 6.1의 순으로 나타났다. 우리는 앞에서 각 대별 의원 전체 이념의 평균은 16대가 4.9, 17대가 4.6, 18대가 5.5인 것을 알았다. 이러한 의원 평균이념으로부터 각 정당의 소속의원 이념평균이 얼마나 떨어져 있는지 살펴봄으로써 정당간 이념의 거리를 알 수 있을 것이다. 아래의 <그림 3>에서 보는 바와 같이 정당간의 거리는 16대의 경우에는 새천년민주당과 자민련간이 가장 멀고, 17대 국회에서는 민노당과 자민련간의 거리가 가장 먼 것으로 나타났다. 18대 국회에서는 민노당이 평균으로부터 더욱 좌로 이동하였고, 민주당도 평균에서 더욱 멀어졌다. 따라서 이념적으로는 각 정당간 국회 내에서의 양극화가 17대에 이어 18대에서도 나타나고 있음을 알 수 있다.

다음으로 정책사안에 대한 정당의 입장 차이를 알아보자. 먼저 대미

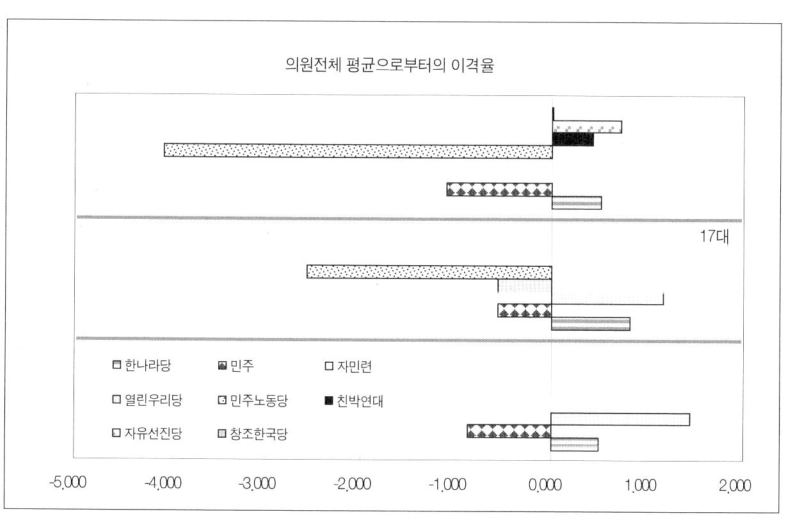

그림 3. 정당의 이념 평균비교

표 3. 대미관계에 대한 정당별 태도의 차이

	2002	2004	2008
한나라당	2.74	2.84	2.84
민주당	2.41	2.29	2.23
열린우리당	–	2.26	–
자민련(선진당)	3.21	3.00	2.80
민노당	–	1.89	1.60
친박연대	–	–	2.71
평균	2.63	2.52	2.64
N	235	228	244
ANOVA(p)	11.324(p<.001)	22.474(p<.001)	23.181(p<.001)

* 분석에 활용된 설문은 다음과 같다.
1. 미국 중심의 외교 · 안보정책을 전면 재검토해야 한다.
2. 미국중심의 외교 · 안보정책에서 탈피하여 외교노선을 다변화해야 한다.
3. 한반도문제 해결을 위해 전통적 한미동맹을 복원해야 한다.
4. 한반도 주변 문제뿐 아니라 다른 국제문제에서도 미국주도의 세계질서 유지에 적극 협력해야 한다.

정책에 대한 태도를 살펴보자. 외교안보정책의 방향에 대한 질문에 대해 4점 척도로 답하도록 하였다. 대미관계에 대해 2004년의 경우 국회의원 전체의 평균이 2.52로 가장 진보적인 태도를 보였으나 2002년과 2008년은 각각 평균이 2.63과 2.64로 큰 변화가 없는 것을 알 수 있다(<표 3> 참조).

정당별 평균을 비교해보면, 18대 국회의 경우에는 민주노동당-통합민주당-친박연대-선진당-한나라당의 순으로 보수화하고 있음을 알 수 있다. 전체 평균이 2.64인점을 고려하면 민노당과 통합민주당이 평균보다 진보적이며 나머지 정당은 평균보다 보수적임을 알 수 있다.

다음으로 17대 국회에서의 이라크 파병에 대한 태도와 18대 국회에서의 한미 FTA에 대한 태도를 고찰하여 보자. 이라크 파병의 경우에는 민노

표 4. 이라크파병과 한미 FTA에 대한 정당별 태도의 차이

	이라크파병*	한미 FTA**
한나라당	3.28	3.36
민주당	2.14	2.19
열린우리당	2.07	-
자민련(선진당)	3.75	3.00
민노당	1.00	1.00
친박연대	-	3.25
평균	2.59	2.95
N	221	237
ANOVA(p)	103.909(p<.001)	82.224(p<.001)

* 1. 한국군을 보내지 말아야 한다. 2. 비전투병을 보내야 한다. 3. 전투병을 계획보다 줄여서 보내야 한다. 4. 전투병을 당초 계획대로 보내야 한다.

** 1. 국민적 합의가 부족하므로 통과시켜서는 안 된다. 2. 미국이 우리 쇠고기 시장의 개방을 요구한다면 통과시켜서는 안 된다. 3. 우리 쇠고기 시장개방에 대해 미국 측에서 납득할 만한 반대급부를 제공한다면 통과시켜야 하나. 4. 한미 양국 간 합의사항이므로 통과시켜야 한다.

당과 열린우리당, 그리고 민주당이 적극적으로 반대하는 태도를 보이고 있는 반면, 한나라당과 자민련은 전투병 파견을 지지하는 보수적 입장을 취하고 있다. 이러한 태도는 18대 국회의 핫이슈인 한미 FTA 정책에 대해서도 나타나고 있다.

이처럼 주요한 이슈에 대해서는 보수와 진보가 확연히 입장을 달리하는 양극화 현상이 뚜렷이 나타나고 있는 것이 특징이다. 이같은 현상은 대미관계 전반에 대한 입장에서는 평균을 중심으로 양극화 현상을 보여주지 않은 것과는 대조를 이룬다.

Ⅲ. 한미관계에 대한 입법부의 주요 이슈와 논의 동향

2002년을 기점으로 외교정책결정은 국내정치 못지않게 치열한 이념적 갈등과 경쟁의 마당으로 전환되었다. 외교정책, 특히 한미동맹을 둘러싼 국회의 심의와 표결은 이러한 갈등과 대립을 잘 보여주고 있다. 정당의 당론, 의원의 이념, 지역구 이익, 그리고 대통령의 정치적 역할 등이 복합적으로 작용하고 있음을 알 수 있다. 이 논문에서는 16대 국회에서의 이라크 파병 비준동의안 처리, 17대 국회에서의 미군기지이전 협정 비준동의안, 방위비 분담협정 비준동의안 처리, 17대와 18대에 걸쳐 진행되고 있는 한미 FTA 비준동의안 처리 문제를 중심으로 국회 내에서 한미동맹을 둘러싼 논의의 동향을 살펴보고자 한다.

1. 이라크 파병 동의안

2003년 8월 부시 행정부가 이라크에 대한 군사점령 이후의 안정화 작업에 한국의 지원을 요청하면서 등장한 이라크 파병문제는 출범한지 몇 개월이 지나지 않은 노무현 정부에게 외교적인 시험대로 등장했으며, 국내 여론 또한 찬반이 극명하게 대립하는 양상을 보여 주었다. 주요 기관의 조

표 5. 주요기관의 조사결과

기관(일자)	한겨레(03.3.29) 1차 파병	KBS(03.10.18) 1차파병	SBS(03.11.13) 2차파병	한국일보(04.6.9) 파병연장
찬성	50.6	56.1	54.2	41.0
반대	47.4	42.3	46.6	57.5

사결과는 <표 5>와 같다.

2002년 말 대통령선거에서 한반도에 대한 미국의 막강한 영향력에 대해서 저항하고 한국의 독자적인 목소리를 높여 왔으며, 이것이 노 대통령의 당선에 적지 않은 역할을 한 바 있다. 따라서 노 대통령을 앞장서 지지해온 진보진영은 이라크 파병을 명분 없는 전쟁이라며 반대하였고, 전국적인 파병반대운동을 전개하고 있었다. 이처럼 지지자들의 반대와 실용주의적 접근 사이에서 노대통령은 "비전투병 파병"과 "북핵문제를 둘러싼 한미협력의 필요성"을 내세워 파병을 결정하기에 이른다.

국회에 제출된 '국군부대의 이라크전쟁파견동의안'(동의안은 2003년 3월 21일 정부가 제출하여 동일 회부되어 236회 국회 폐회중에 같은 날 국방위원회 회의를 열어 안건으로 상정하고, 전문위원 검토보고, 대체토론을 거쳐 원안의결되었다. 동의안은 국회 본회의에서 논란을 겪고 난 후 처음으로 3월 28일과 29일 양일간 전원위원회를 열어 토론을 하였으며, 최종적으로 4월 2일 본회의에서 표결 통과되었다)은 "테러행위 근절을 위한 미국의 행동을 지원하는 국제적 연대에 동참함으로써 세계평화와 안정에 기여함은 물론, 한·미 동맹관계의 공고한 발전을 도모하고자" 국군부대를 파견한다는 제안이유를 분명히 하고 있다. 국방위원회 심의과정에서는 파병의 적시성을 높여 참전효과가 상쇄되지 않도록 하자는 논의와 파병에 반대하는 국내 여론을 포용하는 방안 마련을 당부하는 토론이 이루어졌다. 국방위는 위원회에 제출된 지 15일이 지나지 않은 법

표 6. 이라크 파병동의안 정당별 표결결과

정당	찬성	반대	기권	비고
민주당	49	43	4	
한나라당	118	22	5	
자민련	10	–	–	
무소속, 기타	4	2		

률인은 의사일정으로 상정될 수 없다는 국회법의 규정을 무시하였다는 지적(이경재 의원)에도 불구하고 국회에 제출된 당일 동의안을 통과시켰다.

그러나 본회의의 토론은 여론의 분열과 이라크 전쟁에 대한 윤리적· 전략적 고민 그리고 국회의 역할에 대한 진지한 토론을 보여 주었다[제237회국회(임시회) 국군부대의이라크전쟁파견동의안에관한전원위원회회의록 제1호(2003년 3월 28일), 제2호(3월 29일), 제238회국회(임시회) 제1차본회의회의록(2003년 4월 2일) 참조]. 반대론자들은 이라크 전쟁의 부당성과 UN의 결의도 없는 전쟁에 참가하는 것에 대한 부당성, 그리고 미국의 예방전쟁 논리에 의해 한반도 평화가 위협받을 수 있음을 경고하며 이라크 파병을 반대하였다(송영길, 정범구, 김근태, 김부겸, 김홍신 의원).

또한 북핵위기의 평화적 해결에 대한 한미 양국간의 본질적인 정책차이와 비전투병 파병의 허구성을 강조하며 파병결정은 잘못이라는 주장도 제기되었다(김성호 의원). 아울러 미국이 제시한 경제원조 유인을 장기적인 국익관점에서 거부하고 미군의 기지사용을 불허한 터키 국회의 예를 들면서 국민의 대표기구로서 국회가 정부의 잘못을 시정하여야 한다는 주장도 제기되었다(김성호, 송영길 의원). 열화우라늄탄의 사용과 같은 이라크전의 비윤리적 측면을 들어 반대하는 논리도 제기되었다(이미경, 서상섭, 김영환 의원).

한편 한미동맹의 강화를 통한 한반도 안보논리를 강조하며 이라크 파병론이 제기되었다(박세환, 박원홍, 남궁석 의원). 아울러 파병부대는 전투부대가 아니라 공병부대이기 때문에 큰 위험이 없다며 파병 당위성을 강조하였다(박세환). 특히 북핵문제를 둘러싼 한미간의 공조를 위해 필요한 조치임을 강조하였다(장태완, 심재권 의원). 그리고 전후 복구 참여와 같은 경제적 측면에서의 국익도 생각해야 한다는 의견도 찬성론으로 제기되었다(박원홍).

또한 파병반대 세력에 대한 대통령의 적극적인 설득노력을 촉구하기도 하였다(심재철, 장광근, 서병수 의원) 이에 반해 수정론으로는 파병에 따른 국익의 계산은 누구도 자신있게 할 수 없을 것이지만, 마이너스를 최소화한다는 차원에서 의료부대만을 파병하자는 제안이 나왔다(김경재, 박병석, 오세훈 의원). 결국 정부가 제출한 파병동의안은 '파병지지'를 당론으로 정한 한나라당 의원 상당수와 민주당 일부 의원 등 재석 256명 중 179명의 지지를 얻어 국회를 통과했다(<표 6>). 같은 날 오전 노무현 대통령이 국회 국정연설을 통해 파병동의안 통과를 부탁한 데 이어 이루어진 것이다.

2. 주한미군 재배치 및 기지이전 사업

주한미군 기지이전 사업은 한미양국의 '주한미군 전략적 유연성' 합의 및 '전시작전통제권 전환' 합의 이행을 위한 후속조치의 성격을 띤다. 미국은 탈냉전이후 안보환경 변화에 적극적으로 대처한다는 차원에서 해외주둔 미군기지의 재편성을 추진하여 2000년 3월 최초로 한국 측에 이 문제를 제기하였다. 한국 측에서도 경제발전으로 급격한 도시팽창이 이루어지면서 일부 미군기지가 도시 중심에 위치하여 도시발전에 결정적인 장애를 가져와 미군기지 주변에 민원이 급격하게 증가하여 이에 대한 해소가 필요한 상황이었다.

SOFA에 의하면 개개의 시설과 구역을 미국에 공여하기 위해서는 합동위원회를 통하여 양국정부가 협정을 체결하도록 되어 있어(SOFA 제2조 제1항), 이 협정 이전의 경우에는 국회의 동의없이 시설 및 구역을 조정해 왔다. 그러나 이 협정을 이행하기 위하여는 향후 10년간 미군의 시설 및 구역을 재편성하는데 약 1조 4,000억 원의 비용이 소요될 예정이므로 이는 "국민에게 중대한 재정적 부담을 주는 조약"(헌법 제60조 제1항)에 해당되어 국회의 동의를 구하게 된 것이다(외통위 전문위원 검토보고서 2002. 7. 25).

주한미군기지이전 사업의 대상은 용산기지이전과 연합토지관리계획(LPP: Land Partnership Plan)에 의거한 주한미군 재배치 사업이다. 주한미군 재배치 사업은 전국에 산재된 미군기지를 2개 권역(평택·오산과 대구·왜관)으로 이전 및 재배치하는 것이다. 정부는 2002년 4월에 '대한민국과 미합중국 간의 연합토지관리계획협정(Agreement between the Republic of Korea and the United States of America for the Land Partnership Plan)비준동의안'을 국회에 제출하였다. LPP협정비준동의안의 경우 의원들은 이천시를 비롯한 미군기지가 이전할 지방자치단체와 사전협의절차를 거치지 않은 것을 따졌다. 아울러 한나라당 의원들은 전방 미군기지의 후방 이전시 안보공백이 생길 수 있음을 강조하였다.

용산기지 이전계획은 서울 용산기지를 평택지역으로 이전하는 사업이다(Agreement Between the Republic of Korea and the United States of America on the relocation of United States Forces from the Seoul Metropolitan area, 2004년 10월 협정이 체결되어 동년 11월 26일에 통일외교통상위원회에 상정되어 대체토론을 거쳤으며, 12월 7일에 통외통위에서 원안의결되었고, 12월 9일 본회의를 통과하였다). 기지이전과 관련하여 제기된 이슈는 협상의 절차적인 문제, 재배치에 따른 비용문제, 기지이전 지역의 민원, 안보공백의 가능성, 전략적 유연성 인정에 대한 우려와 같은 문제에 집중되었다. 한국정부의 이전요구로 인해 이전비용(부지제공 및 시설건설)은 원인제공자인 한국 측에서 부담하기로 하였다.

용산기지이전에 관한 협정 비준동의안(2004년 10월 29일 제출되어 동년 11월 26일 통외통위에 상정되어 대체토론을 거쳤으며, 동년 12월 7일 위원회에서 원안의결되었다. 12월 9일 본회의를 통과하였다.)은 서울지역에 있는 유엔군사령부, 한미연합군사령부, 주한미군사령부 및 관련 부대의 이전에 관한 기본적인 원칙과 절차를 규정하고 있다. 기지는 2008년 12월 31일까지 평택으로 이전하며, 한국은 용산기지 이전을 위해 필요한 토지시설 및 이사용역을 미국측에 제공하고 이전과 직접 관련되고 불가피한 기타비용을 부담하는 것이다.

그러나 의원들은 포괄협정(UA: Umbrella Agreement)만 국회의 동의를 받고 이행합의서(IA: Implementing Arrangement), 기술양해각서(EMOU), 종합시설계획서(MP), 비용지급절차합의서 등 구체적인 이행계획은 비준동의를 구하지 않는 것은 위헌이라는 논리를 제시하였다(임종인 의원). 따라서 용산기지 이전에 돈이 얼마나 들어갈지 모른다는 우려를 표현하였다. 아울러 한국 측이 이전비용을 부담하게 된 것에 대해 불공정, 저자세 협상이었다고 정부를 추궁하였다. 따라서 SOFA 합동위원회가 결정하는 주요 이행계획서에 관한 국회의 통제를 확보하는 방안에 관한 논의가 제기되었다. 이외에도 용산기지 이전과 관련하여 시민단체 등에서 제시한 각종 의문에 대한 해소방안을 마련할 것과 기지이전 대상지역 주민반발 대책을 주문하였다.

3. 방위비 분담

방위비 분담(Defense Burden Sharing)이란 군사동맹관계를 유지하고 있는 동맹국이 공동의 안보이익을 보호하고 증진하는데 소요되는 군사적 · 물질적 · 경제적 제비용의 공정한 배분을 의미한다(Report on Allied Contribution to Common Defense 2004).

현재 한국은 '한미상호방위조약(the Mutual Defense Treaty)에 따른 주둔군지위협정'(SOFA) 제5조의 예외적 조치로 2~3년을 유효기간으로 하는 한시적인 방위비분담 특별협정(SMA: Special Measure Agreement)에 근거하여 1991년부터 주한미군 방위비를 분담해왔다. 그동안 주한미군 방위비 분담문제는 한미동맹 강화의 상징으로 여겨졌지만, 근래 미국의 방위비 분담금 증액 요구에 따라 한국의 분담금액이 증가하고 있는 추세에 있다. 1991년 이후 2008년까지 한국의 방위비 분담금 규모는 6.91배로 증가함으로써 국방비 증가폭 3.57배를 상회하고 있다.

이러한 상황 하에서 국회에서는 방위비의 부대이전 비용으로의 전용문제, 지표방식의 방위비 산정의 문제, 동의안 제출시기 문제 등이 쟁점으로 제기되었다. 16대 국회인 2002년 4월 가결된 '대한민국과아메리카합중국간의 상호방위조약 제4조에 의한 시설과 구역 및 대한민국에서의 합중국 군대의 지위에 관한 협정 제5조에 대한 특별조치에 관한 대한민국과 미합중국간의협정(Agreement between the Republic of Korea and the United States of America concerning Special Measures relating to Article Ⅴ of the Agreement under Article Ⅳ of the Mutual Defense Treaty between the Republic of Korea and the United States of America regarding Facilities and Areas and the Status of United States Armed Forces in the Republic of Korea) 비준동의안'(동의안은 2002년 4월 9일 정부에서 제출하여 4월 16일 통일외교통상위원회에 상정되어 대체토론을 거쳐 원안의결되었다.) 심의과정에서 의원들은 총분담금 규모를 결정한 후에 각 구성항목별로 예산을 배분하는 지표(Index)방식에 대한 문제를 제기하고 이에 대한 시정을 요구하고 있다(유흥수 의원). 아울러 국방비 증가율대비 방위비분담 증가율이 동일한 수준이 되어야 함을 요구한 바 있다(김기재 의원). 비준동의안 제출시기와 관련하여 발효일 이후에 제출하여 소급적으로 효력을 갖도록 규정한 것은 국회의 예산안 심의·확정권을 침해할 소지가 있다(유흥수·김성호 의원)며 이의 시정을 요구하였다.

17대 국회에서는 2005년 6월에 방위비분담 동의안이 국회에 제출되었다(동의안은 2005년 6월 9일 정부에서 제출하여 6월 21일 통일외교통상위원회에 상정되어 대체토론이 이루어졌으며, 6월 27일 원안의결되었다). 심의과정에서의 주요 쟁점은 분담금 감액규모의 적절성 여부, 동의안의 지연제출로 인한 국회의 예산심의확정권 침해문제, 동의안 유효기간의 적절성 문제, 동의안에 대한 정부측의 충분한 사전설명 필요성 등이었다. 즉, 한국의 이라크 파병이 이루어지고, 주한미군 일부 감축에 따른 비용 삭감문제, 기지이전에 따른 추가 비용소요 등이 제기되는 상황에서 분담금이 적게 감액되었다는 점과, 특히 시설유지비와 임대료 등을 분담금에서 지출토록 한 것에 대한 문제점이 지적되었다(권영길·임종석 위원) 이러한 여러 가지 동맹관계의 변화가 일어나는 시점에서 동의안을 1년으로 하지 않고 2년으로 한 것의 문제점도 지적되었다(임종석 위원). 아울러 이러한 협상배경과 내용에 대한 충분한 설명의 필요성이 제기되었다(최성 위원).

위원회는 대체토론 끝에 표결로서 동의안을 처리하여 재석 17인 중 찬성 12, 반대 2, 기권 3으로 원안의결하였다. 이처럼 한미동맹 관련 동의안을 두고 위원회에서 표결을 통하여 의결한 경우는 예를 찾기 어려운 경우에 해당된다. 이번 동의안 처리는 16대 때에 한나라당 소속 위원장과 야당의원인 한나라당 의원들이 적극적으로 대체토론을 벌이고 결국에는 찬성으로 이끈 경우와는 대조를 이루었다. 17대 때에 처음으로 민주노동당 의원이 국회에 진출하였고, 이에 따라 권영길 의원이 이 문제를 이념적 맥락에서 국익론을 제기한 것도 논의가 격화된 요인의 하나가 되었다. 이러한 논의는 본회의에서도 재개되었다. 본회의 표결결과를 보면 재석 179인 중 찬성 141인, 반대 27인, 기권 11인으로 가결되었다.

이후 2007년부터 2008년까지의 2년간 방위비분담협정 비준동의안이

2006년 12월 말에 국회에 제출되었다(동의안은 2006년 1월 2일 회부되어 동년 2월 22일 통일외교통상위원회에 상정되어 대체토론을 거쳐 소위원회에 회부되었고, 2월 27일 법안심사소위원회를 통과하였고, 3월 2일 외교통상위원회 전체회의에서 원안의결되었으며, 동년 4월 2일 본회의를 통과하였다).

위원회와 본회의의 논의과정을 보면, 주한미군 수가 1만여 명 감축된 상황을 고려하지 않은 점, 우리가 미국을 위해 이라크, 아프가니스탄 파병 경비로 5,586억 원을 집행한 점, 분담금이 늘어난 만큼 한미 연합전력증강에 도움이 되지 않는다는 점, 일본 · 독일과 비교하여 부담이 과중하다는 점, 주한미군의 역할이 변화하였다는 점 등을 고려하여 삭감하여야 한다는 주장이 제기되었다(임종인 의원). 아울러 위에서 논의한 방위비 분담금의 비준동의 절차상 문제점과 부당하게 증액되고 분담금이 부당하게 전용되는 내용상의 문제가 동시에 제기되었다(권영길 의원). 찬반 토론 끝에 동의안은 재석 245인 중 찬성 192인, 반대 28인, 기권 25인으로 가결되었다.

제8차 방위비분담 협정은 2008년 12월에 가서명이 이루어지고, 2009년 1월 15일 국회에 제출되어 2월 10일 외교통상통일위원회에 상정되었다(의안은 1월 15일 정부가 제출하여 2월 10일 외교통상통일위원회에 상정되어 대체토론을 거친 후에 2차에 걸친 법안심사소위원회를 거쳐 2월 26일 원안가결되었으며, 동년 3월 2일 본회의를 통과하였다).

이번 협정의 주요내용은 협정의 유효기간이 2년에서 5년(2009~2013)으로 늘어났고, 매년 전년도 분담금에 전전년도 물가상승율을 반영하여 분담금을 결정하되, 연도별 인상률에 4%의 상한선을 적용토록 하였다. 아울러 군사건설비의 단계적 현물지원체제로의 전환을 반영하였다. 유효기간 연장에 관하여는 안정적인 예산수립과 행정비용 절감 등을 장점으로 제시하였으나(송영선 의원) 향후 5년 동안 국회가 방위비 분담에 관한 통제권을 행사할 수 없다는 점과 주한미군 감축재개 등 사정이 변경될 경우에 이를 단기적으로 반영하기 어렵다는 문제점이 제기되었다(문학진·남경필 의원).

이와 함께 방위비 분담금을 LPP사업에 사용하기로 한 합의를 국회에 보고하지 않은 점에 대한 정부의 사과와 재발방지 약속을 요구하기도 하였다(남경필·이미경 의원). 아울러 LPP와 SMA협정이 서로 연계되어 있기 때문에 LPP협정의 개정이 필요하다는 주장이 제기되었다(이미경 의원). 본회의에서도 재석 171인 가운데 찬성 168인, 반대 1인, 기권 2인으로 가결되었다.

4. 한미 FTA 비준동의

2006년 2월 3일 한미 FTA 협상이 개시되었지만 국회는 아무런 움직임을 보이지 않았다. 미국 워싱턴에서 열린 공식협상에 어떠한 대표단도 파견하지 않았다. 다만 그 과정에 여야 국회의원 50여 명이 '한미 FTA를 연구하는 국회의원 모임'을 결성하여 활동해 오며 공청회와 토론회를 통하여 의견수렴을 하였고, 국회차원의 대책을 논의하기 위한 특위 구성을 요구해 왔다. 또한 시민단체인 경실련도 통상교섭본부에 대한 국회의 견제와 감독강화를 요구하는 기자회견을 열기도 하였다. 그 결과 국회는 6월에 한미 FTA 특별위원회 구성에 합의하였고, 그나마 첫 회의는 2차 본 협상이 끝난 7월 31일에 이루어졌다.

특위의 규모도 일반 상임위원회 정수에 미치지 못하는 20인으로 구성되었고(후에 30인으로 늘림) 찬반의견에 대한 배분도 찬성입장의 의원이 압도적으로 많게 구성되었다(유현석 2008). 전문가들이 참여하지 않았기 때문에 의원들의 전문성에도 한계가 있었다. 특위의 위상도 모호해서 가장 중요한 의결권은 특위가 아니라 통일외교통상위원회에서 행사되었다. 더욱 중요한 것은 실제로 특위의 활동이 협상결과를 보고받고 이에 대한 문제를 제기하는 수준에 불과했으며, 정부의 일방적인 협상을 시의적절하게 견제하는 것과는 거리가 멀었다고 할 수 있다. 결과적으로 국회특위가 협상의 내용이나 전략에 어떠한 영향을 미쳤다고 할 만한 증거는 없다(유현석 2008).

2007년 4월 2일 한미FTA협상이 타결된 이후 국회에서는 본격적인 비준동의 절차를 앞두고 찬성론과 반대론으로 나뉘어 대립이 계속되었다. 특히 2007년 12월의 대통령선거와 2008년 4월의 총선을 앞두고 비준의 전망은 밝지 않았다. 노무현 대통령은 임기중 비준을 목표로 활발한 대국회 및 여당에 대한 역할을 주문하였으나 여당 내에서조차 중진의원들의 단식투쟁 등으로 통합된 지지를 구하지 못하는 상황이었다. 반면 야당에서도 농민당을 중심으로 선거를 앞두고 격렬한 반대를 지속하였다. 국회의원 55명이 참여하는 '한미FTA 졸속타결 반대 비상시국회의'(이하 시국회의)는 국회에서 FTA 반대를 위한 워크숍을 열고, 각계원로, 시민단체, 전문가들과 함께 '한미 FTA 비준저지를 위한 국민회의'를 구성하였다.

다음으로 국회에서의 검증과정을 살펴보자. 국회는 한미 FTA 타결직후부터 협상내용을 보고받고 문제점을 따지겠다며 한미 FTA 특위와 유관상임위원회를 잇따라 소집하여 통상교섭본부장과 협상수석대표를 출석시켰으나 정보제공이 부실하여 전혀 소득이 없었다. 협상 타결 이틀만에 통외통위, 농해수위, 산자위, 문광위 등을 열어 자료제출을 요구하였으나 부실하기 짝이 없었다. 이 같은 현상도 국회가 협상결과를 내실있게 점검할 수 있는 체계를 갖추지 못한 데에 따른 것이다. 국회의 권한이 어디까지 인지 앞으로 어떤 절차를 밟을 것인지 전혀 방향이 없기 때문이었다.

협상 종료 20여 일 후에 FTA 협정문의 국회 공개를 둘러싸고 또다시 논란이 일어났다. 정부는 오로지 컴퓨터 모니터 상으로, 국회 내의 제한된 공간에서만 열람을 허용하기로 하였다. 필사는 물론 안 되고, 단지 보좌관 1인만을 대동한 채 영문으로 작성된 500여 쪽의 협정문을 보도록 하였다. 그 마저 대상은 한미 FTA 특위 위원 20여 명이 전부였다. 정부측은 한미

FTA 타결문은 '한미 공동의 자산'인 바 내용의 유출은 결례라는 이유를 들어 이러한 조치를 합리화하려 했다. 협정문 비공개를 비롯한 협상과정에 국회가 공식적으로 참여할 통로가 없다는 이유로 이러한 문제 해결을 위하여 통상절차법이 국회에 제출되었다(권영길 의원안이 2006년 2월 2일 국회에 제출되었고, 이어 9월 25일 이상경 의원안이, 11월 2일 송영길 의원안이 국회에 제출되었다).

한미FTA 비준동의안은 2007년 6월 30일 워싱턴에서 서명된 후, 9월 7일 국회에 제출되었다. 그러나 각 정당은 대통령선거를 앞두고 국회처리에 미온적인 태도를 보였으며, 대통령선거가 끝난 후에는 민주노동당이 당론으로 반대입장을 정하고 안건 상정자체를 봉쇄하기 위하여 회의장을 점거하기도 하였다. 이에 따라 국회에 동의안이 제출된 지 5개월이 지난 2월 13일에 그것도 회의장을 옮겨서 안건을 외통위에 상정하였다.

17대 국회 회기 말, 그리고 노무현 정부의 임기가 열흘 남짓 남은 시점에서 상정은 되었으나 심의는 순탄치 않았다. 큰 쟁점은 미국의 주요 대통령후보가 FTA를 반대하고 부시 행정부가 비준동의를 의회에 제출하지 않은 상황에서 우리가 먼저 졸속으로 처리할 필요가 없다는 논의와 우리가 먼저 동의안을 처리하는 것이 국가이익에 맞다는 주장이 대립되었다. 둘째, 2007년 말 미국 USTR의 수석대표가 국회를 방문하여 미국의회에 상정하면 가결전망이 없는데 표를 모으기 위해서는 미국 농촌출신 의원의 지지를 얻어야 하는데 이를 위해서는 쇠고기 문제가 해결되어야 한다는 입장을 피력한 것〔제271회 국회(임시회) 통일외교통상위원회 제3차회의 회의록(2008. 2. 13.)〕에 대해 노무현대통령의 결단이 필요하다는 주장과 우리가 먼저 비준할 경우 미국의 쇠고기 수입개방 압력에 시달릴 것이라는 주장이 제기되었다. 특히 농어촌 출신 의원들을 중심으로 취약부문에 대한 획기적인 지원방안을 국내보완대책을 요구하였다.

결국 17대 국회의 레임덕 세션에서 상임위원회 처리가 무산되었다. 국

표 7. 이라크 파병동의안 정당별 표결결과

법안명	제출일	상정일	표결일	사안 성격	갈등 구조	정당 입장		표결결과 (찬/반/기권)	비고
						제1당	제2당		
이라크 파병 동의안	03.3.21	03.3.21.	03.4.2	정치	당론/ 이념	한:찬성/ 권고	민주:찬성/ 권고	179/68/9	노무현 분점
LPP협정 동의안	02.4.9	02.7.25	02.10.30	정치	이념	한:찬성	민주:찬성	–	김대중 분점
용산기지 이전 동의안	04.10.29	04.11.26	04.12.9	정치	이념/ 당론 (민노)	열: 찬성	한:찬성	145/27/19	노무현 단점
방위비 분담	02.4.9	02.4.16	02.4.19	정치	이념	한:찬성	민: 찬성	–	김대중 분점
	05.6.9	05.6.21	05.6.27	정치	이념/ 당론			192/28/25	노무현 분점
	09.1.15	09.2.10	09.3.2	정치	이념/ 당론	한:찬성		168/1/2	이명박 단점
한미FTA	07.9.7	08.2.13	임기만료	경제	이념/ 당론/ 지역구	민:유보	한:찬성	–	정권 교체기
	08.10.8	09.4.22	na			한:찬성	민선대책-후비준	–	이명박 단점

회는 2007년 대통령선거와 2008년 총선을 마치고 18대 국회 개원을 맞았으나 원구성의 지연으로 본격적인 논의가 이루어지지 못하였다. 특히 이명박 정부의 쇠고기 수입개방 조치와 관련하여 시민들의 항의가 잇따라 FTA 비준문제는 더욱 표류하게 되었다. 18대 국회에서도 2008년 12월 국회상정을 두고 여야간 치열한 대결을 벌였으며, 상임위원회 상정을 막기 위한 회의장 점거가 이루어졌다. 상정과정에 국회폭력이 발생하여 장기간 교착상태를 겪기도 하였다(제279회 국회(임시회) 외교통상통일위원회 제2차회의(2008. 12. 18)에 상정되어, 2009년 4월 22일 제282회 국회 외통위를 통과하였다).

결국 해를 넘겨 2009년 4월에 상임위를 통과하여 본회의 의결을 기다리고 있다.

18대 국회에는 진보적인 의원들에 의한 위원회에서의 논쟁은 없었으나, 지역구 이익에 기초하여 한나라당 소속 의원이면서 반대의견을 개진하기도 하였다. 당론으로 반대의견을 제시한 민노당은 상정자체를 봉쇄하고자 하였다. 따라서 FTA 비준동의안 처리 사례는 이념과 당론, 그리고 지역구 이익이 중첩적으로 얽혀 있고, 여기에 사회적 갈등까지 확산되어 사회적 합의를 도출하기 어려운 과제가 되었다.

5. 한미관계를 둘러싼 갈등지점과 구조

이 논문에서는 한미동맹과 관련된 주요 법안에 대한 분석을 통하여 이들을 둘러싼 갈등지점과 갈등구조 등을 고찰하였다. 이를 요약하면 다음의 <표 7>과 같다. 표에서 알 수 있는 바와 같이 한미동맹과 관련되 사안의 경우에는 이념과 당파성이 의원들의 심의와 표결에 중요한 영향을 미쳤다고 볼 수 있다.

이라크파병동의안의 경우 표결에서 반대를 한 일차적 요인은 이념적인 문제였다. 2002년 대통령선거 이후 진보적 지형이 확장되면서 국회에서도 진보적 이념을 가진 의원들이 '반전평화 의원모임'을 결성하여 조직적으로 대응함으로써 반대가 많이 나온 것이다. 게다가 노무현 대통령 지지기반인 진보적인 시민단체들의 적극적인 반대운동도 이들 의원들이 적극적으로 파병에 반대하도록 압력을 행사한 것으로 분석된다.

다음으로 당론은 양당 모두 찬성당론을 정했으나 당론이 강도는 권고적 당론이었다. 따라서 이념적 문제가 배태해 있기 때문에 당론을 강제하지는 않았다. 이러한 경우에는 여당의 경우에는 대통령과 당 지도부의 적극적인 설득노력이 표결에 중요하게 영향을 미칠 것이다. 그러나 이라크 파병의 경우에는 대통령의 적극적인 설득노력이 부족했던 것이 국회표결 과정의 논란을 초래한 하나의 원인이 될 수 있다. 국회 심의와 토론과정에서 야당측의 많은 의원들이 지적한 바와 같이 노무현 대통령은 집권여당, 자신의 선거 당시 지지조직인 노사모, 심지어 국가인권위원회 마저 반대 성명을 내는 데에도 불구하고 스스로 나서서 설득과 이해를 구하려는 노력을 하지 않았다. 특히 2004년 4월 국회의원 선거를 앞두고 추진된 추가파병 동의안 처리시에는 1차 파병동의안 처리시에 반대입장에 섰던 김근태, 신기남, 천정배, 이해찬, 유시민 등 열린우리당 창당주역들이 2차 전투병 추가파병에 찬성하며 어려움에 처한 대통령을 지지한 것을 보아도 대통령의 적극적인 설득노력은 의원들을 움직일 수 있음을 보여주는 예가 될 것이다.

LPP협정동의안의 경우 6·13 지방선거와 12월 대선을 앞두고 기지이전지역에서 다양한 민원이 제기되는 상황에서 섣부른 비준에 나설 수 없는 압력을 여야가 받고 있었다. 아울러 같은 해 여름에 발생한 효선·미선양 사건으로으로 인하여 반미감정이 악화된 상황에서 여론의 눈치를 살필 수밖에 없는 상황도 작용하여 비준안 처리가 늦어졌다. 16대 국회에서는 민주노동당이 원내에 진출하지 못해 원내에서의 극단적인 반대는 없었으며, 주요정당이 당론으로 반대하지도 않았다. 따라서 본회의에서 표결없이 통과되었다.

용산기지 이전의 경우에는 17대 국회에서 많은 논란을 겪었다. 17대 국회에 10석의 의석을 차지한 민주노동당은 당 차원에서 재협상을 요구하였으며, 여야의원 67명으로 구성된 '용산연합토지관리계획 철저검증 의원모임'은 청문회 개최 요구안을 통외통위에 제출하였다. 이에 앞서 민노당을 제외한 다른 정당은 당론을 정하지는 않고 의원 개인의 자율적인 판단에 맡기도록 하였다. 따라서 민노당을 제외하고는 의원개인의 이념적 요인이 표결에 영향을 미친 것을 알 수 있다. 개인적 차원에서 진보적인 권영길의원과 임종인 의원은 용산기지 이전협정의 불평등성을 공박하였으며, 국회 청문회를 주장하였다. 용산기지이전 문제는 여야가 필요성에는 공감하지만 진보적인 의원과 일부 진보정당의 적극적인 재협상 요구와 시민단체의 적극적인 반대로 난항을 겪었다.

방위비 분담문제는 16대 국회에서는 김대중정부 하에서 한나라당이 국회의 다수를 차지하고 있어서 문제가 되지 않았다. 그러나 17대 국회에서는 대체적으로 민주노동당 출신의원과 진보적인 열린우리당 소속 의원들이 이념적 요인으로 반대입장에 나섰다. 민노당 이외의 정당은 반대당론을 걸지 않았다. 이는 야당의 입장임에도 대체로 찬성한 한나라당 의원과는 달리 여당의원으로서 적극적인 반대 또는 기권을 택한 것은 이념적 요인이 강하게 작용한 것으로 분석된다.

18대 국회에서의 방위비분담동의안은 이명박 정부의 한미동맹 강화 방침과 국회의 다수당을 차지한 한나라당의 한미동맹 강화입장으로 17대 국회에서와는 다른 심의행태를 보였다. 분담금의 LPP사업에의 활용에 관한 합의가 밝혀져 논란이 제기되었지만, 한미동맹의 사정변경이 없다는 점 때문에 현실을 인정한 셈이다. 이러한 환경의 변화는 18대 국회에서 보수화 경향이 두드러지게 나타나고 있음을 보여준 앞 장에서의 분석과 맥을 같이하는 내용이다.

한미 FTA 비준동의안이 통과되지 않은 일차적 배경은 이념적 요인이었다. 전반적인 진보성향의 흐름속에서 대외관계에 있어서도 미국중심의 대외관계에서 탈피해야 한다는 입장을 지닌 민주당의 입장(제3장 참조)에서 볼 때, 미국과의 경제적, 전략적 관계를 심화시키는 계기가 될 한미 FTA는 선뜻 동의하기 어려운 사안이었다(장훈 2007). 이러한 입장은 2005년 한-칠레 FTA 비준동의안에 여당의원이 이념적으로 반대하지 않은 데에서도 알 수 있다. 다음으로 민노당은 명확하게 반대 당론을 정했지만, 여당인 민주당은 당론을 명확히 정하지 않았다는 점도 영향을 미쳤다. 한나라당은 찬성 당론을 정했으나, 민주당은 당론을 유보하고 미국의회의 입장을 지켜보겠다는 입장이었다. 오히려 총선을 앞두고 표를 의식한 농촌지역구 출신 의원들의 소극적인 태도 등이 크게 작용하였다.

이처럼 한미동맹과 관련한 의원들의 심의와 표결에는 이념적인 요인이 일차적으로 영향을 미치며, 다음으로 민노당과 같은 진보정당의 당론이 심의에 영향을 미쳤다. 여기에 더하여 FTA와 같이 지역구 이익과 결부된 경우에는 지역구 요인도 크게 영향을 미침을 알 수 있다. 그러나 한미동맹 관련 사안이 진보정권하에서 다루어질 경우에는 지지기반인 진보적인 유권자와 시민단체의 반대가 강력할 경우에는 대통령과 여당의 추동력이 크게 약화될 수 있음을 확인할 수 있다.

이러한 예는 선거가 임박한 시기에는 더욱 압박을 받게 된다는 기존 연구(장훈 2007)와도 맥을 같이한다고 할 수 있다. 선거가 임박하여 의원들이 주요지지기반의 눈치를 살피거나, 대통령이 적극적으로 의원들에 대한 설득에 나서지 않을 경우에는 추동력이 약해지고, 오히려 의회 내에서도 갈등이 더욱 증폭되는 현상이 나타나기도 한다는 것을 알 수 있다.

Ⅳ. 한미의회간 협력을 위한 전망

1. 주요 쟁점과 한미 의회의 역할

위에서 살펴본 바와 같이 한미동맹과 관련된 국회 내에서의 쟁점은 한미동맹 자체에 대한 찬성과 반대는 아니다. 동맹 구성원들간의 공통의 위협인식과 국가이익에 대한 인식이 국내외 상황변화로 흔들리게 됨으로 인한 조정과정에 겪는 혼란과 갈등의 표출이라고 할 수 있다. 특히 한미동맹의 미래를 둘러싼 논란과정에서 동맹 강화론자와 반대론자가 공통적으로 가지는 문제점은 21세기 국제정치의 새로운 모습인 변환의 본질에 대한 이해의 부족과 지나친 국내요인 중심의 문제이해에 있다(하영선 2006).

결과적으로 여론과 같은 가변적 요인을 무리하게 확대해석하고 문제를 진단하고 푸는 과정에서 좌와 우, 진보 대 보수, 친미 대 반미의 이분법적 분석 틀에서 크게 벗어나지 못하고 있다. 따라서 국회가 다양한 여론을 수렴하여 합의에 도출하기보다는 각기 다른 주장으로 갈등을 증폭시키는 장으로 변화해 온 것이 사실이다. 이러한 갈등지점의 몇 가지 사례를 살펴보자.

먼저 이라크 파병동의안 처리와 관련한 문제이다. 이라크 파병과 관련하여 반대론자의 주장은 명분없는 전쟁에 한미동맹 때문에 파병한다는 것은 잘못이라는 주장이다. 이러한 논란의 기저에는 아무리 동맹국이라고 하더라도 "자기방어를 위한 선제공격"이라는 부시대통령의 논리는 우리 국민을 설득시키기에는 한계가 있다는 전제가 있다. 따라서 일차적으로 반대론에 대한 적절한 명분을 부여하는 노력이 필요하다고 본다. 즉, 일본은 이라크전쟁 개전이후 전투지역에 자위대를 파견하는 '이라크 특별조치법'이 통과되기까지 '일미동맹 간의 협력'이라는 명분만이 아니라 '유엔의 요청에 기초한 부흥협력이라는 틀'의 기초아래 자위대를 파견하도록 하기 위하여 국내외적 노력을 기울여 온 것은 좋은 예가 될 것이다.

일본은 이라크전 개전이후 고이즈미 수상에 의해 이라크 부흥지원에 대한 본격적인 논의가 이루어졌으나, 2003년 5월 22일 이라크 부흥에 관한 유엔가맹국에 지원을 요청하는 유엔 결의안 1483호가 통과된 이후에야 전투병 파견논의가 전개되고 같은 해 7월 26일 참의원 본회의를 통과하여 완전히 정전이 이루어지지 않은 지역에 최초로 자위대를 파견하기에 이른 것이다(Shinoda 2007). 한국은 일본의 대응과는 대조적으로 지나치게 한미동맹의 발전을 위한 파견을 강조함으로써 논란이 악화된 것으로도 볼 수 있다.

나아가 이러한 갈등은 21세기 신동맹의 비전이 구체화되지 않은 상황에서 동맹의 비전과 목표를 공유하는 것이 필요하다는 것을 말해준다고 볼 수 있다. 그동안 한국인의 위협의 대상은 북한이었는데, 한반도를 벗어난 지역적, 지구적 범위에서의 새로운 비전에 대한 논의가 없는 상황에서 파병논의는 혼란을 가져다 주었다고 볼 수 있다. 지금까지의 한미동맹은 최상위 전략에 대한 합의 없이 구체적 사안에서만 합의를 추구하는 상향식 접근법이 가져온 문제점의 표현이라고 볼 수 있다(하영선 2006). 이러한 문제점은 방위비 분담, 기지이전의 문제에서도 표출되어온 것을 볼 수 있다.

둘째, 기지이전 문제와 관련된 오염된 반환기지 정화책임 문제와 관련된 내용이다. 반환대상 미국기지에 대한 환경조사결과 미군기지의 환경오

염이 심각한 것으로 나타났으며, 그 치유비용도 한국 측에서 부담하게 됨으로 국민적 반발을 불러일으켰다.

이러한 사안은 2002년 여중생 사건으로 인한 대규모 반미시위나 쇠고기 수입반대 시위 등과 같이 일반 시민들에게 반미감정을 자극하는 휘발성이 강한 이슈로 작용하였다. 미군기지 환경오염의 경우에도 일부 진보적인 의원들은 현장조사 결과를 발표하며, 오염실태가 극심하며, 치유비용 또한 천문학적인 숫자가 들 것이라며 정부의 졸속협상을 비난하였다(환경일보 2006. 7. 25).

이러한 현상은 국민정서와 밀접하게 관련된 이슈에 대해 정부가 단독으로 협상을 진행하고, 그것이 국민정서에 미칠 영향을 고려하지 않고 일방적으로 발표함으로써 반미감정을 불러일으킨다고 할 수 있다.

우리 정부의 저자세, 굴종외교로 비치는 행위들이 국민적 분노를 자아낸다고 할 수 있다(Niksch 2008). 따라서 한미 양국 정부는 협상과정에서 다양한 이슈가 미칠 영향을 면밀하게 평가할 필요가 있다. 특히 한국의 경우 행정부 단독으로 예민한 사항을 결정하기보다 국회와 사전에 협의하는 과정을 거침으로써 반미감정을 완화하려는 노력을 할 필요가 있다. 그리고 국회차원에서 다양한 논의를 거쳐 국민적 이해를 구하는 노력이 필요할 것이다.

셋째, 한미 FTA 추진과정에서 나타난 국회 내의 갈등이다. 외교정책이 양면게임이론으로 설명되듯이 협상의 당사자뿐만 아니라 국내의 다양한 이해 당사자에 대한 설득의 문제가 제기된다. 결국 미국 의회에서의 FTA 비준을 위한 전제로 쇠고기 수입개방을 요구하고 이는 한국사회의 대혼란을 초래하였다. FTA와 같은 동맹 간의 이슈가 상황과 능력을 고려하여 추진되기 보다는 국내 정치적 논리·변수에 종속됨과 동시에, 이성적이고 합리적인 판단보다는 분위기와 감정에 좌우됨에 따라 상호 신뢰가 약화되는 현상을 보였다.

이처럼 동맹 조정문제도 양국간에는 물론 국내적으로 정치쟁점화 됨에 따라 공통분모를 찾기가 어렵고 초당적 접근이 불가능한 상황이 지속되어 온 것이 사실이다(최강 2009).

2. 의회간 협력의 제약요인과 협력강화 방안

첫째, 국회 내에서 조약비준 동의절차의 마련이 중요하다. FTA 협상에 있어서, 행정부와 입법부의 외교정책 사이에 뚜렷한 불균형과 불안정성에 따른 정부와 입법부간의 갈등이 심화되었다.

세계화와 주권다층화현상이 이러한 불균형의 근원이라고 할 수 있는데, 이는 한국에서만의 것은 아니지만, 미국이나 유럽의 경우에는 통상교역 협상에 대한 통제와 투명성 확보 절차들이 발달하여왔다. 이론적으로는, 이러한 절차들을 통하여 통상협정 체결의 민주적 통제(democratic control)를 가져올 수 있을 것이다. 이와 관련하여, 한국 국회에서 제정된 통상절차법 역시 통상정차에 대한 통제에 기여할 것으로 본다. 그리고 더 크게는 세계화 시대에 있어서 안보, 인권, 통상무역 등의 분야에서 의회의 역할이 강화됨을 알 수 있을 것이다.

다른 대부분의 나라들이 그렇듯이 세계화 현상의 영향으로 외교정책에 대한 국회의 영향력은 더욱 강화되는 추세이다. 한미FTA에서의 미국산 쇠고기 수입의 재개와 같은 주요한 외교정책 또는 대외경제정책에 있어서 국회의 역할이 확장되는 것을 피할 수 없다. 뿐만 아니라, 이러한 역할의 확장은 국가 전반의 반응성(responsiveness)과 책임성을 향상시키는 중요한 변화가 되었다. 오늘날 행정부의 역할이 확장되는 것만큼 국회의 영향력도 함께 강화하는 것이 외교정책과 초국가적 영역에서의 민주적 통제를 강화하는 방안이 될 것이다.

이러한 민주주의의 결핍의 해결 방안으로 통상절차법이 발의되고 통과되는 결실을 보았다. 통상절차법은 그동안 행정부가 독점해온 통상협상에 있어서 국회의 영향력을 강화하는 데에 초점을 맞추고 있다.

기존의 주권국가의 틀 안에서 국회가 갖고 있는 조약비준동의권만으로는 민주주의의 결핍을 막기에 부족하다는 것을 보여준 것이다. 국회의 제도적 통제가 강화되어야 할 필요가 있다. 외교 정책의 민주적 통제(democratic control)에 있어서, 비준 동의의 권리와 정부정책 심사의 권리에 대한 정의가 새로이 규정되어야 할 것이다. 이러한 과정에서, 동의 권한의 행사에 대한 방안과 규모, 그리고 구속력의 규모에 대해서 새로운 정의가 내려져야 할 것이다. 지금까지 정부는 국회에 협상정보를 공개하면 보안이 되지 않는다던지, 급진적인 이념을 가진 세력에게 이용당할 수 있다는 우려 때문에 협상의 정보를 독점해왔다. 그러나 이러한 절차적 제도화가 마련되지 않으면 국회 내의 신뢰구축이 불가능하다는 지적이 많다.

둘째, 의원의 전문성 축적구조가 미흡하다는 점이다. 미국 의회의 경우 한 의원이 동일한 위원회에 소속되어 선수를 쌓아가며 전문성을 축적해가는 구조가 확립되어 있다. 그러나 한국 국회의 경우에는 17대 국회와 18대 국회에서 초선의원 비율이 60%를 넘어설 정도로 현역의원 교체율이 높다. 아울러 상임위원회 위원 교체율도 높게 나타나고 있어서 하나의 상임위원회에서 한미동맹과 같은 이슈를 장기적으로 다루어온 의원이 많지 않다는 점도 한계로 작용한다.

이러한 맥락에서 특정 정책영역을 특화하여 다루는 주제별 위원회 가운데 비교적 장시간을 요하며 개별 위원회 소관경계를 뛰어 넘는 국가적 정책과제에 대한 심의를 위한 위원회를 검토해 볼 필요가 있을 것이다. 한국 국회도 단기에 걸친 특별위원회 운영경험은 축적되어 있으나 비교적 장기간에 걸친 특정 정책 및 현안 심의를 위한 위원회 가동의 경험은 없다고 볼 수 있다.

일본의 헌법조사회, 미국의 유럽 안보·협력위원회(The Commission on

Security and Cooperation in Europe: 일명 헬싱키 위원회), 의회-행정부 중국위원회(Congressional-Executive Commission on the People's Republic of China), 미-중국 경제안보 관계 검토위원회(U.S.-China Economic and Security Review Commission)가 이러한 예에 해당할 것이다. 이러한 장기과제 위원회는 의회가 정부제출 예산안 심의 · 소관부처에 대한 감독이라는 대 행정부 견제 역할에 그치지 않고 보다 장기적인 국가비전을 다룸으로서 의회의 새로운 역할모델을 정립할 수 있을 것으로 본다. 따라서 한미동맹이라는 과제를 장기적 관점에서 지속적으로 일관성 있게 추진하기 위해서는 이러한 특별 위원회의 구성을 검토할 필요가 있다고 본다.

셋째, 한국, 특히 남한 내의 정치세력간 남남갈등을 국회로 수렴하여 국민적 합의를 도출할 메커니즘의 부재이다. 남북문제에서도 이러한 남남 갈등이 두드러지게 나타나고 북한은 이것을 이용하여 남쪽을 제약하는 이남제남의 전략을 구사해왔다. 남북관계와 한미동맹과 관련된 대미외교와 관련된 분야에서는 내부적으로 이견이 있더라도 충분한 토론을 거쳐 공감대를 얻어낼 수 있는 시스템이 마련되어야 한다. 국회의 여야세력과 시민단체 등이 모여 대북 또는 외교정책의 공감대를 이루는 협의체의 구성이 필요하다고 본다[남북관계의 협의체 구성에 대해서는 진영의원이 본회의 대정부질문에서 문제제기를 한 바 있다(제281회 국회 제8차 본회의 회의록 참조)]. 이러한 문제의 이면에는 한국 국회가 원내교섭단체 중심으로 운영되고 있다는 문제점도 있다. 한국 국회는 국회운영의 전 과정에 교섭단체를 이루는 정당의 합의를 거쳐 의사일정을 결정하도록 하고 있다. 교섭단체는 정국의 주도권 다툼을 벌이면서 쟁점사안을 일괄타결하기 위하여 많은 사안에 대해 당론을 걸어서 의원들의 자율적 투표를 제약하고 있다. 특히 한미동맹과 같이 시민사회에서 이념적 갈등을 보이고 있는 이슈는 이것을 원내에서 토론을 통해 합의점을 도출하기 보다는 시민사회의 갈등을 원내에서 증폭시켜 이를 원내 운영의 협상전략으로 활용하고 있다.

넷째, 한미간의 정당구조의 차이로 인한 정당간 협력을 구하는 데에 한계가 있다. 정부간의 공식적인 대화채널에서 다루기 어려운 사항이나, 의원외교에서 다루기 어려운 사안의 경우 정당간 협의 채널을 통해 문제에 쉽게 접근할 수 있는 경우가 많다. 실재 아시아정당국제회의의 경우 국가간 주요 정당의 간부들이 모여 현안문제에 대한 의견교환이 가능하다. 아울러 중요한 이슈의 경우 사전 정지작업의 차원에서도 의미를 가지는 경우가 많다. 그러나 미국 정당의 경우 중앙당이 한국과 유럽의 정당과 같이 조직되어 있지 않아 정당간 협력을 모색하는 데에 한계가 있다.

끝으로 입법지원기구간의 협의 채널 확보도 필요하다고 본다. 의원은 임기가 제한되어 있어 업무의 영속성을 보이기 어려운 문제자 있다. 따라서 의회 내에서 한-미간 현안을 지속적으로 follow-up 할 수 있는 지원기구가 마련되고, 이들 간의 실무 차원의 교류 활성화 방안을 모색할 필요가 있다고 본다.

Ⅴ. 결론

이 글에서는 한미동맹에 대한 의원들의 인식의 기저에 깔린 이념, 당론, 지역구 요인에 대해 살펴보았다. 그 가운데에 이념적 정향의 문제가 가장 중요한 영향을 미친다는 것을 알 수 있다. 그러한 배경에는 17대 국회에서 탄핵바람을 타고 등장한 진보성향이 강한 386세대의 초선의원들이 대거 등장한 것과 17대 국회에서 도입된 정당과 후보자에 각각 1표씩 행사하는 1인2표제의 도입으로 민주노동당이 국회에 의석을 확보한 것이 크게 작용하고 있다.

국회에서 심의된 주요 아젠다에 대한 쟁점을 고찰하면, 이라크 파병, 기지이전, 방위비분담, 한미 FTA와 같은 사안의 심의에서 동맹자체를 반대하기 보다는 변화된 환경에 걸맞는 국익론을 제시하거나 대미 외교의 비대칭문제, 국회의 비준동의권의 실질화 문제 등을 제기하면서 쟁점을 확대해 온 것을 볼 수 있다. 민노당과 같이 당론으로 반대를 표명하지는 않았지만, FTA와 같이 당론을 유보하거나 다른 이슈에서와 같이 권고적 당론을 설정함으로서 의원들은 이념적 차원에서 지지여론의 동향에 강하게 반응하는 것을 볼 수 있다. 특히 선거를 앞두고 있을 경우에는 지지기반의 여론에 더욱 민감한 것을 볼 수 있었다. 아울러 분점정부하에서 대통령의 적극적인 설득노력도 국회의 심의에 영향을 미치고 있음을 확인하였다.

이처럼 한국 국회에서의 한미동맹 문제가 21세기 국내외 정세 변화에 대한 충분한 이해없이 지나치게 국내문제 중심으로 해석하고 반응함으로 인하여 동맹조정과정에 많은 사회적 비용을 지출하고 있다. 특히 사회적-정치적 비용 절감을 위해 국회의 역할이 절실함에도 오히려 갈등을 증폭시켜온 것이 현실이다. 이러한 문제점을 극복하기 위하여 이 글에서는 절차법의 제정과 같이 대외정책에 대한 국회역할의 제도화를 위한 방안의 모색, 한미동맹이라는 주제를 장기적 관점에서 일관성있게 추진할 특별위원회 구성, 여야와 시민사회등으로 구성된 대외정책 협의체 구성, 정당간 협력, 입법지원기구간의 협의채널 확보 등의 과제를 제시하였다.

참고문헌

- 김우상. 2004. "한 · 미동맹의 이론적 재고." 『한국과 국제정치』 제20권 1호.
- 서정경. "한 · 미 · 일 안보관계 복원과 중국: 한 · 미동맹 강화와 중국의 인식을 중심으로." 『한반도 주변정세와 한국의 안전보장』. 서울: 한국해양전략연구소.
- 이상현. 2008. 『한미동맹 로드맵: 비전 · 쟁점 · 전략』. 성남: The Sejong Institute.
- 이상현 · 송대성 공저. 2008. 『한미동맹의 변환: 안보차원의 과제와 대책』. 성남: The Sejong Institute.
- 이현우. 2005. "Analysis of Member's Voting Behavior: the 16th Korean Assembly." 『한국과 국제정치』 Vol. 21, No. 3.
- 이현우. 2008. 『안보와 자주: 한 · 미동맹의 과거 · 현재 · 미래』. 서울: 대한출판사.
- 장 훈. 2007. "한국 민주화와 외교정책: 위임형 외교정책결정의 등장과 구조." 『한국과 국제정치』. Vol. 23, No. 4.
- 장 훈. 2008. "정당정치와 외교정책." 『한국정치학회보』. 제42집 3호.
- 전재성 "동맹이론과 한국의 동맹정책." 『국방연구』 제47권 2호.
- 최 강. 2009. "'한 · 미 전략동맹' 발전을 위한 비전과 과제." 외교안보연구원, 『국제정세 변화와 이명박 정부의 외교 과제』. 2008년도 정책연구과제 통합본.
- 최아진. 2006. "한미동맹 재조정과 국회의 역할." 『국회도서관보』 vol. 329.(2006. 10).
- 하영선. 2006. *Korean-American Alliance: A Vision and a Roadmap*. Seoul: EAI.
- 한석희 · 하현용. 2008. "한국 주도의 한미동맹 변화에 관한 경험적 연구." 『한국정치학회보』. 제42집 제1호.
- 허세만. 2006. 『한미동맹의 변화요인에 관한 연구: 미국의 클린턴 · 부시 행정부 시기를 중심으로』. 중앙대학교 대학원 박사학위 논문.

- Fenno, Richard F. 1978. *Home Style: House Members in Their Districts*. New York: Harper Collins.
- Lee, Hyun-chool. 2007. "The ideological disposition of Koreans." *Journal of Contemporary Asia*. Vol. 37, no. 4.
- Lee, Hyun-chool.2010. "Ratification of a Free Trade Agreement: The Korean Legislature's Response to Globalisation." *Journal of Contemporary Asia*, Vol. 40(2).
- Leeds, Brett Ashley. 2003. "Alliance Reliability in terms of War: Explaining State Decisions to Violate Treaties." *International Organization*.
- Niksch, Larry A. 2006. "Korea: U.S.-Korean Relations: Issues for Congress." CRS Report for Congress.

- Niksch, Larry A. 2008. "New Vision of Korea-US Alliance(and Warning Signs Ahead)." presented to the ROK-US Alliance conference hosted by East Asia Institute(July 3, 2008).
- Shinoda Tomobito. 2007. *Emerging Realism of the Japan-U.S. Alliance*. Tokyo: Chikura.(Japanese).
- Shull, Steven. 1991. *The Two Presidents: A Quarter Century Assessment*. Chicago: Nelson-Hall.
- Walt, Stephen M. 1997. "Why Alliances endure or Collapse." *Survival*, Vol. 39, No. 1.

09

기후변화와 녹색성장기본법 제정과정

原著
이현출, 2011. "국회 특별위원회 활동과정에 대한 분석: 기후변화특위를 중심으로",
『의정논총』 제6권 제1호, 2011, pp.81–105.

Ⅰ. 서론

오늘날 전 세계가 녹색성장이라는 화두로 달구어지고 있다. 한국의 경우에도 예외가 아니다. 아니 한국의 이명박 대통령은 녹색성장을 국정의 주요 목표로 삼고 이러한 세계적인 흐름을 주도하고 있다. 녹색성장은 오늘날 제2의 산업혁명에 비유된다. 토머스 프리드먼(Friedman 2008)은 "청정에너지가 앞으로 50년간 한 나라의 경제적 위상과 환경, 에너지 안보, 국가안보를 명확하게 가늠하는 척도"가 될 것이라며 세계위기 해결방안은 녹색혁명(Code Green Strategy)이라고 주장한다.

이처럼 녹색성장에 전 세계가 주목하는 것은 먼저 지구온난화의 문제가 멀지 않은 장래에 전 지구적인 재앙을 가져올 것이라는 위험성에 대한 인식을 공유하고 있기 때문이라고 할 수 있다. 아울러 인류의 기본적인 생활기반을 위협하는 지구온난화 문제는 그 대책이 효과를 발휘하기 위해서는 국제적으로 긴밀한 협조가 필수적이라는 인식에서 비롯된 것이기도 하다. 지구온난화 문제는 인류역사상 전 세계가 공통의 이익을 위하여 행동하는 최초의 계기를 마련해 주었다고도 할 수 있다.

기후변화는 이와 같이 지구적 이슈이기도 하면서 일반적으로 국민국가 수준에서 조치가 취해지는 국내적 이슈로서의 특징도 가지고 있다. 눈을 국내로 돌리면 저탄소 녹색성장의 시대적 당위에 대해서는 누구나 공감하지만 입장은 자신의 위치에 따라 제각각이다. 철강, 석유, 화학 등 관련업계는 향후 제시될 새로운 규제에 대해 긴장하고 있다. 정부도 국내 산업계와 국제적 압력사이에서 혼란을 겪고 있다. 국제기준을 선도하면서도 한국의 실정에 맞는 정책을 단계별로 어떻게 수립하느냐에 따라 향후 국가·지역·산업의 명운이 달라질 수 있기 때문이다.

이처럼 기후변화 문제는 국제적 압력과 국내적 수용의 문제, 국내 산업계와 환경단체간의 갈등, 국내 산업계 내에서도 이해관계에 따라 첨예하게 대립되는 이해갈등의 문제가 교차적으로 작용하면서 결론에 이르기에 매우 어려운 과제이다. 뿐만 아니라 기후변화에 대한 대응방안을 두고 정책을 입안하는 부처간 갈등이 심하여 국내정책 수립에 어려움을 겪고 있는 것이 현실이다. 이에 따라 우리 국회 또한 매우 지체된 대응을 보여 왔다. 국제적 협약이나 조약이 국내법이나 정책과 양립가능한지 여부, 국제협약 하에서 국내적 조치를 취하기 위한 예산, 재정적 조치와 정책 프로그램의 적합성 여부, 이를 살피기 위한 조약의 비준동의 및 후속입법 등 많은 과제가 있음에도 불구하고 1997년 '기후변화에 관한 국제연합기본협약에 대한 교토의정서(이하 '교토의정서')'가 채택된 이후 우리 국회의 대응은 매우 미온적이었다.

2002년 교토의정서 비준동의안을 처리한 이후에도 이렇다 할 종합적인 대책을 수립하지 못한 국회가 2009년에서야 종합적인 기후변화 대응조치로 '저탄소 녹색성장기본법'(이하 녹색성장기본법)을 제정하기에 이른다. 이처럼 지체된 반응을 보여 온 국회가 2009년에는 보다 적극적인 대응을 취하여 기본법 제정이라는 큰 성과를 가져온 데에는 어떠한 요인이 작용한 것인가? 이러한 물음에 답하는 것이 이 논문의 목적이다.

특히 이 논문에서는 국회 심의의 중심을 이루는 상임위원회 차원에서의 의사결정 과정을 고찰함으로써 법안을 둘러싼 갈등의 해결을 위한 토론과 합의의 동태를 살피려는 것이다. 이 논문의 분석은 녹색성장기본법

제정에 핵심적 역할을 수행한 기후변화특별위원회(이하 기후변화특위)를 대상으로 한다. 분석범위는 18대 국회의 활동 시한인 2008년 8월부터 2009년 12월까지를 대상으로 한다. 18대 국회 이전 상황은 이해를 위하여 제Ⅲ장에서 간략히 개관한다.

주지하다시피 본회의가 표결중심의 다수결적 의사결정에 의존한다면 위원회는 토론과 합의를 우선으로 하는 다원적 민주주의가 작동하는 논의의 장이라는 점에서 상임위 의사결정과정 분석에 의미를 부여할 수 있다. 그럼에도 불구하고 하나의 정책이나 법안의 생사가 결정되는 중요한 지점인 상임위원회의 의시결정 과정에 대해 그동안 학계의 연구는 일천한 상황이다.

미국의 경우 상임위원회의 위상과 운영에 관한 연구(Deering and Smith 1997), 상임위원회의 역할 및 의원의 정치적 선호도 및 활동에 관한 연구(Cox and McCubbins 1993; Hurwitz et al. 2001; Krehbiel 1990; 1992; Shepsle and Weingast 1995) 등 상임위 운영과 의원의 활동에 관한 연구가 이루어져 왔으나, 한국의 경우 상임위원회 구성과 의원들의 선호도 등에 관한 연구(가상준 2009; 김민전 1996; 정영국 1995) 등이 중심을 이루고, 상임위원회 운영과 활동에 관한 연구는 회의록을 통하여 나타난 상임위원회 운영의 특징을 살핀 연구(이현우 2009; 가상준 외 2008), 상임위원회 소속의원들의 의정활동에 미치는 변수에 관한 연구(손병권 2004), 입법과정에서의 장관과 상임위원회와의 관계(안병영 2001) 등의 연구에 불과하다.

더욱이 위원장의 리더십에 대한 분석은 우리 학계에서뿐만 아니라 서구의 학계에서도 매우 취약한 분야라고 할 수 있다. 이러한 배경에는 상임위원회 구성과 운영의 이면에 작용하는 정치의 원리를 공개된 자료를 통해서는 확보할 수 없기 때문일 것이다. 따라서 제한된 정보인 표결 결과나, 발언횟수, 출석률, 위원 교체율, 회의시간 등의 분석을 통해 위원회의 전문성과 대표성 등을 연구해온 수준이라고 할 수 있다.

따라서 이 논문은 기존의 한계를 극복하기 위하여 기후변화특위의 속기록과 위원장, 스텝, 위원회 위원들과의 인터뷰를 통하여 위원회 운영과정의 특성을 밝혀 보고자 한다. 이를 통하여 이 연구는 속기록과 그 이면의 정치동학을 살핌으로써 향후 상임위원회 연구를 위한 토대를 마련한다는 의미가 있다고 할 것이다.

Ⅱ. 위원회 의사결정과정의 분석틀

1. 위원회의 의사결정 분석틀

위원회가 국회 의사결정을 지배하고 있다는 점에 대해서는 미국 의회뿐만 아니라 한국 국회에서도 공감하고 있는 부분이다. 그러나 위원회의 구성과 운영이 어떻게 이루어지는지에 대해서는 구체적인 분석이 이루어지지 못하고 있다. 그것은 개별 위원회별로 각기 다른 구성원과 상황적 제약 요인으로 둘러 쌓여있으며, 각기 다른 리더십에 의해서도 영향을 받기 때문이다. 특히 이러한 요인들은 속기록을 통하여 충분히 확인할 수 없는 부분이기 때문에 더더욱 이해하기 어려운 면이 있다. 이러한 맥락에서 페노(Fenno 1973)는 각각의 위원회가 서로 다를 것이라는 전제하에 다섯 가지의 변수를 통하여 각각의 위원회의 유사점과 차이점을 밝히는 연구를 시도한 바가 있다.

일반적으로 위원회 차원의 의사결정을 분석하는 데 에는 다음과 같은 다섯 가지 변수를 살펴보아야 한다는 것이다. 즉, 의원의 목표(member goals), 환경적 제약(environmental constraints), 전략적 전제(strategic premises), 의사결정 과정(decision-making processes), 그리고 의사결정(decisions)이 각각의 위원회별로 다르게 나타난다는 것이다. 위원회 소속 의원들은 각각 다른 목표를 가지고 있을 것이며, 이들 목표에 일치수준이 높으면 쉽게 합의에 도달할 수 있을 것이다. 아울러 각각의 위원회는 각기 다른 환경적 제약요인에 둘러싸여 있을 것이다. 특히 의제를 둘러싼 영향력 있는 집단들의 이해관계에 민감하지 않을 수 없으며, 이러한 이해관계의 차이가 클수록 위원회 의사결정을 더욱 어렵게 할 수 있을 것이다. 위원회 위원들은 자신의 목표와 주요한 환경적 요인들과 조화를 이루려는 전략적 전제를 마련하게 된다. 이러한 전제는 위원회 규칙 등을 통해서 나타나는 것이 일반적이다.

그러나 한국의 국회에서는 미국 의회와 달리 위원회마다 규칙을 달리하지 않기 때문에 이 글의 분석대상에서는 제외한다. 의사결정 과정에서는 정당요인, 리더십 요인, 위원의 전문성 등의 요인이 작용하게 된다. 아울러 의사결정 내용과 이에 대한 의원과 관계자들의 만족도 등에 관한 내용도 본 논문의 분석대상에서 제외된다.

따라서 본 논문에서는 위원회 의사결정의 독립변수로서 의원의 목표와 환경적 제약 요인을 고찰하고, 종속변수로서 의사결정 과정을 분석할 것이다. 이를 통하여18대 국회에서 녹색성장기본법을 통과하게 된 요인을 탐색하고자 한다. 이 논문에서는 아래 <그림 1>과 같은 분석틀을 활용하여 하나의 사례연구를 시도하지만, 이러한 연구는 향후 상임위원회 분석에 유용한 틀로 활용될 수 있을 것이다.

2. 상임위원회와 특별위원회

이 논문은 기후변화특위 사례를 중심으로 위원회 운영과정에서 녹색성장 기본법의 통과과정의 성공요인을 살펴보는 데에 목적이 있다. 기후변화 문제가 일반 상임위원회가 아닌 일반특별위원회에서 처리된 것은 기존

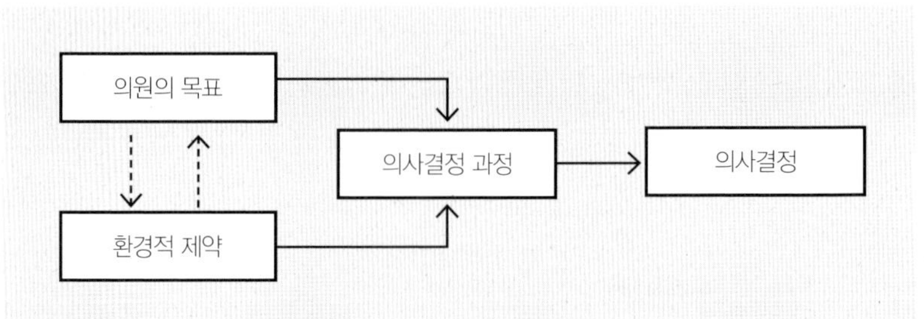

*자료: Fenno(1973), p.XV를 필자가 재구성함

그림 1. 위원회 의사결정 분석 틀

상임위원회에서 다루는 것이 부적합하다고 판단되었기 때문이다. 즉, 기존의 16개 상임위원회만으로는 다양한 영역으로 이해관계가 복잡하게 얽힌 사안을 신속하게 처리하기에는 단일 상임위원회에 맡기는 것이 부적합하기 때문이다(국회의 특별위원회는 국회법 제44조의 규정에 의한 일반특별위원회와 동법 제45조 내지 제46조의2의 규정에 의한 상설특별위원회, 동법 제46조의3의 규정에 의한 인사청문특별위원회 그리고 국정감사및조사에관한법률 제3조의 규정에 의한 조사특별위원회로 구분할 수 있다.).

일반특별위원회는 국회법 제44조 제1항에 근거하여 '수 개의 상임위원회 소관과 관련되거나 특히 필요하다고 인정한 안건'을 효율적으로 심사하기 위하여 본회의 의결로 구성되는 한시적인 위원회를 말한다. 이러한 일반특별위원회의 명칭은 일반적으로 특별위원회 구성결의안의 제목에 명시되는 것이 예이며, 대체로 ① …… 지원특별위원회 ② …… 대책특별위원회 ③ …… 제도개선특별위원회 ④ …… 경쟁력강화특별위원회 등의 형태로 명칭이 부여된다.

특별위원회의 기본적인 조직구성은 상임위원회와 크게 다르지 않지만, 몇가지 다른 특성을 나타내고 있다. 먼저 한시성을 들 수 있다. 일반특별위원회를 구성할 때에는 그 활동기한을 주문에 명시하여야 하며, 그 활동기한의 종료시까지 존속한다(국회법 제44조 제2항). 또한 특별위원회의 활동기간은 본회의의 의결로 연장할 수 있다(국회법 제46조). 특별위원회가 그 활동기간 내에 심사보고서를 제출하지 않거나 활동기간을 연장하지 아니할 경우 그 특별위원회는 자동해체된다고 하겠다.

둘째, 특정성을 지적할 수 있다. 명칭 자체에서 살필 수 있는 바와 같이 특별한 안건 또는 영역을 다루게 된다. 국회법(제44조)상 "특히 필요하다고 인정한 안건을 효율적으로 심사하기 위하여" 특별위원회를 둘 수 있도록 하고 있다. 여기서 한 가지 검토할 사항은 일반특별위원회의 경우에 법률안 제안권이 있는가 하는 문제이다. 이와 관련하여서는 특별위원회 구성결의안 주문에 명시되어 있는 경우와 명시되지 않은 경우로 나누어 설명할 수 있다. 우선 특위구성결의안의 주문에 관련 법률의 심사 또는 제정·개정권 등이 명시되어 있는 경우에는 당해 특별위원회의 존속기간동안 관련 법률안을 심사하거나 제출할 수 있다는데 다툼의 여지가 없다.

그러나 특위구성결의안의 주문에 관련 법률의 심사 또는 제정·개정권 등에 관한 명시적 수권이 없는 경우에는 결의안의 주문내용을 적극적으로 해석하여 '특위가 특정한 대책 및 지원방안을 강구하는 활동범위의 개념속에 법률안의 제안 및 개정권도 포함된다'고 보는 견해가 있으나, 소관상임위원회의 활동침해가능성 및 소관을 둘러싼 특별위원회와 소관상임위원회간의 다툼 발생가능성 등을 이유로 당해 특별위원회의 법률안 제안 및 개정권이 없다고 해석하는 것이 일반적인 견해이다(정호영 2004).

이러한 견해는 특별위원회가 특위의 목적을 달성하기 위하여 법률의 개정이나 제정이 필요한 경우에는 그 내용에 관하여 특별위원회의 의사를 결정한 다음 소속위원(10인 이상)의 서명을 받아 의원발의 형식으로 제출하거나 특별위원회에서 결정된 의견을 소관상임위원회에 제시하여 개정 또는 제정하도록 하는 방식을 취해야 한다고 본다. 다만 결의안의 경우는 법률안과 달리 일반국민에 대한 기속력이 없고, 국회의 의사표시의 하나라는 점에서 가능하고, 국회의 관행도 또한 같다(제16대 국회에서 구성(2002.8.22.)된 재해대책특별위원회에서는 2003년 2월 25일「국가재해·재난방지를위한종합안전대책수립촉구결의안」을 제안한 바 있다).

본고의 분석대상인 기후변화특위는 당초 2008년 8월 26일 제277회 본회의에서 구성안이 의결되어 1년 기한으로 활동이 시작되었다. 2009년 4월 1일 본회의에서 특위의 심사범위를 저탄소 녹색성장관련 사항을 심의하도록 하였다. 따라서 기후변화특위의 법률안 제안권과 심의권은 명시적으로 수권되었다고 할 수 있다. 그러나 특위는 그 활동시한인 2009년 8월 25일까지 심의가 종료되지 않아, 동년 9월 16일 본회의에서 같은 해 12월 31일까지 활동시한을 연장하도록 한 바 있다.

Ⅲ. 기후변화에 대한 정부 · 국회의 대응

1. 이명박 정부 이전의 대응

기후변화는 일개 국가에만 영향을 미치는 것이 아니라 인류 전체의 생존에 영향을 미친다. 이러한 맥락에서 기후변화에 대한 대응은 초국가적 영역에서 먼저 이루어졌다. 국제연합(UN)은 1992년 5월 9일 '기후변화에 관한 국제연합기본협약'과 1997년 12월 17일 '기후변화에 관한 국제연합 기본협약에 대한 교토의정서(이하 '교토의정서')'를 각각 채택하였다. 우리나라는 1998년 9월 25일 이 의정서에 서명하였으나 국회비준 여부를 두고 논란 끝에 2002년 10월 30일 정부가 제출한 교토의정서 비준동의안을 국회에서 통과시킨 바 있다.

이러한 기후변화협약에 대한 국내적 조치는 입법조치가 아닌 국무총리 훈령에 의한 계획의 작성이나 실행의 수준에 머무르고 있었다. 기후변화협약에 의하여 국내 산업과 국민생활에 광범위한 영향을 미침에도 불구하고 입법을 통한 종합적인 대책 수립 등 입법부 차원의 대응은 매우 더디게 이루어졌다. 한국은 교토의정서에 의한 제1차 공약기간(2008~2012년)에 온실가스 감축 의무부담을 부여받지는 않았지만 선발 개발도상국으로서의 책임을 다하기 위해 기후변화 협약에 의거한 의무를 충실히 이행할 필요성을 인식하고 있었다. 이러한 인식하에 2001년 기후변화에 관한 정부 대책을 종합적으로 조정하고 검토하기 위하여 국무총리가 위원장을 맡는 '기후변화협약대책위원회'를 구성하여 운영하였다. 정부는 2001년 9월 20일 국무총리훈령 제422호로 '기후변화협약대책위원회등의 구성 및 운영에 관한 규정'을 만들어 기후변화협약에 대한 대응 차원의 수동적이고 방어적인 준비 수준에 머물고 있었다.

2002년 국회에 제출된 교토의정서 비준동의안에 대한 국회 전문위원 검토보고서〔통일외교통상위원회 수석전문위원, "기후변화에 관한 국제연합 기본협약에 대한 교토의정서 비준동의안 검토보고서(2002. 10.) 참조〕상의 각 부처의 입장을 보면 법무부, 산업자원부, 해양수산부, 환경부를 제외한 의견개진 전 부처가 소관사항 없음 또는 해당사항 없음으로 의견을 제시하였다. 물론 우리나라가 교토의정서상의 배출가스 저감 의무국이 아니라고 하더라도 기후변화 전반에 대한 대응과 적응의 차원에는 눈을 돌리지 못하고 있었다고 볼 수 있다. 2007년 10월에서야 훈령의 전부개정을 통하여 기후변화협약 대응이 아니라 기후변화에 대한 대응으로 기구 설치목적을 변경하고, 기획단의 단장을 국무조정실 정책차장(차관급)이 겸직하도록 하여 위상을 격상시켰다.

이처럼 기후변화에 대한 총괄적 대응방안을 마련하지 못한 상황에서 개별법 중심의 대응으로 인한 부처 간 갈등으로 국회 입법활동도 표류하는 결과를 가져왔다(강찬수 2009). 그동안 우리나라는 1998년에 수립한 기후변화협약 대응 제1차 종합대책에 환경부 주관으로 지구온난화방지를 위한 근거법령의 제정을 명시한 바 있고, 이에 따라 환경부에서 1999년에 일본과 유사한 '지구온난화방지대책법'제정을 추진하였으나 온실가스 의무부담을 받지 않는 상황에서 기후변화협약 대응법률 제정은 시기상조이고 대외협상에 부정적인 영향을 미칠 우려가 있다는 이유로 입법추진이 보류된 바 있다. 그 이후에도 법률 제정에 관하여는 정부 내에서도 국무조정실,

산업자원부, 환경부 등 관련부처 간에 의견이 일치하지 않았다.

16대와 17대 국회 모두 기후변화특별위원회를 운영한 바 있으며, 국회에 기후변화와 관련하여 3개의 법안이 발의된 바 있다. 16대 국회의 경우 2001년 12월 '지구온난화방지 대책에 관한 법률안'(이정일 의원 대표발의)과 '지구온난화가스 저감대책법안'(이호웅 의원 대표발의)이 의원입법안으로 발의되었으나 임기만료로 폐기되었다. 17대 국회에서는 2004년 11월 '지구온난화방지대책법안'(이호웅 의원 대표발의)이 발의되었으나 이 역시 임기만료로 폐기되었다. 당시의 국회전문위원 검토보고를 살피면 감축 의무부담에 관한 우리나라의 입장(2018년 이후 의무부담 검토) 등을 종합적으로 고려하여 볼 때, 기후변화협약에 대비한 기본법적인 총괄법의 제정은 정부 내 관련부처를 포함한 각계의 충분한 의견수렴을 거쳐 제정여부 및 입법시기를 결정하는 것이 필요하다고 판단하고 있다(국회 의안정보시스템 참조 http://likms.assembly.go.kr/bill/jsp/BillDetail.jsp?bill_id=017478&list_url=/bill/jsp/FinishBill.jsp%3F).

2. 이명박 정부에서의 대응

이명박 정부는 2008년 8월에 신국가발전 패러다임으로 '저탄소 녹색성장'(Low Carbon, Green Growth)을 제시하였다. 이를 국가적 아젠다로 추진하기 위한 기구로 '녹색성장위원회'(이하 녹색위)를 두고, 법과 제도적인 뒷받침을 위하여 녹색성장 기본법을 제정키로 하고 정부가 법안을 발의하여 국회에 제출하였다. 이에 앞서 2008년 11월 대통령은 저탄소 녹색성장 추진체계 마련을 지시하였고, 이에 따라 기후변화대책위원회, 국가에너지위원회, 국가지속가능발전위원회(이하 지속위) 등 유관위원회의 기능을 통합하는 방안을 검토하기에 이른다. 이에 따라 2008년 12월에 녹색성장위원회 설립준비팀이 구성되고, 여기에서 저탄소녹색성장기본법 제정이 추진되었다.

이 과정에 정부는 '녹색성장위원회의 설립 및 운영에 관한 규정'이라는 대통령훈령(2009년 1월 5일, 대통령훈령 제239호)을 통하여 녹색성장위원회의 설립근거를 마련하게 된다. 이 위원회는 기존의 기후변화협약대책위원회, 국가에너지위원회(에너지기본법에 근거하여 설립, 2006.3), 그리고 국가지속가능발전위원회(지속가능발전위원회는 국가의 지속가능발전을 효율적으로 추진하기 위하여 필요한 관련 주요 정책에 대한 대통령의 자문에 응하기 위하여 대통령 소속으로 설치된 위원회이다. 최초 2000년 8월 대통령령에 근거하여 설치되었으나, 2007년 8월 지속가능발전 기본법이 제정되면서 이에 근거하여 법정위원회로 새롭게 출발하게 되었다.)가 수행해온 기능을 종합적으로 수행하게 되었다. 녹색성장기본법이 제정되지 않아 대통령훈령에 근거하여 구성된 위원회가 기존에 법률에 근거하여 구성된 법정위원회의 기능을 통합하여 운영하는 것이 가능한지 여부에 대한 논란이 제기되기도 하였다. 또한 위원회는 법적 성격이 명확하게 규정되어 있지는 않지만 위 규정 제1조에 의하면, "기후변화와 에너지·자원위기에 대응하면서 신성장동력 확보를 통하여 지속가능한 녹색성장과 관련되는 정부정책을 심의하기 위해 필요한 기구의 구성 및 운영에 관한 사항을 규정함을 목적으로 한다."고 규정하고 있다. 따라서 위원회는 그 성격을 자문위원회로 볼 수 있으나 국민의 권리· 의무와 관련되는 국가정책에 대하여 사실상 영향을 미치는 경우가 많다는 점을 고려한다면 법률로서 보다 명확하고 구체적으로 규정할 필요성이 있는 것이다. 즉, 자문위원회로 규정하는 이상 대외적으로 독자적인 집행기능을 수행하기에는 한계가 있다는 것이다.

녹색위는 2009년 설립 이후 위원회에서 준비한 녹색성장기본법이 통과되지 않아 법률적 근거를 갖지 않은 자문위원회의 성격을 갖고 있어 국회 차원의 견제를 하기에는 어려움이 있었다. 2009년 4월 14일에 열린 국회

기후변화특위에서 녹색성장위원회가 업무보고를 하였다. 하지만 위원회는 자문위원회라는 성격때문에 '국정감사 및 조사에 관한 법률'(제7조 1호 내지 3호)에서 정하는 감사대상기관에는 해당되지 않아 국정감사 대상에서도 제외되었다. 그러나 위원회는 정부예산을 지출하는 부서이기 때문에 감사원의 감사대상이 된다. 따라서 국회가 본회의에서 특히 필요하다고 인정하여 의결한 때에는 국정감사 대상으로 될 수 있음에도 불구하고 이러한 조치는 취하지 않았다.

뿐만 아니라 녹색위는 준비위원회라는 위상에도 불구하고 설립 즉시 '저탄소 녹색성장기본법안'을 마련하여 이를 행정절차법에 따라 입법예고하는 상황에까지 이르게 되었다. 결국 2009년 초 녹색성장위원회 명의로 입법예고를 했다가 중앙행정기관이나 행정위원회가 아닌 준비위원회에서 입법예고를 하는 것은 행정절차법에 어긋난다는 환경단체의 비판(노컷뉴스, 2009.02.19)에 따라 입법예고를 철회한 바가 있다. 그 후 국무총리 이름으로 이를 재입법예고하는 현상이 벌어졌다. 이처럼 법적 정비가 제대로 이루어지지 않은 가운데 추진된 정부의 녹색성장 전략은 절차상 많은 혼선을 초래하였다.

국회에서도 우리나라가 2013년 이후 어떤 형태로든 온실가스 감축을 요구

표 1. 18 대 국회에 제출된 기후변화관련 법률안

제명	대표발의(제출)자	발의일	회부일
기후변화대책기본법안	김성곤 의원	2008. 11. 7.	2009. 4. 13.
기후변화 대응 및 온실가스 감축지원에 대한 기본법안	배은희 의원	2008.11. 25.	2009. 4. 2.
기후변화대책기본법안	이인기 의원	2009. 1. 14.	2009. 4. 2.
저탄소 녹색성장 기본법안	정부	2009. 2. 27.	2009. 4. 2.

받을 것이 예측되고 있는 상황과 선진국들의 기후변화 대응 강화 및 녹색산업의 성장동력화 추세 등을 감안할 때 기후변화 대응과 관련한 입법의 조속 추진 필요성이 제기되고 있었다. 이에 따라 2009년 2월 정부안이 제출되기 이전에 이미 국회의원 발의안으로 3개의 법률안이 제출되었다(<표 1> 참조).

3건의 의원안과 정부안은 2013년 이후의 기후변화체제(Post-2012 체제)에서의 우리의 감축의무 부담 가능성, 선진국의 기후변화 대응 입법 본격화 및 녹색산업 투자 강화 추세 등을 그 추진 배경으로 하고 있다.

선진국이 발빠르게 대응하고 있는 상황에서 우리는 기후변화 대책법이 없어 정부 내 범부처 대책수준으로 기후변화 문제에 대응하고 있는 실정에 대한 성찰에서 나온 것이다. 또한, 우리나라의 신재생에너지 보급률은 2007년 기준으로 2.4%로 4.7%의 미국 등 주요 선진국에 비해 저조하고, 전반적으로 녹색산업의 기반이 취약한 상황이다.

3건의 의원안은 기후변화대책과 관련된 내용만을 담고 있으나, 정부안은 기후변화대책 이외에 에너지 정책, 녹색성장 추진 및 지속가능발전 추진 관련 사항을 포괄적으로 담고 있다는 점에서 근본적인 차이가 있다(4건의 제정안 비교는 기후변화대책특별위원회 수석전문위원, "기후변화대책 및 녹색성장 관련 제정법률안 4건에 대한 검토보고서"(2009. 4) 참조).

Ⅳ. 기후변화특위 운영과정 분석

1. 위원회 구성과 의원의 목표

의원들의 동기 또는 목표는 주로 다음의 세 가지에 집중된다(Fenno 1973). 재선(re-election), 의회 내에서의 영향력(influence), 그리고 좋은 정책 수립(good public policy)이 그것이다. 이러한 목표가 위원회 활동에 가장 결정적인 요인으로 작용한다는 것이다. 그러나 위원회 소속 위원들은 각기 다른 목표의 혼합을 가질 것이다. 기후변화특위는 이인기 위원장을 포함한 18인의 위원으로 구성되었으며, 정당별로는 한나라당 10인, 민주당 5인, 선진당 1인, 무소속 2인으로 구성되었다〔2008년 9월 30일 현재 한나라당 이인기(3), 유기준(2), 강길부(2), 김효재(1), 신상진(2), 이학재(1), 정두언(2), 조원진(1), 진영(2), 홍준표(4), 민주당 우제창(2), 김재윤(2), 이시종(2), 장세환(1), 최규식(2), 선진과 창조의 모임 김낙성(2), 비교섭단체 이한정(1), 이인제(5) 등 18인으로 구성되었다(제1차 기후변화특위 회의록 참조). 2009년 9월 21일 현재 한나라당 이인기, 유기준, 김효재, 신상진, 정두언, 조원진, 진영, 원희룡(3), 이종혁(1), 민주당 우제창, 김상희(1), 김재균(1), 김재윤, 장세환, 비교섭단체 김낙성, 유원일(1), 이인제 등으로 구성되었다. ( )안은 선수〕.

법안심사 소위원회는 교섭단체 의석비율에 따라 한나라당 5인, 민주당 3인, 선진과 창조의 모임 1인으로 구성하고, 소위원장은 한나라당 유기준

위원이 맡았다(한나라당 강길부(이종혁), 이학재, 정두언, 조원진, 민주당 우제창, 이시종(김재윤), 장세환(김상희), 선진과 창조의 모임 김낙성 위원으로 구성되었다. ( )안은 사보임에 따른 변경된 위원임).

선수별로 살펴보면, 1차 구성 당시(2008. 9)에는 3선 이상 3인, 재선 10인, 초선 5인으로 구성되었다. 2차 구성 시(2009. 9)에는 3선 이상 3인, 재선 7인, 초선 8인으로 구성되었다.

위원회 위원들은 법안심의와 관련하여 몇 가지 분야에서 이견을 보였다. 먼저 온실가스 배출량과 에너지 사용량 보고, 통계관리, 종합정보 관리체계 구축과 관련하여 주관부서를 지식경제부(이하 지경부)로 할 것인지, 환경부로 할 것인지를 두고 대립하는 경우가 나타났다. 전자는 에너지와 온실가스 간에는 불가분의 관계에 있으므로 기업을 잘 아는 지경부가 맡아야 된다는 논리였으며, 후자는 환경부가 주관하는 것이 세계적인 추세이며, 선수가 심판역할을 담당해서는 안되므로 지원과 견제의 균형이 필요하다는 논리였다(법안심사소위원회 제1차 회의록 참조, 2009. 4. 22).

다음으로 총량제한 배출권 거래제도 도입(정부안 46조)과 관련하여 이를 찬성하는 입장과 반대하는 입장 간에 대립현상을 보여주었다. 반대하는 입장의 논리는 동 제도가 도입되면 기업의 해외이전이 가속화되며, 결과적으로 산업의 경쟁력이 약화될 우려가 있으므로 기술개발 등 기반조성 이후에 도입할 필요가 있다는 입장이다. 이와 함께 일부에서는 이는 성장저해요인으로 작용할 수 있으므로 산업계의 의견을 충분히 수렴할 필요가 있다는 입장을 개진하였다(법안심사소위원회 제1차 회의록 참조, 2009. 4. 22). 교통부문 온실가스 관리와 관련하여 최초의 정부안인 온실가스 규제로만 할지, 산업계의 요구를 반영하여 온실가스 규제와 연비규제를 병행하여 선택할 수 있도록 할지 여부를 두고 대립이 있었다(법안심사소위원회 제3차 회의록 참조, 2009. 11. 4).

다음으로 원자력산업 육성과 관련(정부안 49조)한 조항을 포함하는 것이

적합한지 여부에 관한 논란이 있었다. 찬성론은 원자력이 저탄소라는 사실에 근거하고 있으며, 반대론은 원자력 발전과정에 프레온 가스가 발생한다는 점과 국민적 합의의 필요성 등을 제기하였다.

이상의 쟁점을 둘러싼 의원들의 주장을 살펴보면 녹색과 성장 중 어디에 방점을 둘 것인가에 대한 정책적 선호와 가치의 차이가 나타나고 있음을 알 수 있다. 이러한 측면에서 기후특위 위원들의 목표의 우선순위는 좋은 정책의 실현에 있으며, 이에 부수적으로 산업계와 환경계에 대한 영향력의 행사 등을 들 수 있을 것이다. 그러나 특위 활동이 곧 재선을 위한 기반을 굳히는 것과는 거리가 있음을 알 수 있다. 즉 특위 활동을 통하여 지역구에 혜택을 주고, 이를 통해 자신의 재선에 유리하게 할 수 있는 것은 없다고 할 수 있다(특위 위원장 보좌관 인터뷰 2011. 3. 22).

그러나 정책의 선호를 둘러싼 대립에서 상대적으로 크게 거리감을 보인 부분은 원자력 도입과 관련된 부분과 마지막 소위원회에서 제기된 지속가능위원회와 녹색성장위원회 간의 체계문제에서 나타났다. 따라서 특위 위원들의 목표상 차이는 크게 두드러지게 나타나지 않았다고 할 수 있다.

2. 환경적 제약

각각의 위원회는 위원이 아닌 자들이 필요하거나 바람직하다고 생각하는 방향으로 위원회 위원들이 행동하도록 설득하는 환경 속에서 운영된다. 다양한 국외자들 중에서도 가장 중요한 네 가지를 들면 다음과 같다. 즉, 원내 지도부, 행정부의 구성원, 고객집단의 구성원들, 주요정당의 구성원들이나 그 지도부가 그들이다(Fenno 1973). 이러한 네 집단이 위원회의 환경요소를 구성한다. 각각의 집단은 위원회 활동으로부터 서로 다른 이익을 얻고, 그러한 위원회 활동에 영향을 미칠 능력을 갖고 있다. 위원회 위원의 입장에서는 자신의 목표를 이루는 데 보다 큰 영향을 미치는 집단에 의해 보다 많은 제약을 받게 된다고 볼 수 있을 것이다.

기후변화 특위의 입장에서 가장 중요한 환경적 제약은 청와대와 행정부의 적극적인 설득노력과 압력이라고 할 수 있을 것이다. 2008년 광복절 경축사를 통하여 이명박 대통령이 저탄소 녹색성장을 신국가발전 패러다임으로 선포한 이후 2009년 12월 29일 본회의에서 '저탄소녹색성장 기본법'이 통과되기까지 정부는 입법의 시급성을 지속적으로 강조해왔다〔녹색성장위원회/국무총리실, 「저탄소 녹색성장 기본법안」 관련 참고자료(2009. 11. 3) 참조〕.

기후변화와 자원위기에 따른 저탄소 녹색성장은 기존 경제성장 패러다임의 한계에 직면한 우리나라에 새로운 도전이자 필연적으로 나아가야 할 길이라는 점을 강조하였다. 따라서 세계 각국의 녹색 경쟁(Green Race)에서 도태되지 않고, 코펜하겐 기후변화 당사국총회를 앞두고 국제적 발언권의 약화 및 협상력 저하를 강조하며 그 추진동력으로서의 녹색성장 기본법 통과를 호소하였다. 특히, 저탄소 녹색성장에 대한 적극적인 정책추진 표명 이후 구체적인 이행부재에 따른 정부정책의 신뢰성 저하와 산업계의 혼란 가중을 우려하였다. 온실가스 배출량 및 에너지 사용량 데이터 축적, 배출권 거래제 실시 등 중·장기 추진정책의 준비에도 어려움이 발생한다는 점을 적극 홍보하였다.

아울러 정부는 관계부처 협의('08. 12. 24 ~ 29), 입법예고('09. 1. 15 ~ 1. 29, 2. 16 ~ 2. 18), 산업계와의 간담회 5차례 개최('09. 1. 23, 2. 10, 2. 13), 공청회 개최('09. 1. 28), 시민단체 주최 공청회 참석('09. 2. 10) 등 다양한 여론조성 작업을 거쳐 국무회의 의결을 거쳐('09. 2. 25) 국회에 법률안을 제출('09. 2. 27)하였다. 정부는 대통령의 의지에 따라 훈령을 통하여 녹색성장위원회를 출범하였고, 주요 녹색성장보고대회에 특위위원장과 간사들을 초청하여 정부의 의지와 설득노력을 가시화하였다. 뿐만 아니라 이명박 대통령은 특위 위원들을 코펜하겐 기후변화당사국총회 참석 전용기에 탑승하도록 배려하는 등 특위 위원들에 대한 배려를 아끼지 않았다. 아울러 법안심사 전 과정에 청와대 국정기획수석과 미래비전비서관이 여야의원 설득노력을 지속적으로 펼친 것으로 평가되었다(특위 위원장 보좌관 인터뷰 2011. 3. 22).

다음으로 산업계와 환경계의 영향력 행사를 들 수 있다. 산업계에서는 기후변화 대응 및 에너지 목표관리에 있어서 감축목표의 수치화, 사업장별 온실가스 배출량 공개 및 감축할당 명문화에 대해 그 파급효과가 크고, 개발도상국에서 도입된 사례가 없다는 점을 들며 반대하고 나섰다. 산업계는 강제방식이 아닌 자발적 감축방식을 도입할 것을 제안하였다. 온실가스 배출량과 에너지 사용량 보고와 관련하여서도 총량규제 명시보다는 다양한 방식의 자발적 감축을 유도하는 방향을 제안하였다[이종인(대한상공회의소 환경기후분과위원) 진술(기후변화특위 제6차회의 공청회, 2009. 4. 20) 참조].

이에 반하여 환경계에서는 단기, 중기, 장기에 걸쳐 단계별 목표치를 설정할 것을 주장하였다. 온실가스 배출량과 에너지 사용량 보고, 통계관리 등의 주관부서를 환경부로 해야 한다는 점을 강조하였다. 원자력 산업 육성 조항을 법률에 포함시키는 문제에 대해서도 부적절하다는 의견을 개진하였다[김종남(환경운동연합) 진술(기후변화특위 제6차회의 공청회, 2009. 4. 20) 참조].

이에 반하여 원내지도부나 각 정당의 지도부의 의사는 강력하게 표출되지 않은 것으로 보인다. 한나라당의 경우 이명박 대통령의 새로운 국정과제를 뒷받침해야 한다는 측면에서 적극적인 지원이 필요하다는 인식은 있었으나, 법안의 심의방향을 두고 당론을 설정하거나 위원회 심사를 강경하게 이끌지는 않은 것으로 나타났다(소위원회 위원장 보좌관 인터뷰, 2011. 4. 12). 이러한 사항은 법안심의 과정에 주무부처, 원자력 산업 포함 등을 두고 자당 의원들간의 논란을 통해서도 확인할 수 있었다[온실가스 배출량과 에너지 사용량 보고, 통계관리, 종합정보 관리체계 구축과 관련하여 주관부서를 지식경제부(이종혁)로 할 것인지, 환경부(조원진)로 할 것인지를 두고 대립하는 경우가 나타났다(법안심사소위원회 제2차 회의록 참조 2009. 7. 16)].

민주당 지도부도 기후변화에 대한 대응문제에 대해서는 정부와 정책방향을 달리하지는 않은 것으로 보인다. 다만 원자력 산업육성 조항 포함문제[법안심사 소위원회에서 민주당 우제창 간사는 녹색성장 기본법에 원자력 부분이 들어가는 것은 당 지도부가 정치적인 문제로 규정하여 완강히 반대한다는 뜻을 밝혔다(법안심사소위 제3차회의 2009. 11. 4.)]와 지속가능위원회와의 체계문제[민주당 우제창 간사는 지속가능위가 지난 10년간 국제사회의 합의에 의해 만들어진 것임을 강조하며 이의 현상유지를 요구하였다. 이와 함께 지속위를 환경부로 소관을 바꾸는 것은 "어떤 의미에서 지난 정권 10년의 모든 성과를 무력화시키는 정책 의도가 있는 것"이라고 주장하였다(법안심사소위 제4차회의 2009. 11. 5)]를 둘러싸고 종반에 논란이 제기되었으나 심의 초반에는 큰 쟁점은 없었던 것으로 보인다. 특히 세종시 문제, 미디어법, 4대강 사업 등과 같은 주요 쟁점에 비해 중요성(salience)이 낮은 이슈로 다루어져온 것을 알 수 있다.

3. 의사결정 과정

일반적으로 위원회 운영에 관한 내용은 국회법의 제약을 받는다. 국회법상 제약된 요인 외에 위원회의 의사결정에 영향을 미치는 요인으로 주목할 것은 당파성(pertisanship), 참여-전문성(participation-specialization), 그리고 리더십(leadership)이다(Fenno 1973). 우리 국회는 미국 의회와는 달리 합의형 운영을 강조한다고 할 수 있다.

미국 의회운영의 기본원리는 승자독식과 당파성에 기초하고 있기 때문에 입법의제의 상정이나 의사일정의 결정은 전적으로 다수당이 결정한다. 그러나 우리 국회의 경우에는 상임위원회 주요 일정과 의제는 위원장이 교섭단체 간사와 협의하여 정하도록 하고 있다(국회법 제49조). 특위 운영에 있어서도 법안심사소위원회 구성과 운영, 회의 일정 등은 간사 간 협의에

의하여 정하였으며, 이에 대한 대립은 두드러지게 나타나지 않았다. 발언자수, 발언횟수, 회의시간 등을 통하여 살펴보면, 충분한 토론기회 제공과 합의도출을 위한 노력이 있었다. 이러한 분석은 선행연구(이현우 2009)에서도 우리 국회의 위원회활동에서 상당한 심의민주주의 원칙이 지켜지고 있다는 연구결과와도 맥을 같이한다고 볼 수 있다.

특위는 1차 구성기간이 종료하기까지(2008. 8. 26 ~ 2009. 8. 25) 7차의 전체회의를 열었고, 2차례의 법안심사소위원회(이하 소위원회)를 개최한 바 있다. 2차 구성기간에는 3회의 전체회의와 4회의 소위원회를 개최한 바 있다. 18대 전반기 특위 10곳은 1년간 평균 5.3회 회의를 개최한 것을 보면(아시아투데이 2011. 2. 16), 기후특위는 매우 활발하게 회의를 개최한 것을 알 수 있다. 특위는 회기 중에 상임위원회와 본회의 일정을 피하여 소집됨에도 불구하고, 1차 특위 구성기간에 7회의 전체회의에서 첫 회의를 제외한 나

표 2. 의원참여 분석

회의	회의시간	출석위원	발언자수	발언횟수	1인당 발언횟수	비고
기후변화 대책특위 제1차 회의 (08. 9. 30)	17	12	14	39 (1)	3 (0.5)	위원장, 간사선임
기후변화 대책특위 제2차 회의(08. 10. 2)	212	8	34	179 (157)	22 (6)	업무보고
기후변화 대책특위 제3차 회의(08. 11. 2)	306	14	34	389 (344)	28 (17)	업무보고 계속
기후변화 대책특위 제4차 회의(09. 2. 12)	302	14	39	313 (266)	22 (11)	
기후변화 대책특위 제5차 회의(09. 4. 14)	234	15	26	186 (224)	12 (20)	상정 대체토론

회의	회의시간	출석위원	발언자수	발언횟수	1인당 발언횟수	비고
기후변화 대책특위 제6차 회의 (09. 4. 20.)	155	10	17	145 (128)	15 (18)	공청회
기후변화 대책특위 제1차 법안소위(09. 4. 22)	88	5	10	179 (141)	36 (28)	
기후변화 대책특위 제7차 회의(09. 7. 13)	103	13	22	42 (28)	3 (3)	
기후변화 대책특위 제2차 법안소위(09. 7. 16)	127	7	12	243 (136)	35 (27)	
기후변화 대책특위 제1차 회의(09. 9. 21)	80	10	18	100 (68)	10 (9)	위원장, 간사선임,업무보고
기후변화 대책특위 제2차 회의(09. 9. 25)	7	12	13	6 (1)	0.5 (1)	법안심사 소위구성
기후변화 대책특위 제1차 법안소위(09. 9. 28)	23	5	13	46 (16)	9 (2)	
기기후변화 대책특위 제2차 법안소위(09. 11. 3)	92	9	14	395 (59)	44 (12)	
기후변화 대책특위 제3차 법안소위(09. 11. 4)	86	8	13	126 (33)	16 (7)	35분 정회
기후변화 대책특위 제4차 법안소위(09. 11. 5)	74	8	13	118 (14)	9 (3)	37분 정회
기후변화 대책특위 제3차 회의(09. 11. 9)	40	14	18	35 (2)	3 (0.5)	대안 채택

* 회의시간: 분, 발언자수: 특위위원과 정부측인사 중 발언자를 합한 수
발언횟수는 위원발언횟수(정부측 인사 발언횟수)를 나타냄
1인당 발언횟수: 위원 전체발언횟수를 출석위원수로 나눈값, ( )는 정부측인사 평균 발언 횟수

머지 회의는 모두 100분 이상 개최되었다(<표 2> 참조).

이 중에서도 5시간 이상 개최된 경우도 두 번이나 있을 정도로 회의가 실질적으로 이루어지고, 실질적인 심의가 이루어졌다고 볼 수 있다. 전체 6회 개최된 소위원회도 평균 회의시간이 81.66분으로 진지한 논의가 이루어졌다고 볼 수 있다. 위원들의 출석률도 특위임에도 불구하고 비교적 높은 것을 알 수 있다.

1차 구성기간 중에 특위는 4차에 걸친 국내 현장시찰을 하였다(1차 현장시찰: '08. 12. 18(목) 김천태양광발전소 시찰, 포항산업과학기술연구원(RIST) 연료전지연구단 시찰, 포스코파워(연료전지생산) 시찰; 2차 현장시찰: '08. 12. 26(금) 충남 당진 현대제철 친환경설비 및 온실가스대책 시찰, 대전 SK에너지기술원 친환경에너지기술연구현황 시찰, 화성 현대자동차 하이브리드 자동차 연구소 시찰; 3차 현장시찰: '09. 3. 3(화) 군산 동양제철화학 폴리실리콘 생산설비 시찰, 평택 제스솔라 태양광 생산설비 시찰, 수원 삼성전기 LED 생산설비 시찰; 4차 현장시찰: '09. 4. 3(금) 경남 사천 유니슨 풍력발전 생산설비 시찰, 대구 미리넷솔라 태양광 생산설비 시찰).

아울러 한 차례의 해외시찰을 실시하기도 하였다. 2009년 9월 특위 운영기한을 연장한 이후에도 배출권 중기 감축목표에 관한 두 차례(9월 23일; 9월 29일)의 세미나를 개최하였다. 이처럼 특위는 각계의 의견을 수렴하여 이를 법안심의과정에 반영하려고 하였다.

다음으로 의원들의 위원회 발언실태를 분석하여 보았다. 위원들이 얼마나 토론을 활발히 진행하였는지 알아보기 위하여 발언자수와 발언횟수를 알아보았다. 의원들의 발언횟수는 위원장, 간사 선임이나 소위원회 구성 건을 다루는 경우를 제외하고는 발언횟수가 <표 2>에서 보는 바와 같이 매우 높은 것으로 나타났다. 1인당 발언횟수가 10회 이상인 경우가 10회로 나타나고 있으며, 소위원회에서의 발언횟수가 특히 높은 것으로 나타나고 있다. 이는 법안조문의 축조심의를 하면서 위원들 간, 또는 위원들과 정부측 인사들 간의 토론이 매우 활발하였음을 말해준다고 볼 수 있다.

다음으로 리더십 요인을 살펴보자. 일반적으로 위원회 리더십 패턴은 첫째, 극단적 유형(The Extremity Pattern), 둘째, 당파적 중재자 유형(The Partisan-Middleman Pattern), 셋째, 초당파적 합의 유형(The Bipartisan-Consensual Pattern)으로 나눌 수 있다(Unekis and Rieselbach 1983).

극단적 유형은 지배적인 다수정당 파벌을 동원하는 유형을 말한다. 이 유형의 지도자는 이념적 스펙트럼상의 한쪽 극단에 위치하는 경향이 많다. 이러한 유형의 리더십은 때때로 같은 당내의 비극단 세력과도 공조를 취하기도 한다. 당파적 중재자 유형은 당내에서 중도적 입장을 취하면서 위원회 내의 자당·소속 의원들을 통합하려고 노력한다.

중재자 전략을 쓰는 위원장들은 기본적으로 당파적 입장을 취하기 때문에 반대당 의원들의 입장에는 동조하지 않는다. 초당파적 합의유형은 합의를 존중하는 리더십이다. 이 유형은 어느 특정한 입장에 서지 않으면서 위원회 입장에 대한 위원들의 일반적인 지지를 이끌어내려고 한다.

기후변화특위의 이인기 위원장은 한나라당뿐만 아니라 민주당 내에서도 합리적이며, 강경인물이 아닌 것으로 평가받아 왔다. 특위 내의 다수세력인 한나라당의 수적 우세를 통한 밀어붙이기식의 위원회 운영은 하지 않은 것으로 평가받았다. 이인기 위원장은 코펜하겐 기후변화 당사국 회의를 앞두고 급박한 상황임에도 불구하고 단독 강행처리 대신에 합의도출을 모색한 점을 볼 때 초당파적 합의유형으로 분류할 수 있을 것이다.

특히 기후변화특위는 위원장과 법안심사 소위원회 위원장이 한나라당 내에서도 소수파인 친박계 인사였으며, 법안심사 소위원회에도 정두언의원을 제외한 나머지 위원이 모두 친박계로 구성된 특징을 보여주었다. 이러한 위원회 구성은 기본적으로 기후변화에 관한 국가정책 수립이 초당파적 합의에 기초하여 이루어지는 데에 긍정적으로 작용하였다고 볼 수 있다(소위원회 위원장보좌관 인터뷰 2011. 4. 12).

리더십의 필수조건은 위원회 동료위원들의 지지를 확보하는 데에 있다. 먼저 녹색성장기본법을 다룰 소관위원회를 어디로 할 것인가에 대한 대립 국면에서 소관을 기후변화특위로 가져온 데에는 특위 위원장의 역할이 컸다. 국회에서는 지식경제위(이하 지경위)와 환경노동위(이하 환노위)가 각각 자신의 소관이라고 주장하고 있었고, 다른 한편으로 녹색위원회가 총리실 산하이므로 정무위원회로 소관을 지정해야 한다는 논의가 있었다(현재 저탄소녹색성장기본법은 정무위 소관법률로 되어 있다). 물론 원내지도부에서는 지경위와 환노위 모두 야당이 위원장을 맡고 있다는 점도 고려하였을 것이다.

이때 위원장은 기후특위로 소관을 지정하고, 기후특위의 심사범위를 변경(2009년 4월 1일 본회의 의결)하도록 유도하면서 특위 위원들의 신뢰를 받을 수 있었다. 이로 인해 특위의 활성화를 가져올 수 있었고, 위원들은 산업계와 환경계에 영향력을 행사할 수 있었다. 이처럼 위원장으로서 위원들이 바라는 사항을 들어줄 수 있을 때 동료의원들의 지지를 이끌어 낼 수 있다고 볼 수 있다.

다음으로 위원장의 리더십 강화에는 공정한 운영에 대한 동료들의 믿음이 중요하다(Fenno 1973). 이러한 측면에서 이인기 위원장과 유기준 소위원회 위원장의 경우 이러한 믿음을 주는 데에 많은 노력을 기울였다. 법안심사 소위원장은 법안의 주요 쟁점에 대해 여야 위원들의 발언권을 충분히 보장해 주었다. 뿐만 아니라 야당위원이 이견을 보인 부분에 대해서 정부측 인사들이 나서서 설명을 해줄 것을 당부하기도 하였다(법안심사소위 2차회의 회의록 참조, 2011. 11. 3).

소위원장은 교통부문 온실가스 관리와 관련하여 김상희 위원이 한시적으로 온실가스와 연비규제를 병행하자며 주장을 굽히지 않자 속기록에 남겨 정부에 의무를 지우자고 제안하고, 정부측 인사의 다짐을 받기도 하였다. 소위원장은 4차 회의에서도 지속위 위상과 소속문제와 관련하여 자신의 의견이 초당파적임을 강조하며 중재를 시도하였다. 뿐만 아니라 기후변화특위의 협력적 분위기를 해치는 표결을 하지 않겠다며 이견을 다수의

견과 소수의견으로 정리하려 하였다. 야당의원들이 퇴장한 가운데 원자력산업 조항을 철회키로 한 부분을 신뢰가 중요하므로 이를 유지하기로 결정하기도 하였다(법안심사소위원회 제4차 회의록 참조 2009. 11. 5).

이인기 위원장도 이 법안을 여야간 합의의 정신 하에 만들어가겠다는 자세를 견지해왔다. 스스로 이 법안은 국민생활과 나라의 미래와 관련된 문제이기 때문에 이념과 정당이 있을 수 없다는 점을 강조했다(위원장 인터뷰 2011.5.11). 그리고 "우선 기다리자 그리고 인내하고 참자 그리고 정당을 초월해서 각계각층의 의견을 최대한 반영하자"라는 원칙을 견지해 왔음을 강조한다(특위 제3차회의 회의록, 2011. 11. 9).

4월경 법안의 실질적 내용이 완성되었고, 조기 처리를 희망하는 의견이 많았으나 적어도 10월까지 의견이 수렴될 때까지 기다려야 한다는 원칙을 고수하였다고 회고하였다. 이러한 위원장과 소위원장의 공정한 위원회 운영원칙과 합의 추구형 리더십은 다양한 갈등이 내재한 녹색성장법안의 국회통과를 이끈 주요요인의 하나로 평가할 수 있을 것이다.

또한 위원장은 위원회에 대해 가장 정통하며 경륜이 있어 소속위원들의 신임을 받을 때 그 권한을 잘 수행할 수 있다(이현우 2009). 이인기 위원장은 스스로 기후변화 정책수립에 대한 열정과 실천의지를 동료의원들에게 가시적으로 보여 주었다. 그는 많은 세미나와 간담회를 통하여 각계각층의 의견을 수렴하여 기후변화대책기본법안을 발의하였다. 그리고 그 법안은 민주당에서도 가장 좋은 안이라고 평가한 바 있다(우제창 위원은 민주당 내에서 이인기 의원안이 가장 좋은 안이라고 평가하고 있음을 밝혔다(법안심사소위 제4차회의, 2011. 11. 5). 그는 다양한 세미나와 현장시찰을 통하여 특위 위원들에게 각계의 의견을 수렴할 수 있는 기회를 제공하였다. 뿐만 아니라 그는 온실가스 줄이기 실천운동의 일환으로 자신의 집무실에 난방을 가동하지 않고, 출퇴근에 대중교통을 이용하고, 사무실 조명을 LED로 교체하는 등 기후변화 대응을 위한 의지를 실천적으로 보여주었다.

V. 결론

기후변화는 앞에서 살펴본 바와 같이 지구적 이슈이기도 하면서 일반적으로 국민국가 수준에서 조치가 취해지는 국내적 이슈로서의 특징도 가지고 있다. 따라서 국제적 압력과 국내적 수용을 둘러싼 논란이 매우 민감한 의제이다. 국내 차원에서는 산업계와 환경계, 산업계 내에서도 업종별 다툼이 많으며, 정부에서도 부처 간 갈등이 많은 이슈이다. 이처럼 기후변화 문제는 첨예하게 대립되는 이해갈등의 문제가 교차적으로 작용하면서 결론에 이르기에 매우 어려운 과제이다. 따라서 국회 또한 매우 지체된 반응을 보여 왔다.

이러한 가운데 2009년 12월 제정된 녹색성장기본법은 의미가 크다고 할 것이다. 18대 국회 전반기에 4대강, 미디어법, 행정수도이전법 등 정부의 적극적 의지가 있어도 여야간의 교착상태가 지속된 반면 기후변화의 경우 여야간의 큰 대립없이 대화와 타협을 통해 합의를 도출한 성공적인 사례로 평가되고 있다. 특히 18대 국회 들어 20여 개의 특위가 구성되었다 사라졌으나 이렇다 할 성과를 낸 특위는 거의 없다는 비판(아시아투데이 2011. 2. 16) 속에 기후변화특위 사례는 성공적인 것으로 평가할 수 있을 것이다.

기후변화 문제는 위험의 실체가 지금 당장 우리 눈앞에 보이는 것이 아니기 때문에, 설령 그 위험이 제 아무리 크다고 하여도 사람들이 굳이 비용과 불편을 감수하면서까지 그 예방책과 대응책을 준비하기가 쉽지 않다(Giddens 2009). 따라서 정부와 정치인이 이 점을 국민들에게 잘 설득시켜 동참을 이끌어 내는 것은 매우 어려운 일이다. 이러한 측면에서 국회의 기후변화 거버넌스에서의 역할은 평가받을 만 하다고 할 것이다. 이러한 측면에서 기후변화특위의 의사결정과정 분석은 우리에게 여러 가지 함의를 주고 있다.

본문의 분석에서와 같이 녹색성장기본법 통과에는 환경적 요인으로서 대통령과 행정부의 비전제시와 적극적인 국회 설득노력과 특위 위원장의 리더십 요인이 중요한 역할을 한 것으로 평가할 수 있다. 물론 이슈 자체가 여야간에 첨예한 대립을 유발하는 갈등적 이슈는 아니었지만, 18대 초기의 여야 대치국면에서 합의도출은 그리 쉽지 않은 상황이었다. 그럼에도 불구하고 청와대와 정부 부처의 적극적 설득 노력은 다양하게 표출되었다. 녹색성장보고대회에 위원장과 여야간사를 초청하여 예우를 갖추도록 하고, 대통령을 비롯한 참모들의 전향적인 설득노력도 영향을 미친 것을 알 수 있다.

특위 차원에서는 위원장과 소위원장의 당파성을 초월한 리더십이 크게 기여한 것으로 평가할 수 있다. 위원장은 초당파적 합의 추구를 견지하면서 서두르지 않고 각계각층의 의견을 수렴하려고 노력하였다. 특히 공정한 운영에 대한 동료위원들의 믿음과 해당 분야에 대한 전문성은 이러한 리더십을 발휘하는 데에 긍정적으로 기여하였다.

기후변화특위의 사례를 통하여 우리는 국회에서의 의사결정에는 환경적 요인으로서의 대통령과 정부의 역할이 중요하다는 점을 확인하였다. 대통령의 일방적 밀어붙이기식의 국정운영은 여야간, 이해관계자간 소통의 부재를 낳고, 이는 다시 국회의 교착을 초래한다는 사실을 확인할 수 있었다. 그러나 녹색성장기본법의 경우에는 초기에 정부차원의 선제적 노력이 많은 부작용을 초래하였으나, 국회와의 인내심 있는 대화와 설득을 통하여 이를 처리할 수 있었다고 할 수 있다.

국회 차원에서도 초당파적 합의추구형의 리더십은 위원회 위원들의 지지를 유도할 수 있음을 알 수 있다. 이러한 리더십을 뒷받침하는 데에는 공정한 운영에 대한 위원들의 믿음과 해당 분야의 전문성과 합의유도를 위한 다양한 노력이 필요하다는 점을 알 수 있다.

참고문헌

- 가상준. 2009. "18대 국회 상임위원회 구성의 특징." 『한국정당학회보』. 제8권 제2호.
- 가상준. 2002. "미국 상임위원회 의원들의 정치적 선호도: 본회의 및 정당에 대한 대표성." 『한국정치학회보』. 제36집 4호.
- 가상준 · 조진만 · 최준영 · 손병권. 2008. "회의록 분석을 통해서 본 국회 상임위원회 운영의 특징." 『21세기정치학회보』. 제18집 1호.
- 강장석. 2008. 『국회제도개혁론』. 서울: 삼영사.
- 박찬욱. 2001. "미국 제104대 연방하원내 정당 리더십과 위원회에 관한 연구: 공화당 지배 하의 변화를 중심으로." 『국제정치학회보』. 제41집 1호.
- 손병권. 2004. "의원의 의정활동: 의원의 상임위원회 활동참여에 대한 평가와 전망." 『한국정당학회보』. 제3권 제2호.
- 안병영. 2001. "입법 및 정책결정과정에서 장관과 국회상임위원회의 상호관계." 『의정연구』. 제7권 1호.
- 이현우. 2009. "국회 상임위원회의 운영: 전문성과 대표성의 재평가." 『의정연구』. 제15권 제1호.
- 장 훈. 2007. "정당정치와 외교정책." 『한국정치학회보』. 제42집 제3호.
- 정호영. 2004. 『국회법론』. 서울: 법문사.

- Cox, Gary W. and Mathew D. McCubbins. 1993. *Legislative Leviathan: Party Government in the House*. Berkerly: University of California Press.
- Deering, Christopher J. and Steven S. Smith. 1997. *Committees in Congress*. Washington D.C.: Congressional Quarterly Inc.
- DeGregorio, Christine. 1992. "Leadership Approaches in Congressional Committee Hearings." *The Western Political Quarterly*, Vol. 45. No. 4.
- Fenno, Richard F. Jr. 1973. *Congressmen in Committees*. Boston: Little, Brown and Company.
- Friedman, Thomas L. 2008. *Hot, Flat, and Crowded : Why We Need a Green Revolution – And How It Can Renew America*. New York: Farrar, Straus and Giroux
- Giddens, Anthony. 2009. *The Politics of Climate Change*. London: Polity.
- Hurwitz, Mark S., Roger J. Moiles and David W. Rohde. 2001. "Distributive and Partisan Issues in Agriculture Policy in the 104th House." *American Journal of Political Science*. Vol 95.
- Krehbiel, Keith. 1990. "Are Committees Composed of Preference Outliers?" *American Political Science Review*. Vol. 84.
- Krehbiel, Keith. 1992. *Information and Legislative Organization*. Ann Arbor: The University of Michigan Press.

- Lee, Hyun-chool. 2010. "Ratification of a Free Trade Agreement: The Korean Legislature's Response to Globalisation." *Journal of Contemporary Asia*. Vol. 40, NO. 2.
- Leggett, Jane A. 2008. "A U.S.-centric Chronology of the International Climate Change Negotiations." *CRS Report for Congress*(2008. 12. 1).
- Shepsle, Kenneth A. and Barry R. Weingast. 1995. *Positive Theories of Congressional Institutions*. Ann Arbor: The University of Michigan Press.
- Unekis, Joseph K. and Leroy N. Rieselbach. 1983. "Congressional Committee Leadership, 1971-1978." *Legislative Studies Quarterly*, Vol. 8, No. 2.
- Yacobucci, Brent D. and Larry Parker. 2008. "Climate Change: Federal Laws and Policies Related to Greenhouse Gas Reductions." *CRS Report for Congress*(2008. 12. 8).

- 국가에너지위원회 홈페이지 http://www.naenc.go.kr/
- 녹색성장위원회 홈페이지 http://www.greengrowth.go.kr/www/about/history/history.cms
- 국회회의록정보시스템 http://likms.assembly.go.kr/record/index.html
- 아시아투데이 2011. 2. 16.
- 노컷뉴스 2009. 2. 19.

10

세계화와 의회의 대응 :
자유무역협정(FTA) 비준을 중심으로

原著
Hyun-chool Lee, "Ratification of a Free Trade Agreement: The Korean Legislature's Response to Globalisation," *Journal of Contemporary Asia*, Vol. 40, No. 2, May 2010, pp.291–308.

Ⅰ. 서론

러셋(Rusett) 외(2004: 429)는 세계화란 “경제적·정치적·문화적 교류가 국경이나 정부의 주권으로 인해 제약받지 않게 되는 과정”이라고 정의하였고, 이는 이제 정설로 받아들여지고 있다. 주권의 측면에서 볼 때, 이제 중앙정부는 자국의 국경을 넘나드는 재화와 서비스, 국민과 그들의 사상을 더 이상 예전처럼 통제하고 있지 못한 듯하다. 실제로 경제적 상호연계성, 환경, 질병, 인권, 초국가적 범죄와 같은 범세계적 이슈는 국가 주권을 위협하고 있다. 이러한 상황에서 국민국가는 기존의 주권 개념을 변형하고 새로운 형태의 거버넌스를 추구할 수밖에 없다(Krasner 1999: 12-14). 그렇다고 세계화를 주권이 침식당하는 것으로 단순하게 규정할 것이 아니라, 오히려 국제 시스템 안에서 한 나라의 목표와 영향력을 재정의하고, 수정하고, 재구성해야 할 것이다. 거버넌스는 국민국가뿐 아니라 하위국가 영역(지방자치체, 시·도 차원)이나 초국가적 영역(EU 등과 같은 지역적 기구, UN 등과 같은 세계적 기구) 등 ‘다층적’ 혹은 ‘다차원적’ 양상으로 변해가고 있다(Scholte 2005).

세계화로 인해 주권의 전통적인 영역이 침범 당하자 국가 역량 및 그 변화를 둘러싸고 우려의 목소리가 나타났다. 한편으로는, 국가의 기능 및 권한이 축소되는 상황이기는 해도 복지와 같은 일부 분야에 대해서는 국가가 여전히 중요한 역할을 담당해야 한다고 주장한다(Strange 1997: 368-9). 다른 한편으로는, 국가가 자국 영역 내에서는 여전히 주요 규제자로서 권한을 갖고 있으니 그 영향력을 더욱 확장해야 한다고 주장한다(Held et al. 1999: 5-6). 후자에 속한 전문가들은 동아시아 발전국가들의 예를 들며 국가가 경제 성장에 얼마나 주도적인 역할을 하는지 강조한다(Evans 1995; 1997; Weiss 1998). 실제로 여러 동아시아 정부가 점점 치열해지는 글로벌 경쟁에 대응하기 위한 일환으로 기관을 설립하여 자국의 역량을 강화하였다. 바이스(Weiss)는 세계화에 적응하며 역량 강화를 꾀하는 국가에 주목하면서 이러한 강한 국가를 '산파' 혹은 '촉매' 국가라고 지칭하였다(Weiss 1998; 2003). 마찬가지로 게인스버러(Gainsborough 2007)는 베트남의 예를 들며 비국가적(non-state) 행위자가 국가의 능력 강화에 중요한 동력으로 부상하는 경향이 나타난다고 주장하였다.

국가는 일원화된 행위자가 아닌 기관의 집합체이다. 따라서 우리는 행정부, 입법부, 사법부의 활동을 구분할 필요가 있다(Slaughter 2004). 국가가 점점 가속화되는 글로벌 경쟁과 세계화에 어떻게 반응하는가 보려면 이 각각의 기관이 어떻게 반응하고 대응하는지를 반드시 검토해야 한다. 또한, 국가가 자신의 역량을 어떻게 발전시켜 가는지도 살펴보아야 한다. 이 과정이 전제되어야만 정책과 실질적인 결과를 만들어내는 국가 역량에 어떤 정치적 요소가 영향을 미치거나 기여하는지 설명할 수 있을 것이다(Robinson 2008: 567).

한국 정부는 전문기관을 설치하는 방식으로 행정 구조를 개혁해왔다. 이러한 기관들의 도움이 있었기에 한국은 세계화, 특히 국내 거버넌스 구조·경제·사회 전반에 걸쳐 큰 영향을 끼친 동아시아 경제위기 이후의 세계화에 대응할 수 있었다. 그 결과 정부의 체계는 효율적으로 정비되었고 공무원들의 정보, 기술, 국제협상 역량 역시 전문가 수준으로 향상되었다(김인영 2008: 192-7). 이렇듯 정부의 행정각부는 글로벌 이슈에 점차 전문화되어간 반면, 입법부는 세계화가 제시하는 도전에 행정부만큼 대응하지 못했다. 결국 외교 정책의 결정권은 점차 행정부 쪽으로 이동했고, 그에 따라 입법부의 영향력은 줄어들었다.

권력이 행정부로 이동했다는 사실은, 입법부가 여러 정책에 제대로 대응하지 못하고 있는 사이 행정부는 세계무역기구(World Trade Organization: WTO), 경제협력개발기구(Organization for Economic Co-operation and Development: OECD), 한미 자유무역협정(Free Trade Agreement: FTA), 한-칠레 자유무역협정 등에 가입함으로써 그 결정권을 초국가적 수준으로 확장시켰다는 데서 확인할 수 있다. 입법부는 당면한 사안을 민주적인 방식으로 고찰하는데 있어 느리고 비체계적인 모습을 보였다. 인식 부족, 정보 불균형, 인력과 자원의 한계 등이 원인이었다. 이 글에서 입법부와 '초국가적 민주주의 결핍'을 보여준 행정부 사이의 불균형에서 기인한 민주적 통제(democratic control)의 한계를 짚어보고자 한다.

본 연구의 목적은 주권의 다층화 구조를 특징적으로 보여준 한-칠레, 한-미 FTA에 대한 다양한 논의를 둘러싼 국회의 대응을 분석하는데 있다. 이러한 맥락에서, 본 연구에서는 다층적 거버넌스라는 현실 속에서 국회와 행정부 간에 존재하는 불균형의 원인을 밝히고자 한다. 의회 민주주의를 확장시켜 민주주의 결핍(democratic deficit)을 해소하려면 국회가 어떤 방식으로 개혁을 단행해야 하는지도 알아보고자 한다.

Ⅱ. 한-미 FTA와 민주주의 결핍

1997년 동아시아 경제위기 이후 한국정부는 양자 및 다자간 FTA를 추진했다. 이 기조 하에 한국은 WTO를 중심으로 한 다자간 통상정책에서 점차 벗어나기 시작했다. 1998년 11월, 대외경제조정위원회는 통상정책의 일환으로 'FTA 추진'을 공식 결정하였으며 첫 번째 협상국으로 칠레를 선택했다. 2003년 8월부터 정부는 FTA 로드맵을 확정했고 FTA 프로젝트 전략을 수립했다. 그리고 마침내 2004년 4월, 한-칠레 FTA가 발효되었다. 한-칠레 FTA를 분수령으로 한국 정부는 이후 싱가포르(2006년 3월), 동남아시아국가연합(ASEAN; 2006년 9월), 미국(2007년 4월), 유럽연합(EU, 2009년 10월), 일본, 캐나다, 멕시코 등과 양자 또는 다자간 FTA 협상에 박차를 가했다.

통상협정은 글로벌 경제 질서를 형성하는 기본 수단이다. 협정으로 인해 이득을 보는 계층과 손해를 입는 계층이 필연적으로 뚜렷이 갈릴 수밖에 없다. 이에 따라, 한국에서는 국가적 합의에 근거해 협상의 방향을 결정하고 제도적인 차원에서 손해를 어느 정도 감당해야 한다는 점을 중요하게 여겼다. 하지만 이러한 자세에도 불구하고 지금까지의 통상협정을 추진하는 과정을 살펴보면 다음과 같은 민주주의 결핍 문제들이 드러났다. 첫째, 국민 합의를 이끌어낼 제도적 장치가 없었다. 둘째, 협상 정보 및 관련 자료들이 대중에게 적절히 공개되지 않았다. 셋째, 입법부는 행정부에 대한 감사, 통제, 감독의 역할을 제대로 수행하지 못했다. 넷째, 여론이 협상 과정에 충분히 반영되지 못했다. FTA가 통상 정책의 중심에 놓여 있는 동안 협상 및 협의 과정은 무수히 많은 사회적 혼란을 야기했고, 정치적 대가를 치러야 했다(유현석 2008). 이러한 과정은 아직도 제대로 제도화되지 않았다.

특히 한-미 FTA가 정치적으로 크게 이슈화되면서 국내 절차는 더욱 난항을 겪었다. FTA를 추진하는 정부와 민간부문은 주로 전통적인 경제 이론에 기반 한 논리를 폈던 반면 FTA를 반대하는 측은 '반-신자유주의', '반미주의', '진보'를 중심으로 논의를 발전시켰다(이재승 2008).

이 양측 사이에서 타협안은 쥐어짜듯 힘들게 도출되었다. 진영은 둘로 극명하게 나뉘어 한쪽은 FTA가 경제 성장에 핵심적인 역할을 할 것이라고 보았고, 다른 한 쪽은 FTA가 결국 부정적인 영향을 미칠 것이라고 보았다. 세계 경제대국과의 FTA를 둘러싼 불안이 이러한 극단적인 견해들을 한층 심화시켰다. 동시에 한국 사회에 오랜 세월 존재해온 반미 감정이 당시 이라크 전쟁으로 인해 더욱 악화되어 있었기 때문에 정책 논의는 더욱 뜨겁게 달아올랐다. 보다 구체적으로 말하자면, 담론의 초점이 FTA의 실질적 영향에서 친미세력 대 반미세력 간의 대립 구조로 옮겨갔다. 이에 한-미 FTA는 대단히 정치적인 논쟁거리가 되었고, 'FTA 협상 과정에서의 민주적 통제'라는 이슈를 두고 국민들의 갑론을박은 계속되었다.

외국과의 FTA 체결이 중요한 이유는 그 결과에 따라 경제, 안보, 사회 분야 전반의 국가 정책이 달라질 수 있기 때문이다. 그러므로 신중한 검토가 필요하다. 하지만 한국의 경우 통상 협상을 관리하는 기관 협의체가 존재하지 않았다. 한국이 대통령 훈령(행정규칙)을 마련한 것도 한-칠레 FTA 협상이 완료되고 나서였다. 하지만 이 규칙에 따라 구성된 기관 협의체에 민간 전문가나 기타 관련 당사자들은 참여할 수 없었다. 더욱이 국회 내에도 합의를 도출하는 과정이 부재했다.

통상과 관련된 모든 권한은 외교통상부 산하의 통상교섭본부에 집중되어 있다. 그렇기 때문에 민주적 통제가 이루어지기 어렵다. 하지만 헌법 제60조 제1항은 국회는 양자 협약을 포함하여 조약의 체결 및 비준에 대해 동의권을 가진다고 명시적으로 규정하고 있다. 그러나 정부는 이 조항을 자의적으로 해석하여 FTA 비준은 국회에 '사후로' 승인 받으면 된다는 가정 하에 협상을 진행했다. 이는 대외통상정책에 대해 최종 결정권한을 갖고 있을 정도로 입법부의 힘이 상당하고, 자문조치가 제도화 되어 있는 미국의 경우와 비교된다. 한국 정부는 통상협상 과정을 국회에 보고할 의무가 없었다. 게다가 국회에 협상 감독권이 없다는 사실은 통상 거버넌스 정책의 결함이라 할 수 있다.

이 논문에서는 행정부와 입법부의 FTA 거버넌스 관계를 다루고, 한국농업에 직접적인 타격을 줄 것이라 예상되는 한-칠레 FTA 및 한미 FTA 협상에 대해 분석하고자 한다.

Ⅲ. 자유무역협정과 대한민국 국회

1. 한-칠레 FTA

한국이 칠레와의 첫 FTA 협상을 시작한 것은 1999년 12월이었다. 그러나 대한민국 국회는 1년이 지난 후에 이 문제에 대응하였다. 그 때는 이미 4차 협상이 서울에서 있었다. 그 전에는 관련 상임위원회 위원들과 관련 농산물을 재배하는 지역구 출신의 의원들이 개인적 차원에서 FTA 협상을 다루었다. 초기에는 이해관계가 걸린 지역구 국회의원들이 관련 상임위원회에서 의견을 개진하는 수준이었다. 그 후 시간이 지나면서 당정협의회에서 당 차원의 의견표명이 이루어졌다(유현석 2006). 협상이 본격화 되면서, 농민단체 등의 반대가 점차 거세졌고 관련 단체들은 국회가 좀 더 확실하게 의견을 표명하기를 요구하였다.

당시 여당인 민주당은 한-칠레 자유무역협정에서 포도, 사과, 배, 자두 등을 비롯한 농산물을 제외할 것을 정부 측에 강력히 요구하였다. 이러한 요구는 재경, 외교통상, 농림수산 분야 합동 당정회의에서 이루어졌다. 민주당 의원들은 만약 이러한 요구가 관철되지 않으면 국회에서 비준동의안에 반대할 것이라는 입장을 밝혔다. 여당은 당정협의회에서 논의된 것이 협상 과정에 참고가 될 수 있도록 의견을 전달하였다. 이에 반해, 국회는 협상 과정에 대한 영향력을 행사하는데 상당히 제한적인 수준이었다. 이는 국회가 FTA 정책결정과정에 참여할 수 있는 제도적인 장치가 없기 때문이었다(유현석 2006).

비준 과정에서 농촌 지역구 출신인 여야의 국회의원로 구성된 이른바 '농민당'이 위원회의 검토 과정에 가장 큰 역할을 하였다. 특히, '농민당' 의원들은 본회의에 비준안이 상정되는 것을 막았다. 2004년 총선에서 한나라당과 열린우리당의 공식적인 입장은 비준안에 대해 동의하는 것이었고, 민주당은 자유투표를 요구하였다. 국회의원들은 선거운동 기간에 비준안에 대한 입장을 분명히 하였다. 항상 정당의 입장을 따르는 것은 아니었고, 대체로 지역구의 상황과 다양한 이해 집단의 압력에 영향을 받았다.

비준은 국회가 영향력을 미칠 수 있는 과정이다. 한-칠레 FTA에 대한 비준동의가 양국이 협정에 합의를 본 이후 1년 정도 걸렸다는 사실은 국회가 비준 과정에 중요한 역할을 했다는 것을 시사한다. 상임위원회와 비준 과정에서의 지역구 출신 국회의원들의 반대는 한-칠레 FTA에 의해 직접적으로 영향을 받는 농어업인 등으로부터 지지를 얻는데 큰 역할을 했다. 한-칠레 FTA 비준안은 「FTA 이행에 관한 특별법」으로 국회를 통과하였다. 이 비준안에는 농어업인들을 지원하기 위해 1조 2천억 원의 특별 기금을 조성하도록 하였다. 이는 통과된 「농어업인 부채경감에 관한 특별조치법」과 「농림어업인의 삶의 질 향상에 관한 특별법」에 명시되어 있었다.

이러한 성과에도 불구하고 국회의 역할은 그리 크지 못했다. 국회는 정당 또는 국회 차원에서 적극적인 역할을 하지 못했다. 오히려, 한-칠레 FTA에 대한 대응은 국회의원 개개인의 차원에서 이루어졌고, 사후처리 방식으로 대응했다. 이는 국회의 역할이 제한적이었음을 보여준다. 물론, 국회 상임위원회의 검토 과정에서 농촌 지역 출신 의원들이 FTA에 영향을 받는 농민들을 지원하기 위한 조치를 마련해야 한다고 제안하였다.

그러나 비준 과정에서 가장 큰 역할을 한 것은 농어촌에 지역구를 둔 의원들의 비공식적인 모임인 소위 '농민당'이었다. 62명의 의원이 한-칠레 FTA 비준 과정이 진행되는 동안 국회 내 비공식적인 모임으로 '농민당'을 만들었다. 정당을 불문한 이 조직은 한-칠레 FTA 비준 과정에서 비준안이 상정되는 것을 물리적으로 저지함으로써 비준안 통과에 영향을 미쳤다.

이처럼 의원들의 압력과 시민단체들의 반대로, 비준안을 2003년 6월에 처리하려고 하였으나 국회 외교통상위원회로 넘기면서 12월 말에 처리하기로 하였다. 비준안은 12월 30일 본회의에 상정될 예정이었지만 농민당 소속 의원들과 다른 의원들 사이에 격렬한 몸싸움이 일어났고 물리적인 단상 점거로 처리되지 못했다. 결국 3차례나 처리가 지지되고 나서 2004년 2월 16일에 가결되었다. 이러한 과정에서 정부는 보상 및 지원에 관한 법률안을 제안하였고 농어업인을 대상으로 하는 특별 기금을 1조 2천억 원으로 늘리겠다고 발표하였다.

이와 같은 보상 대책은 국회의 역할에 기인했다기보다는 오히려 농민단체와 시민단체, '농민당'의 노력 덕분에 가능했다고 할 수 있다(유현석 2006). 보상 관련 법률안은 국회의원들에 의해 준비된 것이 아니라 정부가 관련 법률안을 제출하였다. 따라서 국회는 보상 관련 법률안을 만드는 데 적극적으로 기여했다고 볼 수는 없다. 국회가 정당 차원에서나 입법부 차원에서 어떤 입장을 나타내지 못했다는 사실과 한-칠레 FTA에 대한 국회의 대응이 단지 개별 의원 차원에서 이루어졌다는 것은 국회의 역할이 제한적이었다는 것을 말해준다.

2. 한미 FTA

한-칠레 FTA 국회동의 과정에서 정치적으로 상당한 어려움을 경험했던 정부는 「자유무역협정체결절차규정」(대통령훈령 제121호, 2004. 6. 8. 제정)을 제정하였다. 이 규정은 향후 FTA 협상부터 적용될 예정이었다. 이 규정은 FTA 협상을 담당할 기관을 정하도록 되어 있고, 협상 전·중·후의 모든 과정에 대한 관련 사항이 명시되어 있었다. FTA 추진위원회(이하, "FTA 추진위")는 공식적인 한국 정부의 FTA 추진 조직이고, 통상협상 조직의 장인 위원장 1인과 15명의 관련 부처 고위직 공무원으로 구성되었다. 그리고 공청회를 통한 의견을 수렴하기 위해 민간자문위원회를 조직하도록 하였다. 「자유무역협정체결절차규정」 제21조는 FTA 추진위 위원장은 "협상의 중요 진행상황을 국회와 관련 이해당사자 및 국민에게 보고하여야 한다."고 규정하였다. 또한 "위원장은 그에 대한 의견을 수렴하도록 노력하여야 한다."고 명시하였다. 동 규정 제23조는 "위원장은 협상이 타결된 때에는 협상결과를 국회에 보고하고 국민에게 적절한 방법으로 이를 알려야 한다"고 규정하였다.

한미 FTA에 대해 행정부가 마련한 제도적인 규정이 있음에도 불구하고, 국회의 역할은 한-칠레 FTA 때와는 확연히 달랐다. 한미 FTA 협상은 2006년 2월 3일에 시작되었으나, 당시 국회는 어떤 움직임도 보이지 않았다. 특히, 국회에서는 워싱턴 D.C에서 개최된 공식 협상에 대표단을 보내지도 않았다. 그러나 여야의원 50여 명이 '한미 FTA를 연구하는 국회의원 모임'을 만들었다. 이 모임의 목적은 FTA 관련 주요 이슈와 활동을 조사하고, 공청회와 토론회를 통해 국민들의 의견을 종합하여 수렴하고자 하는 데 있다. 연구 모임에서는 한미 FTA에 대한 공식적인 조사와 협상 과정을 관리 · 감독하기 위해 국회에 특별위원회를 구성할 것을 요청하였다. 경제정의실천시민연합(경실련)도 국회가 FTA 추진위를 견제하고 감독하는 기능을 강화하도록 요청하는 기자회견을 열었다. 국회는 6월에 특별위원회를 결성하는 데 동의하였으니, 첫 회의는 FTA 제2차 협상이 끝난 후인 7월 31일에 열렸다.

국회 한미 FTA 특별위원회는 일반 상임위원회 정수에 못 미치는 20명으로 구성되었고(이후 30명으로 늘림), 특별위원회 내에서도 찬성입장의 의원이 압도적으로 많게 구성되었다(유현석 2008). 특별위원회는 전문가들을 참여시키지 않았기 때문에, 제한적인 전문지식을 가지고 논의하였다. 특별위원회의 위상도 모호해서 의결권은 특별위원회가 아닌 통일외교통상위원회에서 행사하였다. 이에 따라, 특별위원회의 활동은 협상 결과를 보고 받거나 보고서의 내용에 대해 문제를 제기하는 것으로만 제한되었다. 이처럼 특별위원회가 수행한 활동 및 역할은 정부의 일방적이고 대표성 없는 협상을 시기적절하게 확인하는 데에는 미흡함이 있었다. 특별위원회가 불충분한 정보를 가지고 감사 역할을 적절히 질 수행할 수 있을지에 대해 많은 사람들이 우려를 표시하였다. 그 결과, 국회 특별위원회가 협상의 내용이나 전략에 어떤 영향을 미쳤다고 할 만한 증거를 찾기 어려웠다(유현석 2008).

한미 FTA 협상은 2007년 4월 2일 끝났고, 국회에서의 전면적인 비준동의 절차가 이루어지기 전에 협상에 대한 찬반론자 사이의 갈등 및 대립이 국회로 넘어왔다. 특히, 다가오는 2007년 12월에는 대통령 선거가 예정되어 있고, 그 직후인 2008년 4월에는 총선이 예정되어 있으므로, 비준에 대한 전망은 그리 밝지 않았다. 노무현 전 대통령은 그의 임기 내에 비준 동의안을 처리해 줄 것을 국회와 집권 여당에 공식으로 요청하였다. 그러나 여당의 지도자 중 일부가 비준에 반대하였고, 이로 인해 노무현 전 대통령은 자신이 속한 여당 내에서 조차 일관된 지지를 이끌어내지 못했다. 더욱 어려웠던 이유는 55명의 국회의원들이 국회에서 FTA 반대 워크숍을 개최하였고, 한미 FTA 비준을 막기 위해 '한·미 FTA 협상 졸속체결에 반대하는 국회의원 비상시국회의(이하, 비상시국회의)'를 결성하였기 때문이다. 비상시국회의는 다양한 분야의 시민단체, 전문가 집단으로부터 유능한 자문가들을 모집하였다.

국회는 한미 FTA 협상이 합의되자마자 바로 비준동의 절차에 착수하였다. 국회는 FTA 추진위 위원장과 협상 대표를 참석시킨 가운데 협상 내용의 보고서를 받고 문제점을 논의하기 위하여 몇 차례의 특별위원회와 상임위원회 회의를 개최하였다. 협상이 합의된 지 이틀 만에, 통일외교통상위원회와 농림해양수산위원회, 산업자원위원회, 문화관광위원회가 회의를 개최하였고, 관련 자료 제출을 요청하였다. 그러나 제공된 정보는 불충분하였고, 회의는 구체적인 결론을 도출하지 못하였다. 이런 현상이 일어났던 데에는 국회가 FTA 협상의 결과를 실질적으로 확인할 수 있는 시스템이 부재하다는 사실에 일부 기인할 수 있다. 게다가, 국회의 권한과 감사과정이 여전히 상세하지 않았다.

FTA 협상이 끝난 후 20일 정도가 지나서 500페이지 정도의 협상안이 국회에 제출된 것과 관련하여 논쟁이 일어났다. 정부는 국회 안에 있는 컴퓨터 모니터에 한 개의 사본만 허용하였다. 복사는 허용되지 않았고 볼 수 있는 사본은 영어로 된 협정문이었다. 이용 접근 또한 한 명의 보좌관과 함께 한미 FTA 특별위원회 20명의 의원들에게만 제한 적으로 허용되었다. 정부는 FTA는 대한민국과 미국의 공동재산이고, 구체적인 사항에 대한 공개는 적절한 조치가 아니라고 해명하면서 제한적인 조치에 대해 합리화하려고 하였다(경향신문 2007/4/25).

그러나 미국에는 의회와 다른 기관이 체결된 협정을 볼 수 있도록 보장하는 법률이 마련되어 있다. 실제로 그 법률은 의회가 조사를 목적으로 협정을 볼 수 있도록 하는데 중요한 역할을 한다. 그러나 한국의 경우, 공개 제한에 대한 규정이 전혀 없다는 점에서 차이가 있다. 이러한 문제를 해결하기 위해, 「통상절차법안」이 발의되었으나 늦게 제출되어 회기 말까지 제대로 논의하지 못했다.

2007년 대통령 선거에 이어 2008년 총선이 실시되었고, 이에 따라 제18대 국회는 개원하였으나, 한미 FTA에 대한 충분한 논의는 이루어지지 못하였다. 그리고 2008년 4월부터 '거리의 정치'로 넘겨졌다. 미국산 쇠고기 수입에 대해 저항하는 촛불시위가 100일 이상 계속되었다. 이명박 대통령은 미국산 쇠고기 수입을 허용하는 결정이 더 폭넓은 한미 FTA를 위해 미국 의회의 지지에 대한 중요한 장애를 극복할 수 있을 것이라 생각했다. 그러나 이런 대통령의 결정에 대해 사전에 공론화된 논의가 없었고, 이로 인해 2003년 광우병파동 때문에 미국산 쇠고기 수입을 반대했던 사람들에게 큰 충격을 주었으며, 그들을 길거리로 뛰쳐나가게 했다. 많은 전문가들은 이 시위의 본질에 대해 단순히 쇠고기 수입과 통상정책에 대한 반발이 아니라고 지적하였다. 이 시위는 FTA 협상과 비준 과정이 진행되는 동안 대화가 부족하고 투명하지 못하다는 지적과 의사 결정 과정에서의 독점과 임의적인 의사 결정에 대한 비판에서 비롯되었다.

그러나 국회는 FTA에 대한 갈등을 해결하는 데 성공하지 못했다. 시위 등의 항의가 거세어지자, 정부는 국회의원들이 FTA를 승인하도록 움직였고, 이에 대해 FTA를 반대하는 정당들은 FTA와 쇠고기 수입 문제를 연계시켰다. 민주당의 반대파 의원들은 최종 한미 FTA 비준안이 국회에 상정되지 못하도록 하기 위하여 격렬하게 저지하였다.

Ⅳ. 한국 국회의 대응 분석

1. 헌법상의 조약체결과 비준 동의의 권리

FTA 협상에 관한 대한민국 국회의 반응에 대해서 분석해보기 위하여, 먼저 국회의 통상관련 헌법상 권한을 해석하는데 있어서의 문제점을 검토해 볼 필요가 있다. 국회가 조약의 체결과 비준의 동의권이 있는지 아니면 비준의 동의권한만 있는지에 대한 헌법해석상 논란의 여지가 있다. 그리고 만약 후자인 경우라도 비준 동의 권한을 포함한 국회가 개입할 수 있는 범위에 대해서 논쟁이 이어지고 있다.

국회가 가진 권한은 협상이 종료된 후 조약을 비준하는 데에 국한된다는 것이 정부의 입장인데, 이러한 해석은 국회가 협상 이전단계와 협상과정에서 배제되는 것을 뜻한다. 헌법 제73조에 따르면, 조약의 체결과 비준권한을 대통령에게 부여하고 있는데, 이러한 권한이 조약체결의 전반적인 절차에 국회의 민주적 통제(democratic control)를 부인하는 근거가 되어서는 안 될 것이다. 사실 초국가적 차원에서의 결정이 국가적인 차원의 의사결정을 좌우하는 경우가 많은데, FTA와 같은 조약이 마치 국내법과 같이 국내적으로 직접적인 영향을 미치는 것을 확인할 수 있다. 따라서 이는 국회의 적절한 견제와 균형(check and balance)유지가 필요한 헌법상의 권력분립의 원칙을 따라야 한다. 이는 대통령의 외교권 행사를 제한하겠지만, 잠정적으로 투명성과 민주적 정당성을 확대시킬 것이다.

헌법학자들 사이에도 국회의 조약 동의 권한의 범위와 세부사항에 대한 토론이 진행 중이다. 헌법 제60조 제1항은 "국회는 상호원조 또는 안전보장에 관한 조약, 중요한 국제조직에 관한 조약, 우호통상항해조약, 주권의 제약에 관한 조약, 강화조약, 국가나 국민에게 중대한 재정적 부담을 지우는 조약 또는 입법사항에 관한 조약의 체결·비준에 대한 동의권을 가진다."고 규정하고 있는데, 이 국회의 조약의 "체결·비준"에 대한 동의권의 해석이 문제된다. 특히 '체결'과 '비준'을 각각 독립적인 의미로 볼 것인지, 통합적으로 단일한 의미를 표현하고 있는 것으로 볼 것인지에 따라 이 조항의 국회동의의 대상 및 범위가 상이해진다. 하나의 견해는 체결과 비준을 분리하기보다는 함께 보아야 한다는 것이다. 이는 국회의 조약문 동의 시점을 의미하는데, 시행되어 국내에 효력을 발생시키기 위한 기속적 동의 전 단계에 이르렀을 때, 즉 "대통령으로부터의 체결과 비준 직전"에 이루어진다고 한다(김선택 2007).

이와 다른 의견은 조약의 체결과정에 대통령에게 너무 많은 권한이 주어져 있음을 비판한다. 대통령제에 있어서 이원적 정통성(dual legitimacy)이 보장되기 때문에 국회의 동의 권한에 대한 범위와 내용은 국회와 대통령 양자의 민주적 정당성 사이의 권력균형이라는 관점에서 보아야 한다는 것이다. 이 견해에 따르면 동의의 시점을 "조약 비준 및 이행 직전"으로 보기보다는 조약 비준 및 이행 전의 "모든 과정"이라고 본다.

후자의 견해에 따르면 국회의 동의 권한 행사를 통한 민주적 통제는 대통령의 비준 및 이행 직전의 시점뿐만 아니라, 협상 개시 전·중·후의 전 과정을 통해 이루어져야 한다는 것이다. 국회의 동의는 대통령으로부터의 독단적인 결정을 막고, 대통령이 비준한 조약의 국내법상의 효력을 검증하고, 더 나아가 초국가적 영역에서의 통치에 대한 국가의 능력을 향상시키기 위한 수단이다.

이러한 해석은 헌법 개정의 연혁에 근거하는데, 제3차와 제5차 헌법개정에서 조약에 대한 권한배분 규정의 개정이 이루어졌다. 제3차 개정에서는 제헌헌법 이래 유지되어 왔던 대통령제 정부형태를 의원내각제로 변경하였고, 제5차 개정에서는 다시 대통령중심제 형태로 변경이 이루어졌다. 따라서 제3차 개정에서 대통령은 국가의 대표로서 형식적·의례적 권한만 갖게 됨으로써 조약을 비준할 권한만 부여하였고, 이전에 가지고 있던 조약체결권은 규정에서 빠지게 되었다. 그러나 제5차 개정에서 대통령제로 전환됨에 따라 대통령이 비준권 외에 체결권도 갖도록 한 것이다. 이에 따라 헌법 조문을 대통령에게 "조약의 체결 · 비준" 권한을 부여하고 이에 대한 동의권을 국회에 부여한 것이다.

이처럼 국회의 역할이 명확히 실시되고 있다면, 왜 또다시 이에 대한 문제가 제기되고 있는 것일까? 사실상 국회의 동의가 필요하던 조약의 성격이 근본적으로 변하고 있기 때문이다. 국회의 동의로 국내법의 효력을 얻은 조약들은 주로 권리와 의무 또는 국가간의 관계를 다루었다. 한미FTA와 같은 국가 간 경제적 이슈를 다룬 많은 조약들은 대다수 국민들의 삶에 지대한 영향을 미쳐왔는데, 여태까지의 대부분의 조약들은 주로 한두 가지 정도의 이슈에 초점을 맞추어져 파장이 크지 않았다. 그러나 FTA와 같은 조약들은 보다 광범위하고 지대한 영향을 미치는 무수한 이슈와 논쟁을 야기하기 때문에, 국회의 헌법상의 동의 권한이 사후적으로 행사되는 것은 문제가 많다. 경제적인 측면뿐 아니라, 외교 · 안보 · 사회적 문제들 또한 고려를 해야 하기 때문에 FTA와 국회의 역할에 대한 헌법상의 논쟁이 발생하고 있다.

2. 국회동의와 통상절차법안

위에서 언급했듯이 FTA 협상 정보에 관한 공개가 제도화 되지 않고 있었다. 또한 전문가나 관련 단체의 참여를 통한 국민적 합의를 도출해 내는 것이 쉽지 않으며, 국회를 통한 협상과정의 민주적 통제 또한 부족한 실정이었다. 이러한 상황에서 제17대 국회에서 권영길 의원이 통상절차법안(the Trade Procedure Bill)을 2006년 2월에 대표발의하였다. 이 법안은 통상협정에 있어서의 국내의 갈등을 해결할 제도적 장치의 필요성이 있다는 시각에서 시작히여 효괴적인 통상 협상을 이끌어 내기 위한 국가의 역량 강화를 위해서도 필요하다는 취지에서 발의되었다. 이 법안에 이어 이상경 의원, 송영길 의원, 김종렬 의원 등으로부터도 후속적인 법안이 발의되었다. 이어서 2008년 말 제18대 국회에서도 이정희 의원, 김종률 의원, 송영길 의원 등에 의해 3개의 법안이 발의되었다. 이하에서는 이러한 법안에 대한 자세한 검토를 통해 한국 국회가 어떻게 개선 방안을 찾아왔고, 국회에 의한 민주적 통제와 민의가 반영된 통상 협정을 추진하고 비준될 수 있는지를 알아보도록 한다.

입법목적은 삼권분립의 원칙에 벗어나지 않는 범위에서 최대한 헌법에 명시된 국회의 체결·비준에 대한 동의권을 확고히 하고, 협상 내용에 대한 국민의 의견을 수렴하는 장치를 의무화하는 등 국회 권한을 강화하려는 것이다. 또한, 협상이 국민의 합의를 바탕으로 민주적 통제 아래 진행될 수 있도록 관련 규정을 마련함으로써 국민통합에 기여하려는 것이다. 이를 위하여 철저한 협상 준비를 위해 적합한 제도와 시스템을 갖추고, 협정체결이 가져올 결과에 대한 조사·분석을 실시하고자 하는 것이다. 통상협정이 체결됨으로써 야기될 사회경제적 손실을 최소화하고, 국가 경제발전에 실질적인 기여를 하기 위함이다. 제17대 국회와 제18대 국회에서 발의된 법안은 내용은 유사함으로 당초 제시된 제17대 법안을 중심으로 분석한다. 제안된 통상절차법안들은 각각의 목적과 통상협상에 있어서 국회의 실제 권한을 보장함으로서 투명성과 국가의 능력을 향상시키고자 함에 있어서는 같았지만, 대상과 협정의 범위, 정보공개, 통상협상관리에 있어서 차이가 있었다.

1) 통상협정의 정의

권영길 의원안은 경제관련 모든 조약을 통상조약으로 정의하고, 국회의 심의와 동의 대상이 되어야 할 필요가 있다고 한다. 반면에, 이상경 의원안과 김종률 의원안은 통상협정에 대해서 헌법상 국회 동의의 대상으로만 국한하고 있다. 사실상 권영길안은 현행 헌법을 거스르는 것으로 보일 수도 있다. 이상경안과 김종률안 그리고 송영길안은 이러한 문제는 해결되었다지만, 비준에 있어서 여전히 국회의 동의가 필요하다. 따라서 또 다른 절차법상의 통상 협정의 불분명한 범위에 대한 문제가 생겨나게 되었다.

2) 통상 거버넌스(Governance)

가장 두드러진 문제들 중 하나는 정부와 민간부문의 이해관계의 조정에 관련된 것이다. 법안의 민간자문위원회 설립은 통상의 조정체계에 있어 크나큰 진전일 것이라는 의견(오동석 2006)이 있는데, 그동안 존재해온 한국의 통상 관리 메커니즘에 있어서는 민간부분에서의 이해를 반영하기 위한 채널이 존재하지 않았다는 점에서 의의가 크다고 할 것이다.

각 행정부처간의 협력에 있어서는 대외경제장관회의를 포함한 현존 메커니즘을 따른다. 하지만 기획재정부에서 이러한 회의를 담당하기 때문에, 기획재정부, 외교통상부, 농림수산부 등에서의 다양한 의견을 효과적으로 조정하기에 한계가 있다. 송영길안을 제외한 다른 안은 이러한 한계를 극복하고자 국무총리실 산하에 위원회를 설치하고자 하였다. 국무총리 산하 통상관리체계를 구축함으로써 산업별·계층별 및 각 부처간 이해관계

대립의 접점을 찾고, 보다 나은 협상을 이끌어 낼 수 있을 것으로 기대된다.

행정부와 입법부와의 관계에 대해서 검토해보자. 위에서 언급한 바와 같이, 한국의 통상협상구조에 있어서 국회의 역할은 미미하였다. 발의된 법안들은 협상의 전·중·후에 걸쳐 국회의 역할을 강화하고자 하지만 각각의 법안에 차이가 존재한다. 국회의 통상협상에 관한 정보에 대한 접근에 있어서 편차가 존재하는데, 송영길안은 통상협상에 관한 모든 자세한 내용들은 국회에 공개되고 보고와 열람이 가능하도록 하되, 자료 유출과 누설시에는 형법 제127조를 적용하여 보안유지가 가능하도록 하고 있다.

민간자문위원회의 구성에 있어서는 자문위원의 절반을 국회가 위촉하도록 하는 권영길·이상경 의원안과 국회의 추천을 받은 자도 통상교섭본부장이 위촉할 수 있도록 하는 송영길 의원안이 차이를 보이고 있다. 하지만 정부자문위원회 구성에 국회가 개입하는 것이 바람직한지는 논란의 여지가 있었다.

법안들은 행정부가 모든 주요 통상협상에 있어서의 기본계획과 실천계획, 통상정보 등에 대해서 국회 또는 FTA 소관위원회에 보고하도록 규정하였다. 송영길안에는 행정부의 보고 의무를 특정 협정에 대해서만으로 국한하고 있다. 이러한 사전 보고 절차를 둔 것은 협상 개시 전과 중간에 이러한 계획을 활용하기 위해서이다. 행정부로부터 국회로 사전계획의 보고가 이루어짐으로써, 국회가 관련 이슈에 대한 통제능력을 향상하고 동시에 정부의 책임도 커질 수 있을 것이라는 기대에서 나온 것이다. 따라서 협상의 투명성을 제고하며 민주적 통제를 위한 진전이 이루어지게 된다는 것이다.

외교통상부에서는 기본계획 단계에서의 국회보고 의무와 협상과정 동안의 보고 의무에 대하여 우려를 나타냈다. 그들은 이러한 의무가 행정부의 정책집행 권한에 본질적으로 제한이 되기 때문에, 대통령의 조약 체결 권한을 침해할 수도 있다는 우려를 나타내며 신중한 접근이 필요하다는 입장을 표명하였다. 반면에, 중장기적인 경제 통상정책에 대한 우선순위 선정의 부재와 비체계적 접근에 의한 행정상의 혼선 초래 등이 지적

표 1. 3개 통상절차법안 주요골자 대비

구 분	권영길 의원안	이상경 의원안	송영길 의원안
통상조약의 정의	•모든 통상조약	•헌법 제60조 제1항의 규정에 따라 국회의 동의가 필요한 통상조약	
통상조약정책의 목표와 기본원칙	•통상조약정책 추진 시 정부에 대하여 기본적 지침을 시달할 수 있는 국회의 권능 보장		–
정보의 공개	•모든 정보 원칙적 공개 · 국회보고 •국회증언감정법 제4조 제1항 단서 적용 배제		•현행법에 따른 정보공개, 국회보고 · 열람
보안유지 규정	–		•국회의 열람자료 유출, 누설 시 형법 제127조 적용
통상위원회 구성 · 운영	•국무총리 직속 통상위원회 설치 •부문별 소위원회 및 협상별 위원회 설치		–
민간자문위원회 구성 · 운영	•국무총리 소속 •국회 위촉권 (1/2) •정부는 자문위 자료제출 요구 거부 불가	•통상위원회 소속 •국회 위촉권 (1/2)	•외교통상부 산하 •국회 위촉권 없음
기본계획의 수립	• 3년 단위 기본계획 및 연도별 실천계획 수립 · 국회보고	•기본계획 및 실천계획 수립 · 소관위원회 보고	–
협상개시 전 절차	•특정 조약 추진에 대한 국회 동의권 명시 •국회에 통상협상단 일부 추천권 부여 •산업영향평가, 국내대책 및 조약 문안 마련	•특정 조약 추진계획 (산업영향평가, 국내대책 등 포함) 수립 및 소관위원회 보고 •국회의 계획변경 요청권 •조약문안 마련	•특정 조약 추진전 주요 목표, 추진일정 통외통위 보고 •경제적 타당성 검토
협상 절차	•정기적 대국회 보고 및 일반에 정보공개	•주요 진행상황을 소관위에 보고	•주요 진행상황을 특별위원회에 보고
협상 후 절차	•가서명 후 정식 서명 전 국회 동의 요청 및 재협상 요구 •기본계획 등과 부합여부, 산업영향평가, 고용영향평가 등 보고 •매년 통상조약정책 평가 국회 보고	•정식서명 후 비준전 국회 동의 요청 •기본계획 등과 부합여부, 산업영향평가, 고용영향평가 등 보고	•정식서명 후 비준전 국회 동의 요청
효 력	•동법을 위반한 조약 동의안 심의 거부 가능	–	–
부 칙	•공포한 날부터 시행 •시행일 현재 진행중인 통상협상에도 적용		

* 자료 : 국회 통일 · 외교 · 통상위원회 전문위원 검토보고서 참조

되었다. 또한 정부 측에서는 보고의무화의 법제화와 관계없이 협상 착수 전에 협상에 대한 사전 전략계획과 정책수립 관련 내용을 국회의 소관상임위원회에 보고하여 왔다고 주장하였다. 그러나 그러한 보고가 적절히 이루어졌다면 국회의 민주적 통제에도 많은 도움을 주었으며, 정부 또한 급변하는 통상 환경에 보다 효율적으로 대처할 수 있었을 것이다. 동시에 정부는 의사결정 과정에 지속적인 국민 참여를 유도할 수 있었을 것이다. 그리고 무엇보다도 통상 협정에 관한 사회적 공감대를 형성할 수 있을 것이다. 이러한 맥락에서 국회에 대한 보고절차는 중요한 의미를 지닌다고 할 수 있다.

국회의 동의 권한에 관해서는 권영길안은 협상의 시작 전에 한번 그리고 시행 후 공식 서명 전에 한 번씩 두 번의 동의를 받도록 하고 있다. 이상경안과 송영길안은 현행 헌법 제60에 따라 정식서명 후 비준 전에 국회동의를 받도록 규정하고 있다.

3) 정보의 공개

권영길안과 이상경안에서는 대국민 정보공개의 경우 모든 정보는 원칙적으로 공개하도록 하고, 비공개 대상정보를 엄격히 제한하고 있다. 국회에 자료 제출에 대해서도 "국회에서의 증언과 감정에 관한 법률"에 따라 모든 자료의 예외 없는 국회제출을 의무화하고 있다. 송영길안은 국회에 제출하는 모든 자료들은 현행 국회관계법에 따를 것을 규정하고 있다. 법안은 2006년 6월에 시행된 한미FTA에 관한 특별위원회의 비공개 주요 자료의 열람 방식을 따르도록 하고 있다. 그리고 이러한 열람자료가 외부에 유출될 경우, 형법 제127조에 따라서 해당 공무원에게 주요정보 유출에 따른 죄를 물을 수 있다고 규정하고 있다. 송영길안은 협상에 있어서 장애가 될 수 있을 만한 정보에 대해서도 비공개로 처리할 수 있다고 규정하였다.

여기서 문제가 될 수 있는 점은 이러한 조항들이 국민의 정보에 대한 접근 권한을 제한할 수 있다는 점이다. 분명 권영길안과 이상경안은 국민의 알 권리와 협상과정에 있어서의 투명성 제고를 충족한다는 점에서 강점이 있다. 하지만 의도하지 않은 결과에 대한 우려가 제기될 수 있다. 특히 대중에게 공개된 정보가 협상중인 FTA 파트너나 다른 통상협정 협상대상에게 노출될 수 있다는 점이다.

표 2. 대국민 정보공개 및 대국회 자료제출 관련 규정

<table>
<tr><th>구 분</th><th>조 항</th><th>주요내용</th></tr>
<tr><td>권영길 의원안</td><td>제6조</td><td rowspan="2">〈대국민 정보공개〉
●모든 정보 원칙 공개 : 비공개 대상정보 엄격히 한정
– 비공개 가능 정보 : 상대국 등의 중대이익 직결 정보로서 상대국이 공식 요청한 사항, 협상의 핵심 전략관련 사항, 개인 사생활 및 법인 비밀 관련 사항

〈대국회 자료제출〉
●모든 자료의 예외 없는 대국회 제출 의무
– 국회증감법 제4조 제1항 단서 적용 배제</td></tr>
<tr><td>이상경 의원안</td><td>제6조
제7조</td></tr>
<tr><td rowspan="2">송영길 의원안</td><td>제6조</td><td>〈대국회 자료제출〉
●국회관계법에 따라 대국회 자료 제출
●국회의 비공개 자료 열람 : 한미 FTA 특위 열람방식
●자료 유출 · 누실 시 「형법」 제127조 적용</td></tr>
<tr><td>제7조</td><td>〈대국민 정보공개〉
●정보공개법 등 현행법령에 의거 공개
– 비공개 가능 정보 : 정보공개법상 비공개 사유 및 공개시 협상에 지장을 초래할 수 있는 정보</td></tr>
</table>

*자료: 국회 통일 · 외교 · 통상위원회 전문위원 검토보고서 참조

V. 결론

FTA 협상은 행정부와 입법부 사이의 외교정책에 있어서 심각한 불균형과 불안정성으로 인하여 행정부와 입법부 사이의 갈등을 야기하였다. 이러한 현상은 한국에서만 존재한 것은 아니었지만, 미국과 유럽에서는 통상협상에 있어서의 관리와 투명성 제고를 위한 거버넌스가 발달되어 왔다. 이론상으로는 이러한 절차가 통상협상에 어느 정도 민주적 통제를 가할 수 있을 것으로 본다. 이러한 면에서 볼 때, 국회에 제출된 통상절차법안은 통상관리의 발전에 있어서 기여를 해줄 것으로 기대된다. 나아가 세계화 시대에 있어서 안보와 국제개발협력 분야에서의 입법기관의 역할도 필수적으로 변할 것이다.

다른 대부분의 나라에서도 그렇듯이 세계화시대가 도래한 이후 외교정책에서의 국회의 역할은 제한적이었으나, 미국산 쇠고기 수입이나 한미 FTA와 같은 중요한 외교정책 또는 대외경제정책에 있어서 국회의 역할이 커지는 것을 피할 수는 없었다. 뿐만 아니라, 이러한 역할의 강화는 국가의 책임과 의무를 향상시키는데 필수적이다. 국회의 영향력을 행정부의 역할이 커지는 만큼 함께 확장시키는 것이 외교정책의 민주통제와 초국가적 차원에서의 국가의 능력을 제대로 강화시킬 수 있는 방법이 될 것이며, 외교정책에 있어서 보다 효과적인 민주주의 구현을 가능케 할 것이다.

민주주의 결핍(democratic deficit) 문제의 해결 방안으로 통상절차법안이 발의되었다. 이들은 하나같이 행정부에서 주도해온 통상협정에 있어서 국회의 영향력 강화에 대해서 논하고 있으며, 현행 헌법상의 입법기관의 조약 비준 동의 권한이 민주주의 결핍의 예방을 위해선 충분하지 않다고 말하고 있다.

이러한 맥락에서 향후 초국가적인 영역에서의 국회의 역할과 방향에 대해 살펴보고자 한다. 첫째, 국회의 제도적 기반이 강화되어야 할 것이다. 현존하는 비준 동의 권한과 정부정책 검토 권한이 재정의 되어야 할 것이며, 동의권한 행사의 범위와 구속력의 문제 또한 새롭게 정의되어야 할 것이다. 둘째, 국회의 정보접근 권한 또한 강화되어야 할 것이다. 행정부가 정보를 독점하는 한 초국가적 영역에 대한 민주적 통제를 확보할 수 없기 때문이다. 때문에, 국회의 외교정책에 관한 정보접근 권한은 정책이 수립되고 시행되는 단계에서부터 강화되어야 할 필요가 있다. 셋째, 국회의 행정부처 핵심 외교통상정책 관련 직위의 지명에 대한 사전동의절차가 채택되어야 할 것이다. 현재는 통상교섭본부의 대표를 지명하는 데에 있어서 국회의 동의가 필요하지 않는데, 이러한 자리들은 국가 경제정책에 대한 막대한 영향력을 미치기 때문에 청문회와 같은 사전 동의절차가 필요하다고 본다.

참고문헌

- 김선택. 2007. "헌법상의 외교권한 배분과 구체화 입법의 헌법적 한계." 『헌법학연구』 제13권 제3호.
- 김종서. 2006. "한미 FTA와 민주주의." 『민주법학』 제32호.
- 박종수. 2007. 『국제통상정책』. 서울: 백산출판사.
- 변재웅. 2001. "미국, EU, 일본의 통상정책의 특징: 수단의 차이에 관한 비교연구." 『통상정보연구』 제1권 2호.
- 유현석. 2006. "한 · 칠레 FTA 비준과정과 국회의 역할." 한국정치학회 하계학술회의 발표논문.
- 유현석. 2008. "한미 FTA와 통상거버넌스: 의견수렴 및 이해반영 제도의 모색." 박인휘 편. 『한미 FTA와 한국의 외교전략: 교훈과 과제』. 서울: 세사회전략정책연구원.
- 이재승. 2008. "한미 FTA를 통해 본 한국의 경제외교정책과 국가경쟁력." 박인휘 편. 『한미 FTA와 한국의 외교전략: 교훈과 과제』. 서울: 새사회전략정책연구원.
- 최원목. "한국 통상절차법안의 문제점과 법 제정 방향." 『통상법률』 2006년 12월호.

- Evans, P. 1995. *Embedded Autonomy: States and Industrial Transformation*. Princeton: Princeton University Press.
- Evans, P. (ed.) 1997. *State-Society Synergy: Government and Social Capitalin Development*. Berkeley:International and Area Studies, University of California.
- Gainsborough, M. 2007. Globalisation and the State Revisited: A View from Provincial Vietnam.
- Hebron, L. and J. F. Stack, Jr. 2008. *Globalization: Debunking the myths*. NewJersey: Pearson Prentice Hall.
- Held, D, A. McGrew, D. Goldblatt and J. Perraton. 2000. *Global Transformations: Politics, Economics and Culture*. Cambridge: Polity Press.
- Krasner, S. D. 1999. *Sovereignty: Organised Hypocrisy*. Princeton, NJ: Princeton University Press.
- Lee, Hyun-chool. "Ratification of a Free Trade Agreement: The Korean Legislature's Response to Globalisation." *Journal of Contemporary Asia*. Vol. 40, No. 2, May 2010.
- Moravcsik, A. 2004. "Is there a 'Democratic Deficit' in World Politics?: A Framework for Analysis." *Government and Opposition*, 39, 2.
- Robinson, M. 2008. "Hybrid States: Globalisation and the Politics of State Capacity." *PoliticalStudies*, 56, 3.
- Russett, B. M., H. Starr, and D. Kinsella. 2004. *World Politics*. Belmont: Thomson.
- Scholte, J. A. 2005. *Globalization: A Critical Introduction*, NewYork: Palgrave.
- Slaughter, A.-M. 2004. *A New World Order*, Princeton: Princeton University Press.

- Strange, S. 1997. "The Erosion of the State." *Current History*.
- Weiss, L. 1998. *The Myth of the Powerless State: Governing the Economy in a Global Era*. Cambridge: Polity Press.
- Weiss, L. 2003. "Introduction: Bringing the State Back In." in L. Weiss (ed.), *States in the Global Economy: Bringing Domestic Institutions Back In*. Cambridge: Cambridge University Press.

11

인구의 정치학 :
한국 인구구조 변화와 정치적 영향

原著
– 2015 한국정치학회 춘계학술회의 : 경쟁과 갈등의 정치경제 발표논문

Ⅰ. 서론

현재 한국에는 저출산 고령화 현상이 급격히 진행되고 있다. 65세 이상의 노인인구가 증가하는 반면, 0~14세 인구는 감소하고 있다. UN 인구국 자료를 보면, 2010년 인구와 2050년의 중간 수준 예측치를 기준으로 인구 1,000만 명 이상의 국가이면서 2050년까지 생산가능인구(15~64세)가 감소하는 국가는 198개국 중에서 19개국이다. 이 중에서 한국은 생산가능인구 감소율이 세계 6위 수준을 기록할 것으로 분석되었고, 이에 따라 생산가능인구가 2010년 대비 2050년에는 27% 감소하는 반면 노인 인구는 236% 증가할 것으로 예상된다(United Nations 2013; 유재국 2013).

동시에 유소년(0~14세) 인구도 22% 정도 감소할 것으로 전망된다. 이처럼 한국은 생산가능인구 감소율과 노인인구 증가율이 급격하게 대조되는 나라 중 하나이며, 이와 같은 인구감소를 겪어본 국가가 거의 없어 이러한 현상이 가져줄 영향에 대한 경험적 지식이 거의 전무하다고 할 수 있다.

이처럼 인구 규모, 인구의 구성 그리고 지역적 분포의 변화는 많은 정치적 · 사회적 · 경제적 영향을 가져온다. 인구 총량은 줄어들고, 특히 생산활동에 종사할 수 있는 인구는 대폭 감소할 것이며 반면에 부양해야 할 인구는 대폭 증가하는 상황이 등장하고 있다. 이는 우리의 생산활동과 소비활동뿐만 아니라 정치사회에도 많은 영향을 미치게 된다. 오늘날 한국 사회가 겪고 있는 복지논쟁과 증세문제와 같은 재정정치학적 문제를 야기하게 된다.

이러한 문제는 정치학의 근본 문제이기도 한 "희소자원의 권위적 배분"(Easton 1953; 이극찬 1999)을 둘러싸고 노인세대와 미래세대 간의 세대갈등을 양산할 가능성이 높으며, 인구의 분포에 따라 도·농간의 지역갈등을 야기할 가능성도 상존한다. 또한 부족한 노동력 충원을 위해 이민유입을 확대함으로 인한 인종적 갈등도 예견할 수 있다.

이처럼 인구구조의 변화가 가져올 정치적 결과와 관련한 연구, 즉 인구정치학은 국가의 미래를 예측하고 대비하는 데 가장 중요한 영역임에도 불구하고 그동안 국내뿐만 아니라 외국의 정치학계에서 크게 주목을 받지 못하였고, 미답의 영역으로 남아 있다(Weiner and Teitelbaum 2001; Goldstone, Kaufmann and Toft 2012). 특히 한국과 일본과 같이 급격한 인구감소를 경험한 사례가 없기 때문에 한국 학계에서의 선도적 연구가 필요함에도 이에 대한 연구와 천착이 없다는 점에서 아쉬운 대목이다.

이 논문은 저출산 고령화 현상이 급격히 일어나고 있는 한국의 인구구조 변화를 살펴보고, 이러한 변화가 가져올 정치적 영향을 분석하는 데에 목적이 있다. 특히 인구정치학 연구가 일천한 한국 정치학계에 인구정치학적 문제제기의 차원에서 서구의 인구정치학 연구와 다른 한국정치학에 가져올 과제에 대한 예비적 연구라고 할 수 있다.

제Ⅱ장에서는 인구정치학에 관한 선행연구와 서구에서의 관찰 포인트를 살펴본다. 제Ⅲ장에서는 한국의 인구구조 현황과 전망을 분석한다. 제Ⅳ장에서는 한국의 인구구조 변화의 정치적 영향을 고령사회와 세대갈등, 사회지출과 고령화 리스크, 고령화 사회의 정치과정, 생산인구 감소와 노동력 대체, 지역간 격차와 농촌공동화로 나누어 설명한다.

Ⅱ. 인구구조 변화와 인구정치학

1. 인구정치학에 관한 선행연구

인구의 정치학(political demography)은 인구의 규모, 구성, 분포의 변화가 정부와 정치에 미치는 영향을 연구하는 것을 말한다(Weiner and Teitelbaum 2001). 특히 인구의 변화가 정부에 대한 요구, 정부의 업적, 권력배분 등에 미치는 영향에 관한 연구이다. 인구정치학이란 용어는 위너(Weiner 1971)에 의해 비롯되었다고 알려져 있으나, 플라톤, 아리스토텔레스, 그 후에 토머스 제퍼슨 등에 의해 정치·사회 이론에 오래 전부터 주목을 받아온 이슈이다. 인구정치학의 한 부류로 politics of population or population politics라는 용어도 있지만(Quine 1996), 이는 인구정책학에 가까운 개념이다. 인구정치학은 인구와 정치와의 관계를 구성함에 있어서 정치학의 입장으로부터 접근하는 인구논의의 영역이라고 할 수 있다. 이러한 맥락에서 와이너는 경제적 요인뿐만 아니라 정치적 요인도 관련되는 인구현상에의 접근을 시도하고 있다.

인구정치학은 일찍이 1930년대 유럽학자들이 유럽의 인구감소와 그것이 경제성장과 정부자원 배분을 둘러싼 세대갈등에 미치는 영향을 연구하면서 초기 연구가 시작되었다(Weiner and Teitelbaum 2001). 이후 1960년대 미국 학자들이 개도국에서의 급격한 인구증가가 정치적 불안정, 폭력, 공산주의, 혁명, 민족주의 심화에 미칠 영향에 대한 연구를 하면서 이어지다가 국제관계 연구자들에 의해 국제 갈등에 인구증가가 미치는 영향의 연구로 계속되어 왔다. 본격적으로 인구정치학이 연구되기 시작한 것은 전미 과학 아카데미(National Academy of Science)가 추진한 인구변화와 정치적 결과에 관한 연구에서 비롯되었다고 할 수 있다.

전미 과학아카데미의 연구는 먼저, 인구의 연령별 구조변화의 정치적·정책적 결과에 대한 연구를 시도하고 있다. 즉, 선진국에서의 고령인구 증가와 신생국에서의 청년인구 증가가 가져올 정치적 영향을 분석하기 시작한 것이다. 둘째, 가족 크기의 변화가 주택, 토지소유의 분절에 미치는 영향(특히 개발도상국)에 관한 분석을 시도하였다. 셋째, 인구 크기와 밀도의 변화가 중앙-지방관계 및 지역의 소득 불평등에 미치는 영향에 대한 연구가 이루어졌다. 넷째, 인종·종교 공동체별 차별화된 인구성장율이 사회·정치적 관계, 합의의 정치, 정치적 대표성에 미치는 영향에 관한 연구도 이루어졌다. 끝으로 이민이 국내외에 미치는 정치적 결과에 관한 연구가 이루어졌다.

그러나 이러한 연구 이후에 인구정치학 연구는 한동안 소강상태를 유지해 왔다. 그러한 이면에는 인구변화가 각 국가별로 다르게 진행되고 있으며, 인구변화 자체가 장기간에 걸쳐 일어나기 때문에 인구학과 정치학간의 관계를 파악하기가 어렵고, 인구구조의 이행 자체가 비논리적인 성격을 띠고 있기 때문이라는 지적이 있다(Weiner and Teitelbaum 2001).

2. 인구구조 변화의 정치적 영향

인구변화는 비교적 급격한 변화 양상을 보이는 정치·경제 영역과는 달리 일반적이며 점진적으로 그리고 무겁게 움직이는 특징을 보여주고 있다. 이러한 이유 때문에 인구문제가 국가단위 또는 국가 하위단위에서 일상의 관심 밖으로 벗어나 있었다고 볼 수 있다.

그러나 근년에 국내뿐만 아니라 국제적으로도 인구변화의 속도와 크기가 기존과 달리 급격하고 기울기가 큰 방향으로 움직이고 있어 정치에 미치는 영향에도 주목할 필요가 있다.

1) 힘의 균형 변화

폴 케네디는 국력의 구성요소로 인구수를 들고 있고 이러한 현상은 국내·외적으로 공히 적용된다. 서구국가들의 인구비율 감소와 아시아, 아프리카에서의 인구비율 증가의 문제, 소수 인종이나 종교 집단의 급격한 증가 등의 문제가 서구 정치학자들의 관심사로 부상하는 것은 인구수의 변화가 초래하는 힘의 균형의 변화와 관련되기 때문이다.

국내적으로도 농촌인구의 격감과 도시인구의 급증으로 인한 도·농간의 격차해소, 농어촌지역의 대표성 확보문제 등이 제기되고 있는 것도 이러한 맥락으로 볼 수 있다.

2) 고령화와 인구구조의 변화

한 국가에서 고령인구의 증가, 즉 고령화 현상은 노동력 둔화를 가져와 집합적 경제성장을 둔화시킬 것이라는 우려와 고령자 건강서비스와 공적 연금체계의 지속가능성에 대한 경제적 관점에서의 관심을 제기하고 있다. 뿐만 아니라 고령화 현상의 심화는 고령세대가 보다 보수적일 것이며, 덜 혁신적일 것이며 나아가 국제지향적이 아닐 것이라는 전제하에 문화적 영향에 대한 우려도 제기되고 있다(Teitelbaum 2014).

3) 청년층의 증가

인구구조 중에서 청년층의 급격한 증가는 청년 성인 비율 증가로 한 사회의 고용의 문제를 가져올 수 있고, 고용과 임금전망에 어두운 그림자를 드리우는 등 많은 정치·사회적 문제를 낳게 된다. 그 결과 청년층의 폭력이 증가하거나 범죄로 발전하는 경향이 나타나고, 이는 사회적 안정을 해치게 할 수 있다. 이처럼 청년층에 의한 사회적 불안정이 조성될 경우 중산층은 권위주의적 정권에 대한 지지를 보내는 경우가 개발도상국에서 종종 나타난다는 연구가 있다(Cincotta 2008).

4) 국제이민의 증가

이민은 인구 결정요인 중 가장 불확실하고 예측이 어려운 요소이다. 반면 인구에 영향을 미치는 세가지 요소, 즉 출산률, 사망률, 이민 중 정부정책에 가장 반응적인 요소라고 할 수 있다. 비국적자에 대한 통제는 국민국가의 핵심적인 인구정책의 하나로 여겨져 왔다. 그러나 이러한 견해도 오늘날 보편적인 인권개념이 전통적인 주권국가 개념을 넘어서고 있다는 주장에 근거하여 몇몇 국가에 의해 부정되기도 한다.

Ⅲ. 한국의 인구구조 변화: 현황과 전망

한국 인구구조 변화의 특징은 급격한 저출산 고령화로 규정된다. 이로 인하여 생산가능인구(15~64세)의 급격한 감소와 노인인구(65세 이상)의 급격한 증가현상이 나타남을 알 수 있다(<그림 1> 참조). 2050년까지 생산가능인구가 감소하는 국가는 198개국 중에서 19개국인 것으로 추계되었으며, 이 중에서 한국은 2010년 대비 2050년에는 27%가 줄어들 것으로 예상되었다(유재국 2013). 반면, 노년인구는 236%가 증가할 것으로 전망되었다. 아울러 출생시 기대수명은 아시아 전체 또는 동아시아 국가군들과 비교해도 월등히 높은 수준임을 알 수 있다(<그림 1> 참조).

이 같은 저출산 고령화 현상으로 한국의 인구피라미드는 아래의 <그림 2>와 같이 급격하게 변화하고 있다. 1950년대의 피라미드형에서 2010년에 종모양으로, 2050년 이후에는 단봉형으로 변해가고 있음을 알 수 있다. 이러한 변화는 서구 여러 나라의 경우에서도 그 예를 찾기 어려울 정도의 급격한 변화이다.

아래 <표 1>은 인구문제의 정치적 영향을 살피는데 의미있는 몇 개의 인구와 복지국가 지표를 비교한 것이다. <표 1>에는 호주, 독일, 그리스, 일본, 폴란드, 스웨덴, 영국, 미국, 한국 등 9개국의 인구관련 지표와 일부 지표의 경우 OECD평균을 포함하고 있다.

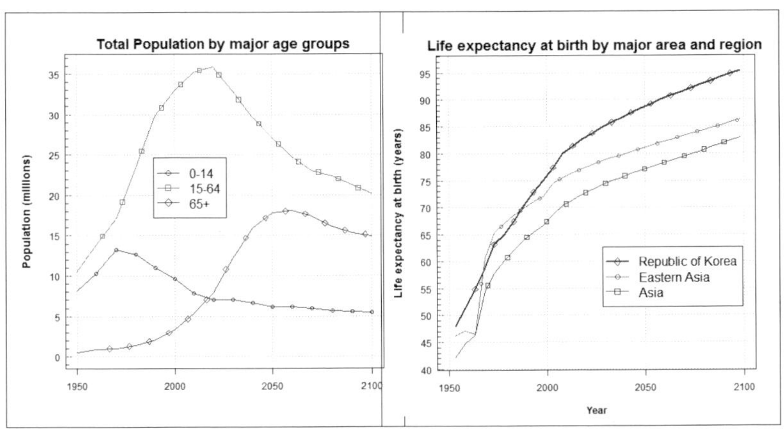

*자료: United Nations, Department of Economic and Social Affairs, Population Division (2013). World Population Prospects: The 2012 Revision, Volume II, Demographic Profiles(ST/ESA/SER.A/345)

그림 1. 연령대별 인구변화 추이 및 생후기대수명 비교

먼저 65세 이상 인구비율을 살펴보자. OECD 평균을 보면 1980년에 10.8%였던 것이 2012년에는 16.4%로 늘어나고, 2040년에는 23.9%에 달할 것으로 예측된다. 따라서 1980년에서 2040년까지 13.1%p가 증가하는 것으로 나타난다. 한국의 경우, 1980년에 65세 이상 인구비는 3.8%였으나 2015년에 13.1%로 나타났으며, 2040년에는 32.3%에 이를 것으로 예측된다. 아울러 1980년에서 2040년까지 28.5%p 증가하는 것으로 나타난다. 이러한 변화량은 예로 든 9개국 중 가장 높은 것임을 알 수 있다.

대조적으로, 20세 미만 인구비율은 급격히 줄어들고 있음을 알 수 있다. 일반적으로 생산가능인구를 15세부터 64세까지로 분류하기 때문에 15세 이하 인구를 주요 관찰변수로 보고 있으나, 이 글에서는 정치적 영향이라는 관점에서 각 국가마다 선거권 연령은 다르지만 일반적으로 투표권 연령이라고 할 수 있는 20세를 기준으로 그 미만의 인구비를 살펴보기로 한다. OECD 평균은 1980년에 34.1%였던 것이 2015년에는 24.2%를 기록하

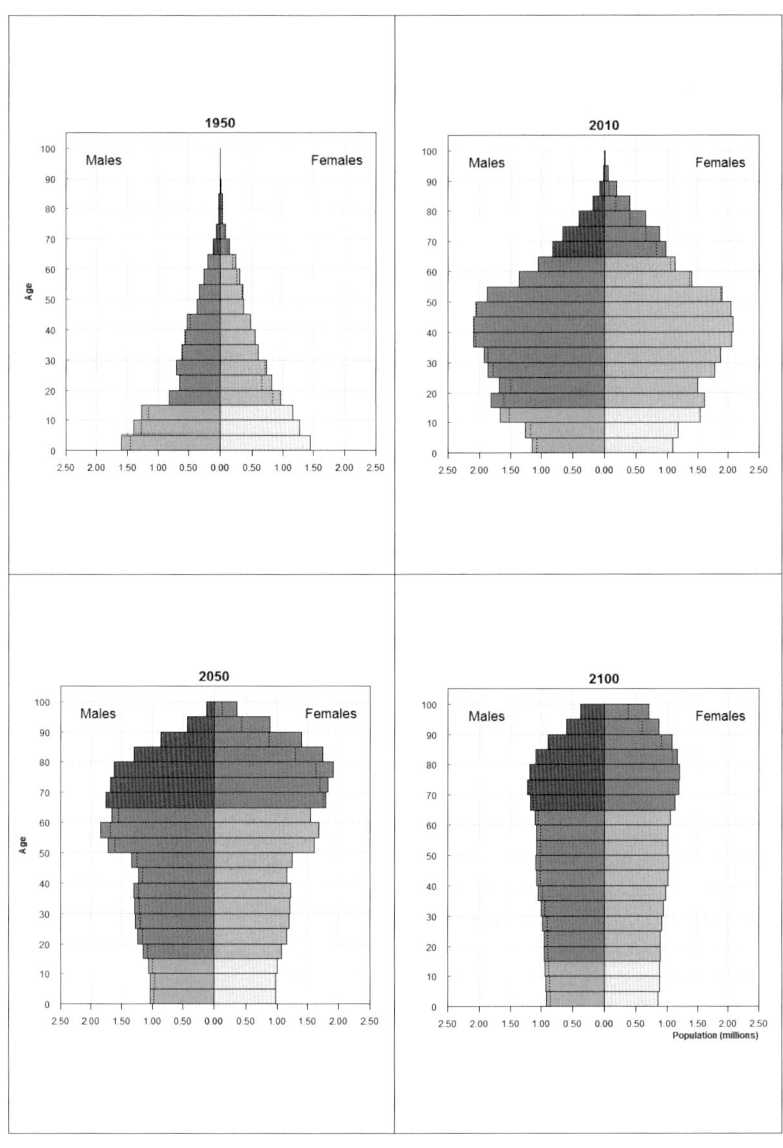

*자료: United Nations, Department of Economic and Social Affairs, Population Division (2013). World Population Prospects: The 2012 Revision, Volume II, Demographic Profiles (ST/ESA/SER.A/345)

그림 2. 한국의 인구피라미드 변화 추이

표 1. 인구와 복지국가 지표

		OECD 평균	호주	독일	그리스	일본	폴란드	스웨덴	영국	미국	한국
65세 이상 인구 비율 (%)	1980	10.8	9.6	15.6	13.1	9.1	10.1	16.3	15	11.3	3.8
	2015	16.4	14.9	21.7	20.1	26.8	15.6	19.7	18	14.8	13.1
	2040	23.9	20	32.1	29.4	36.1	25.1	23.9	23.7	21	32.3
	1980~2040 변화량	13.1	10.4	16.5	16.3	27	15	7.6	8.7	9.7	28.5
20세 미만 인구 비율 (%)	1980	34.1	34.2	27	30.3	30.6	32.1	26.4	29.3	31.9	45.8
	2015	24.2	25.1	17.6	19	17.2	20.4	22.6	23.1	25.8	20.2
	2040	21.6	23.3	16	16.5	13.7	16.8	22.5	21.8	24.2	15.4
	1980~2040 변화량	−12.5	−10.9	−11	−13.8	−16.9	−15.3	−3.9	−7.5	−7.7	−30.4
60세 여성 기대수명	1980		21.9	20.3	21.2	21.9	19.4	22.2	20.4	22.2	18.8
	2010		26.2	25.2	25.4	28.3	23.6	25.5	25.1	24.5	26.2
	1980~2010 변화량		4.3	4.9	4.2	6.4	4.2	3.3	4.7	2.3	7.4
60세 남성 기대 수명	1980		17.1	16.2	16.2	18.3	15.2	17.9	15.9	17.4	13.3
	2010		23	21.6	21.6	22.8	18.3	22.4	22.2	21.5	21.1
	1980~2010 변화량		5.9	5.4	5.4	4.5	3.1	4.5	6.3	4.1	7.8
생후 기대수명	1980		74.6	72.9	75.3	76.1	70.2	75.9	73.2	73.7	65.9
	2010		81.8	80.5	80.7	82.9	76.4	81.6	80.6	78.6	80.6
	1980~2010 변화량		7.2	7.6	5.4	6.8	6.2	5.7	7.4	4.9	14.7
출산률	1980		1.891	1.44	2.23	1.75	2.28	1.68	1.9	1.84	2.82
	2010		1.927	1.39	1.51	1.39	1.38	1.98	1.92	1.931	1.226
	1980~2010 변화량		0.036	−0.05	−0.72	−0.36	−0.9	0.3	0.02	0.091	−1.59
노년인구 부양비	1980		0.15	0.24	0.21	0.14	0.15	0.25	0.23	0.17	0.06
	2015		0.23	0.33	0.31	0.44	0.23	0.31	0.28	0.23	0.18
	2040		0.32	0.57	0.50	0.67	0.40	0.4	0.39	0.34	0.57
	2015~2040 변화량		0.09	0.24	0.20	0.23	0.17	0.09	0.11	0.12	0.39
비경제활동 인구 부양비	1980		0.54	0.52	0.56	0.48	0.52	0.56	0.56	0.51	0.61
	2015		0.51	0.52	0.52	0.65	0.44	0.59	0.55	0.52	0.37
	2040		0.60	0.77	0.71	0.85	0.59	0.68	0.67	0.64	0.77
	2015~2040 변화량		0.08	0.25	0.19	0.21	0.15	0.09	0.11	0.12	0.40

*자료: OECD 통계자료 〈http://stats.oecd.org〉,
World Bank 통계자료 〈http://databank.worldbank.org〉(출산율과 노인인구부양비)

고, 2040년에는 21.6%로 예측되고 있다. 1980년부터 2040년까지의 변화량은 -12.5%p에 이르는 것으로 나타났다. 한국의 경우에는 1980년에 45.8%였으나 2015년에 20.2%, 2040년에는 15.4%로 예측되고 있다. 변화량도 -30.4%p로 사례로 제시된 9개 국가 중 가장 급격하고 큰 변화를 보이는 것을 알 수 있다.

20세 미만 인구비의 감소경향은 출산율의 변화에서도 나타나고 있다. OECD 주요국의 2010년 출산율을 보면 일반적으로 현상유지선인 2.1보다 밑도는 수준임을 알 수 있다. 1980년 대비 2010년 출산율을 비교할 때 호주, 스웨덴, 영국, 미국을 제외한 국가들은 출산율이 낮아지고 있다. 그 중에서도 한국은 1980년 2.82에서 1.23으로 급격히 하락하였다. 베이붐세대 이후 산아제한 정책과 같은 정책적 요인과 다양한 사회·경제적 요인에 따라 결혼과 출산을 연기하거나 중단하는 현상이 지속된 결과로 볼 수 있다. 결혼 및 출산을 기피하는 이유는 고용과 소득 불안정, 일-가정 양립이 어려운 환경, 경제적 부담과 양육 인프라 부족 등이 작용한 것으로 볼 수 있다(대한민국정부 2015).

반면에, 국민영양·위생상태 개선, 보건의료서비스의 질적 향상과 보다 건강한 라이프스타일 등을 반영하여 생후 기대수명은 크게 늘어나고 있다. 생후 기대수명은 연령별 · 성별 사망률이 현재 수준으로 유지된다고 가정했을 때, 0세 출생자가 향후 몇 년을 더 생존할 것인가를 통계적으로 추정한 기대치로, 이는 '0세에 대한 기대여명'을 뜻한다. 1980년 통계치에 따르면 주요 OECD 국가들은 73세 이상이었고, 일본은 이미 76.1세에 달하는 것으로 나타났다. 2010년 자료를 살펴보면 이들 국가 중 폴란드와 미국을 제외하고는 80세를 넘는 것으로 나타났다. 1980년과 2010년 사이의 기대수명 변화량을 살펴보면, 많게는 7.6세(독일), 적게는 4.9세(미국) 늘어난 것을 알 수 있다. 반면에 한국의 경우에는 1980년 생후기대수명은 65.9세였으나 2010년 80.6세로 늘어나 그 사이의 변화량은 14.7세나 되는 것으로 나타났다. 이러한 변화는 의료기술 발달과 건강상태 개선에 기인한 바크며, 앞으로도 기대수명은 더욱 높아져 노인인구 증가가 세계 최고 수준에 도달할 전망이다. 여기에서 기대수명과 관련하여 60세의 기대수명 지표를 살펴보자. 60세 기대수명은 현재 60세인 사람이 향후 얼마나 더 생존할 것인가 기대되는 연수를 뜻한다. 통계 추정치는 OECD 주요국 공히 여성의 기대수명이 높게 나타나고 있다. 한국의 경우 1980년 60세 여성의 기대수명은 18.8세였으나 2010년에는 26.2세로 변화량이 7.4세에 달하는 것으로 나타났다. 남성의 경우에도 1980년 13.3세이던 것이 2010년에 21.1세로 7.8세 늘어난 것으로 나타났다. 이처럼 60세 기대수명 지표는 은퇴시점에서 연금수급자의 평균 기대여명을 나타내 준다는 점에서 분석의 의미가 있다.

다음으로 고령화된 복지국가의 재정수요 파악에 중요한 의미를 갖는 노년인구 부양비(old age dependency ratio)에 대해 알아보자. 노년인구 부양비는 부양연령층(15~64세) 인구에 대한 피부양 노인연령층(65세 이상) 인구의 비율을 말하는 것으로 생산가능인구 100명이 부담해야 하는 65세 이상 인구의 수를 의미한다. OECD 주요국의 경우 1980년에 스웨덴 25명, 독일 24명, 영국 23명 수준이었으나, 2015년에 각각 31명, 33명, 28명으로 늘어나고, 2040년에는 각각 40명, 57명, 39명으로 늘어날 것으로 예측된다.

한국의 경우 노년인구 부양비는 1980년 6명이었던 것이 2015년 18명으로 늘어나고, 다시 2040년에는 57명으로 급격하게 늘어날 것으로 추정된다. 따라서 2015년대비 2040년의 변화량은 한국이 39명으로 가장 높은 것으로 나타나고, 이 시점에서의 노년부양비율이 한국보다 높은 국가는 일본(67명)밖에 없다는 것을 알 수 있다.

끝으로 생산 연령 인구인 청년층에 대한 비생산 연령 인구인 유년층과 노년층의 비율을 말하는 비경제활동인구 부양비를 알아보자. 이는 유·소년층 인구+노년층 인구/청·장년층 인구×100으로 나타낸다. 이 지표를 보면 한국은 1980년에 61명을 기록하다가 2015년에 37명으로 줄어들어, 즉 지금까지는 노인인구는 서서히 증가한 반면, 아동인구가 대폭 감소하여 총부양율은 오히려 감소한 면이 있다. 그러나 현행과 같은 추세가 지속될 시 총인구는 2019년부터 감소되며, 노동공급의 기반이 되는 생산가능인구는 2017년부터 감소될 것으로 전망된다(대한민국정부 2015). 따라서 한국의 경우 2040년에 100명의 생산연령인구가 77명을 부양해야 한다는 결론이 나온다. 이러한 지표는 생산가능인구가 부담해야 할 비경제활동인구에 대한 사회보장서비스 지출비용이 크게 늘어남을 말해준다.

Ⅳ. 한국의 인구구조 변화의 정치적 영향

1. 고령사회와 세대갈등

오늘날 선진민주주의 국가들은 일반적으로 민주주의와 자본주의라는 두 기본제도를 취하고 있으며, 민주주의의 정치적 통제권은 선거권을 가진 '유권자'에게, 자본주의의 경제적 의사결정권은 생산계급, 즉 젊은 생산자 및 임금 노동자들에게 주어진다(전성인 교수가 Meridian 180 컨퍼런스(2015. 3. 31) 기조연설에서 발표한 내용의 일부). 과거에 이 두 제도는 성공적으로 통합되어 생산계급이 정치적 통제권을 쥐는 공정한 체계를 이루었으나, 인구고령화에 따라 생산하지 않는 '노인/은퇴자 층'이 다수를 차지하며 이 통제권을 쥐게 되었다. 즉 비용 부담자와 서비스 수혜자의 불일치성이 높아지게 됨으로 인하여 재정운용이 비효율적으로 유영될 위험에 놓이게 된다는 비판이 제기되고 있다.

위와 같은 맥락에서 우리 사회의 인구구조를 투표권과 생산력 유무에 따라 구분하면 다음과 같은 4분면으로 나눌 수 있다. 다음의 <표 2>에서 제Ⅰ영역은 투표권도 있으며, 생산력도 있는 계층으로 주로 19세 이상 60세 이하의 생산세대(경제활동세대)를 말한다. 이들 세대는 투표권을 갖고 정치적 통제권을 행사하며, 다른 한편으로 은퇴 이전에 생산에 참여하는 세대

표 2. 투표권과 생산력에 따른 세대 구분

구분		투표권	
		무	유
생산력	유	II (생산예비세대)	I (생산세대)
	무	III (미래세대)	IV (고령세대)

로 경제적 의사결정권도 행사한다. 이들은 사회의 주된 세금부담층이 된다고 할 수 있다.

제 II 영역은 생산력은 있지만 투표권은 없는 세대로 주로 15세 이상 19세 미만의 세대를 말한다. 이들은 학업에 종사하거나 학업을 포기하고 생산활동에 종사하고 있는 젊은 층을 말한다. 연령 차이가 많지 않아 이 층은 우리 사회에서 두터운 층은 아니다. 제 III 영역은 투표권도 없고, 아직 생산활동에도 종사하지 않는 세대로 주로 15세 미만의 이른바 '미래세대'라고 할 수 있다. 이들은 자신들의 아젠다를 직접적으로 표출하지 않는 세대이며, 출산률 저하로 이들 세대의 인구가 점차 감소하는 경향을 보이고 있다.

끝으로 제 IV 영역은 투표권은 있으나 생산활동에 종사하지 않는 세대로 은퇴 이후의 '고령세대'라고 할 수 있다. 이들 세대들은 생산활동에는 종사하지 않으면서 사회적 서비스와 자원배분을 결정하는 정치적 통제력은 행사하게 된다. 우리 사회의 고령화는 이 세대들의 급격한 팽창을 초래하였고, 이들의 팽창은 많은 새로운 사회 아젠다(agenda)를 창출하게 되고 이를 해결하기 위한 재원배분을 둘러싸고 각 세대 간의 갈등이 예상된다.

각각의 세대를 나누는 것은 이들 세대들이 표출하는 아젠다가 어떻게 다른지, 그리고 각각의 세대가 전체 인구에서 차지하는 비중의 변화를 살펴봄으로써 민주주의 사회에서 투표에 의해 이루어지는 자원배분의 통제권의 변화를 전망해 보는데 유용할 것이다. 민주주의는 유권자들로부터 투입되도록 개방되어 있기 때문에 유권자의 수적인 영향력이 문제가 된다. 일반적으로 고령자가 젊은층보다 투표 가능성이 높은 것으로 나타나고 있다. 노인들이 동질적 투표층으로 행동한다는 증거는 없으나, 경제적으로 불합리한 많은 정책결정이 노인유권자(grey voters)의 두려움에 의해 동기부여되는 경우가 많다는 것은 부인할 수 없다(Vanhuysse, Pieter and Achim Goerres 2012).

위에서 나눈 각 세대들은 각각의 아젠다를 갖고 있다. 생산세대는 주로 고용안정과 일자리 창출, 세금, 양육 · 교육비, 주거비용 등 가족을 형성하고 유지하는 문제, 그리고 결혼과 출산 인프라의 불충분성 등의 아젠다를 중요하게 여기고 있다. 생산예비세대들은 공교육 정상화, 청년실업 해소를 위한 일자리 창출 등에 관심을 갖고 있으며, 미래세대들은 직접적으로 자신들의 아젠다를 드러내지는 않지만 장래의 사회 지속가능성이 중요한 과제가 될 것이다. 이에 반해 고령세대들은 노후소득 보장을 위한 연금수급의 문제, 노인 일자리 창출, 그리고 노후 요양 및 의료지원을 위한 서비스 수혜문제에 깊은 관심을 갖게 된다.

문제는 각 세대의 구성비가 급격하게 변화하고 있다는 데에 있다. 이들 세대의 인구 구성비는 앞의 <표 1>에서 살펴본 바와 같이 미래세대와 생산예비세대의 비율이 2015년 20.2%에서 2040년 추정치로 15.4%로 줄어들게 되고, 반면에 65세 이상 노인인구는 2015년에 13.1%였던 것이 2040년에는 32.3%에 이르는 것으로 전망되었다. 2015년과 2040년을 기준으로 인구구조의 변화를 살펴보면 아래의 <그림 3>과 같이 나타난다.

그림에서 보는 바와 같이 고령세대의 급격한 증가는 정치적으로 자원통제력에 영향을 크게 미친다. 따라서 고령세대들이 강조하는 아젠다의 실현을 위해 정치적 의사결정에 영향을 미치게 되면 재정의 지속가능성은 크게 타격을 받게 된다. 현재의 추세가 지속된다면 젊은 층의 노인 부양 부담이 감당하기 어려운 수준으로 증가할 수 있다.

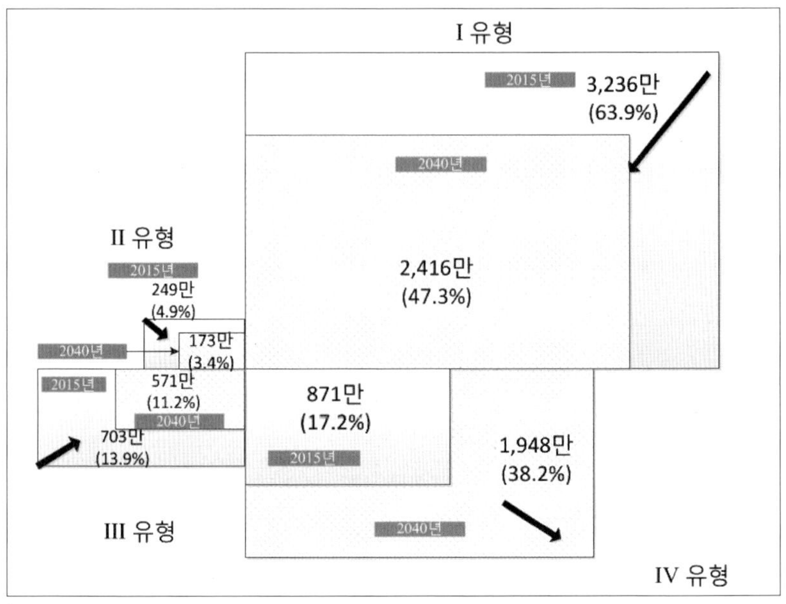

*자료: 통계청 장래인구추계 참조 필자 작성

그림 3. 세대별 인구구성비 변화

즉, 앞의 <표 1>에서 살핀 바와 같이 노년인구 부양비는 1980년 6명이었던 것이 2015년 18명으로 늘어나고, 다시 2040년에는 57명으로 급격하게 늘어날 것으로 추정되었다. 연금가입자는 2014년 1,877만 명을 정점으로 감소하는 반면, 연금수급자는 계속 증가하여 연금재정의 지속가능성이 낮아지고 있다. 가입자수 대비 연금수급자수를 말하는 제도부양비는 2010년에 11.1%이나, 이후 지속적으로 증가하여 2065년에 93.8%로 최고 정점에 이를 것으로 전망된다. 그에 따라 2044년부터 당년도 수지적자가 발생하고, 2060년부터 적립기금 없이 당년도 보험료를 당년도 급여로 모두 지출하는 부과방식(pay-as-you-go)으로 전환예정이다(대한민국정부 2015). 또한 노인의료비 급증에 따라 건강보험 재정지출 구조도 악화될 것으로 예상된다. 2030년에 24%를 차지하는 노인인구가 총진료비의 65%를 차지할 것으로 예측된다(대한민국정부 2015). 이러한 요인들이 모여 세대간 갈등을 야기할 가능성이 높아진다.

이러한 맥락에서 현재에는 정치적으로 통제권을 행사하지 못하고, 경제적으로 생산에 참여하지 못하는 미래세대의 권익을 어떻게 보호할 것인가의 문제는 정치학의 또 다른 과제가 될 수 있다.

미래세대는 15세 미만의 미성년이거나 넓게는 아직 태어나지 않은 세대까지도 포함할 수 있기 때문에 현재의 환경·자원·국방·교육·연금정책에 직접적인 영향을 받지만, 참정권을 갖지 못해 그들의 권익을 보호받지 못하고 있다(김동환 2010; 이현출 2012). 즉, 미래세대는 입법활동이 진행되는 동안에는 존재하지 않기 때문에 현세대의 구성원들이 그들의 권익을 대표해야 한다(유재국 2013). 그러나 그들의 권익을 측정하기가 쉽지 않고, 국회의 구성과 국회의 심의과정에서 이러한 가치판단을 어떻게 해 나갈지 문제된다.

2. 사회지출과 고령화 리스크: 새로운 사회계약의 모색을 위한 굿거버넌스

인구고령화는 대체로 인구변화에 민감한 사회지출을 증가시킬 것으로 예상한다. 연금지출의 규모뿐만 아니라 노년층을 향한 복지지출도 크게 증가시키고 있다. 과거에는 고령자는 자신의 자녀들에 의해 부양되었고, 이러한 요인이 자녀 수를 결정하는 하나의 요인이 되기도 하였다.

그러나 공적연금은 고령자 지원과 부양문제를 개인적인 출산력의 문제와 분리하였으며, 서구산업사회에서는 어느 정도 저출산율을 가져오는 역할을 하였다고 할 수 있다. 저출산력으로 인하여 자녀에 대한 부모의 전체적인 지출은 줄어들었다고 하더라도, 이는 한 사회의 노인부양비를 높였다. 이러한 노인부양비의 증가는 노동시간 연장 등 부수적인 조치가 없는 한 후속 은퇴세대에 대한 사회적 압력으로 작용하게 될 것이다. 이 때문에 인구 고령화는 전체 인구에 대한 막대한 자원비용을 부과하게 된다(Lee, Ronald D. and Ryan D. Edwards).

인구감소와 고령화는 연금, 보험, 의료 및 기타 사회복지 등의 확충으로 인해 정부의 사회보장비용 지출을 급격히 증가시켜 국가재정을 악화시킬 것이라고 예상할 수 있다. 그 가운데에서도 연금이 가장 큰 항목이 될 것이며, 그 다음으로 의료보장, 장기 요양 등일 것으로 전망된다(Standard & Poor's 2013). 스텐더드 앤 푸어스의 전망에 따르면 아래 <그림 4>에서 보는 바와 같이 2050년까지 세계 평균은 2050년까지 GDP의 2% 정도까지, 한국의 경우 GDP의 11%까지 오를 것으로 내다보고 있다. 이러한 통계치는 <표 1>에서 본 바와 같이 노년인구부양비가 높아지는 것에 의해 크게 영향을 받는다.

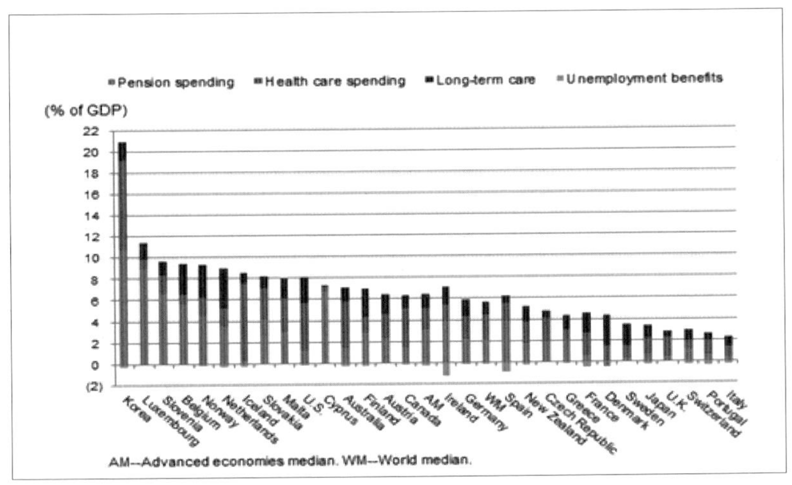

*자료: Standard & Poor's, Global Aging 2013: Rising To The Challenge, 2003.

그림 4. 2010~2050년 연령관련 지출변화의 구성비

이처럼 고령화로 인한 사회보장 지출이 확대되면 이는 곧 국가재정 악화로 연결된다는 문제점이 있다. 아래 <표 3>에서 보는 바와 같이 정부예산 증가율에 대비하여 복지예산 증가율은 두드러지게 늘어나고 있음을 알 수 있다. 2014년 기준으로 정부예산 중 복지예산이 차지하는 비중이 12%에 달하는 것으로 나타났으며, 복지예산 29.6조 원 중 복지부 소관 노인복지 예산은 6.41조 원으로 약 22%를 차지하고 있다. 2013년도에 노인복지예산이 복지예산에서 차지하는 비율이 17%인 점을 고려하면 갈수록 증가폭이 늘고 있음을 알 수 있다.

저출산 · 고령화 현상은 장기 재정전망을 통해서도 재정건전성을 빠르게 악화시키는 것으로 나타났다. 장기 재정전망은 저출산 · 고령화 등 인구구조 변화와 재정관련 제도의 변화요인을 반영하여 미래의 재정모습을 그려보고 재정의 지속가능성을 점검하는 연구이다.

장기 재정전망에서 제시하는 기준선 전망은 현행 법률 및 제도가 유지된다는 가정 하의 전망치로 정책중립적 비교기준이 된다. 장기 기준선 전

표 3. 보건복지 예산 현황

단위 : 조원 , %

구분	2005	2006	2007	2008	2009	2010	2011	2012	2013	2014
정부예산	135.2	147	156.7	179.6	196.9	201.2	209.9	223.1	236.2	247.2
정부예산증가율	12.5	8.7	6.6	14.6	9.6	2.2	4.3	6.3	5.9	2.7
보건복지예산	8.9	9.7	11.5	16	18.2	19.5	20.7	22.2	25.5	29.6
보건복지예산증가율	-3.5	9	18.8	38.9	13.5	7.1	6.2	7.3	14.6	16
정부예산대비 비중	6.6	6.6	7.4	8.9	9.2	9.7	9.9	10	10.8	12
노인복지예산	0.33	0.39	0.56	2.81	3.13	3.51	3.73	3.97	4.30	6.41

*자료: 기획재정부, e-나라지표
**노인복지 예산은 복지부 소관정책만을 대상으로 함

망결과, 총수입(3.6%)보다 총지출(4.6%)이 빠르게 증가하여 재정건전성이 악화되는 것으로 나타난다. 총수입은 인구고령화에 따른 잠재성장률 하락 등의 영향으로 2014년 GDP 대비 26.2%에서 계속 하락하여 2060년 21.3%까지 낮아질 것으로 전망되는 반면, 총지출은 공적연금 등 복지분야 의무지출로 인해 2014년 GDP의 25.4%에서 2060년 32.6%로 증가하고, 2014~2060년 연평균 4.6% 증가하여 경제성장률(4.1%)을 0.5%p 상회할 것으로 보인다(국회예산정책처 2014).

특히, 국민연금과 기초연금 등 고령화에 영향을 크게 받는 지출항목의 GDP 대비 비중(2060년 기준)을 보면, 국민연금(4.43%), 이지지출(3.41%), 기초연금(2.03%), 건강보험(1.09%), 국민기초생활보장(0.82%) 순으로 나타난다. 건강보험이나 국민기초생활보장급여의 '의료급여'는 65세 이상 노인의 1인당 의료비 단가가 65세 미만보다 높기 때문에, 지원대상인 노인 인구 증가와 더불어 지출증가가 증폭된다.

한국에서 2010년 복지논쟁 이후 급식, 보육, 기초연금 등으로 복지가 확대되면서 중앙정부, 지자체 모두 재정압박을 받고 있다. 중앙정부와 지방정부 그리고 교육청 등과의 예산확보를 둘러싼 갈등은 더욱 심화되는 추세에 있다. 복지확대와 함께 세입구조 악화도 심각한 상황이다. 이러한 상황에서 문제해결을 위한 논의구조는 '정부와 여당의 지출개혁/지하경제 양성화' 대 '야당과 시민사회의 증세요구(혹은 부자감세 철회)'로 특징지워 진다. 지금은 상황이 더욱 악화되어 지출개혁/지하경제 양성화, 증세 등 모든 재정확충 수단을 가동해야 할 상황에 직면하게 된 것이다. 보다 더 근본적으로 복지수준에 대해 '저부담-저복지'로 갈 것인지 '고부담-고복지'로 갈 것인지에 대한 사회적 합의가 전제되어야 한다. 이러한 맥락에서 인구고령화에 대비한 정책적 설계는 기존의 사회권과 제도의 틀을 벗어난 새로운 사회계약이 필요하다는 논의가 있다(양재진 2005).

그러나 정치인들은 비난회피(blame avoidance)전략으로 인하여 복지제도

확장에는 앞장서 왔으나, 장기적인 국가재정의 지속가능성이라는 측면의 재정건전성 확보를 위한 재정지출 감소 목표의 제도개혁에는 선뜻 나서기 어려운 면이 있다. 특히 공무원연금을 비롯한 공적연금 개혁은 당장 확정 급여가 줄어드는 층이 생기게 되기 때문에, 정권의 획득과 유지를 목표로 하는 정치집단으로서는 이들의 표를 의식하지 않을 수 없다. 이러한 측면에서 고령화가 국가재정에 미치는 영향을 면밀히 분석하고, 이에 기초하여 국가재정의 건전성확보를 위한 굿거버넌스(good governance) 모델을 창출하는 것이 향후 정치학의 중요한 과제가 될 것이다.

3. 고령화 사회의 정치과정

고령화로 인한 인구구조 변화는 다양한 변수 — 정당과 정치인의 지지율, 정당정치, 이익집단 그리고 다양한 정치제도 등 — 다양한 변수들을 통하여 정책수립에 영향을 미치고 있다. 따라서 고령사회의 정책결정도 다양한 정치세력의 정당-선거정치상의 태도와 선호가 반영되는 가운데 이루어진다는 점에서 탈정치적 논의는 의미가 없다. 즉 앞에서 논의한 세대갈등의 매개변수로서 정당과 정책, 그리고 선거경쟁구도가 중요한 영향을 미칠 것으로 보인다.

최근 20여 년간 퇴직자나 연금수령자 정당이 유럽 일부 국가에서 등장하였지만, 노년층의 이익(grey interests)을 반영한 정당이 큰 지지를 받거나 기존의 정치적 경쟁구도에 의미있는 영향을 줄 것으로는 보이지 않았다. 그러나 노년층 이익대변정당은 나름대로 광범위하고 지속적인 지지를 확부하고 있으며, 몇몇 유럽 국가에서 성공적으로 정치적 영향력을 키우는 모습을 보여 왔다. 연금수령자정당(pensioners' parties)이 처음으로 등장한 곳은 이스라엘(1981)이며, 유럽에서는 이탈리아(1987)의 PP(Parito dei

Pensionati)가 처음이다. 얼마 후 독일, 스칸디나비아와 베네룩스 국가들에서 연금수령자 정당이 나타나기 시작하였다. 이들 정당은 대체로 비주류 정당이었으나 동유럽 국가들에서는 틈새전략을 구사하여 1~3%대의 득표율을 보여 왔다. 네덜란드, 룩셈부르크, 이스라엘, 슬로베니아, 크로아티아 등의 국가에서는 이들 정당에 대한 지지가 4% 이상을 차지하거나 의석을 확보하는 경우도 있었다.

그럼에도 이들 정당이 주요 정당으로 부상하거나, 정치구도에 영향을 주기는 힘들 것으로 보기도 한다. 유럽인들의 평균연령이나 은퇴자들의 영향력이 이보다 더 강했던 적은 없었지만, 여타의 집단들과 마찬가지로 은퇴한 고령자들은 소득계층, 교육수준, 지역, 연금수준 등에 따라 정치적 태도가 매우 다르게 나타나고, 또 나이가 들수록 자신만의 정치적 성향이 점점 굳어지는 등의 이유 때문이다. 이와 함께 기존 정당들의 대응과 이들과의 경쟁에서 지지를 지속하기가 어려운 점도 작용한다. 이러한 측면에서 과거 녹색당이나 해적당 등과 같이 단일이슈 정당의 부침에 대한 경우와 연금정당 또는 고령자 이익추구 정당의 성공조건에 대한 분석은 흥미로운 과제가 될 것이다.

국내에서는 구체적으로 연금정당 또는 고령자정당이 유의미하게 등장한 경우는 없으며, 기존 정당들이 총선과 대통령선거에서 노인들의 복지를 크게 강화하는 방향으로 공약을 제시하며 노인유권자들의 표를 두고 경쟁하는 양상을 보여주었다. 2012년 대통령선거를 앞두고 주요 정당이 발행한 정책공약집을 살펴보면, 새누리당과 새정치연합(당시 당명은 민주통합당)은 100세 시대 노인들을 대상으로 한 정책공약을 다수 제시하고 있다. 새누리당은 첫째, 어르신 소득 안정을 위해 기초연금 도입, 둘째, 노인일자리 대폭확대, 셋째, 4대 중증질환 진료비 전액 국가부담, 넷째, 어르신 임플란트 진료비 경감, 다섯째, 어르신 간병비용 지원 '사회공헌활동 기부은행' 설립, 여섯째,신체장애 치매환자에게 노인장기요양보험 서비스 제공, 일

곱째, 신체장애 차상위계층 및 독거노인에게 노인장기요양보험 제공 등의 다양한 공약을 제시하였다(새누리당 2012).

민주통합당의 경우에는 노인빈곤에 중점을 두고 노후소득보장 강화에 중점을 두고 있다. 기초노령연금을 2017년까지 2배 수준으로 인상하고 수급권자도 전체 노인의 70%에서 80% 수준으로 확대하겠다는 공약을 제시하였다(통합민주당 2012). 특히 취약한 여성의 노후소득보장을 위해 전업주부의 연금가입 기반을 마련하겠다고 하였다. 이외에도 노인교육, 문화, 여가활동 지원 강화와 '건강 100세' 노인의료지원을 확대하겠다는 공약을 하

표 4. 정권별 주요 노인복지정책 도입 현황 (보건복지부 소관)

	김대중 정부 (1998.2~ 2003.2)	노무현 정부 (2003.2~ 2008.2)	이명박 정부 (2008.2~ 2013.2)	박근혜 정부 (2013.2~)
소득 보장	① 경로연금 도입 (1998년)	① 기초노령연금 도입(2008년 1월)		① 기초연금 제도 도입(2014년 7월)
요양 건강 보장		① 노인 실명예방 (2003년) ② 치매조기검진 (2006년) ③ 노인장기요양보험 도입(2008년 7월)	① 치매치료관리비 실시(2010년)	① 노인장기요양보험 치매특별등급 신설(2014년 7월) ② 무릎 인공관절 수술비 지원 (2015년 5월~)
사회 활동 지원	① 노인 일거리 마련 (2001년) ② 지역사회시니어 클럽 지원(2001년)	① 노인 일자리 사업 실시(2004년)		
취약 노인 지원	① 재가노인 식사배달 시작(2001년)	① 독거노인 돌봄기본 서비스(2007년) ② 노인돌봄종합서비스(2007년) ③ 노인보호전문기관 설치(2006년)	① 독거노인 응급안전돌봄서비스 (2008년)	① 독거노인 사회관계 활성화 서비스 (2014년) ② 단기가사 서비스 (2014년)

* 정부별 도입된 주요 노인복지정책 중심으로 작성
** 2005년 많은 노인복지사업 지방 이양

였다. 노인장기요양보험 수급권자를 2017년까지 전체노인의 10%까지 확대하고, 재활서비스 등 장기요양급여의 종류를 확대하여 노인치매병원을 늘리기로 하였다. 이처럼 주요 정당은 이미 노인 유권자들을 겨냥한 다양한 분야의 공약을 제시한 바 있다. 역대 정부에서도 이미 소득보장, 요양 · 건강 보장, 사회활동 지원, 취약노인 지원 등의 분야별로 지속적으로 노인복지를 강화해 온 바 있다(<표 4> 참조).

노인 소득보장을 위하여 김대중 정부에서는 전 국민 연금제도 시행을 앞두고 연령상 이유로 연금에 가입할 수 없는 저소득 노인을 위하여 1998년에 경로연금을 도입하였다. 노무현 정부에서는 생활이 어려운 노인의 생활안정을 지원하기 위하여 2008년부터 기초노령연금을 도입하였다. 박근혜정부는 공약 이행 차원에서 기초노령연금대신 보다 안정적인 노후소득 보장을 위하여 기초연금제도를 도입하였고, 지원내용도 최대 20만 원으로 확대하였다. 이처럼 기존 정당들의 정책과 전략이 고령화에 따라 어떻게 영향을 받는지, 인구고령화로 인한 재정지출 압박으로 연금지출 삭감조치는 어떻게 할 것인지에 대한 정치학적 설명이 필요한 부분이다.

4. 생산인구 감소와 노동력 대체: 노동생산성 유지의 문제

국내의 생산가능인구의 감소로 국내의 부족한 노동력을 대체하기 위하여 외국인 유입은 더욱 가속화될 전망이다. 실제로 인구가 마이너스 성장단계에 도달해 있는 대부분의 선진국에서는 부족한 노동력, 특히 3D 업종의 노동력을 개발도상국에서 수입해 사용하고 있는 실정이다. 그러나 개도국 출신 노동자의 수가 늘어나고 이들이 사회세력을 형성하면서, 1980년대부터는 서구의 주요 선진국에서는 이들 이민문제가 주요 정치적 · 경제적 · 사회적 쟁점으로 등장하였다(은기수 외 2011). 서구에서 초기 이민노동력은 주로 남유럽이나 동유럽에서 조달하였는데, 이들이 서구사회의 하층을 형성하여 1968년 프랑스의 도시폭동에서 보는 바와 같이 사회불안 요인으로 작용하였다. 그럼에도 불구하고 산업사회의 부족한 노동력 수급을 위하여 과거 식민지 등으로부터 노동력 수입에 의존하였는데, 이로 인하여 서구 사회 인종구성은 더욱 복잡해지고 오늘날 사회갈등의 주요인이 되고 있다.

한국은 '고용허가제(employment permit system)'에 기초하여 노동시장 보

표 5. 체류자격별 외국인 근로자 수

(2014 년 7 월 31 일 현재, 단위: 명)

구 분		총체류자	합법체류자	불법체류자
총계		602,355	532,453	69,902
전문인력	소 계	49,546	44,291	5,255
	단기취업(C-4)	843	694	149
	교 수(E-1)	2,672	2,655	17
	회화지도(E-2)	18,661	18,584	77
	연 구(E-3)	3,040	3,027	13
	기술지도(E-4)	195	193	2
	전문직업(E-5)	664	637	27
	예술흥행(E-6)	5,106	3,518	1,588
	특정활동(E-7)	18,365	14,983	3,382
단순기능인력	소계	552,809	488,162	64,647
	비전문취업(E-9)	260,098	206,650	53,448
	선원취업(E-10)	13,291	8,578	4,713
	방문취업(H-2)	279,420	272,934	6,486

주) * 괄호안 기호는 「출입국관리법 시행령」상 체류자격을 의미함
자료: 출입국 · 외국인정책본부(http://www.immigration.go.kr/)

완성의 원칙에 따라 내국인의 고용기회를 보장하면서 국내 인력을 구하지 못한 기업이 정부로부터 '외국인 고용허가'를 받아 적정규모의 외국인 근로자를 합법적으로 고용할 수 있도록 하고 있다. 고용허가제는 사업주가 이주노동자를 고용하기 위하여 당국의 허가를 얻어야 하는 것으로, 이주노동자의 고용권한을 사업주에게 허가하고 있는 제도를 근간으로 한다. 이 원칙을 관철하기 위해 외국인근로자 도입 이전에는 사업주에게 '내국인 구인노력 의무'를 부여하고, 외국인근로자 도입 이후에는 외국인근로자의 '사업장 이동'을 규제하고 있다.

2014년 7월 31일 기준으로 국내 체류 중인 외국인 근로자는 총 602,355명이다. 국내 체류 중인 외국인 근로자 가운데 전문 인력은 49,546명으로 전체 외국인근로자의 8.2%를 차지하고, 단순기능인력은 552,809명으로 전체의 91.8%를 차지하는 것으로 나타났다(<표 5> 참조).

일반 외국인 고용허가제에 의해 비전문취업(E-9) 사증으로 입국한 외국인 근로자와 특례 외국인 고용허가제에 의해 방문취업(H-2) 사증으로 입국한 외국국적 동포가 전체 외국인 근로자의 89.6%를 차지하고 있다. 최근 6년간 외국인 고용허가제에 의한 비전문취업(E-9) 현황을 살펴보면, 2008년 190,777명에서 지속적으로 증가하다가 2012년 230,237명으로 소폭 감소하였다가 2013년 다시 증가하는 추세에 있다

한국의 경우 지금까지는 노동시장 보완성의 원칙에 따라 부족한 노동인력을 외국 노동자 유입을 통해 해결하고 있다. 일반적으로 외국인력 활용방법은 ①이민정책(미국, 캐나다, 호주, 뉴질랜드 등), ②사업자 중심의 고용허가제(미국, 영국, 대만, 한국 등), ③개별 근로자 중심의 노동허가제(대만, 싱가포르, 스웨덴, 프랑스, 독일 등) 세 가지로 구분할 수 있다(정정훈 2012). 한국은 위의 두 번째 정책을 중심으로 부족한 노동력을 대체하고 있다.

그러나 국가정책적으로 향후 개방적 이민정책을 통한 해외인구의 적극적 유입을 통하여 노동생산성을 유지할 것인지, 과학기술의 발달 등 새로

운 시스템 설계를 통한 '인구의 질'과 이를 바탕으로 한 '질의 경제'로 나아갈 것인지에 대한 정치적 판단이 요구된다. 전자를 택할 경우 대량의 해외이민의 유입은 단기적인 편익보다는 사회통합 문제 등 장기적인 비용발생 가능성이 있다. 후자의 경우 과학기술의 발달과 교육경쟁력 강화를 통하여 생산성과 효율성을 높일 수 있으나, 시스템의 전면적 전환에 따른 이해당사자간의 갈등과 비용이 발생할 가능성이 높다. 특히 정보화시대에는 생산인구가 감소할수록 산업의 생산성을 유지하기 위하여 노동력을 대체할 수 있는 사이버네틱스(cybernetics)기술이 중요해진다는 지적(유재국 2013)도 이러한 맥락에서 주목할 필요가 있다.

5. 지역간 격차와 농촌공동화

연령별 인구구성의 변화에 부가하여, 인구의 지역간 불균형을 초래할 수 있다. 한 지역의 인구가 급격히 증가하는 반면에 다른 지역의 인구가 줄어든다면 국내 정치권력은 인구가 적은 쪽에서 많은 쪽으로 기울 것은 자명하다. 다민족 국가에서의 민족 또는 인종, 종교 등과 같은 사회집단 간 인구의 변화는 정치적 차원에서의 문제를 야기한다. 특히 한국과 일본의 경우 저출산·고령화 현상의 연장선상에서 지방의 공동화와 수도권 일극화 현상이 중요한 문제로 대두되고 있다.

통계청의 시·도별 장래인구추계에 따르면, 전국인구는 2013년 5,022만 명에서 2030년 5,216만 명으로 정점에 이른 후 계속 감소하여 2040년에는 5,109만 명에 이를 것으로 전망된다(<표 6> 참조). 수도권(서울, 인천, 경기) 인구는 2013년 2,489만 명(49.6%)에서 2029년에 2,618만 명(50.2%)으로 정점에 이른 후 2030년부터 감소할 전망이다. 시·도별 인구규모는 2013년 경기, 서울, 부산, 경남, 인천 순에서, 2040년 경기, 서울, 경남, 인천, 부산 순일 것으

표 6. 2013~2040 시 · 도별 총인구 추계

	2013년 (A)	2015년	2020년	2025년	2030년	2035년	2040년 (B)	증감 (C=B-A)	증가율 (C/A* 100)
전국	50,220	50,617	51,435	51,972	52,160	51,888	51,091	872	1.7
서울	9,926	9,860	9,762	9,690	9,564	9,383	9,160	-766	-7.7
부산	3,426	3,400	3,341	3,279	3,210	3,129	3,026	-400	-11.7
대구	2,465	2,455	2,424	2,383	2,336	2,280	2,204	-261	-10.6
인천	2,826	2,886	3,015	3,110	3,170	3,189	3,164	338	11.9
광주	1,514	1,517	1,517	1,510	1,495	1,469	1,430	-84	-5.6
대선	1,540	1,536	1,534	1,544	1,551	1,546	1,526	-14	-0.9
울산	1,129	1,142	1,159	1,164	1,158	1,137	1,099	-30	-2.6
세종	120	197	319	385	427	452	461	341	283.9
경기	12,137	12,398	12,928	13,276	13,448	13,437	13,246	1,109	9.1
강원	1,500	1,506	1,530	1,554	1,577	1,593	1,593	94	6.3
충북	1,552	1,561	1,595	1,635	1,672	1,696	1,700	148	9.5
충남	2,060	2,089	2,171	2,254	2,324	2,371	2,388	329	16.0
전북	1,798	1,798	1,806	1,815	1,826	1,831	1,819	21	1.2
전남	1,761	1,757	1,743	1,734	1,735	1,736	1,726	-35	-2.0
경북	2,641	2,642	2,645	2,650	2,654	2,645	2,613	-28	-1.1
경남	3,255	3,285	3,330	3,352	3,358	3,332	3,268	14	0.4
제주	570	587	615	637	654	665	667	97	17.0
수도권	24,890	25,144	25,705	26,076	26,182	26,008	25,570	680	2.7

*자료: 통계청 보도자료, "장래인구추계 시도 편: 2013~2040," 2014. 12. 11.

로 전망되고 있다. 2013~2040년 추계기간 중 서울, 부산, 대구, 전남 4개 시 · 도는 인구 감소가 지속될 전망이며, 인구가 계속 증가하는 시 · 도는 세종, 충남인 것으로 나타났다. 반면, 인구가 증가하다가 감소하는 시 · 도는 광주, 울산, 경남, 경북, 대전, 경기, 전북, 인천, 강원, 충북, 제주 11개 시 · 도이다.

다음으로 시 · 도별 고령인구 추이를 살펴보자. 지속적인 기대수명의 증

표 7. 2013~2040 년 시 · 도별 부양비 및 노령화 지수

	총부양비 (생산가능인구 1백 명당 부양인구)					유소년부양비 (생산가능인구 1백 명당 유소년)				
	2013년 (A)	2020년	2030년	2040년 (B)	증감 (B-A)	2013년 (A)	2020년	2030년	2040년 (B)	증감 (B-A)
전국	36.8	40.7	58.6	77.0	40.2	20.1	18.6	20.0	19.8	-0.3
서울	30.9	36.4	52.8	68.0	37.1	16.6	15.9	17.4	16.9	0.3
부산	34.7	42.8	64.2	83.6	48.8	16.8	15.9	17.0	16.9	0.1
대구	35.1	39.9	59.3	79.5	44.5	19.4	17.6	18.8	19.0	-0.4
인천	33.0	36.7	54.7	71.3	38.3	20.1	18.9	20.5	20.0	-0.1
광주	36.3	39.8	55.5	72.2	35.8	22.5	20.8	22.3	22.4	-0.1
대전	34.2	38.0	53.9	68.6	34.4	21.2	19.9	21.5	20.9	-0.3
울산	31.5	34.5	51.6	67.8	36.2	21.2	19.3	20.3	20.8	-0.4
세종	42.4	43.6	55.5	70.8	28.4	22.2	28.2	28.4	26.9	4.7
경기	35.0	37.6	54.1	70.2	35.2	21.9	20.3	22.0	21.6	-0.4
강원	44.1	47.1	70.3	94.9	50.9	20.3	17.4	18.9	18.8	-1.5
충북	41.5	43.9	62.7	83.2	41.7	21.1	19.0	20.3	19.8	-1.3
충남	44.7	47.8	65.6	86.7	41.9	21.7	20.5	21.6	21.0	-0.8
전북	47.8	50.2	69.3	92.5	44.7	21.9	19.2	20.3	20.4	-1.5
전남	55.7	55.4	76.1	103.5	47.8	22.5	18.4	19.4	19.8	-2.7
경북	45.0	49.3	71.7	98.3	53.3	19.7	17.4	18.3	18.3	-1.3
경남	40.4	43.7	62.8	86.1	45.7	21.8	19.3	19.8	20.4	-1.4
제주	44.8	45.5	62.6	85.4	40.6	25.0	21.5	22.1	22.6	-2.4
	노년부양비 (생산가능인구 1백 명당 고령인구)					노령화지수 (유소년인구 1백 명당 고령인구)				
전국	16.7	22.1	38.6	57.2	40.4	83.3	119.1	193.0	288.6	205.3
서울	14.3	20.5	35.4	51.1	36.7	86.2	129.1	203.6	301.6	215.4
부산	17.9	26.9	47.3	66.6	48.7	106.6	168.9	278.9	393.9	287.3
대구	15.6	22.3	40.5	60.5	44.9	80.4	127.0	216.2	317.7	237.4
인천	12.9	17.8	34.2	51.3	38.4	64.1	94.5	166.7	256.1	192.0
광주	13.9	19.0	33.2	49.8	36.0	61.6	91.0	148.9	222.9	161.2
대전	13.0	18.1	32.4	47.8	34.7	61.5	90.8	150.4	229.0	167.5
울산	10.3	15.2	31.3	46.9	36.6	48.4	79.0	154.2	225.1	176.7
세종	20.2	15.4	27.0	43.9	23.8	90.7	54.4	95.1	183.4	72.7
경기	13.0	17.4	32.1	48.6	35.6	59.3	85.7	146.3	225.0	165.7
강원	23.8	29.6	51.4	76.1	52.3	117.4	169.8	271.2	404.3	286.9
충북	20.4	24.8	42.4	63.4	42.9	97.0	130.7	209.1	319.8	222.8
충남	23.0	27.3	44.0	65.7	42.7	105.6	133.5	203.2	313.5	207.9
전북	25.9	31.0	49.0	72.2	46.3	118.4	161.2	241.7	354.7	236.3
전남	33.2	37.0	56.7	83.7	50.4	147.8	201.3	292.1	421.9	274.1
경북	25.3	31.9	53.4	80.0	54.7	128.6	182.7	292.6	436.3	307.7
경남	18.6	24.3	43.0	65.7	47.1	85.3	126.0	216.7	321.7	236.4
제주	19.8	24.0	40.4	62.8	43.0	79.1	111.4	182.8	277.9	198.8

*자료: 통계청 보도자료, "장래인구추계 시도 편: 2013~2040," 2014. 12. 1.

가로 65세 이상 고령인구는 2013년 614만 명(12.2%)에서 2040년에는 1,650만 명(32.3%)으로 크게 증가할 전망이다. 65세 이상 고령인구 구성비는 모든 시 · 도에서 증가할 것으로 전망된다. 2013년에 고령인구 구성비가 전국보다 높은 시 · 도는 전남(21.3%), 전북·경북(17.5%) 등이며, 전국보다 낮은 시·도는 울산(7.8%), 경기(9.6%), 인천·대전(9.7%) 등이다. 2040년 전남(41.1%), 경북(40.3%)은 고령인구 구성비가 40%를 초과할 것으로 전망된다.

반면, 세종(25.7%), 울산(28.0%), 대전(28.3%) 등 6개 시 · 도는 30% 미만일 것으로 전망된다. 2013~2040년 추계기간 중 고령인구 구성비가 크게 증가하는 시 · 도는 부산(23.0%p), 경북(22.9%p), 강원(22.5%p) 등이며, 구성비가 적게 증가하는 시 · 도는 세종(11.6%p), 대전(18.6%p), 광주(18.8%p) 등인 것으로 나타났다. 총부양비의 분산값을 살펴보아도 특별시와 광역시의 경우에는 낮은 반면에 도 지역의 경우에는 크게 나타나 도별 부양비의 편차가 크다는 것을 알 수 있다. 문제는 부양비에 있다. 전국의 총부양비(생산가능인구 1백 명당 부양인구(유소년+고령인구))는 2013년 36.8명에서 2040년 77.0명으로 2배 이상 증가할 것으로 보인다(통계청 2014). 2013년 기준 시 · 도별 총부양비는 전남(55.7명), 전북(47.8명), 경북(45.0명) 등은 전국보다 높고, 서울(30.9명), 울산(31.5명), 인천(33.0명) 등은 전국보다 낮은 것으로 전망된다. 2040년 전남(103.5명), 경북(98.3명), 강원(94.9명), 전북(92.5명) 4개 시 · 도는 총부양비가 90명을 초과할 것으로 전망된다. 2040년 노년부양비(생산가능인구 1백 명당 고령인구)는 세종(43.9명), 울산(46.9명), 대전(47.8명) 등 5개 시 · 도는 50명 미만이고, 전남(83.7명), 경북(80.0명) 2개 도는 80명 이상일 것으로 전망된다.

2013~2040년 추계기간 중 노년부양비가 많이 증가하는 시·도는 경북(54.7명), 강원(52.3명), 전남(50.4명) 등이다. 이와 함께 2040년 노령화지수(유소년인구 1백 명당 고령인구)는 경북(436.3명), 전남(421.9명), 강원(404.3명) 3개 시 · 도는 400명 이상일 전망이며, 세종(163.4명), 광주(222.9명), 경기(225.0명) 등 7개 시도는 300명 미만일 전망이다. 2013~2040년 추계기간 중 노령화지수가

많이 증가하는 시 · 도는 경북(307.7명), 부산(287.3명), 강원(286.9명) 등이다.

이처럼 인구감소, 저출산 · 고령화와 같은 인구구조 변화로 인해 지방의 세수가 감소하고 고령자 복지비가 증가하는 등 재정위기의 우려가 제기되고 있다. 일본의 경우 896개 지자체 중에서 523개 지자체는 2040년 시점에 인구가 1만 명 이하로 떨어져 이대로라면 지방자치단체의 소멸가능성이 높다는 지적이 나오고 있다(時事通信社 2015). 한국의 경우에도 예외가 아닐 것으로 보인다. 이같은 우려는 지방인구의 감소로 인한 선거구 재획정에서도 나타나고 있다. 특히 선거구 획정을 위한 인구기준이 2 : 1을 넘지 못하도록 하는 헌법재판소의 판결이 나온 후 수도권과 지방의 정치적 대표성 반영을 둘러싼 논쟁이 국회정치개혁특별위원회를 달구고 있다. 따라서 장기적으로 농어촌 인구의 격감으로 인한 농어촌지역의 정치적 대표성 확보를 위한 논쟁은 국토의 균형발전과 지속가능성 제고를 위한 과제가 될 것이다.

아울러 일본의 경우와 같이 보다 적극적인 정치적 대응이 요구되기도 한다. 인구의 급격한 감소와 초고령화라는 큰 과제에 정부가 총체적으로 대응하고, 각 지방이 자율적이고 지속가능한 사회를 만드는 것을 목적으로 한 특색있고 다양한 노력이 요구된다. 일본은 이를 위해 '마을·사람·일 창생본부'를 내각에 설치하고 지방이 안고 있는 문제에 적극적으로 대처하고 있다. 그리고 지방재생을 위하여 「마을 · 사람 · 일 창생법」(2014. 11. 28. 제정/법률 제136호)을 제정하였고, 「지방재생법 일부 개정법률안」을 통과시키기도 하였다. 우리의 경우에도 인구구조 변화가 지방에 미치는 영향을 면밀히 분석하고, 중앙과 지방간, 그리고 지역간의 불균형을 막을 수 있는 다양한 노력이 요구된다고 할 것이다.

Ⅴ. 결론

오늘날 한국사회는 지난 반세기 이상 우리가 겪어온 사회변동 그 이상의 급격한 소용돌이에 직면해 있다. 그 중에서도 인구구조의 변화는 미래의 정치, 경제, 사회, 교육 등 거의 모든 분야에 있어 다양한 영향을 초래하게 된다. 그러나 인구변화의 흐름은 매우 느리게 진행되는 특징을 가지고 있기 때문에 인구구조 변화로 발생하는 문제를 미리 고찰하지 않으면 그 대응이 곤란한 한계가 있다. 특히 희소자원의 권위적 배분을 둘러싼 정치행위는 현재의 당리당략적 · 정파적 이해관계에 함몰되어 이루어지는 경우가 많다. 따라서 국가의 미래를 두고 다양한 갈등을 야기할 가능성이 상존하게 된다. 이러한 측면에서 인구구조의 변화가 정치에 미치는 영향을 연구하는 인구정치학에 대한 관심이 요청된다고 하겠다.

우리는 이 논문을 통하여 한국사회의 저출산·고령화현상이 급격히 진행됨으로 인하여 1980년부터 2040년까지 고령인구 비율과 20세 미만 인구비율의 변화폭이 OECD 주요국 중 가장 클 것이라고 확인하였다. 이처럼 고령인구의 급격한 증가는 정치적으로 자원통제에 영향을 미칠 것으로 전망되고 재정의 지속가능성을 둘러싸고 갈등이 야기될 가능성도 예견된다. 따라서 고령화로 인한 국가재정의 악화를 막기 위한 제도개혁을 위한 거버넌스 모델을 창출하는 노력이 요구된다는 점을 강조하였다.

또한 고령화는 정당정치와 선거정치와 같은 정치과정 전반에 많은 영향을 미치기 때문에 이에 대한 심층적 연구가 요망된다. 저출산으로 인한 생산인구 감소와 부족한 노동력 대체를 위한 이민의 문제 등이 중요한 과제로 대두된다. 아울러 지역간 인구격차로 인한 농촌의 공동화와 고령화 문제 등도 중요한 정치학적 과제라고 할 수 있다.

물론 급격한 저출산 · 고령화 사회가 빚어내는 세대간 갈등을 포함한 정치적 · 사회적 문제들은 기존의 민주주의 사회에서 등장했던 계급, 인종, 지역, 이념 등 다양한 갈등처럼 충분히 극복될 대상이라는 기대를 갖고 있다. 아울러 행태경제학자들이 강조하고 있듯이 인간이 오직 자신의 이익만을 추구하는 단순 이기적 존재만은 아니라는 점도 주목하고 있다. 노인세대가 젊은세대의 복지에 적대적이지 않고, 자신의 자식세대 그리고 손자세대의 복지에도 책임감을 가질 것이라는 점도 예상가능하다. 또한 과학기술의 발달은 인구부족으로 인한 노동력 부족과 생산력 부족을 보충할 수 있기 때문에 우리가 우려하는 만큼의 상황으로 발전하지 않을 것이라는 낙관적 전망도 있을 수 있다.

그러나 저출산·고령화 관련한 지난 10여 년간의 대책을 살펴보면 많은 재원을 투입함에도 인구는 현상유지 또는 증가될 기미를 보이지 않고 있다. 특히 서구의 선진민주주의 국가들이 겪고 있는 인구문제보다 우리사회에서 겪고 있는 문제가 더 심각하고 빠르게 진행된다는 점에서 보다 적극적인 관심과 대응이 필요하다는 점을 강조할 필요가 있다.

우리 사회의 인구정책 실패로 겪는 오늘의 문제를 반면교사로 삼아 인구구조 변화가 가져올 현 세대와 미래세대 간의 자원배분의 형평성 추구와 미래세대를 위한 미래지향적 거버넌스 체계의 구축은 더 이상 미룰 수 없는 정치학의 과제가 되고 있다.

참고문헌

- 국회예산정책처. 2014.『2014~2060년 장기 재정전망』.
- 김동환. 2010.『미래예측결과를 입법활동에 반영하기 위한 제도개선방안』. 국회입법조사처 정책연구용역보고서.
- 대한민국정부. 2015.『제2차 저출산 · 고령사회 기본계획』.
- 민주통합당. 2012.『국민과의 약속 119: 사람이 먼저인 대한민국』.
- 새누리당. 2012.『세상을 바꾸는 약속, 책임있는 변화』.
- 양재진. 2005. "한국의 인구고령화와 복지정치 전망."『社會科學論集』 제36집.
- 유재국. 2013. "인구구조변화와 정책적 시사점." 국회입법조사처.『이슈와 논점』 제696호.
- 이현출. 2012. "미래, 미래세대 그리고 국회."『국회입법조사처보』 통권 14호(2012년 가을호).
- 이극찬. 1999.『정치학(제6전정판)』. 서울: 법문사.
- 정정훈. 2012. "고용허가제와 노동인권",『인권법의 이론과 실제)』. 제5호. 한양대학교 출판부.
- 통계청. 2014. "장래인구추계 시도편: 2013-2040."『보도자료』 2014. 12. 11.

- Cincotta RP. 2008. "How democricies grow up: Countries with too many young people may not have a fighting chance for freedom," *Foreign Policy*. no. 165.(March/April).
- Easton, David. 1953. The Political System: *An Inquiry into the State of Political Science*. New York: Alfled Knopf.
- Goldstone, Jack A., Eric P. Kaufmann, Monica Duffy Toft. 2012. *Political Demography*. Oxford: Oxford University Press.
- Lee, Ronald D. and Ryan D. Edwards. *"The Fiscal Impact of Population Change,"* in https://www.bostonfed.org/economic/.../conf46g1.pdf.
- Shin, Eui Hang. 2001. "Political Demography of Korea: Political Effects of Changes in Population Composition and Distribution," *East Asia. Spring-Summer.*
- Standard & Poor's. 2013. *Global Aging 2013: Rising To The Challenge.*
- Quine, Maria Sophia. 1996. *Population Politics in Twentieth-Century Europe: Fascist Dictatorship and Liberal Democracies*. London: Routledge.
- Teitelbaum, Michael S. 2014. "Political demography: Powerful forces between disciplinary stools," *International Area Studies Review*. Vol.17(2).
- United Nations. 2013. *World Population Ageing 2013.*
- Vanhuysse, Pieter and Achim Goerres. 2012. *Ageing Populations in Post-industrial Democracies: Comparative studies of policies and politics.* London: Routledge.

● Weiner, Myron. 1971. "Political Demography: An Inquiry into the Political Consequences of Population Change." In *Rapid Population Growth: Consequences and Policy Implications*. National Academy of Science, Office of the Foreign Secretary. Baltimore: Johns Hopkins University Press.

● Weiner, Myron and Michael S. Teitelbaum. 2001. *Political Demography, Demographic Engineering*. New York: Berghahn Books.

● 石南國. 1996. "政治人口學," 岡田實·大淵寛 編,『人口學の現状とフロンティア』.東京: 原書房.

● 時事通信社編. 2015.『人口急減と自治体消滅』.